죽은 CEO의
살아있는 아이디어

NEW IDEAS FROM DEAD CEOS
by Todd G. Buchholz

죽은 CEO의
살아있는 아이디어

토드 부크홀츠

Todd G.Buchholz

최지아 옮김 | 이동현 감수

김영사

죽은 CEO의 살아있는 아이디어

저자_ 토드 부크홀츠
역자_ 최지아
감수_ 이동현

1판 1쇄 발행_ 2009. 8. 30.
1판 8쇄 발행_ 2024. 5. 22.

발행처_ 김영사
발행인_ 박강휘

등록번호_ 제406-2003-036호
등록일자_ 1979. 5. 17.

경기도 파주시 문발로 197(문발동) 우편번호 10881
마케팅부 031)955-3100, 편집부 031)955-3200, 팩스 031)955-3111

값은 뒤표지에 있습니다.
ISBN 978-89-349-3548-3 03320

홈페이지_ http://www.gimmyoung.com   블로그_ blog.naver.com/gybook
인스타그램_ instagram.com/gimmyoung   이메일_ bestbook@gimmyoung.com

좋은 독자가 좋은 책을 만듭니다.
김영사는 독자 여러분의 의견에 항상 귀 기울이고 있습니다.

＊＊＊＊＊＊

요란한 알람소리에 잠에서 깨어나
아이를 꼭 껴안아주고는
CEO의 체면을 세워주러 출근길에 나서는
이 세상 수많은 직장인들에게 이 책을 바칩니다.

＊＊＊＊＊＊

경영자의 소중한 원형을 만나다

이 책은 경영의 역사가 시작된 이래 가장 전설적인 성공신화를 남긴 CEO 10명을 자세히 소개하고 있다. 이들은 개인적인 측면에서 보면 자본주의 시대에 엄청난 부를 축적한 소위 '성공한' 사람들이다. 이들의 이야기를 접해 보면 일단 외견상 공통점은 없어 보인다. 은행업, 화장품, 컴퓨터, 엔터테인먼트, 유통업 등 종사한 업종들도 제각각이었으며, 사업 성공 요인들도 모두 달라 보였다.

하지만 한 가지 주목할 점이 있다. 바로 이들 모두가 현대적 의미의 비즈니스를 창조했다는 것이다. 토마스 왓슨 부자Thomas Watson Sr. and Jr.나 데이비드 사노프David Sarnoff, 아키오 모리타Akio Morita 만 하더라도 20세기 들어 급성장한 분야인 컴퓨터와 A/V(오디오, 비디오) 산업을 만들어낸 장본인들이다. 컴퓨터나 TV, 라디오 없는 현대 사회를 상상이나 할 수 있겠는가? 이 책에 등장한 CEO들은 새로운 아이디어나 발명을 혁신으로 이끌 수 있는 의지와 역량을 가진 사람들이었다. 뿐만 아니라 R&D, 인사조직, 마케팅, 전략, 재무 및 회계 등 경영의 각 분야에서 과학적 지식을 활용해 기업 경영의 효율성을 극

대화시키는 데 공헌한 실천가들이었다. 이 책에 미처 오르지 못한 GE의 초대 CEO인 찰스 코핀Charles A. Coffin은 최초로 기업 내 R&D 연구실을 설치했으며, 왕성한 발명과 특허 활동을 통해 기업 성장을 주도했다. 이 밖에도 최초로 투자수익률ROI을 계산해서 합리적으로 투자계획을 수립하고 자본을 배분한 듀폰Dupont이나, 무형자산의 중요성을 인식하고 브랜드 경영을 시작한 P&G 등도 모두 CEO들의 진두지휘로 경영의 핵심 개념을 정립한 대표적인 사례들이다.

부크홀츠는 단순히 CEO들의 독특한 성공 스토리만을 담지 않았다. 독자들이 각 CEO들을 통해 경영사의 흐름과 혁신적인 아이디어의 탄생, 인생을 경영하는 법 등을 배울 수 있도록 그들의 일과 삶을 조명한다. 그런 의미에서 이 책은 오늘을 살아가는 우리에게 3가지 큰 의의를 가지고 있다.

첫째, CEO들의 삶을 따라가다 보면 현대 경영의 역사가 한눈에 들어온다. 20세기 초 본격적으로 시작된 경영학은 이제 100년이 조금 넘은 학문이다. 죽은 CEO들에 의해 경영은 계속 진화해왔다. 샘 월튼Sam Walton은 할인점, 레이 크록Ray Kroc은 패스트푸드점, 월트 디즈니Walt Disney는 만화영화와 엔터테인먼트 분야를 개척했고, 그 과정에서 비용을 낮추고 효율성을 높이는 경영의 기본 전략들이 탄생해 발전했다. 그리고 그들이 쌓은 경험과 아이디어들은 경영의 다양한 기초가 되었고 오늘날에도 소중하게 활용되고 있다. 에스티 로더 Estée Lauder가 없었다면 오늘날 화장품 무료 샘플이라는 개념이 있었을지, 아키오 모리타가 없었다면 소니의 워크맨이나 애플의 아이팟이 존재했을지 의문이다.

둘째, 이들은 역경과 고난을 극복한 소중한 체험들을 갖고 있어 위기에 관해서는 그 어떤 경영학자보다 현실적이고 실용적인 지혜들을 제시한다. 한 조사에 따르면 많은 CEO들이 위기에 봉착했을 때, 값비싼 컨설팅이나 유명 경영전략서보다는 자신과 유사한 경험을 갖고 있는 다른 CEO들을 만나서 그들로부터 조언을 듣고 용기를 얻는다고 한다. 글로벌 금융위기, 막강한 경쟁자의 등장, 급변하는 시장상황 등 매일 수많은 어려움과 난관에 직면하고 있는 오늘의 CEO들에게 죽은 CEO들의 지혜와 풍부한 경험은 앞으로 나아가는 데 큰 힘과 용기가 될 것이다.

셋째, 글로벌 기업의 근간이 된 경영철학과 존경받는 리더의 사회적 역할이 무엇인지 보여준다. 고객의 입장에서 생각하고 최고가 아니면 만들지 않는다는 CEO들의 철저한 경영원칙은 오늘날에도 각 기업의 핵심 DNA로 자리하고 있다. 그들이 들려주는 경영이야기 속에서 영속하는 기업의 진정한 조건은 이익이 아닌 소비자의 행복추구임을 깨닫게 될 것이다. 또한 죽은 CEO들은 더 많은 사람들이 꿈을 실현할 수 있도록 돕기 위해 자신의 것을 기꺼이 사회에 내놓았다. 그들의 나누는 삶은 노블레스 오블리주noblesse oblige의 참 모습을 보여주는 동시에 노블레스 오블리주가 실종된 우리 사회를 반성하게 할 것이다.

선진국에 비해 훨씬 산업화가 늦은 한국의 경우 CEO의 역사가 짧은 것이 사실이다. 특히 소유경영자가 아닌 전문경영자의 경우 CEO의 역할과 중요성을 제대로 인식하게 된 것은 IMF 외환위기 이후로 이제 10년 남짓한 역사를 갖고 있다. 그러나 후발주자 입장에서 한 가지 좋은 점은 선진 기업들의 실수에서 배울 수 있다는 것이다. 온고이지신(溫故而知新)이라고 하지 않았던가! 이 책을 통해 우리보다 한 세대를 앞서간 CEO 선각자들의 고민과 행보를 제대로 살펴보고 이로부터 얻은 지혜를 우리 기업 현실에 잘 접목시킨다면, 다음 세대에는 분명 한국의 CEO들도 이 책의 주인공이 될 수 있을 것이다.

홀륭한 CEO는 공부를 열심히 한다. 하지만 공부를 열심히 한다고 해서 누구나 훌륭한 CEO가 되는 것은 아니다. 훌륭한 CEO가 되기 위해서는 경영 관련 지식 이외에도 삶을 살아가는 태도, 난관을 극복하는 용기와 결단, 끊임없는 열정 등 갖추어야 할 덕목이 너무나도 많다. 이 책이 바로 CEO들에게 반드시 필요한 수많은 덕목들의 표본이 될 것이다.

저자의 깊이 있는 통찰력과 재치 있는 글 솜씨는 이 책에 경영학 교과서 의미, 그 이상을 담았다. 정신없이 빠져 읽다 보면 소설의 재미와 고전의 묵직한 교훈을 함께 느낄 수 있을 것이다. 특히 한 시대를 풍미했던 뛰어난 기업가들의 실제 삶을 통해 잠시 잊고 있던 경영자의 원형, 경영의 본질을 살펴볼 수 있는 소중한 기회를 만들어주었다. 《죽은 경제학자의 살아있는 아이디어》에 이어 또 한 권의 멋진 고전을 만나게 되어 반갑다.

이동현

비즈니스 역사를 관통하는
경영의 찬란한 유산

　한밤의 무더위가 기승을 부리던 1949년 8월의 뉴욕. 에스티 로더는 자정이 넘은 시간에 에어컨도 없는 후덥지근한 주방의 스토브 앞을 지키고 있었다. 화장품을 만들기 위해 손까지 데어가며 냄비에 담긴 크림을 휘젓느라 여념이 없었다. 그곳에서 몇 블록 떨어진 집에서는 토머스 왓슨 주니어가 침대 위로 털썩 몸을 내던졌다. 호랑이 같은 아버지에게 불려 가면 종이가 말려들어가는 IBM 펀치카드 기계를 고객들이 죄다 내다버리게 생겼다면서 불호령이 떨어질 것이 분명했다.

　한편 뉴저지 지역에서는 무선 방송의 귀재인 데이비드 사노프가 컬러텔레비전 발명 시합에서 승리하기 위해 불철주야로 일하는 RCA Radio Corporation of America 과학자들에게 야밤 커피 심부름을 하고 있었다. 저 멀리 일본에서는 아키오 모리타가 방바닥에 쭈그리고 앉아 오소리 털로 만든 붓에 자석 성질을 띤 아교를 묻혀 테이프에 조심조심 바르고 있었다. 모두 같은 날 밤 벌어진 일들이었다. 그들 덕분에 우리는 텔레비전과 DVD, 컴퓨터와 젊은 피부를 누릴 수 있었다.

집 안 주차장에서 뭔가 뚝딱거리다 뜻하지 않게 부자가 됐다는 사업가들 이야기는 지금도 심심찮게 들려온다. 하지만 나는 그 말을 믿지 않는다. 손장난을 좋아하는 사람이나 아마추어 애호가들에게 시장은 너무나 냉정하고 가혹하기 때문이다. 만약 그런 사업가가 있다면 그들의 성공 스토리 가운데 손재주에 관한 대목이나 은행 잔고에 관한 대목 중 하나는 분명 거짓말이다. "우리는 늘 타인들의 친절함에 의존해왔다"는 극작가 테네시 윌리엄스Tennessee Williams의 말은 틀렸다. 우리는 타인의 친절함에 의존하기보다는 그의 집착에 슬쩍 올라타 이득을 취하는 무임승차자다.

매일 아침 신문 헤드라인은 CEO들의 공금 횡령이나 그들의 성과와 아무 관련이 없는 과도한 보상, 혹은 실적 부진에 관한 내용들로 떠들썩하다. 시커먼 거짓말과 못된 짓, 등쳐먹기로 악명을 떨치기 전만 해도 CEO들은 각자의 지성과 창의력, 판단력으로 기업을 최정상에 올려놓으며 자신의 이름을 세상에 알렸다. 이 책에 소개된 10명의 CEO들은 결코 성인군자가 아니다. 넘치는 자신감과 강인한 의지로 무장한 그들은 어쩌면 '하느님'을 '맙소사' 앞에 붙이는 말로만 알고 있을지 모른다. 그렇지만 그들은 자존심, 은행 잔고, 전용 요트에 연연하기보다 자신의 일에 열정을 쏟았다. 뱅크 오브 아메리카Bank of America를 통해 샌프란시스코 선착장 일꾼들과 전 세계 사람들에게 은행 제도를 소개한 아마데오 피터 지아니니Amadeo Peter Giannini는 어떤 일이 있어도 백만장자가 되지 않겠다고 맹세했다. 언젠가 아슬아슬하게 백만장자 근처까지 간 적도 있었지만 즉시 50만 9,000달러를 수표에 서명해 자선기금으로 내놓았다.

자신을 미래의 CEO감이라고 생각하는가? 그럼 먼저 간단한 질문을 하겠다. 어릴 때 신문 배달일을 해보았는가? 그런 경험이 있다면 당신만의 특정 배달 구역이 있었고 모자란 일손을 끌어들여 하나의 사업처럼 키운 적이 있는가? 만일 그렇다면 당신에게는 CEO 자질이 있을지도 모른다. 하지만 자전거를 타고 다니며 신문을 집어던지는 고독한 아르바이트를 끝마치자마자 학교 가기에 바빴다면, 미안하지만 당신은 CEO감은 아니다. 샘 월튼은 신문 배달로 1년에 4,000달러를 벌었다. 당시 가치로 따지면 최신형 자전거에 캐딜락Cadillac 자동차 두어 대 정도는 너끈히 살 수 있는 엄청난 돈이었다. 하지만 샘은 번쩍거리는 자동차에 눈독 들이지 않았다. 그에게 그런 것은 중요하지 않았다.

나는 이 책에 나오는 10명의 리더들이 3가지 종 모양의 분포도에서 모두 최상위 영역에 속한다는 결론을 내렸다. 첫 번째 분포도는 열정 또는 추진력, 두 번째는 재능, 세 번째는 행운을 나타낸다. 이 3가지는 위대한 CEO가 되기 위해 반드시 필요하다. 미국의 파산법원에는 똑똑하고 재능은 있었지만 밤늦게까지 땀 흘려 일할 마음이 없었거나 동업자 운이 없었던 사람들로 연일 북적인다. 그런가 하면 운도 있고 추진력도 대단해서 뭔가 열심히 뚝딱거리기는 했지만 정작 중요한 핵심을 간파하지 못한 사람들도 있다. 이 책에는 그런 어리석은 사람들은 나오지 않는다. 언젠가 기회가 되어 《죽은 정치인의 살아있는 아이디어 New Ideas from Dead Politicians》를 집필하기로 한다면 몰라도.

이 책은 각 CEO들이 지닌 강점과 그들이 극복해야 했던 위기 상황을 함께 보여주기 위해 그들의 개인적 삶과 비즈니스적 시련을 한

데 혼합해놓았다. 비즈니스 교훈을 다루는 책에서 행운 운운하는 것이 조금은 뜬금없게 보일 수 있다. 라스베이거스에서 잭팟을 터트리는 횡재를 생각하고 있다면 큰 오해다. 행운이란 정신이 번쩍 들도록 당신의 뺨을 후려치거나 비행기 뒤쪽에서 불어오는 순풍처럼 당신을 앞으로 나아가게 해주는, 좋고 나쁨에 관계없는 어떤 상황들을 말한다. 1906년 데이비드 사노프는 어느 건물의 '엉뚱한' 사무실 문을 두드렸다. 그것이 불행이었을까? 그가 '올바른' 문을 두드렸다면 〈뉴욕헤럴드New York Herald〉지에 부고 소식을 적는 일자리를 얻었을지도 모른다. 하지만 '엉뚱한' 문을 두드린 덕에 그는 무선전신을 발명한 굴리엘모 마르코니Guglielmo Marconi를 만났고, 미국을 라디오와 텔레비전의 시대로 이끌어갈 수 있었다.

우리에게는 부모, 생년월일뿐만 아니라 업계의 법적 환경을 고를 수 있는 선택권이 없다. 10명의 CEO도 그랬다. 엄청난 유산도, 고학력의 부모도 없었다. 공부보다는 어렸을 때부터 자신의 앞가림을 해야 했다. 지아니니는 여섯 살 때 가족 농장에서 일하던 일꾼이 아버지를 총으로 살해한 장면을 목격했고, 디즈니는 뭔 말인지 모를 어려운 계약서 때문에 자신의 첫 만화 성공작을 억울하게 빼앗기고 눈물 흘려야했다. 아홉 살의 사노프는 영어 한 마디 배우지 못한 채 러시아에서 배를 타고 미국 어느 부둣가에 발을 내디뎠다. 이 책에 나오는 CEO들은 2번의 세계대전과 대공황, 안일한 비즈니스 전통을 깨뜨린 글로벌 경제로 특징되는 20세기를 항해해 온 사람들이다. 이제 우리는 그들이 삶을 어떻게 헤쳐나갔고 어떻게 사업을 이끌었는지 살펴볼 것이다.

그렇다고 그들의 전기를 요약한 것이 아니다. 이곳에 등장하는 CEO들은 몇 가지 기준 항목에 따라 선정되었다. 첫째, 그들은 단순히 탁월한 경영자이기보다는 혁신가였다. 넋 놓고 있다 경쟁자들보다 뒤처질 바에는 차라리 스스로 물러나는 편이 낫다고 생각한 사람들이다. 그래서 이 책의 CEO들은 무작정 기회를 기다리기보다 신념에 따라 강하게 밀어붙였다. 그리고 이를 통해 비즈니스 세계에 거대한 변화를 일으켰고 인류의 삶을 바꿨다. 둘째, 그들은 내게 흥미로운 존재들이었다. 이 책에 소개된 CEO들은 20세기에 일어난 급격한 기술 발전과 사회적 의식변화를 주도한 보이지 않는 힘의 배경이 무엇이었는지 이야기한다. 토머스 왓슨 주니어는 전쟁의 포화 속에서 비행기를 조종하며 군사 작전을 수행했다. 메리 케이 애시는 여자들을 집 안에 들어앉아 남편 옷깃의 찌든 때나 빼낼 궁리만 하는 존재로 생각하던 대부분의 기업가들과 달리, 여성들에게 당당함을 심어줄 방법을 찾아냈다. 마지막으로 가장 중요한 세 번째 기준은 10명의 CEO들이 오늘날 우리가 관리자나 투자자 입장에서 기업에 적용할 수 있는 교훈들을 가르쳐준다는 것이다. 그런 맥락에서 델Dell 이나 크리스피크림 Krispy Kreme, AOL 타임 워너 AOL-Time Warner 나 에어버스 Airbus 처럼 이 책의 CEO들이 무대 뒤편으로 사라지고 한참 후에야 등장한 여러 기업들과도 마주치게 될 것이다. 맥도날드 McDonald's 의 레이 크록은 크리스피크림이 붕괴되지 않도록 구제해줄 것이며, 샘 월튼은 카니발 크루즈 라인 Carnival Cruise Lines 에게 박수를 보낼 것이다. 왜 그런지는 앞으로 알게 될 것이다.

책을 읽을수록 당신은 이 걸출한 CEO들을 한데 엮어주는 거대한 주제가 무엇인지도 알게 될 것이다. 그들은 20세기가 더 많은 사람들에게 더 많은 자유와 기회를 줄 것이라는 사실을 확신했고 사람들에게 희망을 걸었다. 뱅크 오브 아메리카의 지아니니는 J.P. 모건J.P. Morgan이 비웃고 조롱하던 보잘것없고 초라한 사람들에게 돈을 빌려주었다. 맥도날드의 크록은 평범한 근로자들도 성공적인 프랜차이즈 사업을 할 수 있다고 확신했다. 월트 디즈니는 계층에 관계없이 누구나 자녀들과 함께 시간을 보낼 수 있는 놀이 공원을 꿈꿨다. 메리 케이는 일하는 여성들도 할리우드 여배우처럼 매끈한 피부를 가질 수 있다고 주장했다. 죽은 CEO들의 선택은 모두 옳았다. 사회가 성장할수록 그들이 추구한 가치는 점점 공동의 가치로 확산되었다. 누구든 변화를 꿈꾸며 미래를 더 긍정적으로 설계할 수 있게 되었다.

물론 10명의 CEO 모두 살아가며 크고 작은 실패를 맛보았다. 온갖 거절과 사람들의 수군거림과 조롱 섞인 비웃음은 기본이었다. 특히 파산과 빚더미라는 시련에 맞닥뜨렸을 때의 심리적인 좌절감은 말할 것도 없었다. 위기 앞에 굴복하거나 편법과 술수라는 유혹에 넘어갈 수도 있었다. 하지만 그들은 역경을 당당히 맞이했고 열정과 자존심으로 자신만의 에너지를 회복했다. 다른 사람들의 호의에 기댄 비즈니스는 성공할 수 없다. 이 책의 CEO들은 그보다 믿음직스럽고 인간적인 동기들에 의존했고, 그것은 놀라운 성장의 근간이 되었다. 그들의 찬란한 유산을 이제 차근차근 전수받도록 하자.

차
례

1

시민의 편에 선 은행업계의 전사

아마데오 피터 지아니니

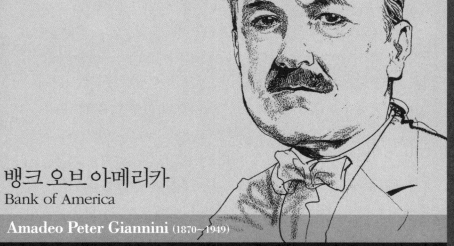

뱅크 오브 아메리카
Bank of America

Amadeo Peter Giannini (1870~1949)

"누구라도 거물들의 비위를 맞추느라 일반 고객들을 망각한다는
소문이 들리면 나는 언제든 돌아와 싸울 겁니다."

듬직한 체구의 사나이도 두려움은 어쩔 수 없었다. 새벽 5시 18분, 그의 목조 주택이 미친 야생마처럼 격렬하게 요동치더니 급기야 임신한 아내는 침대 밖으로 떨어지고 말았다. 아내는 있는 힘껏 남편을 붙잡았다. 190센티미터에 가까운 큰 키를 지닌 남편은 러슈모어Rush-more 산에 조각된 미국 대통령 석상만큼이나 육중한 어깨와 턱을 지닌 남성이었다. 하지만 방바닥이 온통 흙과 모래로 뒤범벅되자 그도 더 이상 버틸 수가 없었다. 아마데오와 클로린다 지아니니Amadeo and Clorinda Giannini 부부는 당장이라도 주저앉을 것처럼 흔들리는 천장을 올려보자마자 복도로 뛰쳐나가 일곱 아이들의 침실로 달려가서는 아이들을 온몸으로 감싸 안았다. 극심한 진동이 벽면을 사정없이 뒤흔들었고 그들은 그렇게 일생에서 가장 긴 28초를 보냈다. 벽에서 떨어져 나온 파편 한 조각이 혈우병 환자인 아들 마리오에게는 치명적일 수 있었기 때문이다.

이윽고 정적이 찾아왔다. 아이들이 비명을 지르는 사이에 사납게 몸부림치던 벽은 어느덧 잠잠해졌다. 운이 좋았다. 그들이 살고 있던

샌머테이오는 1906년 4월 18일에 발생한 샌프란시스코 지진San Fran-
cisco earthquake의 진원지에서 불과 30킬로미터 정도밖에 떨어지지 않
은 곳이었다. 지진으로 인한 사망자수가 몇 명인지는 지금도 정확히
파악되고 있지 않지만 적어도 3,000명 이상이 목숨을 잃은 것만은
분명했다. 도시 여기저기서 가스관이 터지고 불길이 솟구치자 부둣
가에 살던 무일푼 주민들은 놉힐Nob Hill의 부유층 주민들과 함께 길
가로 내몰렸다. 곧이어 피난과 약탈이 시작됐다. 혼돈과 무법이 뒤섞
인 가운데서는 그 어떤 성인군자라도 자신의 목숨과 돈을 지키기 위
해 노심초사할 수밖에 없었다.

   A.P.라는 이름으로 더 잘 알려진 아마데오 피터 지아니니Amadeo
Peter Giannini는 자신이 무슨 일을 해야 하는지 잘 알고 있었다. 통제된
도로와 길거리 불량배들, 시샘어린 경쟁 은행들을 뒤로 한 채 반드시
은행문을 열어야 했다. 샌프란시스코 시내가 화염의 도가니로 뒤바
뀐 그날은 우편배달부조차 돌아다니지 않았다. '눈이 오나, 비가 오
나, 더위가 밀려오나 어둠이 닥쳐와도'라는 고대 그리스 역사가 헤로
도투스Herodotus의 오랜 다짐도 지진 앞에서는 속수무책이었다('눈이
오나 비가 오나…'는 미국 우정국의 슬로건임). 하지만 서른다섯 살의 지
아니니에게는 확고한 신념이 있었다. 그는 27킬로미터 정도 떨어진
은행에 가기 위해 험난한 여정에 올랐다. 폭도들로 우글거리는 기차
는 지진으로 파손된 선로에 무리가 가지 않도록 기관사들이 속도를
늦추는 바람에 기어가다시피 했다. 지아니니는 기차에서 뛰어내렸
다. 지나가는 자동차를 얻어 타거나 거북이걸음으로라도 길을 재촉
하는 편이 나을 듯 싶었다. 그는 집을 나선지 5시간이 지나서야 시내

중심부로 들어설 수 있었다. 도시는 불길을 잡기 위해 소방관들이 건물을 폭파하느라 여기저기서 검은 연기와 불기둥이 치솟았다. 끊임없는 폭발음이 들려오는 사이로 예전 도시의 모습을 찾아보기란 어려웠다.

　그는 정신이 나간 것이었을까? 권력이나 명예에 굶주린 사내였을까? 아니면 절망의 순간에 현금이 간절한 소시민들에게 맹목적인 헌신을 쏟은 것일까? 어느 것이 맞는지는 그도 알 수 없었지만, 은행에 다다를 무렵 그는 자신이 엄청난 실수를 저질렀음을 깨달았다. 그의 듬직한 몸집과 결단력, 명성이 제아무리 대단하다 해도 혼자 힘으로는 약탈에 혈안이 된 도둑들에게서 금은보화가 든 은행 가방을 보호할 수는 없었다.

　첫 번째 장에는 냉혹한 무법자들에게 당당히 맞서면서도 인간에 대한 믿음을 저버리지 않았던 한 남자의 이야기가 담겨 있다. 지아니니가 현대식 은행제도를 고안해낼 수 있었던 것은 당시 은행업을 하던 뉴욕의 모건Morgans 일가나 런던의 로스차일드Rothschilds 일가, 워싱턴의 리그스Riggs 일가와는 달리 소규모 사업자와 집안의 가장, 주부들에게도 돈을 대출해줄 수 있다는 사실을 터득했기 때문이다. 지아니니가 샌프란시스코에 오기 전만 해도 은행은 오직 부자들만을 위한 곳이었고, 은행 직원들은 철창으로 가로막힌 은행 창구 속에 갇혀 있었다. 지아니니는 그런 은행의 철창을 쇠톱으로 완전히 걷어냈고 미국 경제를 과거로부터 해방시켰다. 지금도 전 세계 수많은 나라들이 그가 남긴 교훈을 배우고 있다.

부지런한 아이

뱅크 오브 아메리카Bank of America가 세상에 나오기 전에는 뱅크 오브 이탈리아Bank of Italy가 있었고, 뱅크 오브 이탈리아가 빛을 보기 전에는 캘리포니아California 주 새너제이San Jose에서 스위스 호텔Swiss Hotel을 운영하던 젊은 이탈리아인 부부가 있었다. 지아니니의 아버지 루이지Luigi는 이탈리아 제노바Genoa 지역의 포도농장 주인의 아들이었고, 그의 어머니 버지니아Virginia는 토스카나Tuscany 주의 성곽 도시인 루카Lucca 출신의 앳되고 아리따운 여성이었다. 1871년 손님들이 북적이는 호텔을 운영하면서 돈을 번 루이지는 고국에 있는 친척들도 부러워할 정도의 붉고 탐스런 딸기와 체리가 열리는 과수원 5만 평을 사들였다. 1870년 태어난 그는 일찍부터 농장 일 거드는 법을 배웠으며 들판에서 친구들과 뛰노는 즐거움을 알고 있었다.

지아니니 가족의 이야기는 20세기로 접어들 무렵 캘리포니아 북부 지방에서 펼쳐지던 이탈리아 이민자들의 무수한 일화들 가운데 하나다. 그 시절 과수원 일을 많이 하던 이탈리아계 미국인들에 관한 이야기는 1956년 브로드웨이의 뮤지컬 〈세상에서 가장 행복한 사람The Most Happy Fella〉과 〈그녀는 나와 고향으로 돌아갈 거예요She Gonna Come Home Wit' Me〉나 〈풍요Abbondanza〉와 같은 노래들에 잘 드러나 있다. 미국으로 건너온 이탈리아 이민자들의 숫자는 1890년대에 크게 급증했고, 1930년대에는 2~3세대 이탈리아인들이 미국 인구의 5분의 1을 차지했다. 그중에는 샌프란시스코San Francisco 길거리에서 또래들과 함께 공 치는 법을 배우다 훗날 야구 스타로 떠오른 주세페

파올로 디마지오Giuseppe Paolo DiMaggio도 있었다. 1850년대만 해도 샌프란시스코에는 금을 찾아 몰려든 사람들로 북적였지만 1870년대가 되자 센프란시스코 만San Francisco bey 지역에서의 돈벌이는 오직 하나, 즉 고된 노동이 전부였다. 사람들은 금 조각을 걸러낼 체를 챙기는 대신 삽과 곡괭이를 짊어지고 새로운 대륙 횡단 열차에 몸을 실었다. 땅에 묻힌 돈을 캐내려면 튼튼한 허리를 움직여야 했다. 1870년에서 1890년 사이에 미국 전체 농장 숫자는 450만 개로 급증하면서 80퍼센트 가까이 뛰어올랐고, 농장의 재산가치도 덩달아 상승했다.

풍족한 수확물의 정경, 뉴욕이나 보스턴 행 기차, 해외로 나가는 증기선에 가득 실린 나무 궤짝, 짐마차의 모습은 어린 지아니니의 눈에도 선명하게 들어왔다. 지아니니는 알비소Al-viso 지역의 교실 한 칸짜리 학교를 다니면서 공부했지만 그렇다고 외딴 시골에서 자란 것은 아니었다. 그는 프랑스와 독일, 아르메니아, 그리스 출신의 아이들과 함께 학교에 다녔다. 담임선생님조차 그의 이탈리아 이름을 제대로 발음하지 못했던 탓에 그는 평소 '아마도어 제닝Amador Jen-ning'이라는 이름으로 불렸다. 지아니니의 삶은 새로운 글로벌 세상으로 넘어가는 문턱에 걸쳐 있었고, 그런 엄청난 변화를 그냥 지켜볼 정도로 그의 인내심은 넉넉하지 못했다.

그는 스스로도 감당하기 벅찰 정도로 빠르게 성장했다. 1876년 8월 13일, 어린 지아니니가 집 앞에 서 있을 때 아버지가 농산물을 가득 실은 마차를 몰고 집으로 돌아왔다. 그때였다. 평소 지아니니의 아버지에게 앙심을 품고 있던 농장 인부 한 명이 어디선가 불쑥 나타났다. 임금 1달러가 화근이었다. 주인 집 아들이 바로 옆에 있든 말든 그는

허리춤에서 권총을 뽑아들어 루이지를 향해 방아쇠를 당겼고 루이지
는 그 자리에서 즉사했다.

　당시 스물두 살이던 지아니니의 어머니, 버지니아는 강하고 꿋꿋
한 여자였다. 남편의 죽음을 슬퍼했지만 그녀는 얼마 지나지 않아 자
신의 모든 에너지와 지략을 생업에 쏟아 부었다. 그녀는 과수원을 운
영하면서 세 아이를 먹여 살렸다. 결코 꾀를 부리거나 게으름피우는
일이 없었고, 지아니니와 함께 농장을 관리하면서 샌프란시스코 시
장으로 가는 배편에 농작물을 실었다. 그러다 도시의 농작물 도매상
에 물건을 차로 운반해주는 로렌조 스카테나Lorenzo Scatena라는 젊은
남성을 만났다. 두 사람은 1880년에 결혼했지만 그들의 만남에 어떤
거래가 있다고는 보기 힘들었다. 그녀가 비옥한 과수원을 갖고 식장
에 들어섰다면 그는 한 마리 말을 끌고 들어왔다. 자상한 성품의 로
렌조는 지아니니 가족의 과수원으로 들어와 살면서 훌륭한 의붓아버
지 노릇을 했고, 아이들은 그를 평생 '팝Pop(아빠라는 호칭)'이라고
불렀다. 로렌조가 좋은 성품을 지닌 것만은 분명했지만 버지니아는
그에게 하루빨리 트럭을 몰고 다녀야 한다고 이야기했다. 이유는 간
단했다. 그에게는 산타클라라 밸리Santa Clara Vallry에서 풍족한 수확물
을 거둬들이는 데 필요한 농사일에 전혀 소질이 없었기 때문이다.

　버지니아는 농장 일에만 만족하기에는 야심이 컸다. 그녀는 부유
층 거주지역인 놉힐의 저택들을 눈여겨보고는 자신들이라면 그런 언
덕쯤은 얼마든지 올라설 수 있을 만큼 똑똑하다고 판단했다. 그 후
버지니아는 지아니니가 열두 살일 때 대도시로 이사할 계획을 세웠
다. 그녀의 일생에서 가장 현명하고도 가장 무모한 결정이었다.

지아니니는 학교에서 수학 귀신으로 통했지만 선생님의 편애를 받는 학생이라는 별명에는 몹시 언짢아했다. 결국 학교는 그를 책상에 붙잡아두지 못했다. 주의가 산만한 아이여서가 아니었다. 부둣가에서 들려오는 상인들의 옥신각신 흥정하는 소리와 요란한 뱃고동 소리가 그에게 어서 오라 손짓했기 때문이었다. 채소와 과일 중개업을 하는 갤리 앤드 컴퍼니Galli and Company에 일자리를 얻은 의붓아버지를 뒤따라 지아니니도 그 바닥에 발을 들여놓았다. 농산물을 취급하는 일은 야간에 이루어졌다. 고단한 일꾼들이 하루 일을 마치고 잠든 시간에 상인들은 사과와 아티초크artichoke(엉겅퀴와 비슷한 모양의 식물)가 실린 나무 궤짝들 사이를 비집고 다니면서 농산물의 품질을 살펴보고 가격을 흥정했다. "당신네 물건은 얼마나 됩니까? 어느 게 당신네 물건이요? 수수료는 얼마면 되겠소?" 그것은 떠들썩하고 거칠고 사내들한테나 어울리는 일이었다. 그러나 지아니니에게는 베르디의 오페라와 다름없었다.

야심 많은 버지니아가 팝의 옆구리를 찔러 갤리 앤드 컴퍼니에 봉급 인상을 요구하자 회사는 딱 잘라 거절했다. 그 일로 팝은 회사를 그만두었고, 바로 이튿날 L. 스카테나 앤드 컴퍼니L. Scatena & Company라는 회사를 차렸다. 그렇게 사업을 시작한 지 첫 달 만에 팝은 1,500달러의 수익을 올렸다. 기존 월급인 250달러와 비교해 결코 나쁘지 않은 인상액이었다. 물론 팝에게는 비밀 무기가 있었다. 그것은 지아니니였다. 그는 밤마다 팝을 그림자처럼 좇아 다녔다.

팝은 약삭빠른 의붓아들이 졸졸 따라다녀도 아무런 불만이 없었다. "우리는 자정이면 집을 나섰죠. 새벽 1시에 부둣가에 도착하면 이미 너무 늦은 경우가 많았습니다." 스카테나는 회고했다.[1] 새벽 동이 트고 토마토와 아티초크를 실은 궤짝이 모두 실려 나가면 팝 스카테나는 수익을 계산해보고는 무뚝뚝한 아일랜드 출신의 회계사 팀 딜레이Tim Delay를 만났다. 딜레이는 지아니니가 보통 꼬마가 아니라는 사실을 이내 알아차렸다. 지아니니는 성실했고 중개업에 무척 관심이 많았으며 대차대조표도 읽을 줄 알았다. 아이에게는 미래가 있었다. 아침 일이 끝나면 지아니니는 이른 아침밥을 먹고 학교종이 울리기 전에 등교를 서둘렀다. 하지만 그런 이중생활은 오래 가지 않았다. 열다섯 살이 되자 그는 어머니의 반대를 무릅쓰고 팝을 위해 하루 종일 일하기로 결심했다. 어머니의 화도 누그러뜨릴 겸 자신의 분석 실력도 갈고닦을 겸해서 그는 인근 경영학교에서 3개월짜리 회계학 과정을 들었다. 그러고는 부둣가에서의 시간을 그리워할 틈도 없이 단 6주 만에 가뿐히 과정을 통과했다.

지아니니는 피어싱을 하고 짙은 검정색 머리 위로 모자를 푹 눌러쓴 얼굴에 180센티미터가 넘는 훤칠한 키와 근육질 몸매를 지닌 열다섯 살의 사내아이로 성장했다. 평균 165센티미터가 될까 말까 한 대부분의 이탈리아 사내들보다 머리 하나는 더 컸다.[2] 그의 덩치는 종종 파렴치하고 약삭빠른 경쟁업자의 턱을 갈겨 싱싱한 캔털로프cantaloupe(메론의 일종) 거래를 가로챌 때 제법 유용했다. 듬직한 체구와 자신감 넘치는 태도, 농작물을 직접 보고 자란 농장 경험 덕분에 지아니니는 부둣가의 중개업자와 선박업자는 물론 구매업자들에게 강한 인상을 심었다. 유달리 아이들에게 입 맞추는 일을 좋아하는 흔치 않은 정치가처럼, 지아니니는 농작물 거래업에 종사하는 다양한

국적 출신들과 떠들어대고 흥정하고 옥신각신하는 일을 좋아했다. 팝의 사업은 중개업과 구매업, 농작물 선거래업에 관여했다. 처음에는 팝과 지아니니가 함께 새크라멘토Sacramento 강을 오가며 우수한 농작물에 입찰하는 일을 했지만 결국에는 10대 소년 홀로 여행길에 오르게 되었다. 그는 거래를 위한 일이라면 무엇이든지 했다. 언젠가 한번은 한 경쟁업자가 사륜마차를 타고 농부에게 값을 흥정하러 가는 모습을 목격했다. 지름길을 알고 있던 지아니니는 입고 있던 옷을 벗어 물 위로 높게 쳐들고는 질척한 연못을 건너가 마차를 탄 경쟁업자를 앞지르는 데 성공했다.[3]

어느 때인가는 복숭아 공급량이 모자랄 것이라고 예상했던 적이 있었다. 지아니니는 복숭아 값이 2배로 뛰어오르기 훨씬 전에 복숭아를 있는 대로 사들였다. "커다란 도박이었지만 나는 내 예감을 그대로 믿었습니다. 그때 거래로 회사는 5만 달러를 벌어들였죠."[4] 조지 웹스터George Webster라는 지아니니의 추종자이자 경쟁업자는 다음과 같이 말했다. "그를 앞지른답시고 파운드당 3센트라는 낮은 단가에 콩을 사들이려고 하는 사람들을 봤지만 정작 그들의 말문이 열리기도 전에 판매자들은 지아니니가 정한 가격으로 주문서를 작성하곤 했습니다."[5] 지아니니가 스물한 살이 되자 팝은 그에게 L. 스카테나 앤드 컴퍼니의 절반을 떼어주었고, 회사는 매년 수십만 달러를 벌어들이는 기업으로 번창했다.

지아니니는 일할 때를 제외하고는 언제나 말쑥한 차림새였다. "건달에서 멋쟁이 신사로"를 외치던 뮤지컬 배우 스티븐 손드하임Stephen Sondheim처럼 그는 최신형 모자와 장갑, 금장을 두른 지팡이로 한껏 멋을 내고는 새해 첫날 거리를 활보했다. 스물한 살에 그는 시내 최고의 갑부이자 이탈리아 이민자의 딸인 클로린다 쿠네오Clorinda Cuneo라는 젊은 여성을 만났다. 그녀의 손가락에는 이미 유럽에 있는 약혼자가 준 반지가 있었지만, 지아니니는 그녀에게 구혼해 마침내 사랑을 얻어냈다. 고국에 남겨진 가련한 약혼자에게는 단 한 번의 기회조차도 없었다. 얼마 지나지 않아 두 사람 사이에서 아이들이 태어나기 시작했고, 지아니니와 팝의 주머니는 날이 갈수록 두둑해졌다. 지아니니는 그를 따라 부동산에 투자했다. 팝과 함께 일한 지 15년쯤 지났을 때 지아니니는 농작물을 취급하는 일에서 물러나기로 결심했다. 서른한 살이던 그에게 L. 스카테나 앤드 컴퍼니처럼 이미 커질 대로 성장한 기업을 경영하는 일은 성에 차지 않았다. 팝은 그의 지분을 10만 달러에 사들였고, 지아니니는 그 외에 30만 달러를 따로 챙겨둔 상태였다. 오늘날의 달러 가치로 환산하면 그것은 960만 달러라는 어마어마한 액수의 종자돈이었다.

은행업으로 틈새시장을 파고들다

서른한 살이라는 젊은 나이와 은퇴는 어울리지 않는다. 지아니니는 새로운 도전을 꿈꾸고 있었고 부동산업과 투자업, 은행업에서 미래를 발견했다. 지아니니가 L. 스카테나 앤드 컴퍼니에서 물러나기 전부터 그와 팝은 이미 은행업 쪽으로 움직이고 있었다. 다음 철 농작물 재배를 계획하는 가운데 종자와 농기구, 일손에 지급할 비용 선금을 농부들이 문의해오면서 일은 시작되었다. 스카테나 회사는 대출금에 이자를 요구하는 대신 수확 농작물에 낮은 가격을 지불했다. 사람 보는 안목과 농작 기술에 대한 날카로운 판단력을 갖춘 덕분에 두 남자는 손익 계산서에 차질을 빚는 일 없이 대출금을 제공할 수 있었다.

지아니니의 실질적인 은행업 진출은 그의 장인인 조셉 쿠네오 Joshep Cuneo가 1902년 아흔둘의 나이로 타계하면서 본격화되었다. 조셉은 똑똑한 투자가이긴 했지만 그다지 꼼꼼한 편은 못되어서 11명 자녀들에게 유언장 하나 남겨두지 않았다. 다만 그가 연필로 적어둔 중요한 한 가지 기록이라면 자신의 재산 집행인으로 '아마데오 피터 지아니니'를 지목한 것이었다. 쿠네오는 부동산업 말고도 콜럼버스 저축대출조합Columbus Savings & Loan Society(이하 콜럼버스 S&L 또는 콜럼버스은행)이라는 지역 은행의 중역으로 재직했었다.

은행 일을 간절히 바라던 지아니니는 결국 쿠네오가 일하던 은행의 중역 자리에 앉게 되었다. 그에게는 다양한 아이디어와 그동안 쌓아온 인맥이 있었고, 은행 확장을 위해 간부들과 의논할 광고 문구도 의욕적으로 준비했다. 하지만 그곳은 목소리 크고 힘센 사람이 이기는 부둣가가 아니었다. 콜럼버스 S&L은 이탈리아 이민자들에 의해 운영되기는 했어도 J.P. 모건과 같은 활력 없는 원칙들을 고수하던 은행이었다. 뉴욕에 기반을 둔 모건은 은행의 기본을 확립한 인물이었다. 땅딸막한 체구의 젊은이에서 이제는 늙은이가 된 모건은 '경쟁'이라는 말이 무색할 만큼 독보적인 존재였다.[6] 모건은행을 흉내내던 콜럼버스 S&L은 돈을 빌려주는 대출업에는 별로 관심이 없었다. 물론 개발업자들이라면 사정은 달라졌다. 성공한 거물들은 언제든지 대환영이었다. 그럼 작은 식품점이나 모자 가게를 운영하는 자영업자들은? 그들은 별다른 미래도 없고 대출금을 갚기도 힘들만큼 가난한 사람들이었다.

지아니니는 늘 목소리를 높이고 동료 중역들을 귀찮게 하는 존재였다. 새로운 아이디어가 끊임없이 쏟아져나왔기 때문이었다. 그런 그는 과연 어떻게 해서 새로운 생각을 실천에 옮길 수 있었을까? 그는 몸집은 왜소해도 활기 넘치는 제임스 J. 페이건James J. Fagan 의 사무실을 찾아갔다. 페이건은 아메리칸 내셔널 뱅크American National Bank 의 부사장이었다. 한눈에 봐도 아일랜드 출신임을 알 수 있는 페이건은 지아니니에게는 자랑스럽고 든든한 친구이자 동지였다. "지아코모Giacomo, 은행을 열려고 하는데 방법을 가르쳐주시오!"

페이건은 눈을 깜박이면서 현재 샌프란시스코에 있는 은행만으로도 숫자는 충분하다고 충고했다. 하지만 그런 말이 지아니니의 귀에 들릴 턱이 없었다. 그는 전혀 새로운 은행을 시작할 준비가 되어 있었다.

지아니니의 새로운 아이디어

혁명 1. 누구나 고객이 될 수 있다

지아니니는 바보가 아니었다. 그는 최우수 고객들을 상대하는 대형 은행들과 겨루지 않음으로써 오히려 성공의 기회를 찾을 수 있다고 생각했다. 그는 대형 은행들이 무시하는 고객들을 상대할 생각이었다. 콧대 높은 콜럼버스은행은 타이타닉 호Titanic를 출항한 거대 선박 회사인 화이트 스타White Star에 자금을 대준 반면 지아니니는 작은 구명보트와 통통배 제조업자들에게 기꺼이 돈을 빌려주었다.

지아니니의 혁신적인 아이디어에 대한 평가는 할리우드의 프랑크 카프라Frank Capra 감독이 그의 광팬이라는 사실을 비춰보면 알 수 있다. 시칠리아Sicilia 출신의 이민자 카프라는 지아니니를 회고하면서 영화 두 편을 제작했다. 첫 번째 영화 〈미국의 광기American Madness〉에서는 주연 배우 월터 휴스턴Walter Huston이 대규모 예금 인출 사태에 맞서 싸우면서 사람들을 믿고 돈을 빌려주는 서민적인 은행가로 활약했고, 그보다 훨씬 유명세를 탄 크리스마스 고전 영화 〈멋진 인생It's a Wonderful Life〉에서는 지미 스튜어트Jimmy Stewart가 피터 베일리 역을 맡아 극중 포터라는 이름의 성질 고약한 독점 은행가와 맞붙었다.

인심 사납고 괴팍한 포터는 베일리의 유연한 대출 정책이 '근검절약하는 노동자 계급이 아닌 불평 많고 게으른 어중이떠중이들'을 만들어낼 뿐이라고 생각했다. 그에 대응해 피터 베일리는 포터가 말하는 '어중이떠중이'에 대해 고무적인 찬사를 늘어놓는다. "그들은 대부분 이 지역에서 일해서 돈을 벌고 그 돈을 이 지역에서 쓰고 살아가다가 생을 마감합니다. 그렇다면 남부럽지 않은 방과 욕실 딸린 집에 살면서 일하고 돈을 쓰며 생활하다 생을 마감하도록 돕는 것이 뭐가 그리 지나치단 말입니까? 내 선친도 당신처럼 생각하지는 않으셨습니다. 아버님 눈에는 모두가 똑같은 인간이던 그들이 당신처럼 성마르고 조바심 많은 늙은이에겐 가축과 다를 게 없군요. 하지만 내 선친은 당신과는 상대도 안 될 만큼 부유하게 돌아가셨습니다."[7]

지아니니에게 소시민들을 대상으로 한 대출은 결코 자선사업이 아니었다. 오히려 기막힐 정도로 훌륭한 사업이었다. 그는 미국의 재산 축적이라는 물결을 기꺼이 맞을 준비가 되어 있었고, 작은 기업들의 신용도도 큰 기업들 못지않게 높다는 탁월한 통찰력을 갖고 있었다. 만일 지금 당장 맨해튼을 방문해 한때 팬암Pan Am 항공사 건물과 RCA 건물을 표시하는 트로피 간판을 찾는다면 괜한 헛수고만 하게 될 것이다. 이 두 기업은 한때 은행들의 관심을 한 몸에 받던 독보적인 존재였고, 그만큼 그들과 긴밀한 관계를 유지하는 일은 은행으로서는 더할 나위 없이 중요한 일이었다. 하지만 그런 이름들은 모두 사라져버렸다. 이제는 맨해튼 7번가를 걷다가 1937년부터 지금까지 줄곧 맨해튼의 명물로 자리잡아온 카네기 델리Carnegie Deli라는 식품점의 네온사인을 볼 수 있다. 지아니니는 수백만 달러 가치의 거물이 맛 좋은 파스트라미(훈제 쇠고기) 샌드위치만큼의 저력을 갖지 못할 수 있음을 진작 알고 있었던 것이다.

몇 년 후 지아니니는 의회에서 다음과 같이 연설했다. "소시민이야말로 은행 최고의 고객이 될 수 있습니다. (…) 그들은 처음부터 마지막까지 은행과 함께할 고객입니다. 하지만 거물급 인사는 은행에서 뭔가 빼낼 수 있는 경우에만 함께할 뿐입니다." 그렇게 해서 지아니니는 1904년 친구 페이건을 끌어들이고 뱅크 오브 이탈리아를 열었다. 뱅크 오브 이탈리아는 다양한 계층의 고객들을 겨냥했을 뿐 아니라 은행 경제와 시장 경제에 일대 혁명을 일으켰다. 모건 가의 은행 모델은 예금을 중요하게 생각하지 않았다. 모건은행의 로비로 걸어 들어가 은행 구좌를 열겠다거나 대출을 받겠다고 하면 직원들은 당신을 마치 나폴레옹과 점심을 먹게 해달라고 조르는 사람마냥 이상하게 쳐다보았을 것이다. 그때만 해도 은행은 일종의 비밀 클럽이나 다름없었다. 물론 그들도 금고에 예금을 보관해놓기는 했지만 그것은 침대 밑에 더 이상 돈을 숨겨둘 수 없을 만큼 부유한 사람들에게 편의를 제공하기 위한 것이었다. 오늘날의 은행들과는 달리 그런 예금은 다른 사람들에게 즉시 대출되지 않았다. 1900년에 모건은행이 보유한 예금이 5억 달러라고 했다면 그것은 실제로 금고에 5억 달러가 들어 있다는 말이었다. 오늘날 연방준비제도이사회 FRB, Federal Reserve Board는 은행들에게 단 10퍼센트의 예금만을 보유하도록 하고 있다. 나머지 90퍼센트는 얼마든지 대출이 가능해서 경제 전반에 확산되어 결국 경제를 확장시킨다.[8]

지아니니가 뱅크 오브 이탈리아를 설립하던 즈음에 미국 동부 연안에 살고 있던 유대인과 이탈리아인, 그리스인을 비롯한 여러 이민자 그룹들은 지역사회 금융 단체들을 만들었다. 종종 '장례 협회'라는 이름으로 불리던 이들 단체는(상당수의 목적이 적절한 장례식을 치를 비용을 모으는 것이었으므로) 새로 온 이민자들과 새내기 사업자들에게 빌려줄 예금을 모아두었고, 새내기 사업자들은 수익의 일부를 의무적으로 공동 기금에 내놓아 다음 사람들을 돕도록 했다. 이런 방식은 1980년대와 1990년대에도 뉴욕의 많은 한국 식품업자들에게 자금을 조달해주었다.

혁명 2. 입소문을 퍼뜨리고 문을 활짝 열어라

새로운 고객들을 목표로 삼았던 지아니니는 과연 어떻게 그들을 얻었을까? 콜럼버스은행과 모건은행은 고객들을 접객실이나 컨트리 클럽으로 불러들였고, 그곳에 모인 대출자들은 식사할 때 포크 사용법쯤은 정확히 알고 있는 부유층이었다. 지아니니는 답을 알고 있었다. 바로 부둣가로 돌아가는 것이었다! 그는 부둣가를 어슬렁거리며 고객을 유인하거나 은행을 선전하고 마을에서 가장 싼 대출금리를 제시하면서 사람들에게 다가갔다. 기존 은행가들이 볼 때 그런 방법은 은행의 품격을 떨어뜨리는 모독이자 어찌 보면 범죄와 다름없었다. 신문 광고도 그랬다. 기존 은행가들은 서민들이 신문을 읽는다고 생각하지 않았다.

처음 몇 주 동안 배관공과 트럭운전사, 토마토 출하업자들이 뱅크 오브 이탈리아를 찾아왔다. 아무 것도 모르는 그들에게 지아니니와 직원들은 예금전표와 이자율에 대해 가르쳐주었다. 보수적인 은행 직원들에게는 제대로 대접받지 못했던 상인들이 뱅크 오브 이탈리아에서는 당당하게 환영받을 수 있었다. 지아니니는 뱅크 오브 이탈리아는 '은행 영업시간'을 그대로 지키지 않는다 규정을 내놓았다. 오전 9시부터 오후 5시까지만 문을 여는 은행에 용접공으로 일하는 사람이 찾아오기는 힘든 노릇이었다. 그는 저녁에도 은행 문을 열어두었고 일요일에도 가끔씩 문을 열었다. 기존 은행가들에게는 비정상적인 일이었다.

주말에 자동차를 둘러보러 영업소에 들러본 적이 있는가? 일요일에는 십중팔구 문을 열지 않으며 토요일에도 영업직원 수가 줄어들지 모른다. 화요일 아침에 사무실을 나와 폰티악Pontiac 시운전을 해볼 수 있는 사람이 과연 몇이나 된단 말인가? 하지만 제너럴 모터스General Motors, GM 사람들은 어떤 날이라도 상관없는 것 같다. 그럼 세븐일레븐7-Eleven의 경우를 생각해보라. 창업주들은 자신들이 얼마나 근면 성실한지 뽐내기 위해 1927년에 세븐일레븐이라는 이름을 지었다. "우리는 맹세코 그 누구보다 일찍 일어나며 모든 사람들이 취침하는 11시까지 잠자리에 들지 않습니다." 오늘날의 세븐일레븐은 24시간 문을 열고 고객들을 맞이하고 있다. 애석한 사실은 아직도 다른 많은 기업들이 1904년에 지아니니가 들려준 메시지를 제대로 이해하지 못한다는 것이다.

뱅크 오브 이탈리아의 때 이른 광고에 오늘날의 사탕발림식 문구나 현란한 색채는 없었을지 모른다. 하지만 지아니니는 인쇄 광고를 통해 자신의 은행 철학을 분명하게 전달했다.

> 뱅크 오브 이탈리아는 주택을 소유하고 있거나 주택 건축을 계획하고 계신 고객들은 물론 1,000달러 미만의 자금이 필요하신 소액 모기지 대출 고객들에게 은행 문을 연 후로 지금까지 늘 기꺼이 대출 서비스를 제공하고 있습니다.
>
> 뱅크 오브 이탈리아가 오늘날의 명성과 막대한 자원을 축적할 수 있었던 것은 주로 소액 예금주의 요구에 부응해온 덕분입니다. 그분들은 바로 임금 노동자와 농작물 재배업자, 자영업자, 소형 주택 및 소규모 부동산 소유주를 비롯해 캘리포니아 발전에 주축이 되어온 여러분입니다.[9]

기존 은행들이 그의 광고를 업신여기는 데는 두 가지 이유가 있었다. 첫째로 그들은 광고가 은행의 이미지를 깎아내린다고 생각했다. 지아니니가 살던 시절, 야구장의 외야석 담장에는 젬 Gem 면도날 광고("오후에 자라나는 거무스레한 수염을 피하세요")나 라이프부이 Lifebuoy 비누 광고("레드 삭스 팀도 쓰고 있습니다!"), 빔스 Vimms 비타민 광고("빔스를 느껴보세요!") 등으로 채워져 있었다. 야구선수 호너스 와그너 Honus Wagner 는 1905년 야구방망이 브랜드인 루이스빌 슬러거 Louisville Slugger 에 자필 사인을 한 최초의 유명인사 광고 모델이 되었다. 하지만 어엿한 은행이 한낱 비누와 같을 수는 없었고, 무엇보다 전문직 은행가들은 대중을 볼품없는 하층민으로 경시했다. 은행들이 광고에 반대하는 데는 첫 번째 이유보다 더 받아들이기 어려운 까닭이 있었는데 그것은 광고가 가격과 이윤을 끌어내린다는 생각이었다! 뱅크 오브 이탈리아가 예금주들에게 3.5퍼센트 예금이자율을 제시하기 시작하자 대형 은행들도 어쩔 수 없이 이자를 끌어올려야 하는 부담을 느꼈다. 마찬가지로 지아니니의 은행이 겨우 6퍼센트의 모기지 이자율을 청구했을 때 다른 샌프란시스코 은행들은 과도한 수수료 문제를 어떻게 해결했을까? 안타깝게도 그들은 제대로 된 해결책을 찾지 못했다.

권위 있는 한 경제 연구조사에 따르면 미국의 검안사들에게 광고를 허용한 주(州)일수록 안경 가격이 훨씬 낮다고 한다.[10] 지난 10년 동안 레이저 시력교정 수술비가 급격히 떨어진 사실을 알고 있는가? 실력 있는 안과 의사들을 선전하는 라디오 광고나 옥외 광고를 본 적이 있는가? 광고가 신경을 거스르기는 해도 정보가 많을수록 소비자에게 더욱 유용하다는 상호관계는 성립된다. 오늘날 자동차 정비업계는 자동차 영업소에서 광고를 외면당했더라면 지금처럼 성장하지 못했을 것이다. 광고와 담을 쌓은 업계라면 강한 의혹을 던져볼 만하다. 비교구매가 철저히 차단된 상태로 약식 유언장을 판매하던 변호사들이 얼마나 많은 돈을 벌어들였는지 생각해보라. 이러한 맥락으로 볼 때 주식 거래에서 중개업체에 엄청난 몫을 내놓는 대신 몇 달러 수수료를 지불하는 오늘날의 관행에 대해 여러분은 지아니니에게 작게나마 감사해야 할 것이다.[11]

지아니니가 은행에 혁명의 바람을 불러일으켰다고는 하지만 그가 초창기에 경제적으로 감당할 수 있던 핵심 인물들은 얼마 되지 않았다. 그는 콜럼버스은행에서 사람 다루는 수완이 뛰어난 아르만도 페드리니Armando Pedrini를 불러들였다. 그는 여성 고객들의 마음을 사로잡는 것은 물론 남성 고객들과 격의 없이 대화하는 데 탁월한 능력이 있었다. 페드리니는 만인에게 사랑받는 레스토랑의 수석 웨이터와 다를 바 없었다. 다른 점이라면 전채요리 카트를 미는 대신 이자가 붙는 저축예금 계좌를 굴린다는 것뿐이었다.

지아니니는 많은 직원을 고용할만한 경제적 능력은 없었지만 은행 소유권에 대해 전략적인 결정을 내렸다. 그것은 지분을 광범위하게 매각해 지분 소유의 편중 현상을 막는 것이었다. 은행 전체 발행주식 3,000주 가운데 100주 이상을 소유할 수 있는 사람은 아무도 없었다. 지아니니도 예외는 아니었다. 1년이 안 되어 뱅크 오브 이탈리아의 자산은 100만 달러를 넘어섰다. 콜럼버스은행 사람들은 이 사실을 알고 매우 분개했다. 그들은 지아니니의 어리석은 짓이 엄청난 실수라고 확신했지만 그로부터 6년이 지난 1910년이 되어서야 뱅크 오브 이탈리아 장부에 고작 단 한 건의 주택압류 사실이 기록된 것을 발견하고 허탈해했다.[12] 하지만 콜럼버스은행 임원들이 분개한 데에는 또 다른 이유가 있었다. 지아니니는 늘 경쟁업체들을 당황스럽게 만드는 방법을 잘 알고 있었다. 그는 콜럼버스 가와 워싱턴 가가 만나는 모퉁이 건물을 사서 뱅크 오브 이탈리아를 시작했는데, 그곳은 바로 콜럼버스은행이 먼저 임대해 이용하던 건물이었다. 콜럼버스은행 임원들은 화가 머리끝까지 치밀어 그를 고소했지만 패소하고 말았다. 콜럼버스은행은 임대료를 지불할 때마다 한때 전직 임원이었고 지금은 새로운 경쟁 상대가 된 지아니니와 뱅크 오브 이탈리아 앞으로 수표를 서명해야 했다. 몇 달 동안 그런 굴욕을 겪고 난 후에 콜럼버스은행은 금 가방을 챙겨들고는 길 건너 건물로 이사했다.

지아니니가 그곳에 은행을 차린 데는 그럴만한 이유가 있었다. 그곳은 시립 교도소에서 불과 한 블록밖에 떨어져 있지 않아 경찰관들이 정기적으로 순찰을 도는 구역이라는 판단에서였다. 은행업이 시작된 초창기만 해도 튼튼한 지하실이나 금고는 무척 귀했다. 19세기에 은행들이 많이 생겨난 것도 어느 잡화상이 튼튼한 금고를 들여놓자 고객들이 자신들의 귀중품을 보관할 수 있는지 문의하기 시작한 단순한 이유에서였다. 뱅크 오브 이탈리아를 열 때만 해도 지아니니는 튼튼하고 견고한 금고를 갖출만한 경제적 능력이 되지 않았다. 그는 자신의 부실한 은행 금고를 '뚜껑 없는 크래커 상자'라고 불렀다.[13] 허술한 보안 체제를 메워준다는 차원에서 지아니니의 친구 페이건은(당시 크로커 내셔널 뱅크Crocker National Bank의 출납국장을 지내다

후에 뱅크 오브 이탈리아로 갈아탔다) 탄탄한 기반을 갖춘 크로커은행에 지아니니가 귀중품을 보관하도록 조처해주었다. 아침이면 금은보화가 담긴 가방을 실은 사륜마차가 철옹성의 크로커은행 금고에서 크래커 상자로 운반되었고, 저녁에는 다시 크래커 상자에서 크로커은행 금고로 옮겨졌다.

혁신 3. 낮은 금리와 높은 자긍심

뱅크 오브 이탈리아는 마을에서 소액 대출자들이 의지하던 유일한 수단은 아니었다. 100달러 대출을 희망하는 사람들이 콜럼버스은행이나 크로커은행처럼 탄탄한 기반을 가진 은행에서 거절을 당한다 하더라도 전혀 대안이 없는 것은 아니었다. 대안은 바로 고리대금업자들이었다. 뱅크 오브 이탈리아는 대개 20퍼센트로 통용되던 월 대출이자를 6퍼센트라는 비교적 낮은 금리로 대출해주면서 즉시 고리대금업자들의 코를 납작하게 만들었다. 당시만 해도 샌프란시스코와 같은 대도시에 사는 사람들의 5분의 1이 고리대금업자와 그의 행동대원들의 살벌한 주먹의 횡포에 시달리고 있었다.[14] 1920년대에 독일 극작가 베르톨트 브레히트Bertolt Brecht는 작품에서 '칼잡이 맥Mack the Knife'이라는 별칭의 사업가 맥히스Macheath에 대해 이렇게 이야기했다. "그의 날카로운 상어 이빨에 물리는 날이면 주변은 어느새 진홍빛으로 물든다."

초창기 시절 뱅크 오브 이탈리아는 예금금리와 대출금리 사이에 약 3퍼센트라는 제법 괜찮은 금리 차액을 챙길 수 있었다. 이 정도 차액이라면 오늘날 시티그룹Citigroup이나 J. P. 모건J.P. Morgan도 매우 흡족해할 것이다. 그러나 1904년만 해도 이들 은행의 전신들은 지아니니와 그의 은행을 비웃고 조롱했다.

혁신 4. 대출 자격의 역발상

지아니니는 소시민에게 서비스를 제공하면서 흥미로운 경제 개념을 주장했다. 기존 은행가들은 낮은 이자율을 제시하면 별 볼일 없는 대출자들을 끌어들여 결국에는 불량한 신용 리스크를 초래한다고 경고했다. 당시 은행들은 높은 이자율을 청구하는 방법으로 쭉정이 고객들을 제거했다. 지아니니의 생각은 그와 정반대였다. 첫째, 그는 낮은 이자율이라도 안전한 신용 리스크를 끌어들일 수 있다고 확신했다. 사람은 누구나 저렴한 것을 좋아하기 마련이다. 심지어 오늘날에도 돈 걱정 없는 친구들이 창고형 할인매장인 코스트코Costco에서 싸게 건진 물건들을 자랑하는 모습을 적잖게 볼 수 있다.

첫 번째보다 흥미로운 그의 두 번째 견해는 저렴한 물건을(여기서는 낮은 대출이자를) 찾아다니는 사람들일수록 똑똑하고 부지런하다는 것이었다. 현대 경제학자들의 용어를 빌리자면 그런 사람들은 보다 나은 조건에 반응하는 방법으로 자신들의 안정된 신용도를 드러내고 있는 셈이다. 더 나은 조건을 찾아다니는 것은 곧 땀과 노력이 표출된 행위였다. 지아니니는 "저렴한 이자율을 쟁취하는 사람이야말로 우리가 돈을 대출해주고 싶은 사람"이라고 말했다.[15] 미국 북동부 지역에 기반한 의류업자인 시 심스Sy Syms는 40년이 넘도록 알뜰 쇼핑객들에게 할인 가격으로 디자이너 의류를 판매하면서 자신의 매장에 "교양 있는 고객이 우리 최고의 고객"이라는 슬로건을 내걸었다. 그러나 말쑥한 옷차림의 지아니니는 60년 동안 은행업을 지속하면서 40년 영업 경험의 심스를 앞질렀다.

이야기를 이어나가기에 앞서 지아니니가 말하는 '소시민'이나 '경제 주축을 이루는 개인'과 관련해 짚고 넘어가야 할 점은 그가 여성과 아이들을 깍듯이 대우했다는 것이다. 뱅크 오브 이탈리아의 첫 번째 이사회 회의록에 따르면 거액 대출 승인을 받은 최초 11명 고객들 가운데 적어도 3명이 여성이었다. 지아니니는 훗날 여성 전용창구를 열고는 "여성 전용창구에서 저를 찾으세요!"라는 대대적인 광고 캠페인을 벌였다.[16] 여성 전용창구 외에도 뱅크 오브 이탈리아는 다른 은행들과는 사뭇 달라보였다. 지아니니는 실리콘밸리Silicon Valley의 똑똑한 젊은이들이 스케이트보드를 타고 사무실 복도를 질주하던 시절보다 90년이나 앞서서 이미 '개방형 구조 사무실'에 대한 믿음을 갖고 있었다. 그는 무시무시한 창구의 철창을 걷어냈고 자신의 사무실을 은행의 중앙에 배치했다. 이제 웅장한 벽면 뒤의 멋지고 안락한 사무실에 숨어 있는 임원들은 단 한 명도 없었다.

지아니니와 은행 직원들은 다양한 인종들이 모여 사는 동네를 찾아가 집집마다 문을 두드렸다. 훗날 그는 모든 직원들에게 적어도 두 가지 외국어를 구사하도록 요구했다. 시칠리아인 정어리 운송업자에서 멕시코인 딸기 수확업자, 오리건 주의 벌목업자에 이르기까지, 지아니니는 다양한 고객들과 거래하기를 원했다. 어마어마한 연어 떼가 북쪽으로 이동한다는 소문을 듣고는 알래스카 주로 직원을을 보내 떼부자가 된 어부들과 거래를 트게 했다. 그 후 몇 해가 지나 2차 세계대전이 일어났을 때는 일본인 포로수용소에 은행을 열기도 했다. 물론 그의 성공은 이탈리아인 지역사회의 대단한 자부심이었다. 누군가는 〈샌프란시스코 이그재미너San Francisco Examiner〉지에서 "나는 남유럽 출신이었지만 이제는 미국인이다"라고 말했다.[17]

지아니니의 직원들은 학교 안으로도 들어가 학생 4만 명에게 저축 예금 계좌를 만들어주고는 그야말로 학생들의 푼돈을 매주 거둬들였다. 운영비가 어마어마하게 들어갔고 통장 사업으로 별다른 돈도 벌어들이지 못했지만 그럼에도 아이들은 저축 습관을 길러나갔다. 이러한 전통은 다양한 공동체에서 여전히 지속되면서 은행에 대한 충성심을 기르는 데 유용한 수단이 되고 있다. 영국 캠브리지 대학교Cambridge University에 경제학 대학원생으로 갔을 때 나는 동기들끼리 잡담하는 내용을 듣고 깜짝 놀란 적이 있었다. 자신의 담당 은행 직원이 휴가를 보내준다느니 텔레비전을 사준다느니 하는 말은 담당 은행 직원이 누군지도 모를 내게는 참으로 놀라웠다. 도대체 그들이 왜 그런 일을 해준단 말인가? 얼마 지나지 않아 나는 친구들이 은행에서 정기적으로 당좌대월overdraft(은행 잔고를 초과해 수표를 결제할 수 있도록 한 은행과의 약정) 수표를 결제한다는 사실을 알게 됐다. 미국에서는 경험해보지 못한 생소한 일이었지만 바클레이즈Barclays 은행 직원들에게는 예사로운 일이었다. 왜였을까? 바클레이즈 은행은 내트웨스트NatWest 은행과 불꽃 튀기는 경쟁 구도에 있었고, 20대 젊은이들과 오랫동안 변치 않는 우정을 나누고 싶어 했기 때문이다. 70년 전 지아니니는 이미 학교 통장 프로그램에 참여한 학생의 60퍼센트가 뱅크 오브 이탈리아 통장을 그대로 사용한다는 사실을 자랑스럽게 여겼다.

혁신 5. 담보물을 차별 없이 대하라

만약 당신이 콜럼버스은행이나 크로커은행, 모건은행에 담보 물건으로 적합한 대상에 대해 문의한다면 아마도 금괴나 튼튼한 석조 건물 운운하는 소리를 듣게 될 것이다. 하지만 지아니니는 탁 트인 시야를 갖고 있었다. 언젠가 그는 "서구 시대는 아직 시작되지 않았다"고 말했고, 20세기 경제는 더 이상 유형 자산을 으뜸으로 치는 금박시대gilded age나 석기시대에 얽매이지 않을 것이라고 굳게 확신했다. 그의 예견은 옳았다. 코카콜라Coca-Cola의 제조법이 지닌 가치가 어떠한가? 아이팟ipod의 날렵한 스타일은? 조지 루카스George Lucas의 상상력과 스타워즈Star Wars의 프랜차이즈 사업은 또 어떤가? 모두 수십억 달러의 가치를 갖고 있지만 그중에 금이나 돌로 만들어진 것은 하나도 없다. 쉽게 말해 지아니니는 거의 모든 대상을 담보 물건으로 받아들일 의향이 있었다. 현대 경제의 발전에 견주어볼 때 여기서도 그의 탁월한 감각을 엿볼 수 있다. 그는 암소와 의류, 자동차, 살구 농작물, 심지어 유성 영화까지도 담보물로 잡고 돈을 빌려주었다. 그가 순진해서가 아니었다. 그는 뱅크 오브 이탈리아와 훗날 뱅크 오브 아메리카를 지휘하면서 이 분야의 전문가가 된 사람이었다. 그의 은행은 자동차 금융부서와 농업부서를 구축하면서 경험 많은 전문가들을 고용해 대출을 원하는 자동차 딜러나 농부에게 실질적인 조언을 해줄 수 있도록 했다. 다른 은행들은 가축을 담보로 한 대출업무를 꺼려하던 시절에 지아니니의 은행은 보든 밀크 컴퍼니Borden Milk Company를 상대로 로비를 벌이면서 우유의 미래 가격에 따라 낙농업자들에게 돈을 대출해주는 방법을 터득했다. 담보물에 대해서는 소 한 마리당 대출금 30달러라는 한계를 정해놓았지만 그것은 낙농업자들을 충성심 강한 고객들로 바꿔놓기에 충분했다. 그 후에는 평범한 주택 소유주들에게 냉장고를 담보로 대출해주는 대대적인 포트폴리오를 마련하기도 했다.

훗날 뱅크 오브 이탈리아는 지아니니와 곧잘 말다툼을 벌이던 형이자 의사인 아틸리오Attilio 와 함께 할리우드의 신흥 부자들을 위한 금융업을 시작했다. 찰리 채플린Charlie Chaplin 이나 새뮤얼 골드윈Samuel Goldwyn, 세실 B. 드밀Cecil B. DeMille 과 같은 신흥 부자들의 이름은 십계명에서 들려오는 하나님의 음성과도 같았다. 지아니니의 은행은 〈폭풍의 언덕Wuthering Heights 〉에서 〈킹콩King Kong 〉을 거쳐 〈바운티호의 반란Mutiny on the Bounty 〉에 이르는 영화에 등장했던 진기한 소품들을 담보로 계약서에 서명하기도 했다. 월트 디즈니는 만화영화 〈백설공주Snow White 〉의 제작비용으로 고심하던 중 지아니니 측에 영화를 보여주고 은행 임원들을 설득하는 데 성공했다. 마침내 영화는 800만 달러라는 어마어마한 돈을 벌어들였고, 그중 극히 일부에 지나지 않던 대출금을 즉시 은행에 갚았다. 지아니니의 통찰력은 싸구려에서 옥석을 가려내는 정도가 아니었다. 그것은 영화 필름의 담보 가치를 포착해낼 수 있을 만큼 예리했다. 대부분의 할리우드 전문가들이 오래된 영화 필름들을 쓰레기통에 내던질 때 지아니니는 그것들을 수거하기 위해 애썼다. 그 얼마나 대단한 선견지명인가! 케이블 TV와 VCR은 물론 훗날 DVD의 발명은 영화 스튜디오의 진가가 오래된 영화 보관소에서 나온다는 사실을 증명해주고 있다. 1986년 테드 터너Ted Turner 가 투자의 귀재인 커크 커코리안Kirk Kerkorian 에게서 영화 제작배급사인 MGM을 사들였을 때 그가 비용을 지불한 대상은 훌륭한 무대와 의상, 마이크가 아닌 영화 필름이었다. 오늘날 마이클 잭슨Michael Jackson이 소유한 5억 달러어치의 비틀즈Beatles 음반도 그를 파산에서 건져준 최고의 물건이었다. 비틀즈의 음반과 약삭빠른 변호사들이 그를 구해준 것이다.

다시 지진에 관한 이야기로 : 금고의 크기는 중요하다

우리는 이 장의 서두를 고전 영화처럼 박진감 넘치는 이야기로 시작했다. 1906년, 지아니니는 샌프란시스코 지진이라는 갑작스럽고도 끔찍한 재난과 싸웠다. 은행에 도착했을 때 그는 자신이 애지중지하던 은행과 자신의 처참한 몰골을 보게 됐다. 지진이 멈춘 직후였고 아직 화재와 약탈이 시작되기 전이던 그때 지아니니는 사륜마차를 용감하게 몰고 크로커은행으로 향했다. 거대한 난공불락의 요새와도 같은 강철 금고에서 뱅크 오브 이탈리아 앞으로 보관해놓은 8만 달러어치의 금과 은을 찾기 위해서였다. 은행에 도착한 지아니니는 화염과 크래커 상자 금고를 보면서 은행의 귀중품이 다이너마이트 폭발과 건물 붕괴는 물론이고 최악의 경우 절도범들에게 피해를 입기 쉽다는 사실을 깨달았다. 이미 3만 개의 건물들이 부스러기로 변해가고 있는 상황이었고 그는 허물어지는 벽돌과 시멘트 덩어리를 이리저리 피해다녔다. 지아니니와 페이건이 지닌 것이라고는 아이들의 카우보이 놀이에나 어울릴 법한 장난감 같은 6연발 권총이 전부였다.

지아니니는 직원 2명에게 스카테나의 창고로 가서 마차 2대에 과일과 채소를 담은 상자를 가득 싣고 오라고 소리쳤다. 무슨 일을 하려는 것일까? 그들에게 필요한 것은 오렌지와 바나나가 아니라 권총이었다. 어리둥절해하는 직원들이 급박한 임무를 안고 자리를 떠나자 지아니니와 다른 직원들은 은행 장부와 비품들을 인도에 쌓아놓기 시작했다. 겁에 질린 말들이 끌고온 과일 마차가 당도하자 지아니니는 금과 은이 담긴 가방을 몰래 끌고 와 마차 바닥에 놓고는 직원들에게 그 위로 과일과 채소를 높이 쌓도록 지시했다. 생긴 지 얼마 되지 않은 신생 은행인 뱅크 오브 이탈리아의 유형자산은 이제 'L. 스카테나 앤드 컴퍼니 농산물' 로고가 찍힌 트럭에 수북이 쌓여 있는 오렌지와 토마토, 바나나 뒤로 숨었다. 지아니니는 마차에 뛰어올라 채찍을 휘둘렀고, 감쪽같이 은폐된 이동식 은행은 마을을 떠나 위태로운 모험의 길에 올랐다. 혼돈 속에서 2대의 마차는 도시를 빠져나가는 샌프란시스코 주민들과 이리저리 부딪히기 일쑤였고, 땅거미가 내려앉자 금은보화가 든 가방이 길바닥에 떨어지지는 않았는지 제대로 분간하기조차 힘들었다. "우리에겐 경호원이 없었습니다. 경찰과 군인들은 모두 화재 진압에 매달리고 있었죠. 길모퉁이에는 언제 강도로 돌변할지 모를 사람들로 우글댔습니다."[18]

지아니니는 샌머테이오San Mateo에 있는 집으로 마차를 몰았다. 집에 도착한 그는 언제 어떻게 불청객이 찾아들지 모른다는 생각에 벽난로 아래에 8만 달러를 숨겨두었고 벽난로 앞에서 잠들었다. 그는 수많은 사람들의 목숨과도 같은 예금을 구해냈다. 그것은 올바른 선택이었다. 뱅크 오브 이탈리아의 건물은 결국 주저앉았다. 크로커은행도 형체를 알아볼 수 없을 정도로 부서졌지만 내화 금고는 연기 자욱한 아수라장 속에서도 끄떡없었다. 그렇지만 뜨겁게 달구어진 철

제문은 열기를 식혀 문을 여는 데만도 몇 주가 걸렸다.

하지만 이제 어쩐단 말인가? 지아니니의 표현대로라면 지진이 멈춘 뒤 몇 주 동안이나 오렌지 냄새가 가시지 않던 그 재산으로 어떻게 해야 한단 말인가? 지진 발생 후 사흘이 지난 4월 21일 토요일, 샌프란시스코의 은행가들은 후속 조치를 논의하기 위해 한자리에 모였다. 대부분은 충격으로 얼어붙은 표정이었다. 대범한 성격이 못되어 그렇기도 했고 아직도 은행이 불타고 있거나 금고가 너무 뜨거워 손도 댈 수 없는 상황이라 그렇기도 했다. 가을이 오기 전까지는 다시 은행문을 열 수 없다는 의견이 지배적이었다. 하지만 도시 경제는 현금을 간절히 원했고, 현금 없이는 걷잡을 수 없는 소용돌이로 빠져들 판이었다.

지아니니는 명령을 내리는 대신 대세를 따르는 순한 양처럼 사람들을 부드럽게 이끌었다. 그는 이튿날인 일요일에 은행문을 열겠다고 발표했다! 일요일에 은행문을 연다니. 다른 은행가들의 조롱과 비웃음이 상상이 갈 것이다. 지아니니, 당신 은행은 날아갔다고. 당신 도대체 눈은 제대로 달려 있기는 한 거야 아니면 미친 거야?

이튿날 지아니니는 은행 역사에 기록을 남겼다. 그는 예금주들에게 서신을 보내 은행 휴일이 종료됐음을 알렸다. 그는 사륜마차 밑바닥에 1만 달러를 싣고는 샌머테이오를 출발해 워싱턴 가 끄트머리에 위치한 부둣가로 향했다. 부둣가에 도착한 그와 임원들은 커다란 나무통 2개를 굴려와 약 2미터 너비 간격으로 나무통을 세웠다. 그러고는 무거운 판자를 들어 올려 나무통 위에 얹어놓았다. 부둣가 옆에 세워진 이 판자가 바로 뱅크 오브 이탈리아였다. 볼품은 없었어도 어쨌든 은행문은 열렸고, 마을에서 유일하게 은행 업무를 볼 수 있는 곳이었다. 다시 은행문을 열기 위해 대리석 로비 따위는 필요치 않았다. 그것은 고정관념의 파괴였다!

곧이어 사람들의 행렬이 이어졌다. 물론 1만 달러 자금은 턱없이 부족했다. 그러나 영화 〈멋진 인생〉의 주인공 지미 스튜어트처럼 지아니니는 이미 지칠 대로 지친 고객들에게 소액 대출을 받도록 설득함으로써 말 그대로 부의 적절한 분배가 이루어지도록 했다. "절반 액수면 어떠시겠습니까?" 그는 정중하지만 단호하게 요청했다.

그의 열정은 경제 복구의 출발을 도왔다. 그의 지도와 안내로 노스 비치에 사는 이탈리아 출신 주민들은 누구보다 빠르게 제자리로 돌아갔다. 은행 임원들은 파괴된 마을을 여기저기 뛰어다니면서 주민들에게 여분의 현금을 예금하도록 설득했고 그것을 복구 작업에 투입해 불려나갔다. 시내에 목재가 필요하다는 사실을 파악한 지아니니는 선장들에게 현금을 쥐어주고는 북쪽으로 배를 몰아 오리건 주나 워싱턴 주로 올라가 목재를 구해오도록 했다. 1906년 12월 무렵 은행들은 일제히 다시 문을 열었다. 그러나 자산이 2배로 증대되고 명성과 온정이 수천 배로 뛰어오른 은행은 오직 뱅크 오브 이탈리아 뿐이었다.

용서할 수 없는 죄

지아니니가 부둣가에 세워놓은 판자 은행은 리더십의 탁월한 표본이었지만 기존 은행가들에게는 다른 것을 의미했다. 그것은 바로 지점branch이었다. 그들은 자고로 은행은 한 곳에 머물러야 하며 도시나 주, 나아가 국가 전체로 확장되어서는 안 된다고 생각했다. 이제 저 멀리 네팔에 있는 ATM에서도 언제든 현금을 인출할 수 있는 상황에서는 이해하기 힘든 생각이지만 당시 캘리포니아독립은행가연맹CLIB, California League of Independent Bankers은 지점 은행을 가리켜 "시대의 해악"이며 "경제적으로는 그릇되고 본질적으로는 독점적이며, 원칙적으로는 비미국적"이라고 했다.[19] 이처럼 '사악한' 시스템은 이미 캐나다에 정착해 있었다. 1908년 지아니니는 덴버에서 열린 미국은행가협회American Bankers Association 회의에 참석했다. 당시 우드로우 윌슨Woodrow Wilson이라는 무명에 가까운 대학 총장의 연설은 사람들의 빈축을 샀는데, 그는 "은행들이야말로 나라 전체를 통틀어 가장 시샘 어린 눈총을 받고 가장 사랑받지 못하는 사업체이며 (…) 적대적인 세력으로 간주되어 사람들로부터 동떨어져 있다"고 주장했다. 그는 지점 은행 제도야말로 현재 일부 지역 은행들의 신세를 지고 있는 상점 주인과 농부들에게 더 많은 기회를 열어줄 것이라고 힘주어 말했다. 그는 또 "앞으로 한 세대 안에 소시민들의 태도가 완전히 달라질 것"이라고 덧붙였다.

지아니니는 캘리포니아 주가 완벽한 거점이라는 사실을 알고 있었다. 간단히 말해 소규모 지역 은행들은 계절마다 달라지는 농부들의 요구를 감당해낼 수 없었다. 연중 다양한 시점에 서로 다른 수확과 재배가 이루어진다는 점을 감안할 때 각처로 흩어져 있는 지점은 꽤 유용한 것이었다. 캘리포니아 주 에스콘디도Escondido의 오렌지 농장 주인이 샌프란시스코의 대형 은행에서 대출받지 못하라는 법이 어디 있단 말인가? 대형 은행에서 대출받을 경우 오렌지 농장 주인은 든

든한 두뇌 집단을 얻게 될 뿐 아니라 대형 업체의 농업 비법을 전수 받을 수도 있다. 지아니니는 마침내 캘리포니아 주 전체에 여러 지점을 운영하면 시중 은행의 포트폴리오가 다각화될 것이고, 그렇게 되면 위험도도 줄어든다는 사실을 깨달았다. 샌프란시스코 지진을 통해 한 곳에 집중 투자하는 것이 얼마나 위험천만한 일인지 입증되지 않았던가? 지아니니는 지점 은행 제도의 단 한 가지 방해 요인이라면 지역 은행들이 경쟁을 두려워한다는 것이라고 결론지었다.

지아니니는 업계의 노여움에도 아랑곳없이 실행에 나섰다. 그는 캐나다 몬트리올Montreal과 토론토Toronto에 소재한 은행 지점들을 탐방했다. 그곳 시스템에 탄복하기는 했지만 그는 자신의 지점만큼은 중앙 체계의 명령을 그대로 이행하는 형태에서 벗어나 지역적 특색을 살리기로 결심했다. 농촌 지역의 지점 관리자는 기차를 타고 먼 외지에서 출근하는 사람이 아닌 그 지역 출신이어야 했다. 나아가 새로운 지점에서는 지역 주민들에게 지분을 판매해 그들과 함께 성공을 책임지고 나눌 수 있도록 했다.

지아니니는 자신의 출생지이자 산타클라라 밸리 농업 지대의 중심지인 새너제이의 지점에서 혁명을 시작했다. 그는 그곳 지대와 주민들을 훤히 알고 있었다. 그는 미국 전역에 건물을 닥치는 대로 지어 올리거나 아무 생각 없이 흥청망청 돈을 허비할 생각이 없었다. 그보다는 이미 존재하고 있고 사업 확장을 위해 자본을 필요로 하는 은행들을 사들일 계획이었다. 캘리포니아 주에서 가장 오래된 은행에 속하는 새너제이 상업저축은행Commercial and Savings Bank 의 임원들은 이전부터 지아니니에게 도움을 청하러 샌프란시스코로 찾아오던 이들이었다. 기존 은행을 사들이는 것은 새로운 건물을 짓는 것보다 돈이 덜 들었고, 또한 그런 방법은 지역 경영의 경험을 살릴 수 있게 해주었다. 지아니니의 대변인인 제임스 바시갈루피 James Bacigalupi는 뱅크 오브 이탈리아가 "지역에 관심이 많고 지역 주민과 친숙한 사람들을 지점 직원과 고문단, 주주들로 끌어들였다"고 의회에서 설명했다.[20]

새너제이은행을 인수한 이후 지아니니는 지점 은행 제도의 활동성과 생존력을 수년 동안 관찰했다. 그리고 마침내 미국 전역에 지점 은행을 운영해도 되겠다는 확신을 얻었다. 그가 다른 지역들을 두루 방문하는 동안 그를 향한 반감의 분위기가 감돌기 시작하더니 결국 그동안의 오해 섞인 편견이 치명적으로 표출되었다. 로스앤젤레스 지역 신문에는 "파크은행 Park Bank이 이탈리아인들에게 넘어가다"라는 호들갑스러운 헤드라인이 실렸고, 어느 이름난 설교자는 뱅크 오브 이탈리아를 '교황의 은행'이라 불렀다. 또한 500명 가량의 CLIB 회원들은 지아니니에게는 절대로 은행을 팔아넘기지 않겠다는 맹세까지 했다. 뱅크 오브 이탈리아는 어느덧 '문어'라는 별명을 갖게 됐고, 지아니니를 독재자 무솔리니 Mussolini에 비유하기도 했다.

그 어떤 은행보다 많은 예금주를 끌어들이며 미국 전역으로 퍼져나간 뱅크 오브 이탈리아의 거대한 확장이 가져온 경제적 파급 효과는 무엇이었을까? 지점 은행 제도는 지역사회를 강타하면서 농부나 상점주들을 억압했을까? 전혀 그렇지 않았다. 뱅크 오브 이탈리아는 1920년대 후반에 이르러 다분히 민족적 색채를 띤 은행명을 버리고 '뱅크 오브 아메리카 Bank of America'라는 보다 애국적인 이름으로 교체하고는 산타클라라 밸리의 소규모 은행들보다 더 저렴한 대출이자율을 제시했다. 그러자 다른 은행들도 어쩔 수 없이 이자율을 하향 조정하게 되면서 많은 돈이 소시민들의 주머니로 들어갔다. 지아니니는 작은 마을의 경우에는 시중 이자율에서 2~5퍼센트 포인트를 더 깎아 대출이자율을 7퍼센트까지 낮췄다고 말했다.[21] 지점 은행 제도가 생기기 전에는 작은 마을을 독점하다시피 한 금융업자들이 프랑크 카프라 감독의 〈멋진 인생〉에 나오는 포터와 같은 막강한 권력을 휘둘렀다. 하지만 이제는 그 어떤 은행가도 포터처럼 고약하게 경제적 인센티브를 취할 수 없다. 아울러 영화는 그 어떤 경쟁이나 소비자 선택권도 없고 대출 거래의 자유로운 흐름마저 전무한 작은 마을에서의 삶이 얼마나 위험한지를 보여주고 있다. 지아니니가 미국 전역을 폭풍처럼 휩쓸고 난 후로는 포터 같은 사람이 거리로 나앉는 것은 시간 문제였다. 이제는 누구도 자물쇠가 굳게 닫힌 개인 금고에서 땡전 한 푼 빌리려 하지 않았기 때문이다.

지아니니가 나타나기 전만 해도 사람들은 현금으로 주택을 구입했다. 현금이 부족한 경우 몇 년 기한으로 돈을 빌릴 수는 있었지만 그러고 나면 원금과 이자를 포함해 최종 일괄 지불 기한이 닥쳤다. 그러고는 이내 대금 회수업자가 들이닥쳤다. 이러한 현금 경제는 아직도 여러 개발도상국에 존재한다. 몇 년 전 크레타 섬을 방문했던 나는 그곳에서 반쯤 짓다 만 수백 개의 콘크리트 건물들을 목격했다. 건물들이 왜 그렇게 방치되어 있는지 궁금해 가이드에게 물어봤더니 그는 이렇게 대답했다. "그건 버려진 건물들이 아니랍니다. 돈이 생길 때마다 매년 조금씩 건물을 지어 올리는 거죠. 현금이 떨어지면 다시 기다리고요." 콘크리트 건물들은 그렇게 다음 현금이 들어올 때를 기다리는 중이었다.

지아니니는 주택이 담보물로 매우 적합하다는 사실을 깨달았다. 이유는? 첫째, 주택은 고정 자산이다. 주택은 고도의 지능적 수법이 적용될 수 없는 대상이어서 다른 곳으로 옮기거나 도둑질하거나 없앨 수 없다. 주택 소유주가 빚에 시달린다고 해도 침실 3개짜리 빅토리아풍 주택을 갖고 도망칠 수는 없다. 둘째, 주택은 자본 전환이 용이해서 침실 셋에 화장실 하나가 딸린 주택을 필요로 하는 사람이 있다면 은행은 얼마든지 그것을 팔아넘길 수 있다. 이와 달리 정원 호스를 만드는 제조업체가 공장을 내놓을 경우에는 새로운 주인을 찾는 일이 주택보다 힘들다.

1920년대에 뱅크 오브 아메리카는 도시를 선호하는 다른 경쟁 은행들과 달리 작은 촌락들을 겨냥해 주민 1,000명이 채 살지 않는 마을에 53개의 지점을 세웠다. 그렇다면 지아니니와 경쟁하던 세 곳의 대형 은행인 시큐리티트러스트Security Trust 와 아메리칸은행American Bank , 캘리포니아은행California Bank 은 어땠을까? 그들 지점은 모두 합쳐봤자 12개밖에 되지 않았다.[22]

1920년대에 들어서자 캘리포니아은행의 절반은 다른 은행들에 흡수되었다. 지점 은행 제도의 가혹한 시련은 1929년의 대공황과 함께 찾아들었다. 그것은 1906년의 대지진에 버금갈 정도로 맹렬했다. 어느 조심스러운 통계 자료에 따르면 '뱅크 오브 아메리카가 캘리포니아 마을에 지점 하나를 세우면 그것은 곧 다른 은행들이 대공황을 견뎌낼 가능성을 높여주었다'고 한다. 대공황 시절 뱅크 오브 아메리카와 경쟁한 은행은 그렇지 않은 은행에 비해 생존 추정 기간이 1.5배

더 길었다.[23] 왜였을까? 지아니니의 은행이 작은 마을에 침투하면서 기존 은행들이 운영 체제를 자체적으로 쇄신해 보다 효율성을 높이도록 영향을 미쳤기 때문이었다. 물론 어떤 경쟁 은행들은 무너지기도 했지만 끝까지 생존한 은행들은 대공황을 버텨내낼 수 있음을 의미했다. 지점 은행 제도를 승인한 캘리포니아 같은 주들은(아울러 캐나다 같은 나라들은) 기존 체제를 옹호하던 다른 주들보다 은행 폐점률이 낮았다.[24] 대공황이 발생하자 은행들은 지아니니가 지금까지 상대해온 그 누구보다 예리하고 치명적인 경쟁 파트너였음을 되새겼다. 한편 대공황을 견뎌낸 은행들은 지아니니가 몰고 온 혹독한 단련에 오히려 고마워했다.

대공황과 주식시장 폭락이 뱅크 오브 아메리카를 연이어 강타할 것은 불 보듯 뻔한 일이었다. 지아니니는 은행 가치의 막대한 손실과 투자자와 대출자들이 입을 타격에 고심했다. 훗날 소설 〈분노의 포도 The Grapes of Wrath〉에서 존 스타인벡 John Steinbeck 은 힘없는 농부들의 담보물을 빼앗아가는 '괴물' 은행들을 비난한 바 있었다. 그러나 뱅크 오브 아메리카는 경쟁 은행들에 비해 비교적 적은 농부들에게 그렇게 했고, 지아니니의 경쟁 상대인 몇몇 기존 은행들보다도 그 일을 꺼려했다.

보스들의 머리 꼭대기에 올라앉다

또 다른 역사적인 도전은 지아니니와 평범한 소시민들과의 교감을 증명해준다. 1928년과 1929년 그는 수차례에 걸친 늑막염과 함께 생명을 위협하는 폐렴을 앓았다. 뉴욕과 샌프란시스코에서 뱅크 오브 아메리카의 임원들과 J.P. 모건 주니어와의 몇 차례 살벌한 협상이 이어지는 동안 그는 이탈리아 로마의 병원에 입원해 있었다. 건강이 위태로워지고 주식 시장이 거세게 곤두박질치자 지아니니는 자신이 평소 존경해오던 월스트리트 금융업자인 엘리샤 워커Elisha Walker가 뱅크 오브 이탈리아와 뱅크 오브 아메리카의 새로운 지주 회사인 트랜스아메리카Transamerica를 이끄는 데 동의했다. 당시트랜스아메리카는 10억 달러의 자산을 갖고 있었다. 그러나 대공황이 심화될수록 워커는 지아니니가 판단하기에 비겁하고 어리석다고 할 만한 결정을 내렸다. 그는 배당금을 줄이고 대출을 통제했다. 지아니니는 대서양 너머로 수천 달러어치의 전보를 보내 워커를 설득했고, 당시 뉴욕에 있던 지아니니의 아들이자 트랜스아메리카의 은행장인 마리오는 워커에게 항의했다. 지아니니는 아들 마리오가 대견스러웠다. 마리오는 혈우병의 심리적 외상을 극복하고 캘리포니아 대학 버클리 캠퍼스University of California, Berkeley에서 법대를 졸업한 후 뱅크 오브 아메리카에서 차근차근 성장해갔다.

그러나 회의실에 있던 워커는 지아니니 부자의 항의를 모른 체했다. 그는 1929년에만 해도 50달러 가까이 하던 지주 회사의 주가가 14.50달러로 떨어졌다고 발표했다. 1931년이 되자 워커는 사실상 지아니니의 제국을 파격 세일로 청산하려는 계획을 논의하기도 했다. 최고 67달러에 이르던 트랜스아메리카의 주가는 2달러로 폭락했다.

파격 세일? 1906년 대화재로부터 어렵게 구해낸 은행을? 있을 수 없는 일이었다. 지아니니는 다발성신경염으로 부분 마비가 온 몸을 그저 무기력하게 침대에 뉘여야 했다. 하지만 그토록 수치스러운 사업 고난과 역경은 그의 뻣뻣해진 몸을 다시 달구었다. 그는 아들 마리오가 보낸 분노에 찬 전보를 읽고는 침상에서 사력을 다해 전투 계획을 구상했다. 마리오의 전보에 그는 이렇게 답장했다.

"정의나 원칙과의 타협은 불가능하다. (…) 일말의 여지도 없다. 아비가."[25]

그런 다음 그는 뜻밖의 놀라움을 전하고자 샌프란시스코 행 배에 올랐고, 샌프란시스코에서 마리오와 다시 정찰에 들어갔다. 나이 지긋한 뚝심의 사나이는 전쟁에 돌입했다.

구부정한 허리, 희끗희끗한 머리, 축 늘어진 턱살의 61세 지아니니는 더이상 맨 주먹으로 하는 싸움에서 이길 수 없었다. 대공황으로 바짝 긴장해 있는 데다 캘리포니아의 급진파 신흥 부자에게 반감을 품고 있던 월스트리트 사람들 때문에 자신에게서 등을 돌린 트랜스아메리카 중역들을 설득하는 일은 불가능했다. 대신 그는 다른 싸움을 받아들였다. 노스 비치의 부둣가에서 농산물 궤짝을 내리고 밸리에서 양상추를 포장하며 먼지 자욱한 마을에서 잡화점 문을 여는 소주주들과 함께 힘을 합쳐 하는 싸움이었다. 지아니니는 주주총회의 위임장 쟁탈전으로 워커와 트랜스아메리카 중역들을 응징하기 위해 그는 은행 주주 20만 명을 자기편으로 끌어들이기로 했다.

그는 캘리포니아 연안을 따라 지방 유세를 돌면서 아이들에게 입을 맞추고 사람들과 악수하며 월스트리트 악당들에게 주먹을 흔들어 보였다. 자신은 1년에 1달러를 봉급으로 가져가지만 워커는 10만 달러를 챙긴다는 설명도 잊지 않았다. 야구 선수 베이브 루스Babe Ruth

도 엘리샤 워커보다 월등한 실적을 올린 해에 고작 8만 달러를 벌어들였는데 말이다. 기차의 기적 소리를 들을 때마다 지아니니의 노쇠한 육신에는 또 다른 젊음의 에너지가 솟구쳤다. 개표 결과 지아니니는 지분의 60퍼센트 이상을 끌어 모았고, 워커와 모건 일가는 그의 열정 넘치는 투쟁 방식에 무참히 KO패를 당했다.

물론 주도권을 되찾았다고 해서 당장 출혈이 멎은 것은 아니었다. 은행에서 매일 300만 달러에 달하는 예금이 빠져나가고 있었다. 그래도 지아니니는 샌프란시스코에 있는 은행 로비의 중앙으로 사무실 의자를 끌어와 다시 일을 시작했다. 급여는 어쩔 수 없이 삭감해야 했지만 누구나 예상하던 수천 명의 직원 해고는 모면했다. 그러고는 1906년에 하던 방식대로 직원들을 길거리로 내보내 이리저리 뛰어다니며 예금을 거둬들이고 그것을 안전하게 지키겠다는 약속을 다지게 했다. 지아니니는 다시 돌아왔다. 1932년 크리스마스 무렵에는 은행에 예금이 밀려들었고, 그는 배당금이 예전 수준을 회복했다고 발표했다. 그는 지점장 410명에게 새로운 대출자들을 찾아다니고 캘리포니아 경제를 구제하도록 지시했다. 그는 자신이 골든 스테이트 Golden State(캘리포니아 주의 별칭)에 헌신하고 있음을 알려주는 상징이 필요하다고 생각했다. 때마침 조셉 스트라우스 Joseph Strauss 라는 토목기사가 건설 프로젝트라는 아이디어를 내놓았다. 주 정부는 프로젝트를 승인했지만 그것에 후원 자금을 댈 이가 아무도 없었다. 1932년 지아니니와 뱅크 오브 아메리카는 이 조촐한 프로젝트를 위해 600만 달러어치의 채권을 모조리 사들였다. 샌프란시스코의 금문교가 바로 그것임은 오늘날 온 세상이 알고 있는 사실이다.

평범한 시민들에게서 발견한 가능성

그가 남긴 교훈은 지금도 빛난다. 지난 1992년 로스앤젤레스에서 악명 높은 폭동이 일어났을 때 화재와 폭행 발생 지점에서 불과 몇 블록 떨어지지 않은 곳에서 벤저민 홍Benjamin Hong이라는 한국계 미국인 은행가가 안절부절 집안을 서성이고 있었다. 폭도들이 상점에 불을 지르고 물건을 약탈하는 광경을 바라보고 있을 고객들을 생각하니 걱정이 돼 미칠 지경이었다. 그는 서가에서 지아니니의 전기를 꺼내들고 지진에 관한 대목을 펼쳐들었다. 그의 이야기를 읽고 영감을 얻은 홍은 기존 고객들에게 무담보로 10만 달러를 내어주도록 지점장들에게 지시했다. 〈비즈니스위크BusinessWeek〉에 따르면 50명의 고객들이 그 제의를 받아들였고, 그 가운데 채무 변제를 하지 못한 고객은 단 한 명도 없었다.[26]

지아니니가 애정을 쏟았던 캘리포니아 주는 오늘날에도 그의 원칙들을 실천에 옮기고 있다. 산타클라라 들판에서 아보카도와 토마토는 물론 이민자 은행 고객들을 수확하는 모습을 바라보던 지아니니처럼 오늘날 아시아 은행가들도 그렇게 하고 있다. 캘리포니아 남부에서는 현재 20곳이 넘는 아시아계 미국인 은행들이 영업하고 있다. 로스앤젤레스의 차이나타운이나 코리아타운에서 시작된 소수의 은행들은 이미 수십억 달러 가치의 기관으로 성장했다. 그들은 건축가가 디자인한 휘황찬란한 사무실에서 출발하지 않았다. 캘리포니아 주 애너하임Anaheim의 한 작은 특수 은행은 약 800미터 너비의 까만색 지붕 주차장과 후터스Hooters 레스토랑 사이에 비좁게 끼어 있는 건물에서 인근 모텔을 운영하는 인도인 소유주들에게 자금을 대출해주고 있다.[27] 이들 은행은 다른 은행들이 모른 체하거나 접촉하지 않는 고객들을 주시하고 있다.

오늘날 큰 성공을 거둔 이스트웨스트 뱅코프East West Bancorp는 이제 막 미국행 배에서 내린 중국인 이민자들이 앞으로 3년 동안 미국 국세청 세금 신고서를 작성하지 않을 것이라는 사실을 간파했다. 은행 대표인 도미닉 응Dominic Ng은 직원들에게 "30퍼센트 계약금을 가진 고객이 있다면 돈의 출처가 어딘지, 누이나 형에게 빌린 돈인지 아닌지 전혀 관여하지 않겠다"고 말했다.[28] 다른 이들은 무모하다고 할 법한 곳에서 응은 기업가적 열정을 발견했다. 그의 은행 웹 사이트를 방문하면 곧장 중국어로 변환되는 버튼을 볼 수 있으며, 예금주와 대출자들이 온라인상에서 한데 뒤섞여 중국어로 대금을 지불하거나 돈을 송금할 수 있다. 은행은 또 통신회사 SBC와 손을 잡고 고객들에게 고속 인터넷 할인 접속 서비스를 제공하고 있다. 부둣가를 서성거리던 지아니니처럼 그의 본보기에서 영감을 받은 이들 은행은 다양한 장소에서 다양한 언어로 고객들을 찾아다니고 있다.

월스트리트 은행들은 아주 오래전에 일찌감치 지아니니와의 싸움을 포기했다. 오늘날 맨해튼에서 광고에 열을 올리고 있는 JP모건체이스JPMorgan Chase는 택시 문짝에서부터 커피 잔에 이르기까지 그야말로 빈틈이 보이는 공간이면 어디에든 광고를 도배하고 있다. 현재 뉴욕은 모건 일가와 뱅크 오브 아메리카, 커머스 뱅코프Commerce Bancorp의 전쟁터다. 2006년 모건은 고객을 끌어들이기 위해 ATM에서 US오픈 테니스 대회 티켓을 구입할 수 있게 한 새로운 비밀장치를 만들어냈는데, 과거만 해도 콧대가 하늘을 찌르던 은행들이 오만

하기 짝이 없는 고전 스포츠의 입장권을 고객에게 제공하고 있는 것이 21세기의 현실이 되었다.

지아니니의 진정한 재능은 미국의 평범한 시민들에게서 가능성을 발견했다는 것이다. 지아니니 이전만 해도 은행은 일반인을 위한 곳이 아니었다. 하기야 다른 무엇인들 그렇지 않았겠는가? 클래식 음악이나 문학도 분명 예외는 아니었다. 미국의 작곡가 아론 코플랜드Aaron Copland 의 〈일반인을 위한 팡파레Fanfare for the Common Man〉는 1942년에 세상에 나왔고, 아서 밀러Arthur Miller 의 유명한 에세이인 〈비극과 일반인Tragedy and the Common Man〉은 〈세일즈맨의 죽음Death of a Salesman〉과 함께 1949년 〈뉴욕타임스New York Times〉에 실렸다. 하지만 지아니니는 코플랜드와 밀러보다 훨씬 이전에 부둣가의 일꾼이라도 유럽 귀족이나 월스트리트 증권거래인과 다를 바 없이 떵떵거리거나 혹은 비참하게 살아갈 수 있다는 사실을 간파했다.

지아니니는 1949년 일흔아홉의 나이로 눈을 감으면서 세계 최대 규모의 은행인 뱅크 오브 아메리카를 떠났다. 마리오는 그로부터 3년 동안 아버지의 뒤를 이어 은행을 경영했다. 지아니니는 가족에게 별다른 재산을 남기지 않았다. 많은 사람들이 깜짝 놀랐지만 지아니니는 이미 1924년에 약간의 재산만 남기겠다는 뜻을 기자에게 밝히면서 "그 액수는 100만 달러를 넘지 않을 것"이라고 말했다. 그로부터 20년이 지난 후 그는 자신이 백만장자가 될 '위험'에 처했다고 말했고, 그런 사악한 고공 행진은 반드시 중단되어야만 한다고 이야기했다! 그는 뱅크 오브 아메리카-지아니니 재단Bank of America-Giannini Foundation 에 50만 9,000달러를 내놓으면서 직원들에게 교육 장학금을 제공하고 의료 연구를 후원하도록 했다. 그가 세상을 떠났을 때 그가 남긴 재산은 48만 9,000달러뿐이었다. 그것도 많은 사람들에게는 많은 액수겠지만 그가 다른 이들에게 베풀었던 금액에 비하면 보잘 것 없었다.

그는 눈을 감는 마지막 날까지 임원들에게 은행의 공동 원칙에 충실할 것을 당부했다. 소설 〈분노의 포도〉에서 주인공 톰 조드Tom Joad는 다음과 같이 이야기한다. "나는 어둠 속에 있을 거예요. 어디든지 있을 거예요. 당신이 바라보는 곳은 어디든지, 굶주린 이들이 먹기 위해 투쟁하는 곳이면 어디든지 있을 거예요." 지아니니는 지진과 화재는 물론 폭도와 독점가, 인종차별주의자들과 싸웠다. 그는 은퇴하면서 중역실에 울려 퍼지는 저음의 목소리로 임원들에게 당부했다. "여러분 중 누구라도 부자들의 비위를 맞추느라 서민들을 망각한다는 소문이 들리면 나는 다시 돌아와 싸울 겁니다."

2

세계 최고의 세일즈 거인

토머스 왓슨 시니어와 주니어

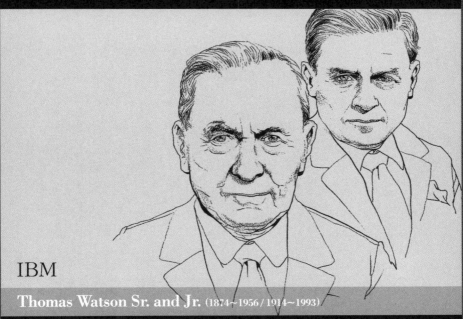

IBM

Thomas Watson Sr. and Jr. (1874~1956 / 1914~1993)

"생각하라Think!
창조와 혁신의 시작은 바로 생각이다."

THOMAS WATSON SR. AND JR.

이번에는 오스트리아 심리학자인 지그문트 프로이트Sigmund Freud 의 단어 연상 테스트를 해보겠다. 내가 'IBM'이라고 하면 당신은 '화이트 셔츠', '짙은 색 양복', '사각턱', '철두철미한', '금주하는' 등의 단어들을 말하면 된다. 실제로 토머스 J. 왓슨 시니어Thomas J. Watson Sr. (이하 톰 시니어 혹은 톰)와 그의 아들 토머스 J. 왓슨 주니어 Thomas J. Watson Jr. (이하 톰 주니어 혹은 토미)는 역사상 가장 철두철미 하고 경쟁력 있는 영업 인력을 구축했다.

하지만 이들도 압박감에 시달리자 조금 해이해졌다. 톰 시니어는 사업 초기에 경쟁업체들의 명예를 훼손했다는 이유로 징역 1년형 을 선고받았다. 법을 어겼을 때조차도 그는 '옳은 일을 하라Do Right' 고 적힌 게시판 아래서 영업직원들에게 강연을 펼쳤다. 한편 학교에 다니던 톰 주니어가 하루는 스컹크 분비물이 담긴 병을 건물 통풍구 에 던져 넣어 모든 교실마다 고약한 냄새를 풍기게 한 장난으로 학교 에서 내쫓겼다. 열두 살 소년은 집 앞에 털썩 주저앉아 흐느끼며 말 했다. "그럴 수는 없어. IBM에서 일할 수는 없다고." 하지만 그런 어린 꼬마에게 일자리를 제의할 사람은 아무도 없었다.

두 왓슨은 IBM을 하나의 파워하우스로 일으켜 세웠지만 그 과정에서 두 사람은 녹초가 될 때까지 싸웠다. 톰 주니어는 두 사람의 싸움이 "살벌하고 원초적인 데다 좀체 막을 길이 없었다"고 했다. "아버지나 저나 누구도 끝내려는 기색 없이 서로를 괴롭힐 수 있다는 사실은 놀라울 정도였습니다."[1] 그러다 아버지가 세상을 뜨고 톰 주니어 혼자서 회사일을 떠맡아야 했을 때 그는 자신이 미국에서 가장 겁에 질린 남자라고 말했다. 외부 세상에 비친 IBM은 효율성, 기품, 청렴성의 완벽한 결정체였지만 커다란 푸른색 IBM 로고의 날렵하고 곧은 수평선 너머로는 열정과 증오, 투쟁의 물결이 넘실거렸다. 톰 시니어가 지나치게 자기중심적으로 행동했다면 그의 아들은 난독 증세를 가진 우울증 환자였다.

프로이트는 평생 단 한 번 미국을 방문한 바 있었는데 그가 왓슨 일가에 들르지 않은 것은 참으로 다행이었다. 만일 그랬더라면 두 사람의 심리상태에 난색을 표하면서 미국을 떠났을 테니 말이다.

왓슨 부자는 20세기 미국 경제가 어떤 거대한 덩어리보다는 세세한 정보의 이해에 기반한다는 사실을 깨달았다. 그들이 명성을 얻기 이전만 해도 회계사는 일부 계층의 전유물이었고 초록색 챙을 낀 그들이 밀실에 모여들어 동전과 지폐를 세던 시절이었다. 왓슨 부자는 숫자도 얼마든지 폼 나고 근사한 것이 될 수 있다는 사실을 세상에 가르쳤다. IBM의 영업직원들은 어떻게 하면 데이터에 집중해서 비용 절감이나 판매 상승과 같은 새로운 기회와 상관성을 모색할 수 있는지 많은 기업들에게 보여주었다. 전자현미경 덕분에 생물학자들이 동물 세포를 이해하고 다룰 수 있게 되었듯이, IBM은 기업들이 데이터를 이해하고 다룰 수 있도록 해주었다. 두 사람은 우리에게 영업 인력을 구축하는 법과 갈대처럼 흔들리는 소비자 마음을 붙잡는 법을 가르쳐 주었음은 물론이고, 무리한 도박에 기업이 승부수를 던지는 극적인 방법도 가르쳐주었다. 두 왓슨은 몽상가이자 금주가이며 도박꾼에 폭군이었다. 이 모든 습성이 한 가족 안에 스며 있었다는 말이다.

촌뜨기 톰 시니어의 변신

톰 시니어와 월트 디즈니 두 사람은 서로 그다지 닮은 구석이 없지만 젊은 시절 사인 연습을 즐겨했다는 공통점은 있다. 왓슨은 오늘날의 그래피티라는 개념도 없던 시절에 마을 기념비에다 자신의 사인을 휘갈기곤 했다. 톰과 월트는 자신들의 출세길은 자신의 패기에 달려 있다는 사실을 알고 있었다. 두 사람에게는 사람들이 말하는 이른바 '투지moxie'가 있었다(신체 구석구석에 활력을 불어넣어준다는 19세기 만병통치약의 이름을 딴 것이다). 사실 두 남자의 아버지 모두 신용기금에 맡겨둔 돈으로 편안하게 살아갈 형편은 아니었다. 진지한 성품의 개신교도였던 월트의 아버지 엘리어스 디즈니Elias Disney가 미주리Missouri에서 농사를 지으며 힘겹게 살아갔다면, 스코틀랜드의 후손으로 짙은 수염과 우람한 근육을 지닌 벌목꾼이었던 왓슨의 아버지는 뉴욕 주를 떠돌아다니면서 다섯 아이들을 먹여 살렸다. 톰 시니어는 "아버지는 결코 부자가 될 수 없는 분"이었다고 회고하면서 "내가 아버지보다 똑똑하다는 것은 틀림없는 사실"이었다고 힘주어 말했다.[2] 사실 아버지의 벌목일은 페인티드 포스트Painted Post라는 작은 마을의 하이 스트리트에 살면서 가족을 먹여 살릴 수 있는 정도의 돈벌이였다. 아버지에 대한 톰 시니어의 뜬금없고 매정한 논평은 톰 주니어가 흐느끼던 장면보다 훨씬 이전부터 이미 왓슨 일가에 세대 간 갈등이 만연해 있었음을 보여준다.

작은 마을인 페인티드 포스트는 어느 목조 조각을 본떠 붙여진 이름이었다. 지금은 겨우 2,000여 명의 주민들이 살고 있지만 뉴욕 최대의 유리공예 지대인 코닝Corning에서 불과 몇 마일 떨어져 있어 스토이벤Steuben 카운티에 속해 있었다. 모르긴 몰라도 어린 톰 시니어는 자신의 아버지가 유리처럼 '떠오르는 경제' 품목이 아닌 목재와 같은 '구닥다리 경제' 품목에 치중하느라 좋은 기회를 놓쳤다고 생각했을 것이다. 당시 유리는 코닝 글라스Corning Glass를 창립한 휴톤Houghton 일가처럼 인근 가족들에게 수백만 달러를 벌어들이도록 해주었다. 휴톤 일가는 하원의원 1명과 훗날 캐서린 휴톤 헵번Katharine Houghton Hepburn이라는 꽤 성공한 여배우를 배출해냈다.

톰 시니어는 전설적인 영업직원으로 성장했지만 그렇다고 타고난 재능이 있는 것은 아니었다. 그는 수줍음이 많고 참을성이 없는 데가 다른 아이들과 노는 것을 싫어했다. 영리한 소년이었던 그는 아버지처럼 무거운 물건을 운반하면서 고되게 살아가는 데는 별로 관심이 없었다. 강인한 턱, 튼튼한 팔뚝, 190센티미터에 육박하는 장신의 신체적 조건을 갖춘 육체노동의 적임자였지만 톰은 지긋지긋한 나무

자르기 대신 어떻게든 도끼를 들지 않고 할 수 있는 일을 해야 한다고 다짐했다. 고등학교를 졸업하자 톰은 즉시 엘마이라Elmira 근처에 있는 상업학교에 입학했다. 첫 번째 직업으로 목재 대신 우둔살을 선택한 그는 페인티드 포스트의 한 정육점에서 주급 6달러를 받으며 일했다.

톰은 고기 자르는 일은 거의 하지 않고 장부계원으로 일했다. 숫자 계산에는 능숙했지만 매일 한 곳에 앉아 똑같은 손님들이 가게 문으로 들어왔다 나가는 것을 지켜보는 일은 지루할 뿐이었다. 정육점 주인의 조수는 주문받는 일 정도가 고작이었고 주인이 고기를 후려치는 일을 끝내고 나면 별 다른 일이 없었다. 톰은 뭔가 행동으로 옮겨야 했다. 그는 손님들에게 뭔가 새로운 것을 팔고 싶었다. 그렇다면 목살 0.5킬로그램을 달라는 손님에게 0.6킬로그램 스테이크용 가슴살을 권하는 법도 있지 않은가? 하지만 톰은 정육점 일을 그만두고 농장으로 피아노와 오르간을 팔러 돌아다니는 악기 외판원 조수일을 시작했다. 정육점 봉급의 2배를 벌어들였지만 그것도 톰의 성에는 차지 않았다. 급여를 올려달라는 말에 상사는 거절하면서 오히려 사업권을 사들일 의향이 없는지 물어왔다. 톰이 진정으로 원했지만 가질 수 없던 것이라면 바로 커미션에 따른 후한 보상제였다. 그가 터득한 평생의 교훈은 영업직원들 눈앞에 큼지막한 당근을 흔들어 보이는 방법으로 보상하라는 것이었다. 그것은 그들에게 당나귀가 된 듯한 느낌보다는 승자의 느낌을 안겨주기 때문이었다.

톰은 페인티드 포스트에는 매달려 있는 당근이 별로 많지 않다는 판단을 내렸다. 그는 버펄로Buffalo까지 뉴욕 주를 횡단하는 힘든 여정에 올랐다. 버펄로의 이리 운하Erie Canal는 미국의 신흥 산업 지대를 뉴욕과 연결시켜 주었다. 톰에게는 목표로 삼은 직업이나 함께 살 가족도 없었다. 주머니에 든 동전 몇 개가 그의 전 재산이었고, 밤에는 드러그스토어Drugstore 지하에 쌓여 있는 스펀지 더미 위에서 잠을 잤다. 그가 가진 것이라고는 양복 한 벌이 전부였고, 옷을 다려 입을 만한 여유가 되면 내의 차림으로 양복점 뒤편에 서서 다림질 끝나기를 기다리곤 했다.[3] 대도시에 입성한 촌뜨기였던 그는 얼마 지나지 않아 흥미롭지만 어딘지 꺼림칙해 보이는 사람들을 만났다. 그들은 톰에게 재봉틀 기계를 소개했고 그는 곧 재봉틀을 팔러 다녔다. 재봉틀 기계는 당시 여성들을 바느질에서 해방시키고 옷값을 낮춰준 혁명적인 제품이었다. 하지만 두둑한 매상고를 자축하면서 흥청망청 술을 마셔대던 그는 애석하게도 일자리를 잃고 말았다. 얼큰하게 취해 비틀거리며 술집 문을 나섰을 때 자신의 말과 사륜마차, 샘플들을 도둑맞은 사실을 알게 된 것이다. 이 일로 상사는 눈 하나 깜짝하지 않고 그를 해고했다. (톰은 당시 술집에서의 쓸쓸한 기억으로 인한 상처와 스펀지 위에서 잠들던 시절에 오랫동안 가슴 아파하면서 훗날 IBM 직원들에게 금주령을 선포했다. 하지만 톰은 자신의 경솔했던 젊은 시절에 대해 직원들에게 입도 뻥긋하지 않았다. 때문에 아무런 영문도 모르던 IBM 직원들은 왜 그가 그토록 금주령에 집착하는지 오랜 세월 궁금해했다.)

그는 다른 직업을 힘들게 찾아 다녔지만 미국 경제는 점점 불황으로 빠져들고 있었다. 가뭄에 이어 찾아든 사나운 폭풍이 1890년대 초반에 미국 농가를 연이어 강타하면서 밀 가격이 폭락했고, 철도기업 거물들이 미국을 십자로 교차하는 새로운 선로 확장을 지연시키면서 실업률은 10퍼센트로 치솟았다.

　그런 판국에서 톰은 도시의 사기꾼들에게 속아 넘어가기 십상이었고, 결국 속임수에 능수능란한 배런C.B. Barron이라는 사람이 톰의 마지막 동전 한 닢까지 싹쓸이했다. 배런은 화려한 언변으로 어떤 물건이라도 팔아치울 수 있는 사람이었다. 그는 버펄로에 있는 자신의 건물과 대출 회사의 지분을 함께 판매하자고 톰을 꼬드겼다. 그들의 계획은 척척 진행되는 것처럼 보였고, 곧이어 두 사람은 상당한 금액의 커미션을 받았다. 톰은 그렇게 벌어들인 커미션을 담보로 정육점에 투자했다. 한때 쇠고기 안심을 팔면서 돈을 관리하던 과거의 아련한 추억 때문이었다. 하지만 배런은 수상쩍은 은행 지분을 구입하는 얼뜨기들을 등쳐먹는 데만 만족하지 않았다. 그는 톰이 감히 사먹지도 못할 쇠고기가 잔뜩 걸려 있는 정육점 옆쪽의 길가에 그를 덩그러니 남겨둔 채 톰의 커미션을 훔쳐 달아났다.

　이따금씩 먹는 미트로프 저녁거리 외에 톰의 정육점 파산은 한 가지 괜찮은 물건을 남겨놓았다. 그것은 톰이 정육점에서 쓰려고 구입해둔 금전등록기였다. 금전등록기가 처음 나왔을 당시 이 기계는 논란의 대상이었고 혐오스러운 존재였다. 금전등록기라면 치를 떨던 피해망상증 환자는 과연 어떤 사람들이었을까? 바로 상점 점원들이었다. 그것은 점원들의 지성과 정직성을 폄하하는 모독이었고, 마치 수갑을 차고 일하라는 소리나 다름없었다. 톰의 정육점에 있던 번쩍이는 금전등록기는 막강한 내셔널캐시레지스터 컴퍼니National Cash Register Company, NCR에서 제작한 것이었다. 일명 '캐시Cash'라는 별칭을 지닌 NCR에서 제조된 금전등록기는 엄청난 수난의 씨앗이 되었다. 금전등록기를 비방하는 사람들에게 캐시는 상업계 종사자들을 방해하고 그들의 직업을 위협하는 금융 테러리스트나 다름없었다. 점원들은 금전등록기 영업직원들의 접근을 원천봉쇄했다. 캐시에서 날아오는 우편물들은 죄다 찢어버렸고, 이런 사실이 캐시에 의해 발각됐을 때는 캐시의 본거지인 오하이오Ohio 주 데이턴Dayton의 소인이 찍힌 편지들은 무조건 찢어버리는 영리한 점원들도 있었다.[4] 그런데 번쩍이는 금속을 구부려놓고 땡땡 소리 나는 벨을 금전등록기에 장착해놓은 캐시가 그토록 많은 사람들에게 두려움의 대상이 된 이유는 무엇일까?

그 답은 NCR의 전설적인 인물이자 창업주인 존 패터슨John Patterson의 이야기에서 찾아볼 수 있다. 그는 비범하리만치 지략이 풍부한 사람이었다. 그는 영업기술 과학을 고안한 업적으로 인정받는 사람이었다. 다른 영업직원들이 본심을 알 수 없는 소비자들을 아첨과 감언이설로 유인했다면, 패터슨은 치밀한 영업 규약을 고안해냈다. 그는 영업팀을 위한 학교를 세우고 영업직원들에게 매뉴얼을 익히게 한 다음, 이발소나 옷가게, 드러그스토어가 그려진 배경 앞에서 실전 영업 연습을 시켰다. 영업 화술에 운이나 매력 따위는 있을 수 없었다. 자신이 판매할 제품을 바로 알고 그것을 정확하게 설명할 줄 알면 그만이었다. 오늘날 상점 진열장의 벽시계와 손목시계가 가장 균형 잡힌 바늘 각도인 10시 10분에 맞춰져 있듯이, 패터슨은 영업팀에게 특별 제작된 지갑에 정확히 7달러 16센트를 가지고 다니도록 지시했다. 그것은 금전등록기의 잔돈 메커니즘을 최고로 증명해보일 수 있는 정확한 액수였다.[5]

모든 것은 더할 나위 없이 이성적이었다. 패터슨이라는 사람만 제외한다면 말이다. 그는 책상을 불태우거나 도끼로 반 토막을 내기도 하고 신체 내부를 청소한답시고 괴상한 단식요법에 돌입하면서 최신 유행 식이요법을 병행하는 사람이었다. (특히 건강 구절에 관해서라면 시대보다 100년을 앞선 사람이었는지도 모른다.) 패터슨은 회사에서 두각을 나타내는 충성스러운 직원들이 자신을 언제 어떻게 해코지할지 모른다면서 그들을 해고하기도 했고, 자신의 개인 운동 처방에 도움이 된다는 이유로 런던 출신의 체조교사를 이사진으로 발탁하기도 했다. 누군가의 목격담에 따르면 패터슨은 영업직원들을 교육하면서 꽤나 살벌한 광경을 연출했다. 특히 빨간 분필을 손으로 으깨어 그것을 손과 머리에 미친 듯이 문질러대거나 손을 높이 쳐들고 꽥꽥거리는 모습은 양복을 갖춰 입은 헝클어진 장발 머리의 북아메리카 인디언 종족 코만치족처럼 보였다고 한다.[6]

멘토에게 배운 최고의 교훈, "고객의 입장에 서라"

패터슨의 이 모든 괴이한 행각에도 불구하고 한 가지 분명한 것은 그의 회사인 캐시가 훌륭한 제품과 철저히 훈련된 수백 명의 영업 인력을 확보하고 있다는 사실이었다. 1895년에 정육점이 파산하자 톰은 버펄로에서 캐시의 금전등록기 판매직 자리를 얻었다. 그것은 대단한 기회였다. 마침내 대도시에서 전국적인 명성을 가진 기업의 제품을 판매하게 된 것이다. 이제는 쉽게 돈을 벌어 부자가 되겠다는 흑심도. 집집마다 피아노를 팔러 돌아다닐 필요도 없었다. 이제는 행상인으로 물건 파는 법을 배우지 않아도 됐다. 하지만 얼마 지나지 않아 자신에게 스승이 필요하다는 사실을 깨달았다. 캐시에 취직해 처음 몇 주 동안 단 한 건의 판매계약도 성사시키지 못해 불안해진 그는 조만간 일이 잘 풀릴 거라면서 상사를 안심시켰다. 당시 버펄로 지역의 본부장이었던 존 J. 레인지 John J. Range 는 젊은 톰의 얼렁뚱땅한 태도에 버럭 화를 내면서 요즘 세상에서라면 노동법 소송이라도 당할지 모를 빈정대는 말투로 질문을 퍼부었다. "조만간이라고 했지?" "그럼 얼마나 있어야 하나?" "지금 좀 볼 수 없겠나?" 그는 연달아 다그치면서 왓슨의 나태함을 꾸짖었다. "두 번 다시 내 시간을 허비하지 말게."[7] 그러다 톰에게 뜻밖의 상황이 벌어졌다. 레인지가 코닝으로 돌아가는 배편을 초조하게 기다리던 톰에게 지금껏 그 누구도 젊은 톰 왓슨에게 해주지 않은 일을 자처하고 나선 것이다. 그는 톰에게 멘토가 되어주겠다고 했다. 레인지는 톰과 함께 마차에 올라타고는 NCR의 영업 공식을 실행에 옮기러 나섰다. "우리가 넘어지면 두 사람 모두 넘어지는 거야." 레인지는 톰을 안심시켰다.[8]

180도로 태도를 바꾸는 어쩌면 살벌하기까지 한 레인지에 대한 기억은 톰의 직업 인생을 계속해서 따라다녔다. 요즘 세상에서라면 레인지는 조울증에 시달리는 가엾은 세일즈맨의 전형일지도 모른다. 사실이야 어찌됐든 레인지는 신병 군기를 잡는 해병 훈련 하사관처럼 일부러 톰을 엄하게 다스리는 방법으로 호전성을 익히게 했다. 살벌한 분위기에서 상사가 보이는 냉담한 태도는 강한 남성을 만드는 고된 훈련이었다.

레인지와 마차에 동석하고 난 후 상사의 훌륭한 조언과 업계 최고의 제품으로 무장한 톰은 본격적으로 금전등록기를 울리는 일을 시작했다. 레인지는 훗날 톰이 IBM 영업직원 수천 명에게 전파했던 평생의 교훈을 가르쳤는데, 그것은 고객의 입장에 서라는 것이었다. 톰은 이를 활자로 된 계명으로 바꾸고 영업직원들에게 고객들과 똑같이 흰색 셔츠와 양복을 차려입도록 했다. 오늘날 심리학자들은 실제로 고객의 몸동작을 그대로 따라하는 식으로 공감대를 형성할 수 있다고 영업직원들에게 귀띔하고 있다. 고객이 손을 뾰족하게 모으면 영업직원도 그대로 똑같이 따라하라고 말이다.

레인지의 요점은 그런 모방보다도 더 차원 높은 것이었다. 그는 마음 내켜 하지 않는 고객에게는 NCR 금전등록기가 필요하다는 식으로 설득해서는 안 된다고 톰에게 가르쳤다. 더군다나 떠돌이 약장수가 만연해 있던 시절에 그런 강매 수법은 고객에게 경계심을 일으키고 적대적 관계를 형성할 뿐이었다. 그보다는 진솔한 대화를 나누면서 고객 업무에 도움이 될 만한 힌트를 제시하고 고객이 진정으로 원하는 것이 무엇인지 유도해야 했다. 레인지는 대화를 나누는 것이 전부가 아님을 명심하라고 말했다.

언젠가 영악하고 콧대 높은 영업직원이 내게 세일즈 게임에 대해 설명해준 적이 있었다. "토드." 그는 냉소적인 눈빛으로 말했다. "세일즈는 암거래나 다름없습니다. 내가 가진 게 무엇인지 말해주고는 바로 입을 다무는 식이죠. 그러고는 기다리고 또 기다립니다. 절대로 떨거나 불안해하지 않고 제 영향력을 넓혀가는 겁니다. 그저 기다리는 거죠. 그러다 입을 여는 사람이 지는 겁니다."

톰은 이 정도로 약삭빠르지는 않았지만 어쨌든 입 다무는 법을 배웠다. 한동안 아무 말도 하지 않고 몇 가지 조언을 던지며 친밀한 관계를 맺어놓고는 다음번에 잠재 고객을 찾아가 넌지시 옆구리를 찌르는 식으로 구매를 유도했다. 레인지의 지도 아래 엄청나게 많은 기계를 팔아 치우던 톰은 금전등록기 한 대에 자신의 주급을 보관해두지 못할 지경에 이르고 말았다. 그의 주급은 종종 100달러까지 올라갔고, 그것은 지금 가치로 2,400달러 정도에 해당하는 액수였다.

유인장치를 찾아라

잠재 고객의 믿음직한 친구로 자리매김하는 데 성공한 톰의 경험은 훗날 IBM 잡지 〈씽크Think〉를 창간하는 데 영감을 제공했다. 〈씽크〉는 일반적인 세상사를 다루는 잡지로, 시대를 선도하는 사상가들이 쓴 시사적인 기사와 사설들로 채워졌다. 잡지의 표지나 내용물 그 어디에도 IBM의 거창한 로고는 들어 있지 않았다. 그러나 방문한 잠재고객에게 문전박대 당할 낌새라도 느껴질라치면 IBM 영업직원은 즉시 서류가방에 손을 뻗으며 이렇게 얘기할 수 있었다. "존스 씨, 저희 제품에 그다지 관심이 없으시군요. 딱히 필요하신 것 같지도 않고 말입니다. 하지만 기왕 이렇게 들렀으니 재미있게 읽을 만한 잡지 하나 드리고 가겠습니다. 프랭클린 루스벨트Franklin Roosevelt나 톰 듀이Tom Dewey의 연설 같은 것들이 들어 있는 잡지입니다. 원하시면 무료로 구독하실 수 있습니다. 괜찮으시다면 바로 구독자 명단에 올려드리겠습니다."⁹ 1940년대에 〈씽크〉 구독자 명단은 약 10만 명까지 늘어났다. IBM 고객수가 3,500명이었으니 그에 비하면 어마어마한 숫자였다. 그럼 나머지 9만 6,500명의 구독자들은 누구였을까? 그것은 톰의 미래 고객 명단이었다. 게다가 교회 목사나 유대교 랍비, 학교 교사나 로터리 클럽 회원과 같은 사람들은 자신들의 청중과 동료들에게 IBM에 관해 좋은 말을 해줄 수도 있었다. 요즘 내 편지함에는 주식 중개인이나 부동산업자, 혹은 여행사에서 보내온 무료 잡지나 소식지로 넘쳐난다. 할인점 코스트코에서는 매달 광고들 사이로 흥미로운 기사들이 실려 있는 꽤 괜찮은 잡지를 보내주고 있다. 톰 왓슨 시니어는 이렇듯 우편함에 넘쳐나는 오늘날의 우편홍보에 영감을 불러일으킨 장본인이었다. 하지만 타조보다 큰 에뮤emu 고기에 투자하면 투자액을 3배로 불려주겠다고 장담하는 요즘 업자들에 비하면 훨씬 품위 있고 소비자들이 결코 그냥 지나치지 못할 일을 해냈다. (미안하지만 나는 나보다 작은 몸집의 새고기에 만족하련다.)

위법의 기술

NCR 금전등록기 판매에 대한 톰의 강한 집념은 오하이오 주 데이턴 거물들의 관심을 끌었다. 그들은 톰에게 영업 수입의 35퍼센트에 달하는 어마어마한 커미션 혜택을 제공했다. 패터슨은 톰에게 엄청난 커미션을 지급하는 데에는 불만이 없었다. 다만 한 가지 새로운 사실에 매우 격분했는데 그것은 NCR 중고기계 판매자들과의 경쟁이었다. NCR 기계는 대단히 견고해서 사실상 파손이 불가능할 만큼 튼튼했다. NCR에서 허술하게 풀린 나사라면 그것은 패터슨의 머릿속에 들어 있었다. 견고한 기계 덕분에 상인들이 NCR 중고기계를 구입해 돈을 절약할 수 있다는 사실을 알게 되자 중고시장이 생겨났다. 패터슨 자신의 기계들이 그의 새로운 영업 수입을 잠식하기 시작한 것이다. 자신을 최고로 여기는 여느 독재자들처럼 패터슨은 자신이 NCR의 중고기계를 만들어낸 장본인이니만큼 중고시장을 파괴할 권리도 자신에게 있다고 생각했다. 하지만 지문 하나 남기지 않고 감쪽같이 일을 해치울 수 있는 방법은 없을까? 그렇다면 비밀요원이 필요했다. 1903년에 패터슨과 NCR의 간부들은 젊은 톰이 NCR 경쟁업체들이 제작한 금전등록기들을 훼방하는 일에 일가견이 있다는 소문을 들었다. 그들은 톰을 위한 작전에 들어갔다.

이 작전은 프레드 브라이닌Fred Brainin이라는 남자의 뉴욕 14번가에 위치한 중고상점에서 시작되었다. 톰은 '왓슨의 금전등록기와 중고품 거래'라고 적힌 간판을 내걸었다. 그가 '전국'이라는 단어를 빼먹은 점에 주목하시라. 그것은 부주의한 실수가 아니었다. 그는 브라이닌에게 자신을 사람 좋은 소점포 소유주로 소개하기도 했다. 뉴욕은 비슷비슷한 점포들이 즐비하게 늘어서 성황을 이루는 길거리들로 가득한 곳이다. 웨딩드레스 거리나 원예 거리, 음악 거리 등이 그런 경우에 속한다. 리바이스Levi's 청바지를 입은 여성이 맨해튼에 가서 세 블록만 걸어 다니면 이내 흰색 면사포를 쓰고 진달래꽃을 들고는 색소폰을 연주하면서 도시를 빠져나갈 수 있다. 어쩌면 브라이닌은 중고 금전등록기 거리가 생겨날만한 가능성을 점치고 있을지 모르지만 사실 톰과 데이턴의 간부들은 그런 것은 안중에도 없었다. 브라이닌이 중고 NCR 기계를 15달러에 내놓자 왓슨은 똑같은 제품의 가격을 14달러로 낮췄다. 이번에는 왓슨의 상점에서 14달러 가격표를 본 브라이닌이 13달러로 가격을 낮췄다. 그러자 왓슨은 14달러 위에 줄을 긋고 10달러라고 적어놓았다. NCR에서 무상으로 기계를 제공받고 있던 톰에게 가격이 문제될 리 없었다. 브라이닌과 달리 그에게는 월급을 줘야 할 창고 직원도 돈을 갚아야 할 채무자도 없었다. 하지만 가엾은 브라이닌은 수익을 올려야 했다. 그는 사악하고 탐욕스러운 가격 정책 음모의 희생양이었다. 톰에게 호되게 당한 브라이닌은 NCR의 물건을 잔뜩 남겨둔 채 다른 도시의 길거리로 떠났다.

톰은 패터슨과 레인지를 비롯한 다른 NCR 임원들과 함께 체포되었다. 10년 가까이 시장을 점령해오다 1912년에 연방당국에서 셔먼 독점금지법Sherman Antitrust Act 위반죄와 업무방해죄, 뇌물수수죄 및 문서비방죄로 그들을 기소한 것이다. 그들은 벌금 수천 달러를 물고 1년 징역형을 선고받았다. 톰은 충격을 받고 격분해 날뛰었다. 그가 금전등록기 가격을 낮춘 덕분에 소비자들이 저렴한 물건을 살 수 있는 기회를 얻지 않았는가? 그의 공격적인 가격인하 정책으로 많은 사람들이 금전등록기를 구입하게 된 사실을 알고나 하는 말인가? 그런 주장들은 설득력이 없었지만 그는 자신의 주장을 굽히지 않았다. 톰 주니어가 쓴 자서전에는 연방 법원에서 그의 아버지를 기소한 1913년에 톰 시니어가 NCR 영업직원들을 소집해놓은 사진이 눈에 띈다. 받침대에 놓여 있는 톰 시니어의 친필 기록 아래쪽에는 그가 큼지막한 글씨로 '옳은 일을 하라'고 적어놓은 글이 있다.

NCR의 유죄판결은 패터슨을 비롯한 독재자들의 마구잡이식 권력의 종말을 암시했다. J.P. 모건은 죽기 직전에 미국 기업들은 반드시 투명한 '유리 주머니'를 갖춰야 한다는 말을 남겼다.[10] (물론 모건이 100년을 더 살았더라면 엔론Enron과 글로벌 크로싱Global Crossing, 월드콤WorldCom의 깊숙하고 음침한 호주머니들을 보았을 테지만 말이다.)

여기서 나는 현대 경제학자들이 약탈가격predatory pricing(기업이 시장에 진출하거나 기존 시장에서 경쟁자를 몰아내기 위해 취하는 가격)을 반드시 치명적인 재앙으로 여기지는 않는다는 점을 덧붙이고 싶다. 단기간이 아니라면 그것은 결코 약탈자에게 유리하게 작용하지 않기 때문이다. NCR의 음모로 브라이닌이 파산했다고 치자. 약탈행위가 진행되는 동안 금전등록기 구매자들은 낮은 가격으로 사실상 이득을 보았을 것이다. 브라이닌이 상점 문을 닫게 되면서 NCR이 중고기계 가격을 욕심만큼 확 끌어올릴 수 있게 되었다고 해보자. 그럼 이제는 어떤 일이 벌어질까? 누군가가 이 분야에 뛰어들어 가게를 열고는 중고기계의 높은 가격과 수익으로 이익을 챙기려 할 것이다. 여기서 '진입장벽'(어느 특정 분야에서 창업하는 데 드는 비용과 수고)이 그렇게 높지 않다면 약탈자들은 독점 수익을 유지하는 데 어려움을 겪게 될 것이다. 더구나 중고제품의 경우에는 진입장벽이 무척이나 낮은 편이다. 대학생이라도 잔디밭이나 온라인상에 간판을 내걸고 얼마든지 자신의 중고서적을 판매할 수 있다. 가난한 동네에는 전당포가 있고, 부자 동네에는 '개라지 세일garage sales(일반 주택의 차고에서 집에서 쓰던 물건을 판매하는 것)'이 있기 마련이다. 부자들은 물건을 사러온 손님들이 간만에 지하실 청소를 한 줄로 여기기보다는 친척 누군가가 세상을 떠나 물건을 처분하는 줄 알아주기를 바란다.

재판과 선고가 이어지던 시기에 톰의 직업적 삶은 혼돈 속으로 빠져들었지만 그의 개인적 삶은 점차 나아졌다. 체구는 아담해도 강한 성격의 제넷 키트리지Jeanette Kittredge라는 데이튼 출신의 여성을 신붓감으로 발견한 덕택이었다. 그녀의 아버지는 철도 차량을 제작하는 기업의 대표였다. 톰은 훗날 그녀를 설득해 결혼에 골인한 일이 일생 중 가장 힘들고 중대한 거래였다고 너스레를 떨었다. 제넷은 NCR에서 톰이 퇴직한 시기와 거의 동시에 임신했다.

패터슨과 톰은 아이러니하게도 물난리로 인해 명예를 회복했다. 1913년 3월 오하이오 주는 역사상 미국 최악의 자연재해와 맞닥뜨렸다. 그레이트마이애미강Great Miami River이 강둑을 범람하면서 6미터 높이의 악취 나는 강물이 데이턴 지역을 덮친 것이다. 가스관이 터지고 화재가 일어난 난리통에서 소방관들은 갑자기 생겨난 급류에 떠내려가는 시민들을 구하기 바빴다. 수백 명이 목숨을 잃었고 길거리에는 죽은 말들이 넘쳐났다.[11] 강물이 도시를 덮치자 패터슨은 주민들에게 고지대에 세워진 NCR 공장을 피난처로 제공했다. 인디애나Indiana 주를 비롯한 주변 지역에 홍수가 범람하는 광경을 지켜보던 NCR은 사실상 강둑이 터지기 이전부터 보트 제작에 나섰다. 수천 명주민들이 NCR의 지붕 밑으로 몸을 피했고, 회사는 그들에게 담요와 빵, 찬송가를 제공했다. 뉴욕에 있던 톰은 즉시 기차 편을 물색해 물건들을 싣고 부랴부랴 서쪽으로 내달렸다. 구호활동이 벌어지던 아수라장 속에서 톰은 병원에 실려 가기 일보직전까지 구제작업에 매달렸다.

강물 수위가 점차 낮아지자 패터슨과 톰은 실추된 명예를 회복하고 영웅이 되었다. 하지만 패터슨은 그 즉시 톰을 해고했다. 톰은 자신의 해고가 셔먼 독점금지법보다는 패터슨의 이기주의와 관련된 것이라고 주장했다. 패터슨은 자신의 목숨과 재산을 사심 없이 내어놓고 사람들을 물난리에서 구제하기는 했지만 그런 공로를 다른 사람과 나누고 싶은 마음은 없었다.

톰은 비록 변덕스럽기는 해도 자신에게 5만 달러라는 어마어마한 퇴직금을 건네준 패터슨을 비난하지 않았다. 당시 5만 달러는 오늘날로 치면 100만 달러라는 어마어마한 금액이었다. 톰은 곧장 일자리를 찾는 데는 애를 먹었지만 그 정도 거액이라면 가족을 부양하는 데 별로 어려움이 없었다. 더군다나 패터슨의 해고가 없었더라면 톰이 IBM을 고안해낼 기회도 얻지 못했을 것이다.

새로운 출발

철창 신세를 기다리는 흉악범을 고용하려는 사람이 과연 있을까? 엔론의 CEO 제프리 스킬링Jeffrey Skilling도 줄무늬 죄수복 차림으로 다양한 일자리를 제안받지는 않았을 것이다. 하지만 흉악범을 만나는 일에 전혀 개의치 않아하는 단 한 사람이 있었으니 그는 국제 탐험가이자 금융업자이며 식도락가인 찰스 플린트Charles Flint였다. 플린트는 우디 알렌Woody Allen의 영화에 나오는 젤리그Zelig처럼 세상 여기저기에 출몰하는 남자였다. 웨이브 머리와 북슬북슬한 구레나룻를 지닌 그는 브라질 마나우스Manaus에서 전기 가로등과 전차를 제작했고, 니카라과Nicaragua에서 총영사관을 지냈는가 하면, 러일 전쟁 당시 러시아 상트페테르부르크St. Petersburg에서 러시아 황제를 위해 무기 구입에 가담한 전력도 있었으며, 시카고에서는 치클렛Chiclets과 덴틴Dentyne 츄잉껌 제조업체인 아메리칸 치클American Chicle을 설립하기도 했다. 플린트는 그동안 수많은 백만장자부터 세력가, 톰 왓슨의 절박한 실형 선고에는 눈 하나 깜짝 안 할 대단한 흉악범까지 두루 상대해온 사람이었다. 시카고 신문들은 독과점기업들의 사업적 책략을 주동했던 플린트에게 이미 '트러스트trust(기업합동)의 아버지'라는 호칭으로 부르고 있었다.

플린트는 측정업과 관련된 기업 3개를 갖고 있었다. 각 기업의 머리글자를 따서 만든 CTR 아래에는 정육점 저울 제조업체인 컴퓨팅 스케일 컴퍼니Computing Scale Company와 인구조사 데이터를 펀치 카드에 기록하는 전기 장비 제조업체인 타뷸레이팅 머신 컴퍼니Tabulating Machine Company, 근무 교대조 시간의 시작과 끝에 맞춰 근로자들의 출퇴근 정보를 기록해주는 타임리코더 제조업체인 인터내셔널 타임 리코딩 컴퍼니International Time Recording Company가 있었다. 이들 기업 모두 고객들의 합리적인 사업 운영 능력을 키워주는 데 주력하고 있었다. 하지만 CTR은 지불 이행 능력을 한참 벗어나 채권자들에게 수백만 달러를 빚진 위태로운 껍데기에 불과했다. 플린트는 톰을 총괄매니저로 고용해 그가 이 위태롭고 복잡한 상황을 정리하고 견고한 구조물로 바로 세워 위축된 400명 영업직원들에게 영감을 불어넣어주기를 바랐다.

징역형과 벌금형을 선고받은 톰은 자신이 CTR 중역들에게 좋은 인상을 주기 힘들다는 사실을 알고 있었다. 누군가는 플린트에게 이렇게 항의했다. "지금 도대체 무슨 짓을 하려는 거요? 회사를 말아먹을 작정이오? 그가 교도소에 있을 동안에 기업은 누가 운영한단 말이오?"[12] 그러나 중역들은 으레 그렇듯 플린트가 하는 대로 내버려두었고, 결국 그는 톰을 고용했다. 늘 그렇듯 플린트의 승리였다. 톰은 지금 기준으로 계산하면 50만 달러가 넘는 연봉을 놓고 협상했다. 톰은 영업직원 시절의 경험을 한껏 되살려 기업 수익의 1퍼센트에 상당하는 어마어마한 커미션을 요구했다. 그것은 지금까지 톰이 맺어온 재정적인 거래 가운데 최고에 속했다. 그렇게 따지면 그는 봉급과 커미션으로 회사 수익의 5퍼센트를 받으면서 미국 최고의 고액 연봉자가 되는 것이었다. 1931년에 8만 달러를 벌어들였다는 베이브 루스의 유명한 일화가 있다. 기자가 허버트 후버 Herbert Hoover 대통령보다 더 많은 돈을 번다는 사실에 죄책감이 들지 않느냐고 묻자 베이브는 "안 될 이유가 어디 있습니까? 올해 더 좋은 성적을 냈으면 된 것 아닙니까"라고 대답했다. 1930년대에 톰은 베이브 연봉의 몇 배나 되는 주택을 구입하면서 '하루에 1,000달러를 벌어들이는 사나이'라는 타이틀을 얻었다. 물론 베이브도 톰처럼 맥주와 위스키를 자제했더라면 더 많은 홈런을 쳐서 톰보다 더 많은 돈을 벌어들였을지도 모른다.

　톰이 CTR에 발을 들여놓은 지 얼마 되지 않아 연방 법원에서 반가운 소식이 도착했다. 톰의 유죄판결을 철회하겠다는 소식이었다. 그의 무죄방면은 전문적 절차나 연방증거 규정과 상당 부분 관련이 있기는 했지만 어쨌든 그것으로 그의 범죄기록은 청산되었고 플린트는 그를 CTR의 사장으로 승진시켰다. 드디어 감옥살이에 대한 두려움과 이사진의 노여움에서 벗어난 그는 엽궐련을 물고 고기분쇄기를 팔러 돌아다니는 행상인들에게 알려져 있던 정도의 CTR을 크게 성장시킬 수 있었다. 그때까지도 IBM은 희망사항에 불과했고, 여전히 저만치 떨어져 있었다.

고기분쇄기에서 IBM으로

톰 왓슨은 자신의 손으로 CTR을 수십억 달러의 기업으로 만들어놓을 수 있을 것이라 직감했다. 20세기가 최초의 측정 세기measured century가 될 것이라는 생각 때문이었다.[13] 비용은 얼마나 들까? 시간은 얼마나 걸릴까? 무게는 얼마나 될까? 이런 것들은 태초에 노아가 하나님께 얼마나 큰 방주를 지어야하는지 물었던 그 시절 이후로 사람들이 궁금해 했던 질문이었다(참고로 노아의 방주는 300입방미터였다). 그러나 왓슨은 20세기에는 숫자들이 보관되고 저장되었다가 검색되어 다시 계산될 것이며, 이런 노력들로 기업들의 효율성이 높아지리라는 사실을 깨달았다. 그는 데이터 처리를 위해 표를 만드는 기계인 타뷸레이팅 머신tabulating machine 덕분에 인구조사국이 1890개의 보고서를 취합하는 데 수백만 달러와 수년의 세월을 줄일 수 있었던 사실을 알고 있었다. 톰은 기업체들이 성장과 비용, 투자수익률을 계획하는 것을 보면서 기존의 숫자들이 새로운 숫자들 못지않게 중요해질 수 있다고 판단했다.

내가 초등학교 2학년이었을 때 동네 아이들은 월드시리즈 개막일에 맞춰 야구 카드를 구입하고는 했다. 우리는 여름 내내 카드를 교환하고 각 선수들 카드를 수집하면서 시간을 보냈다. 그리고 월드 시리즈가 끝난 10월이면 카드를 모두 내다버렸다! 오래된 야구 카드를 누가 필요로 한단 말인가? 모두들 이듬해에 새로운 카드 묶음이 나올 때까지 기다리겠다는 어리석은 생각을 했다. 토머스 왓슨 주니어 이전만 해도 대부분의 기업가들은 이와 별다르지 않게 기업 데이터를 취급해왔다. 하지만 톰은 이런 기업 수치들이 비즈니스가 커지고 빨라지고 보다 유연해질수록 여러모로 유용하게 쓰일 수 있다고 판단했다. CTR은 숫자에 관한 한 제왕이었다. 하지만 왕관을 쓰기 위해서는 C와 T, R을 연결해줄만한 수단을 찾아내야 했다. 오늘날에는 시너지라는 말이 진부한 표현에 속하지만 100년 전에는 시너지라는 말조차 존재하지 않던 때였다.

톰은 T부터 시작했다. 타뷸레이팅 머신 컴퍼니가 CTR에서 가장 작은 수익을 내고 있었기 때문이었다. 그는 컴퓨팅 스케일 컴퍼니보다 타뷸레이팅 머신 컴퍼니에 더 관심이 많았다. 맨 처음 정육점에서 일을 시작하기는 했어도 톰의 야심은 커피분쇄기나 고기슬라이서에 만족하기에는 너무나 컸다. 인구조사국의 타뷸레이팅 머신을 개발한 허먼 홀러리스Herman Hollerith는 문서에 일자를 기록하는 것보다 카드에 구멍을 뚫는 방법으로 사무원들이 훨씬 빠르게 일할 수 있다는 사실을 알아냈다. 각각의 구멍 펀치는 일자를 표시했고, 카드는 기계로 정리되고 도표화될 수 있었다. 톰은 말했다. "이제는 카드에 구멍을 뚫으면 됩니다. 다시는 카드에 기입할 필요가 없습니다. 기계가 알아서 반복적인 업무를 처리해줄 테니까요. 이런 일은 더 이상 사람들이 하지 않아도 됩니다."[14]

시너지를 일으킬 톰의 첫 번째 시도는 펀치 카드 타뷸레이터를 프린터와 연결할 수 있다는 사실을 알았을 때 시작되었다. 펀치 카드 기계를 프린터와 접목시키는 방법으로 고객들의 기록 보관을 자동화할 수 있게 된 것이다. 이런 기계를 그 누가 마다할 수 있겠는가? 그것은 사실로 입증되었다. 15년이 지나 펀치 카드 타뷸레이터의 수익은 기업 최하위에서 최상위로 뛰어올라 CTR 전체 수익의 85퍼센트를 차지했다. 1935년에 프랭클린 루스벨트 대통령이 사회보장법에 서명하면서 타뷸레이터는 엄청난 신장세를 기록했다. 갑자기 너도나도 수치를 원했고, 기업마다 기록을 보존해야 했으며, 정부 관료들은 저마다 수치로의 접속을 요구했다. 톰은 문자적으로나 비유적으로 귀중한 카드를 손에 쥔 셈이었다. 사회보장제도가 노인들에게 얼마나 훌륭한 것인지는 몰라도 톰의 기업에게는 그보다 훨씬 더 대단했다. 톰은 1935년 이전에도 루스벨트 대통령의 열혈 팬이었지만 그에 대한 열성은 그 후로 말할 수 없이 커졌다.

그로부터 30년이 지나서도 비슷한 사건이 벌어졌는데, 텍사스Texas 억양의 전직 IBM 영업직원이 정부의 새로운 노인의료 보험제도의 전산화 작업을 도와 수십억 달러를 벌어들였다. 그의 이름은 훗날 IT 기업인 EDS를 설립한 로스 페로Ross Perot 였다.

당시 톰의 펀치 카드 기계들은 정교함이 더해진 전기의 놀라운 기적이었다. 펀치 카드에 승부수를 걸면서 고기분쇄기를 제쳐둔 톰은 정육점에서의 초창기 시절에 대해서는 두 번 다시 생각하지 않았다.

1924년 톰은 CTR을 인터내셔널 비즈니스 머신International Business Machines, IBM이라는 기업명으로 교체했다. 그는 특히 매력적이고 세련미를 풍기는 '국제적international'이라는 단어를 좋아했다. 그 후 국제적으로 활동하던 IBM은 캐나다에서 판매 실적을 올렸다. 이제 더 많은 지역에서 IBM과 새로운 아이디어를 전파할 수 있게 된 것이다.

무한대로 그리고 그 너머로

톰의 비즈니스 모델은 무한대를 상징하는 고리 기호로 설명할 수 있다. 하나의 고리에는 고객이 있고 다른 고리에는 영업 인력이 있으며 그 접점이 바로 IBM이다. 톰은 소비자와 IBM을 결속시키려 노력하는 한편, 영업 인력과 IBM을 결속시키려 노력했다. 그리고 풀리지 않을 만큼 단단하면서도 이음새 없이 부드럽게 소비자들과 영업팀을 결속시키는 방법으로 그것을 가능케 했다.

장비가 아닌 솔루션을 제공하라

톰은 고객들이 덩치 큰 금속 장비가 아닌 솔루션을 필요로 한다는 사실을 알았다. 다른 제조업체들은 배송직원들에게 장비를 내려놓고 현금을 수거해 차를 몰고 돌아오도록 했지만 톰이 선택한 방식은 달랐다. 그는 IBM 직원들에게 기계를 설치하고 관리하는 법을 교육했다. 무엇보다 중요한 사실은 그의 영업 인력이 처음부터 고객에게 올바른 제품을 구매하도록 안내한다는 것이었다. 이로써 영업직원의 역할은 믿을 수 없는 사기꾼에서 듬직한 친구로 바뀌었다.

IBM 모델의 핵심은 리스업이었다. IBM은 고객의 현관에 장비를 내려놓는 일에만 그치지 않았다. 왜냐하면 장비의 주인이 고객이 아닌 IBM이었기 때문이다. 고객은 정기적으로 비용을 지불했지만 물건을 구입해 쓸모없어질 때까지 보관할 필요는 없었다. 리스업은 영업직원에게 정기적으로 고객을 방문해 장비를 점검하면서 서로 돈독한 관계를 맺을 수 있는 합당한 이유를 제공했다. 고객들은 웬만해서는 리스를 취소하지 않았는데, 리스를 취소할 경우 업무 활동에 지장을 초래하고 다른 대체품을 물색하는 데 시간을 뺏기기 때문이었다. 고객이 리스 계약을 해야 하는 이유를 물으면 영업직원은 다음과 같이 고객을 안심시켰다. "고객 서비스 직원을 보내어 기계를 점검해드립니다. IBM은 기계가 아닌 서비스를 판매하는 기업입니다."[15] 톰은 영업 인력이 엔지니어 팀에 의무적으로 피드백을 제공하게 했고, 그러한 피드백 메커니즘은 IBM 제품을 개선시켰다.[16]

리스업은 몇 가지 점에서 IBM의 재정에 보탬이 되었다. 첫째로 리스 납입금은 꾸준한 수입을 가져다주었는데 그것은 IBM의 절대적인 계약 갱신율 덕분이었다. 만약 IBM이 현금을 받고 기계를 판매했더라면 재정 형편이 좋은 달과 저조한 달이 극명하게 나뉘었을 것이다. 하지만 리스업 모델 하에서는 영업 실적이 부진해서 새로운 고객을 끌어들이지 못했다고 해도 계속해서 월별 리스 납입금에 의존할 수 있었다. 리스업은 IBM을 불경기에서 무사히 살아남도록 도와주었다. 이러한 논리는 휴대전화 업체들이 2년 서비스 약정에 그토록 목을 매는 이유를 설명해준다. 월스트리트가 순환 매출recurring revenue

에 그토록 높은 가치를 두는 이유도 마찬가지다. 몇 해 전 나는 한 금융 컨설팅 회사의 사장이자 공동 창립자로 재직한 적이 있었다. 컨설팅 조언에는 수십만 달러를 청구하지만 일일 보고서 서비스에는 그의 10분의 1 비용을 청구했다. 우리 기업을 관리하던 투자 은행가들은 컨설팅 계약이 짭짤한 수익을 올리기는 하지만 일일 소식지에 전적으로 집중할 것을 권고했다. 기업 인수자라면 값비싼 컨설팅 업무보다는 갱신율 높은 구독 사업에 훨씬 더 구미가 당길 것이라는 그들의 계산 때문이었다.

마침내 IBM은 새로운 경쟁업체들을 물리쳤다. 경쟁업체들 대부분이 고객들에게 현금 선불을 요구했기 때문이었다. 고객들에게 장비를 대여해줄 정도로 자본금이 넉넉한 기업은 별로 없었다. 누구도 필적하기 어려운 톰의 리스업은 그 옛날 존 패터슨이 금전등록기 사업에서 구축하는 데 어려움을 겪었던 바로 그 귀한 '진입 장벽'이 되어주었다.

리스 장비 말고도 IBM은 펀치 카드 판매로 꽤 괜찮은 수익을 올렸다. 고객이 IBM의 펀치 카드 기계를 원치 않는다고 해도 펀치 카드 시장은 IBM이 장악하고 있었다. 대부분의 고객들은 모든 과정에서 IBM을 고수하는 편이 좋다고 판단했다. 오늘날 컴프USA CompUSA 와 같은 PC 전문 매장에서 매우 저렴한 가격에 판매되거나 노트북 컴퓨터 구매시 무료로 제공되는 프린터의 경우를 생각해 보라.

예를 들어 휴렛팩커드Hewlett-Packard는 칼라복사기를 겨우 75달러에 판매하면서 나머지 비용은 어떻게 처리할 수 있을까? 그것은 사실상 불가능하다. 하지만 잉크를 보라! 돈줄은 바로 그곳에 있다. 컴퓨터 소모품 매장 벽에 복잡하게 걸려 있는 잉크 카트리지를 보면서 휴렛팩커드가 왜 저런 잡다한 물건들을 생산해내는지 의아하게 생각해본 적이 있는가? 그것은 값싼 모조품 제조업체를 따돌리기 위한 방법이다. 모방업체들은 휴렛팩커드에서 새로 발표된 버전들을 따라잡는 데 좌절감을 맛본다. 이것은 마치 매일 손수레를 밀면서 경비초소를 지나가던 공장 직원에 관한 구소련의 재미 있는 농담과도 같다. 경비원은 그가 공장에서 뭔가 훔쳐가는 것이 아닌지 의심하면서 하루도 빠짐없이 손수레를 덮고 있는 덮개를 들어 올려 내용물을 확인했지만 덮개 아래에는 쓸모없는 돌멩이들만 담겨 있었다. 그로부터 20년이 지나 은퇴를 앞둔 경비원은 마지막으로 그 직원에게 사실을 말해달라고 했다. "도대체 당신이 훔쳐간 물건은 무엇이오?" 그러자 직원이 대답했다. "손수레요." 휴렛팩커드의 잉크가 바로 구소련의 손수레였던 것이다.

영업 인력을 붙들어라

톰 왓슨은 그의 영업팀을 끔찍하게 생각했고, 그런 그는 무엇보다 노래와 연설, 보너스로 그들에게 영감 불어넣는 일을 좋아했다. 그는 젊은 시절 역경 속에서 일을 시작했고, 배고픔이 어떤 것인지 잘 알고 있었으며, 영업직원들이 자존심을 지키기 위해 얼마나 힘겨운 투쟁을 벌여야 하는지 충분히 이해하는 사람이었다. NCR에서 레인지에게 배운 교훈을 기억하고 있던 그는 영업 매니저들이 고객을 방문할 때마다 신참내기 영업직원들과 동행해야 한다고 강조했고, 고위 간부들에게는 '관리자는 직원들의 조수'라는 주문을 거듭 반복해 주

입시켰다. 자존심 강한 그였지만 자신의 사무실 문만큼은 활짝 열어 두었고, 심각한 불만이 있는 사람은 누구든지 자신에게 직접 찾아와 부탁할 수 있다고 말했다. 그렇게 직접 와서 안건을 의뢰하는 사람이라면 바보 멍청이든지 아니면 정말로 심각하게 논의할 사안이 있는 사람이라고 생각했다.

톰은 관리자들에게 대학 캠퍼스에서 영업직원들을 채용하도록 지시하면서 그중에서도 수려한 외모와 세련된 매너를 지닌 남학생들을 눈여겨보도록 했다. 당시만 해도 야구선수로 발탁되던 남성들은 민첩한 발놀림이나 튼튼한 팔뚝보다는 잘 생긴 얼굴로 합격 여부가 결정되던 시절이었다. 보고서에는 젊은이가 '수려한 용모'를 지녔는가의 여부가 적혀 있었고, 날렵하고 뚜렷한 이목구비의 얼굴은 곧 승자의 속성을 상징했다. 하지만 베이브 루스와 요기 베라Yogi Berra가 미남 배우는커녕 만화 캐릭터 마질라 고릴라Magilla Gorilla를 연상시키는 얼굴로 어떻게 메이저리그까지 진출했는지는 여전히 의문이다.

톰은 대공황이라는 암울한 시기에도 직원을 채용했다. 1933년에는 그의 최고 경쟁업체인 레밍턴 랜드Remington Rand의 대표와 다음과 같은 농담을 주고받기도 했다. 직원을 해고하지 않기로 유명한 톰은 상대에겐 커다란 충격이었다. 톰은 이렇게 말했다.

"저는 이제껏 수년 동안 그럭저럭 잘 지내왔습니다. 아시겠지만 저는 거의 예순이 되어갑니다. 이 나이가 되면 남자들에게는 많은 일들이 일어납니다. 어떤 남자들은 술을 많이 마시기도 하고 또 어떤 남자들은 여자에게 관심을 기울이기도 합니다. 하지만 내 취약점은 바로 영업직원들을 고용하는 일입니다. 저는 지금까지도 줄곧 그 일을 하고 있습니다."[17]

톰은 그가 다짐했던 대로 IBM에서 평생을 지속할 기업과 기업 문화를 만들어냈다. 그는 나무랄 데 없이 완벽한 자신의 영업팀에게 앞으로 그들의 아들과 손자들도 계속해서 고용하겠다면서 직원들을 안심시켰다. 자신을 영원한 존재로 만들어놓겠다고 결심하게 만든 데에는 그의 자존심도 한몫했다. 그는 불멸의 존재이자 가부장적인 존재처럼 보였다.

첫째로 그는 유능한 영업직원들에게 두둑한 금전적 보상을 제공했다. 둘째로 훈련학교와 연구기관을 세워서 직원들에게 투자했다. 1930년대 무렵에는 IBM 공장 직원들 가운데 절반이 교육부서가 제공하는 24개 과목 중 적어도 한 과목을 수강하고 있었고, IBM '스쿨하우스'를 졸업한 인원은 수천 명에 달했다.[18] 셋째로 직원과 그의 가족들에게 의료보험을 제공했고, 넷째로 IBM 가족들을 위한 컨트리클럽을 짓고 직원들의 건전한 놀이를 권장했다. 톰은 오즈의 마법사처럼 책상 위에 놓인 마이크를 통해 이야기를 전달하는 식으로 전 직원들에게 연설을 시작했다. 프랭클린 루스벨트의 본보기를 이어받은 톰 역시도 친근하고 편안하게 이야기하는 것을 좋아했다.

다음은 노래였다. 톰은 IBM을 찬미하는 하나의 종교를 만들어냈고, 그러한 종교 속에서 예수를 탄생시킨 성모마리아처럼 칭송받았다. 교육실들은 마치 제단처럼 보일 정도였다. 〈용감한 사나이들 Stout-hearted Men〉의 곡조에 맞춘 고무적인 노래인 〈영원한 전진 Ever Onward〉에 따르면 톰은 단순한 사나이 정도가 아니었다. 그는 사나이 중의 사나이이자 우리의 친구이며 길잡이라네.

T. J. 왓슨이라는 이름은 누구도 막을 길 없는 용기를 말하네.

이제 우리는 영광된 마음으로 여기 모여 IBM의 잔을 높이네.

1939년 톰은 뉴욕세계박람회에서 혼신의 노력으로 IBM에 혁혁한 공을 쌓으면서 GM이나 제너럴 일렉트릭General Electric, GE 같은 거물들보다도 한층 빛을 발했다. IBM이 이런 쟁쟁한 기업들과 비교해 하루살이처럼 보인다고 해도 아직 걱정하기는 일렀다. 톰은 'IBM의 날'에 피오렐로 라과디아Fiorello La Guardia 뉴욕 시장을 무대 위에 앉혀놓고 자신의 연설을 듣게 했다. IBM 찬양곡만으로는 성에 차지 않았는지 그는 메트로폴리탄 오페라 슈퍼스타인 릴리 퐁스Lily Pons와 로렌스 티벳Lawrence Tibbett을 고용해 뮤지컬을 공연하게 했다.

톰의 지도 아래 IBM 직원들은 회의석상에서 노래를 불렀고, 건물 벽에는 톰의 커다란 초상화들이 걸렸다. 그들은 야영 수련회에서도 목청을 높여 노래했고, 텐트에 모여든 수천 명의 IBM 영업직원들끼리 시상식을 갖고 의욕을 재충전했다. 〈영원한 전진〉이 그다지 민망스럽지 않게 들린다면 〈IBM 교가IBM School Song〉를 들어보라.

왓슨이 앞장서가는

저 높은 곳으로 우리는 올라가리

그곳에서 만인이 우러러볼

우리의 IBM을 지키자

이러한 과장 섞인 허풍에도 불구하고, 아니 어쩌면 단결심 때문이었는지 IBM의 수익은 톰이 입사했던 1914년의 50만 달러에서 1940년에는 940만 달러로 수직 상승했다. 매출액은 10배나 증가했다.[19]

하지만 이토록 영광스럽던 시절에도 IBM 노래에 치를 떨고 허풍에 몸서리치던 사람이 있었다. 수치심으로 괴로워하던 그 남자의 이름도 다름 아닌 토머스 J. 왓슨이었다.

토머스 J. 왓슨 주니어의 등장

이름 외에 두 토머스 J. 왓슨이 지닌 유일한 공통점은 큰 키였다. 두 사람의 키는 모두 190센티미터에 육박했다. 하지만 이런 공통점도 그다지 이로울 것은 없었다. 왓슨 시니어가 키만 껑충하던 10대 소년인 톰 주니어에게 어른스러운 처사를 강요했기 때문이었다. 아버지는 열세 살짜리 아들을 자신과 판박이처럼 꾸며놓았다. 아들에게 체스터필드 코트를 입히고 가죽 장갑을 끼우고 홈부르크 모자를 씌웠다. 아버지는 똑똑한 학생이었지만 아들은 형편없는 점수를 받아왔다. 아버지는 탁자 위에서 술병을 말끔히 치워버렸지만 아들은 술주정뱅이가 되어갔다. 아버지는 자신의 회사를 소유하기를 꿈꿨지만 아들은 유나이티드 항공United Airlines 조종사가 되기를 꿈꾸면서 IBM을 생각할 때마다 눈물을 흘렸다.

한때 '두 명의 부시 대통령'과 함께 일할 기회를 얻어 자문역을 맡게 된 나는 권력을 거머쥔 아버지와 아들끼리 서로 잡아먹지 못해 으르렁거릴 필요가 전혀 없음을 확신할 수 있었다. 실제로 나는 아버지 부시George H. W. Bush에게 아들이 조언을 구하러 집에 전화를 거는지 물어보았다. 전직 대통령은 이렇게 답변했다. "물론이오. 내가 전화를 받으면 조지는 이렇게 말한다오. '안녕하세요, 아빠. 엄마 집에 계신가요?'" 토머스 J. 왓슨 시니어의 얼굴이 담긴 포스터를 비롯해 프랭클린 루스벨트나 아이젠하워Eisenhower, 조지 왕King George과 함께 찍은 사진에서도 아버지의 인격이 뿜어내는 위력은 여지없이 드러났다. 그것은 북한의 김일성이 작업복 스타일의 아들 김정일에게 미친 영향력과도 흡사했다. 학교에 입학한 아들은 IBM 손목시계를 차고 학교 복도를 거닐었다. 그는 아버지가 자신에게 했던 모든 처사가 '부당하게' 느껴졌다고 회고했다. '골칫덩이 토미'라는 별명으로 불리던 그는 실제로 열등하기에 열등감에 시달렸는지도 몰랐다. 그는 난독증과 천식, 우울증으로 고생하던 형편없는 운동선수였다. 그의 우울증은 단순한 슬픔이라기보다는 일종의 자살유인성 신경쇠약증에 가까웠다. 심지어 아홉 살짜리 남동생에게 이렇게 부탁한 적도 있었다. "부탁인데 내가 죽거든 부모님 잘못이 아니라고 엄마 아빠한테 말해줘."[20] 엄격하고 야심 많던 아버지 때문에 왓슨 가족은 결코 유쾌한 가정이 아니었다.

이 장 첫머리에서 토미가 스컹크 분비액을 학교 통풍구에 분사했던 내용을 이야기했었다. 머리끝까지 화가 난 아버지는 집안에서 아들 뒤꽁무니를 쫓아다니면서 고래고래 소리 질렀다. "너 같은 놈은 혼내봤자 소용없어! 이 세상의 따끔한 맛을 보게 될 테니까, 이 스컹크 새끼 같은 녀석!"[21]

아버지가 늘 불같은 성미를 드러낸 것은 아니었다. 종종 장난도 치고 어떨 때는 여자처럼 옷을 입고 웃음을 선사한 적도 있었다고 토미는 회고했다. 하지만 대부분은 팽팽한 긴장감이 감돌 때가 많았다. 토미가 펑크족 문화에 심취했던 시절에 아버지는 애써 그를 토닥이면서 언젠가는 올바른 길을 발견하고 훌륭한 사람이 될 것이라고 말했다.

아들이 그렇게 되기까지는 오랜 세월이 걸렸다. 아버지는 연줄의 힘을 발휘해 토미를 최고의 사립학교에 들여보냈다. 하지만 프린스턴 Princeton 에 위치한 헌 스쿨Hun School 의 성적과 표준화 시험 점수는 그야말로 참담했다. 그나마 한 줄기 희망의 빛이라면 그의 물리학 표준화 시험 점수가 뉴저지New Jersey 주의 다른 모든 학생들을 제치고도 남을 만큼 월등했다는 것이다. 그렇다면 과연 알버트 아인슈타인Albert Einstein 의 고향이 된 프린스턴 대학교Princeton University는 이 물리학 신동을 환영하며 받아들였을까? 아버지는 학장과의 비밀 면담에서 토미를 잘 봐달라며 간곡히 부탁했다. 학장은 그의 아들이 '예정된 낙제생'이라면서 아버지의 부탁을 거절했다.

브라운 대학교Brown University 에서는 '썩 훌륭한 학생은 아니지만 받아들이겠다' 는 태도로 아버지의 요청을 승낙했다. 대학에 들어간 토미는 흥청망청 술 마시기와 클럽 다니기, 수업 빠지기에서 대단한 두각을 나타냈다. 하지만 여기서 기억할 점은 그때가 대공황기라 지난 1920년대처럼 흥청거리는 생활을 그대로 유지할 정도로 사정이 넉넉한 가정이 별로 없었다는 것이었다. 토미는 대부분의 학생들이 영양실조에 걸린 모습으로 돌아다닌다는 사실을 잘 알고 있었다. 하지만 그런 때에도 그가 즐겨먹던 음식은 마티니 유리잔에 띄워놓은 올리브였다. 당시 로드아일랜드Rhode Island 지역 근방에는 해고된 근로자들이 무료급식소에 줄을 서서 음식을 얻어먹곤 했다. 그런가 하면 토미의 부잣집 룸메이트는(그는 넉 줄이나 되는 긴 이름을 갖고 있었다) 넘쳐흐르는 현금을 감당할 수 없어서 자신의 사냥개를 위한 카페테리아 식사권을 따로 구입할 정도였다. 그의 애완견은 바닥을 쿵쿵 울리며 식당으로 들어가서는 자신의 식사권에 웨이트리스가 펀치 구멍을 낼 수 있도록 커다란 머리를 옆으로 숙이곤 했다.

물론 토미는 1937년에 브라운 대학교를 별 볼일 없는 성적으로 졸업하고는 일자리를 얻었다. 아버지는 1939년 세계박람회 계획을 돕는 한 직원의 조수 자격으로 아들의 세계 여행을 준비했다. 모스크바와 베이징, 도쿄로 이어지는 이 쓸데없어 보이는 여행을 아버지가 조종하고 있다는 사실을 토미는 전혀 눈치 채지 못했다. 그런 그의 무지함은 '쇼핑이 너무 좋아'라고 탄성을 올리던 한심스러운 처사에서 여실히 증명되었다. 상인들 사이에서 그의 인기가 얼마나 대단했던지 그가 베이징을 떠날 때쯤에는 사람들이 자녀들 편에 선물을 전달하면서 그의 단골 거래에 감사를 표시할 정도였다.[22]

얼마 지나지 않아 즐거운 여행은 모두 끝이 나고 토미의 악몽이 시작되었다. IBM에 출근한 것이다. 물론 반드시 IBM일 필요는 없었겠지만 목성의 강한 끌어당김처럼 IBM은 그를 끌어들였다. 이제 막 일을 시작한 다른 새내기 영업직원들처럼 토미는 뉴욕 엔디컷Endicott에 있는 IBM의 최첨단 훈련센터의 수업에 참석했다. 다른 신입사원들과 마찬가지로 토미는 펀치 카드 기계의 볼트와 너트부터 배워나갔다. 사실 그것은 볼트와 너트라기보다는 옛날 전화교환수 교환대의 전선과 플러그 쪽에 가까웠다. 그는 급여명세를 인쇄하고 라벨을 찍고 회계 계산을 해주는 기계 프로그래밍 수업을 들었는데, 그것은 누군가가 그를 대신해 기계를 프로그래밍 해줘야 가능하다는 말이었다. 토미의 머릿속은 온통 전선과 플러그로 뒤엉켜 있었다. 학교에서는 그가 망신당하는 일이 없도록 개인 교사를 붙여줬는데 오히려 그런 배려가 젊은 남성에게는 치욕스러운 일이 되었다.

마침내 엔디컷의 교육 과정을 모두 통과한 토미는 영업업무를 시작했다. 그는 일을 시작한 초기에 눈부신 성공을 거두었지만 사실은 재앙이나 다름없었다. 그것은 일종의 속임수였다. 토미의 상관들이 그에게 가장 잘 나가는 지역을 할당해준 덕분에 US스틸U.S. Steel과 막대한 주문을 체결하면서 토미는 단 하루만에 IBM 영업 실적 서열의 꼭대기로 올라섰다. 토미는 그렇게 단 하루 만에 연간 판매할당량을 모두 채운 꼴이 되었다. 1970년대에는 양키Yankee 팀의 강타자 그레이그 네틀스Graig Nettles가 휘두른 방망이가 부러지면서 작은 고무 공들이 튀어나오는 부정 사건이 벌어졌다. 토미는 네틀스만큼이나 자신의 성공이 창피했지만 상황은 그보다 더 좋지 않았다. 네틀스는 스스로 부정을 선택했지만 토미는 주변 사람들의 도움으로 품격에 손상을 입은 경우였으니까. 물론 그것은 운동선수가 스테로이드를 복용하거나 언젠가 회사를 떠나갈 실패한 CEO에게 1,000만 달러 봉급을 내어주던 시절 이전의 일이었다. 토미는 농땡이를 피우고, 영업 회의에 불참하고, 맨해튼의 나이트클럽을 돌아다니기 시작했다. 그 옛날 룸메이트의 애완견과 식사권만 없었을 뿐 브라운 대학교에서의 일상과 하나도 다르지 않았다.

이 모든 불명예스러운 과거의 짐과 심리적 외상으로 고통받던 토미는 과연 어떻게 철이 들어 위대한 CEO가 될 수 있었을까? 아버지에게서 도망칠 궁리를 하지 않았다면 그는 철이 들기는커녕 살아남지도 못했을 것이다. 그는 아버지가 끔찍하게 싫어하는 유일한 곳으로의 탈출로를 발견했다. 그것은 하늘이었다. 토미는 어린시절부터 하늘을 나는 일에 매료됐었다. 라이트 형제의 고향인 오하이오 주 데이튼에서 자라난 덕에 토미는 발아래 판자를 방향키 삼아 균형을 맞추고 마치 하늘을 가르는 양 빗자루를 타고 주방을 '날아다녔다.' 1차 세계대전에 참전했다가 유럽에서 돌아온 전투조종사들은 토미의 영웅이었다. 그는 조종석에 앉게 해달라고 그들을 졸라댔다.

중요한 것은 아버지가 비행이라면 질색한다는 사실이었다. 실제보다 포장된 CEO였던 아버지는 라이트 형제를 만나고 훗날 비행기로 대서양을 횡단한 린드버그Lindbergh와 술잔을 들기도 했지만 땅에서 발이 떨어지는 것을 무척이나 두려워했다. 아버지는 대서양을 항해하는 호화 여객선에 가족을 태우는 사람이었다. 비행기는 겁 모르는 무모한 사람들이나 타는 것이었다. 하지만 지상 그 어디에도 어울리지 못하던 토미는 하늘에서 탈출로를 발견했다.

아버지는 결코 우둔한 사람이 아니었다. 당시 누구에게나 비행기를 타는 일은 두려운 것이었다. 1920년대 초반 아버지는 조종사가 비행기를 태워주던 어느 박람회에 아이들을 데리고 갔다. 비행기를 타려고 줄을 서 있던 토미와 그의 형제자매들은 아버지를 따라 아이스크림을 사러 잠시 줄을 빠져나갔다가 미처 돌아오기도 전에 비행기가 들판에 곤두박질치면서 승객들이 목숨을 잃는 현장을 목격했다.

그래도 토미는 단념하지 않았다. 그는 비행기를 탈 수 있는 나이가 되자마자 항공 수업을 들었고, 2차 세계대전이 일어난 무렵에는 능숙한 조종사가 되어 있었다. 1940년에는 IBM 영업 회의를 빠져나오면 당시 유명한 나이트클럽이던 스토크 클럽으로 향하든지 비행 기술을 연마하러 비행장을 향하든지 둘 중 하나였다. 그는 미 공군에 입대하기를 간절히 원했지만 한편으로는 공군 학교에서 그가 숨겨왔던 신체상의 문제가 탄로날까봐 걱정했다. 그에게는 거리 지각 능력이 없었다. 공군 군의관은 그를 따로 부르더니 그가 비행기를 추락시킬 수도 있다고 경고했다. 군 입대라는 탈출로를 선택하기로 결심한 토미는 공군에서 쓰는 시력 테스트 기계를 구입해서는 집에서 점과 선을 연결하는 연습을 했다. 하지만 결국에는 공군 테스트를 감수하는 대신에 주 공군Air National Guard에 입대했다. 1940년 루스벨트 대통령이 주 공군을 소집했을 때는 운이 좋았다는 생각이 들었다. 그는 곧바로 해외 복무에 들어갔다.

이상하게도 토미는 IBM에서 일할 때보다 오히려 군대에서 자유로움을 느꼈다. 엔디컷이야말로 토미가 가장 힘들게 맞서야 했던 신병 훈련소였다. 그는 주 공군에서 사무직보다는 전투비행대에 들어가기를 원했다. 그것은 결코 허세나 무모함이 아니었다. 그가 마침내 사명의식을 키운 결과였다. 물론 전쟁 중에 유대인을 향한 독일의 야만성과 일본의 탐욕스런 제국주의를 두 눈으로 목격하기는 했지만 그의 진정한 참전 동기는 대통령을 섬기고 자신을 입증하고픈 욕구에서 비롯된 것이었다. 토미는 난생 처음으로 "아버지에게 가려질까봐

걱정하지 않았던 시절"이라고 회고했다.[23]

아버지는 토미를 협박하지도 않았고 자신의 영향력을 이용해 아들을 빌럭시의 야영지 사무직으로 좌천시키지도 않았다. IBM은 전쟁에서 나름대로의 역할을 담당하고 있었다. 당시 모든 군인들은 IBM 펀치 카드를 갖고 있었고, 군대에서는 IBM 기계로 사상자와 폭탄 투여 결과, 급료 명부를 정리했다. IBM은 브라우닝 자동소총을 제조했고, 물리학자인 리처드 파인만Richard Feynman은 IBM 계산기가 맨해튼 프로젝트에서 결정적인 역할을 담당한 사실을 증명했다. 과학자들은 새로운 IBM 펀치 카드 기계를 배치해 내파implosion 모의실험을 수행했다. 파인만은 IBM 펀치 카드 기계와 사람의 손으로 계산하는 그룹 사이에 시합을 붙이기도 했다. "우리는 방 한 곳에 여성들을 배치시켰고 그들 각각의 손에는 계산기Marchant가 하나씩 들려 있었습니다. 한 사람이 곱셈을 맡고 다른 사람이 이를 합치면 세제곱이 계산되는 방식이었고, 그것을 다시 다음 사람에게 넘기는 식으로 진행됐습니다." 하루는 여성들이 펀치 카드 기계를 거의 따라잡은 적도 있었다. "다만 한 가지 다른 점이라면 IBM 기계는 전혀 지치지 않고 3교대로 일할 수 있다는 것이었습니다. 하지만 여성들은 얼마 후 녹초가 되고 말았습니다."[24]

토미가 입대할 때 아버지는 아들의 초상화 제작을 의뢰했고, 토미는 그것을 아버지가 자신의 죽음을 대비하는 것으로 해석했다.

토미에게 뜻하지 않은 행운이 찾아든 것은 폴렛 브래들리Follett Bradley 장군이 그에게 전속부관 자리를 제의해왔을 때였다. 브래들리는 토미가 만난 사람들 가운데 아버지만큼이나 존경할 수 있는 유일한 사람이었다. 그는 공군을 조직한 개척자였고, 공중 무선 송신을 최초로 실험한 인물이기도 했다. 상관에게 좋은 인상을 심어주고 싶던 토미는 브래들리가 전 세계 비행장을 시찰하던 때에 치밀하고 상세한 보고서를 준비했다. 브래들리는 그의 보고서를 칭찬했고 토미에게 대위 계급을 수여했다.

두 남자는 함께 러시아와 인도와 중국의 위험한 지역으로 날아갔다. 토미는 적군의 목표물에 직접 폭탄을 투여하는 일은 하지 않았지만 극심한 스트레스 속에서도 대단한 차분함을 보여주었다. 한번은 카스피 해Caspian Sea를 횡단하던 중에 토미의 다리가 오작동한 앞바퀴 장치물에 끼는 사고가 발생했다. 그는 유전지대로부터 3,000미터가량 떨어진 상공에서 사지가 벌려진 채로 열려진 비상구에 매달려 있었다. 비행기가 비극적인 착륙에 들어서는 중에 브래들리가 쇠톱을 들고 몸을 구부렸다. 토미의 다리를 잘라내어 나머지 탑승객들을 구하려고 했던 것일까? 그렇지 않았다. 브래들리는 착륙장치 문의 경첩을 톱으로 썰어냈고 그렇게 해서 토미의 다리는 무사할 수 있었다. 또 다른 사건도 있었다. 브라질에서 대서양 남단을 횡단해 아프리카로 날아갔다가 종착지인 모스크바로 가는 길이었다. 경로 거리를 간신히 날아갈 수 있을 정도의 넉넉지 않은 연료는 토미처럼 능숙한 비행사도 불안에 떨게 만들었다. 대서양을 반쯤 건넜을 때 토미는 항공기의 위치를 점검했다. 구겨진 종이 뭉치들이 널브러진 사이로 당황한 표정이 역력했다. 항로를 잃어버린 것이다. 남반구에 떠 있는 별의 위치도 알아보지 못했다. 그들은 새벽녘에 창밖을 내다보면서 연료 눈금이 제로로 떨어지기 전에 육지가 나오기만을 간절히 기도했다. 연료가 떨어져 연기가 새어나오는 급박한 상황에서 그들은 천만 다행으로 아프리카 대륙을 발견했다.

1945년 전쟁이 끝나갈 무렵 브래들리는 토미에게 앞으로 무슨 일을 할 생각인지 물었다. 토미는 유타이티드 항공사United Airlines 같은 곳에서 상업 비행기 조종사가 되고 싶다고 대답했다. 그는 아버지 같은 존재였던 브래들리가 자신의 앞길을 축복해줄 것으로 기대했다. 하지만 브래들리는 당혹스러운 표정으로 자신은 늘 그가 IBM으로 돌아가 기업을 운영할 것으로 생각했다고 말했다. 토머스 왓슨 시니어도 일흔 살이 넘은 나이였다.

토미는 망치로 얻어맞은 기분이었다. 불현듯 연석에 앉아 울던 꼬마 시절의 기억이 떠올랐다. 그는 정신을 가다듬고 브래들리에게 단도직입적으로 물었다. "제가 IBM을 경영할 수 있다고 생각하십니까?" 브래들리는 물론이라고 대답했다.

토미 왓슨은 전쟁터에서 딴 사람이 되어 돌아왔다. 그것은 파괴나 고문, 해방을 보았기 때문이 아니라 자신의 일부를 보았기 때문이었다. 브래들리 소장처럼 통찰력 있고 권위 있는 분도 그것을 보았기 때문이기도 했다. 토미는 이제 준비를 마쳤다.

새로운 IBM의 역사가 시작되다

아버지는 아들이 IBM으로 돌아오고 싶어 한다는 소식과 어른스러워졌다는 소식에 무척이나 기뻐했다. IBM은 도움이 필요했다. 아버지는 IBM이 전쟁으로 폭리를 취하지 않았다고 자부했지만 그렇다해도 매출의 3분의 2는 전쟁과 관련이 있었다. IBM의 판매고는 껑충 뛰어올랐지만 이윤폭은 줄어들었다. 앞으로를 이끌 새로운 사업이 필요한 시점이었다.

아들은 IBM을 도울 수 있고 아버지에게 자신을 증명해보일 수 있는 기회를 찾았다. 그리고 그것을 제일 먼저 타자기에서 발견했다. 아버지는 시간이 절감된다는 이유로 전기타자기를 좋아했고, 여성의 손톱에 바른 매니큐어를 보호해준다는 점에서 비서들에게 어필할 수 있다고 생각했다. 왓슨 시니어는 1933년에 일렉트로매틱 타이프라이터 컴퍼니ElectroMatic Typewriter Company를 인수했지만 타자기 부문은 15년 동안 적자를 내고 있었다. 토미는 IBM의 타자기 사업을 지켜보다가 아버지를 설득해 브랜드 관리자를 해고시키고 혁신적인 리더인 위즈 밀러Wiz Miller를 앉혔다.

위즈와 함께 일하게 된 토미는 조직에 활기를 불어넣었고, 키보드의 철컥거리는 소리뿐 아니라 스타일에도 주목하기 시작했다. 그들은 어두컴컴한 회색 대신에 알록달록한 색상의 타자기를 생산했다. 왓슨 시니어가 로마 교황에게 선물한 흰색 타자기도 그 중 하나였다. 훗날 토미는 올리베티Olivetti 타자기 스타일에서 영감을 얻었고, IBM 타자기 부문은 30퍼센트의 성장률을 올리기 시작했다. 1970년에 출판업자 마이클 코다Michael Korda는 자신의 유쾌하고 익살스러운 저서인 《힘의 원칙Power! How to Get It, How to Use It》에서 IBM의 셀렉트릭 Selectric 타자기야말로 사무실의 위력을 결정적으로 보여주는 상징물이라고 찬양했다. 당신의 비서가 셀렉트릭으로 타이핑하지 않는다면

다윈식의 기업 정치판에서 누군가에게 잡아먹혀 퇴출될 수 있다고 말이다.[25]

몇 년 후 토미는 혁신적인 IBM 스타일 색상의 시리즈물을 세상에 내놓았다. 그는 업계 최고의 디자이너들을 고용했고, 세인트루이스 St. Louis에 있는 게이트웨이 아치Gateway Arch와 JFK 공항의 TWA 터미널을 설계한 저명한 건축가 이에로 사리넨Eero Saarinen에게 IBM의 로체스터 캠퍼스 건축을 의뢰했다. 토미는 회고록에서 호두나무 숲에 조성된 캘리포니아 주 새너제이 캠퍼스의 건축에 관한 일화를 들려주었다. 부동산업자는 착공하는 데에만 8개월을 기다려야 하며 그렇지 않을 경우 IBM에 80만 달러의 추가 비용이 들어간다고 말했다. 그것은 다가오는 호두 수확물의 가격이었다.

타자기의 성공은 아버지에게 아들의 두 가지 성장하는 모습을 보여주었다. 첫째는 토미가 관리자들을 제대로 선택했다는 것이었고, 둘째는 그가 제품 런칭을 지휘했다는 것이었다. 하지만 이러한 성공에도 두 왓슨의 싸움은 멈추지 않았다. 토미는 아버지가 사내의 작은 권력도 아들이 직접 쟁취하도록 내버려둔다는 느낌을 받았다. 심지어는 다른 임원들과 일부러 싸움을 붙이는 것처럼 보이기까지 했다. 아버지는 뉴욕 매디슨 가에 있는 IBM 사무실 17층에서 사무를 관할했다. 그는 책상에 설치한 버튼으로 한 층 아래에 있는 토미의 사무실로 버저를 울리게 했다. 그것은 주인이 애완견을 부르는 휘파람 소리와 크게 다르지 않았다. 아버지는 상황에 따라 토미를 심부름꾼이나 마음을 터놓을 친구로, 혹은 후임자의 자격으로 호출했다. 하지만 토미는 매번 계단을 오르는 순간까지도 어떤 자격으로 부름을 받는 것인지 종잡을 수 없었다.

영국인들을 해변이나 비행장이나 그 어디로든 집결시켜 싸우도록 했던 처칠의 연설처럼, 두 남자는 사무실이나 길거리나 심지어 집에서도 서로 으르렁대며 싸웠다. 1950년에 결혼해 이제 중년의 나이에 접어든 토미는 아내가 있는 집으로 퇴근하지 않고 종종 맨해튼에 있는 부모님의 타운하우스의 객실에 쓰러져 곯아떨어지곤 했다. 그것은 오히려 두 남자의 싸움을 연장시키는 화근이 되었는데, 이미 물 건너간 영업 거래를 물고 늘어지며 아들을 괴롭히는 아버지 때문이었다. 토미는 왜 곧장 자신의 집으로 퇴근하지 않았을까?

러시아계 미국 화가 빅토르 니조브체프Victor Nizovtsev는 나이 지긋한 왕과 왕자를 나란히 그려놓은 독특한 시리즈물을 창작했다. 쭈글쭈글한 왕이 초조한 듯 시계를 양손으로 떠받치고 있다면 그의 야심만만한 젊은 후계자는 검을 휘두르고 있었다.[26] 화가는 왓슨 부자를 팽팽한 대결 구도의 모델로 삼았어도 좋았을 성싶었다. 언젠가 한번은 토머스 왓슨 시니어와 그의 가족이 스톡홀름에서 스웨덴 왕과 함께 청중 앞에 나선 적이 있었다. 아버지는 토미의 부인인 낸시를 향해 그녀가 입은 짧은 드레스가 왓슨 가의 명예를 실추시켰다고 말했다. 그러자 토미가 아버지에게 대들었다. "이보세요, 아버지. 저한테는 무슨 말씀이든 하실 수 있지만 낸시에게는 그런 식으로 이야기하지 마세요. 낸시는 제 아내이지 아버지와는 아무 상관이 없습니다." 아버지는 멈칫하더니 아들에게 사과했다.

1950년대에 IBM은 독점금지법 위반으로 미국 법무부와 싸움을 벌이다가 협상하는 쪽으로 돌아섰다. 법정 협상에 참석하기 위해 회사를 나서려던 토미에게 여든한 살의 아버지는 1913년에 있었던 자신의 유죄 선고를 떠올리면서 불같이 화를 냈다. "너는 절대로 감당할 수 없는 일이야! 아무런 결정도 내릴 수 없다고!"[27] 토미는 법정에 앉아서도 아버지의 안하무인격의 호통에 부들부들 몸을 떨며 분노했다. 그때 아버지의 개인 비서가 조용히 법정 안으로 들어오더니 그에게 쪽지를 건넸다. '하느님 맙소사, 아버지가 쓰러져 돌아가셨나보구나.' 하지만 그것은 'THINK'라는 글씨가 인쇄된 아버지의 전설적인 노트를 찢어 쓴 쪽지였다. 거기에는 한 줄짜리 시구와 같은 글자들이 적혀 있었다.

100%
확신한다
감사한다
자랑스럽다
사랑하는
아빠가.

1950년대에 들어서자 토마스 왓슨 시니어는 점점 온순해졌다. 탈장과 궤양에 이어 그를 안심시키려는 의사들의 위로 섞인 발언에 다소 충격을 받은 아버지는 일선에서 차츰 물러났다. 비록 기력은 쇠했어도 나이든 사자는 여전히 모든 이들을 깜짝 놀라게 하거나 포효하곤 했다. 토미는 아버지가 돌아가시기 직전에 영업 회의에 참석했던 때를 기억했다. 아버지의 참석을 예상 못했던 회의 주재 임원은 힘없고 구부정한 '사나이 중의 사나이'가 방 뒤편에서 왔다 갔다 하는 모습을 보고는 자리에 모인 영업직원 500명에게 건네줄 몇 마디를 그에게 부탁했다. 여든두 살의 초췌하고 늙은 전직 CEO는 복도를 따라 무대 쪽으로 발을 끌며 걸어 나갔다. 토미는 당시의 순간을 다음과 같이 회상했다.

"직원들은 자리를 박차고 일어나 손뼉을 치며 환호했습니다. 박수 소리가 요란해질수록 아버지는 보폭을 넓히셨고 허리를 곧추 세우셨습니다. 그는 점점 더 곧은 자세로 걸음을 서두르시더니 마침내 무대로 향하는 계단에 다다랐습니다. 솟구치는 에너지로 계단을 오르던 아버지는 한 번에 두 계단씩 뛰어오르는 듯 보였습니다. 아버지는 지난 30년 세월에 대해 이야기하셨습니다. (…) 연단을 움켜쥐고 매우 감동적인 연설을 들려주시던 아버지는 자신의 손바닥에 주먹을 내리치시면서 IBM은 영원하다고 말씀하셨습니다."[28]

1956년에 토머스 시니어가 세상을 떴을 때 〈뉴욕타임스〉는 그를 "세계 최고의 세일즈맨"으로 칭송했다. 물론 따옴표 속의 문구는 객관적인 의미가 아닌 명예로운 타이틀을 의미했다. 아버지가 세상을 뜨자 토미는 그의 말대로 '미국에서 가장 겁에 질린 사람'이 되었다. 아버지 없는 삶에 깊이 번민하던 토미는 편도선이 부어오르고 몸 전체에 두드러기가 올라왔다. 결국 의사는 그의 질식사를 막기 위해 아드레날린을 주사해야 했다. IBM의 미래는 결코 녹록하지 않았다.

아버지 없는 삶

1950년대에 아버지 왓슨의 건강은 기울었지만 IBM의 판매고는 치솟았다. 매출액은 1950년에 2억 1,500만 달러로 뛰어올랐고, 1955년에는 2배로 성장했다. 그 시기에 토미는 수석부사장에서 CEO로 올라섰고, 구사일생으로 회사를 살려내기도 했다. 1940년대 후반만 해도 IBM은 컴퓨터를 도입할 계획이 없었다. 당시 IBM의 하이테크놀로지는 1초당 4개 정도의 계산에 따라 펀치 카드를 기계식으로 분류하는 방법의 연산 기능 계산기였다. 한편 펜실베이니아 주립대학 Pennsylvania State University에서는 에니악ENIAC, Electronic Numerical Integrator and Computer이라는 진정한 의미의 컴퓨터가 회로를 따라 전자를 방출해 1초당 5,000개의 숫자를 처리했다. 그러나 그 모든 전자 연산의 마법에도 불구하고 에니악은 몇 가지 결점을 갖고 있었다. 우선 지나치게 큰 덩치 때문에 대부분의 사무실에 들어가지 않았고, 수천 개의 진공관이 들어 있었으며, 마치 석탄을 태우는 구식 기관차처럼 방안을 뜨겁게 달군 것은 물론 나방들이 꼬여 들어서 곤충 퇴치 장치가 필요했다. 토미는 에니악을 찾아가 구경했지만 아무런 감흥을 얻지 못했다. 아버지도 무관심하기는 마찬가지였다. 아버지는 영업직원들을 사랑하는 것만큼이나 펀치 카드를 애지중지했다. 마그네틱테이프나 전자 메모리와는 달리 펀치 카드는 데이터를 잊어버릴 염려나 바이러스에 감열될 염려가 없었다. 원한다면 손으로 만지거나 쓰다듬거나 셀 수도 있었고 현금만큼이나 믿을만한 것이었다. 물론 그것은 인플레가 심하던 1970년대 이전의 일이었고, 2000년 플로리다Florida 주 대통령 선거에서 차드chad(펀치카드에 구멍을 뚫을 때 생기는 동그란 종이 부스러기)가 말썽을 일으켜 논란을 일으키기 이전의 일이었다. 그럼 전자electron는 어떨까? 그것은 변덕스럽고 믿음직스럽지 못하며 눈에 보이지도 않는다. 양자물리학자들에 따르면 그것은 지독하리만치 무책임하고 종잡을 수 없는 행동도 서슴지 않는다. 양자이론학자들도 정오에는 뉴턴의 당구공처럼 고분고분 행동하다가 몇 분 후에는 갑자기 돌변해 예측 불가능한 물살처럼 행동할지 모른다고 설명했다.

카드보드와 전자의 싸움에서 IBM은 카드보드의 편에 섰다. 사실을 말하자면 IBM은 전자에 대해 별로 아는 것이 없었다. IBM 엔지니어들은 토미의 표현에 따르면 제너 다이오드Zener diode(특정 전압값에서 전류가 급격히 증가하고 그 후에는 일정한 전압을 유지하는 다이오드)보다는 스크루드라이버에 익숙한 이른바 멍키렌치monkey-wrench 엔지니어들이었다. 아버지는 신제품에 대한 아이디어가 떠오르면 엔지니어들을 불러 모았고, 그들은 공장에서 고철덩어리를 뚝딱거리며 뭔가를 만들어냈다. 2차 세계대전이 끝나자 IBM은 첨단의 시대에 올라탄 듯 행세했다. 하지만 토미는 고철덩어리를 주무르는 일만으로는 첨단에 오를 수 없다는 사실을 알고 있었다. IBM은 35미터가 넘는 길이의 거대하고 근사한 펀치 카드 계산기를 만들어 메디슨 가 쇼룸의 판유리 창문 뒤편에 진열해놓았다. SF 시리즈물 〈환상특급〉에 나오는 깜박이 네온등과 회전식 숫자판도 있었다. 그것은 분명 미래적인 컴퓨터처럼 보이기는 했지만 실상은 반들거리는 패널 뒤에서 윙윙거리는 2류급 기술에 불과했다. 그것만으로는 부족했다.

그 후 몇 년이 지나 토미는 자신이 IBM을 이끌어 나가야 한다는 사실과 전자에 승부수를 걸어야 한다는 사실을 깨달았다. 그리고 자신이 깨달은 평생의 교훈을 IBM 사람들에게 가르쳤다.

고객에게 귀 기울여라

기업이 갖고 있는 최대의 자원은 무엇일까? 바로 고객들이다. 그것은 토미가 IBM 최대 고객 업체인 푸르덴셜 보험Prudential Insurance과 인구조사국Census Bureau이 에니악의 후속작인 유니박UNIVAC을 후원하고 있다는 사실을 알았을 때 깨달은 것이었다. 그러자 이번에는 메트로폴리탄 생명보험Metropolitan Life Company에서 경고가 날아들었다. 그곳 부사장은 IBM이 더 이상 도약하지 않는다면 거래를 잃게 될 것이라고 솔직하게 털어놓았다. 메트라이프는 펀치 카드와 펀치 카드 기계로 이미 3개 층이 가득 차 있는 상태였다. 그곳에서 원하는 것은 카드보드가 아닌 마그네틱테이프였다. 이윽고 굴욕의 순간이 찾아들었다. 1952년 대통령 선거일을 하루 앞두고 앵커인 월터 크롱카이트Walter Cronkite와 에드워드 R. 머로Edward R. Murrow, 에릭 세바레이드Eric Sevareid가 텔레비전 생방송에서 유니박에게 자문을 구했고 컴퓨터는 드와이트 아이젠하워Dwight Eisenhower가 아들라이 스티븐슨Adlai Stevenson을 꺾고 승리할 것을 정확히 예측했다. 크롱카이트는 유니박 컴퓨터를 가리켜 '경이로운 전자 두뇌'라고 부르기까지 했다.

토미는 IBM이 카드보드보다는 정보와 데이터 프로세싱에 전념하는 기업이어야 한다는 사실을 깨달았다. 테크놀로지 세력가들이 카드보드를 단념하는 추세라면 그렇게 해야 했다. 그는 IBM을 혹독하게 몰아붙여 전면으로 내세웠다. IBM은 직원 2만 명을 새로 채용해 연구개발 직원 수를 3배로 늘리면서 전체 인력의 9퍼센트로 확충했다.[29] 1956년 벨연구소Bell Labs가 만들어낸 트랜지스터transistor가 진공관을 대신하게 되고 텍사스 인스트루먼츠Texas Instruments가 트랜지스터를 제조하기 시작하자, 토미는 엔지니어들에게 트랜지스터에 기반한 컴퓨터를 설계하게 했다. 많은 엔지니어들이 이미 진공관에 익숙할 대로 익숙해져 있었기 때문에 직원들의 반발은 극심했다. 토미는 IBM이 더 이상 진공관 컴퓨터를 만들어 내지 않을 것이라는 성명서를 발표했다. 그는 트랜지스터 가격이 떨어지리라는 예측 하에 텍사스 인스트루먼츠와 대량구매 할인 협상을 벌여 IBM에서 새로운 컴퓨터를 설계할 수 있도록 했다. 그것은 대단한 선견지명이었다. 인텔Intel의 고든 무어Gordon Moore가 컴퓨터 용량이 18개월마다 2배로 늘어난다는 '무어의 법칙Moore's Law'을 내놓기 10년 전에(아울러 비용은 그와 동일한 곡선을 따라 떨어진다) 토미는 이미 그 원칙을 사용하고 있던 것이다.

토미는 IBM은 단순히 새로운 기술력보다는 영업 인력과 엔지니어와의 역사상 밀접한 유대관계에서 이득을 얻는다고 확신했다. 유니박이 IBM의 새로운 701(군대에서 사용되는 이유로 방위계산기Defense Calculator로도 알려져 있다)보다 정교한 장비이긴 했지만 IBM 영업팀은 기계를 제대로 소개하거나 고객들을 유인하는 법은 물론이고 장비 설치법이나 고객들을 수년 동안 붙잡아두는 법을 잘 알고 있었다. IBM은 영업직원 수천 명을 뉴욕 주 포킵시Pougkeepsie에서 열리는 집중 세미나에 보내는가 하면 종종 고객들을 초대하기도 했다. 유니박을 소유한 레밍턴 랜드는 펀치 카드 영업직원들을 재교육하는 일에 불평하지 않았다. 유니박과 같은 경쟁 기계들은 설치하는 데 1주일이 걸렸고, IBM의 엔지니어들은 손쉬운 배송이 가능하도록 기계를 설계했다. 모듈 기술을 통해 단 며칠 만에 기계를 설치하고 가동시킬 수 있도록 했다. IBM은 또한 프린터나 마그네틱테이프 드라이브와 같은 주변장치로도 돈을 벌어들이는 법을 터득했다. IBM의 '고객 중심customer focus' 방침은 그 어떤 기업보다 치밀했다. 그것은 1950년대 후반에 들어 효과를 발휘하면서 IBM의 매출액은 10억 달러로 뛰어올랐고 그 중 3분의 2는 컴퓨터와 주변장치 판매에서 나왔다. 토미는 카드보드에서 전자로 전환해 승리를 거두었다.

토미는 그동안 아버지에게서 IBM 제품을 떠들썩하고 화려하게 공개하는 법을 배워두었다. 방위계산기를 본 윌리엄 쇼클리William Shockley, 데이비드 사노프, 존 폰 노이만John von Neumann, J. 로버트 오펜하이머J. Robert Oppenheimer를 비롯한 과학자들은 IBM을 찬양했다. 오펜하이머는 IBM의 업적을 가리켜 "시간의 장벽을 허문 인간 지성에 대한 찬사"라고 했다. 탁월한 지능의 오펜하이머에게 그의 직업적 경력이 정치적 음모와 고발로 더렵혀진 사실은 의외였다. 그도 어린 시절에 '골칫덩이 토미'였던 왓슨처럼 엉뚱한 장난을 친 적이 있었다. 토미가 스컹크 분비액을 퍼뜨려 학교에서 쫓겨난 사실을 기억하는가? 미국 저널리스트 말콤 글레드웰Malcolm Gladwell에 따르면 오펜하이머는 대학생 시절 학과 튜터의 사과에 독약을 발라놓은 이유로 캠브리지 대학에서 쫓겨났다![30]

고객이 젊을 때 사로잡아라

1980년대 이후로 애플Appel이 매킨토시Macintosh에서 시작해 비교적 최근에는 아이팟에 이르는 제품으로 젊은이들을 사로잡는 데 탁월한 솜씨를 발휘하고 있다. 그러나 애플이 성공하기 수년 전에 토미는 IBM을 학교 교실로 끌어들였다. 거기에는 두 가지 목적이 있었다. 첫째로 IBM은 많은 인원의 컴퓨터 과학자들을 고용해야 했다. 학교에서 컴퓨터 학과를 권장한다면 더 많은 채용자 명단을 확보할 수 있었다.

둘째로 IBM은 늘 더 많은 컴퓨터 소비자를 필요로 했다. 지난 1950년대에 토미는 대학 캠퍼스를 겨냥한 공격적인 캠페인을 지휘한 바 있었다. 그는 다량의 컴퓨터를 MIT에 기부했고(당시만 해도 컴퓨터는 여전히 흔치 않은 귀중품이었다.) 그 후에는 대대적인 할인 프로그램을 만들어 데이터 정보처리나 과학 컴퓨터 학과목을 개설하는 대학에게 40퍼센트의 가격 할인 혜택을 제공했다. 두 가지 학과목을 모두 개설하는 대학에게는 컴퓨터 가격의 60퍼센트를 감면해주었다. 이로써 IBM은 개인보다는 기관 컴퓨터 판매에 큰 기대를 걸었다. 1980년대에 '교실에는 맥Mac을'이라는 프로그램을 펼친 애플도 IBM의 경우와 다르지 않았다. 토미는 그 후에도 IBM에 없던 통찰력을 입증해보였다. 물론 토미도 알고 있었지만 IBM은 이전에도 교실에서의 경험이 있었다. IBM은 이미 표준화 시험의 채점 장비를 개발했던 전력이 있었다. 오늘날에도 컴퓨터용 2B 연필을 집어 들면서 느끼는 초조한 시험불안증을 IBM의 탓으로 돌릴 수 있다.

스스로 조용히 사라져라

개인적으로 나는 경쟁업체들에게 밀려 사라지는 것보다는 차라리 스스로 조용히 사라지는 편이 낫다고 확신한다. 왓슨 주니어가 아버지의 존재를 능가하고 이 책에 자신의 방식을 글로 남길 수 있었던 것은 언제 승부수를 띄워야 하는지 정확히 알고 있었기 때문이다. 그리고 그는 승리했다. 1960년대 중반 무렵 IBM은 미국에서 압도적인 컴퓨터 시장점유율을 차지했고, 서독과 이탈리아, 프랑스에서는 75퍼센트 점유율을 차지했다.[31] 스페리 랜드Sperry Rand와 허니웰Honeywell, NCR을 비롯한 미국 경쟁업체들은 IBM에 밀려 '일곱 난쟁이'라는 별명으로 불렸다. 매년 아버지의 기일이 돌아오면 토미가 치르는 의식이 있었는데, 그것은 집에 조용히 앉아 IBM의 최근 업적을 되돌아보면서 큰 소리로 "올해도 또 혼자서 해냈습니다"라고 외치는 것이었다.

그럼에도 일곱 난쟁이들은 늘 위협적으로 IBM을 따라잡으려고 했다. 1961년에 토미는 IBM의 현황 평가에 나섰다. 그의 영업 인력과 엔지니어들은 허니웰이 최대 히트작 컴퓨터를 발표할 것이라고 경고했다. 한편 토미는 IBM의 주요 제품들에 심각한 결함이 있다는 사실을 알게 됐다. 비즈니스용과 과학용으로 설계된 컴퓨터가 서로 제각각이라는 문제가 있었고, 무엇보다 IBM 컴퓨터가 다른 컴퓨터들과 원활하게 작동되지 않는다는 중대한 문제가 있었다. IBM 카탈로그는 서로 다른 8종의 컴퓨터를 보여주고 있었지만 각각의 컴퓨터 내부는 완전히 달랐다. 소프트웨어와 디스크 드라이브는 말할 것도 없고 프린터마저도 물물교환이 가능할 정도였다. 고객이 업그레이드를 원할 경우에는 지금까지 투자한 제품을 모두 내다버려야 했다. 고객에게는 손해였고 IBM에게는 엔지니어링 자원을 낭비하는 꼴이었다. 마쯔다 모터 컴퍼니Mazda Motor Company는 100종이라는 다양한 운전대 제품을 제작한다는 사실에 대단한 자부심을 가졌지만 "그토록 번거로운 수고를 들이는 일이 뭐가 대단하냐?"면서 따끔한 반격을 가한 어느 엔지니어에게 완패하고 말았다.

그렇다면 컴퓨터간의 상호 소통이 가능하고, 비즈니스와 과학 양쪽의 처리가 모두 가능하며, 고객들이 고물상을 찾지 않더라도 업그레이드할 수 있는 IBM의 모듈 컴퓨터 제품군을 만드는 일은 과연 가능할까? 토미는 그에 대한 대답이 '그렇다'밖에 없다고 생각했다. 그리고 그 대답에 IBM이 가진 돈보다 훨씬 많은 액수인 50억 달러를 걸었다. 그것은 IBM 연간 수익의 30배에 달하는 금액이었다! 〈포천〉은 IBM의 투자에 대해 "50억 달러의 도박"이라고 소개하면서 "최근들어 가장 막중하고도 위험한 비즈니스 결단"이라고 했다.[32] 그 어떤 기업도 IBM과 같은 컴퓨터 혁명을 일으키지 못했다. IBM은 기업 특허 회로를 개발한 덕분에 세계 최대의 컴포넌트 제조업체가 될 수 있었고, 메모리 비용을 대폭 낮추는 데에도 상당한 인센티브를 갖고 있었다. IBM은 새로운 컴퓨터를 시스템 360System 360이라고 불렀고 그것은 원의 360도를 의미했다.

엔지니어들은 그의 아이디어를 마음에 들어 했지만 영업직원들은 한바탕 들고 일어날 기세였다. 그들로서는 자신들의 재량대로 선택할 수 있는 다양한 제품들을 포기하고 싶지 않았다. 영업직원이라면 조금은 터무니없는 제품 조합을 내놓으면서도 "고객에게 딱 맞는 제품"이라고 소개할 수 있었기 때문이다.[33]

토미는 반드시 승리하기로 마음먹었다. 1960년대 말에 반드시 달에 사람을 보내겠다고 했던 케네디의 선언처럼, 1964년에 시스템 360을 세상에 내놓겠다는 토미의 무모한 계획은 아직 발명되지도 않은 장비의 납품일자로 IBM을 몰아세웠다!

토미 왓슨의 인생에서 다른 많은 일들이 그랬듯이 시스템 360도 가끔씩 끔찍한 재앙처럼 보였다. IBM의 자원이 시스템 360에 전적으로 맞춰지면서 IBM은 기존 라인을 업그레이드할만한 재정적 여유가 없었다. 경쟁업체들은 앞다퉈 시장점유율을 집어삼키기 시작했고, IBM의 영업 인력은 공황 상태로 빠져들었다. 1963년 IBM은 겨우 7퍼센트 늘어난 컴퓨터 판매율을 보였지만 경쟁업체들은 그보다 2배가 넘는 판매를 끌어올렸다. 허니웰을 비롯한 다른 기업들의 영업 직원들은 걸신들린 듯 고객들을 강탈하면서 IBM이 발표한 야심작은 결코 세상에 나올 수 없다고 고객들에게 귀띔했다. 토미는 시장에서 IBM의 지위가 강등되는 상황을 목격했다. IBM의 재정 상태가 불투명해지면서 흥분 상태에 빠진 CFO Chief Financial Officer는 재고의 값어치도 제대로 따져볼 수 없는 처지에 놓이고 말았다. IBM이 재고를 몽땅 잃어버리기라도 한 걸까? IBM이라면 데이터 처리에서 으뜸이어야 하지 않은가? IBM은 어쩔 수 없이 3억 7,000만 달러의 주식을 발행했고, 부사장들은 IBM이 점점 우습게 돌아간다면서 수근대기 시작했다. 1961년에서 1964년까지 시스템 360의 제작을 서두르면서 사람들의 신경은 날카로워졌고, 토미와 동생 딕 Dick 의 관계는 엉망으로 변했으며, 딕의 엔지니어들은 수시로 변하는 제품 사양에 갈피를 잡지 못해 허둥거렸다.

직원들 모두가 두려움에 떨면서 조바심을 냈다고 토미는 당시를 회고했다. 피곤에 절어 접이식 침대에 웅크린 프로그래머를 흔들어 깨우면서 왜 더 빨리 소프트웨어를 만들어내지 못하냐고 다그치는 토미를 향해 프로그래머가 "지금 당장 이 방에서 나가지 않으면 우리가 나가드리죠!"라고 대든 적도 있었다. 토미는 실제로 논쟁을 좋아했고 직원들끼리 싸움을 붙이는 경우도 더러 있었다. 그는 치열한 싸움꾼들을 좋아했지만 당시의 상황은 그가 접해온 그 어떤 갈등보다 심각했다.

대차대조표의 출혈과 판매 손실로 비틀거리던 IBM은 마침내 시스템 360을 세상에 내놓았다. 1964년 4월 7일, 그날은 아버지가 CTR에서 일을 시작한 날로부터 정확히 50년째 되는 날이었다. 토미는 미국 63개 도시와 해외 14개 국가에서 거의 동시에 기자회견을 가졌다. 그는 6개의 신제품 컴퓨터와 44개의 신제품 주변장치에 덮여 있던 휘장을 벗겨냈다. 사람들의 탄성은 NASA에서부터 뱅크 오브 아메리카까지 수백 개 업체에서 봇물처럼 쇄도하는 제품 주문으로 나타났다. 그것은 모델 T Model T 이후로 가장 대단한 돌풍이었다. 판매액은 1년 사이에 30퍼센트나 뛰어올랐다.[34] 시스템 360은 소프트웨어와 리스업, 컴퓨터 서비스업으로 뛰어들도록 다른 기업들을 자극했고, 앞서 소개했던 로스 페로도 그 가운데 한 사람이었다. 1970년대에 들어서자 포천 500대 기업의 CIO chief information officer 들의 절반 이상은 자신들이 IBM 출신이라는 사실을 자랑스러워했다.[35] 토미는 적군의 포화를 뚫고 IBM을 황금시대로 이끌었다.

마이클 델이 반드시 배워야 했던 것

왓슨 주니어는 전과 다른 위험한 방향으로 무리한 베팅을 걸었던 최초의 거물 CEO가 아니다. 노키아Nokia를 생각해보라. 길을 가는 나이든 핀란드 사람을 붙잡고 노키아가 무엇으로 유명한지 묻는다면 아마도 '고무 부츠'라고 대답할 것이다. 1980년대 이전만 해도 노키아는 허리 높이까지 되는 강물을 헤치고 갈색 송어를 찾던 어부의 상표였지만 이제 전 세계 수십억 인구에게는 휴대전화를 의미한다.

오늘날의 많은 기업들은 2명의 토머스 왓슨에게서 배울 점이 있다. 델 컴퓨터Dell Computer를 생각해보라. 델의 이야기는 기업가 정신과 대담무쌍함의 경이로움으로 가득 차 있다. 마이클 델Michael Dell은 1984년 텍사스 대학 오스틴 캠퍼스의 기숙사에서 컴퓨터를 팔기 시작하다가 얼마 되지 않아 컴팩Compaq과 휴렛팩커드, 애플을 앞서나가기 시작했다. 델은 컴퓨터 주문 제작을 통해 구매자가 필요로 하는 기능은 무엇이든지 설치했다. 1990년대 절정기에 오른 델은 나무랄 데 없는 활약을 펼쳤고 업계 잡지들은 그를 '미국에서 가장 존경받는' 인물의 한 사람으로 꼽았다. 그런가 하면 월스트리트가 델의 주당순이익을 경쟁업체들의 2배로 평가했다.

당시 나는 그의 오스틴 공장에서 펼쳐지는 마법의 효율성을 두 눈으로 직접 목격했다. 물류기업 UPS의 트럭들이 거대한 건물 한쪽의 화물창고에 후진해 있었고, 그곳에서 컴퓨터 부품들이 조립라인으로 들어갔다. 직원들이 날쌘 손놀림으로 부품들을 조이고 고정시키면 어느새 완성된 컴퓨터들은 건물의 다른 한쪽 끝으로 이동되었고 그곳에는 UPS 트럭들이 컴퓨터를 실어 나르기 위해 대기 중이었다. 고객의 컴퓨터에 마이클 델이 손가락 하나 건드리지 않는다는 사실을 알 수 있었다. 컴퓨터 부품들이 하나의 완제품으로 완성되어 그의 손을 떠날 때까지 그는 재고비용을 걱정할 필요가 없었다. 소유의 법칙으로 따진다면 마이클 델은 미국 경제사상 최고의 사기꾼에 속했다. 사실상 그는 컴퓨터의 소유주가 아니기 때문이었다. 그런 시스템은 그의 기발한 공급망 관리와 엔지니어링 효율성을 입증해주는 증거물이었다. 나 역시도 델 노트북 컴퓨터를 갖고 있고 전 세계에서 강연을 펼치며 델을 칭송하고 있다.

그런데 웬일일까? 최근 들어 델이 그토록 심하게 휘청거리는 이유는 무엇일까? 똑똑한 사람이 갑자기 멍청해지기라도 한 것일까? 물론 아니었다. 그의 공급망 관리는 지금도 훌륭하지만 그의 기업이 두 명의 왓슨에게서 배운 교훈을 망각했기 때문이었다. 톰 시니어가 고객과 영업 인력을 기업에 붙들어놓기 위해 안간힘을 썼던 사실을 기억하는가? 내가 이음새 없이 연결된 무한대의 상징 기호에 비유했던 대목을 말이다. 그 이음새가 델에서는 풀려나가기 시작한 것이다. 톰 시니어는 '장비가 아닌 솔루션'을 판매하는 법을 터득한 사람이었다. 그의 영업직원들은 단순한 금속 덩어리 그 이상을 제공할 수 있었다. IBM 직원들은 장비를 설치하고 서비스를 제공할 수 있었고, 신제품과 업그레이드 제품에 고객을 단단히 묶어둘 수 있었다.

델은 소비자 친화적인 장비로 출발했다. 고객맞춤화는 델이 비즈니스를 시작하던 당시만 해도 PC업계에서 흔치 않은 것이었지만 이제 소비자들은 델 컴퓨터를 우편으로 배달되는 플라스틱 정도로 바라볼 뿐이다. 새로 배달된 컴퓨터를 열어본 고객들은 "이제 어떻게 하지?"

라고 고개를 갸우뚱하면서 고객서비스센터로 전화할 것이다. 2006년 델은 고객 전화의 45퍼센트가 외부 아웃소싱업체로 연결된다는 사실을 인정했다. 강한 억양을 지닌 타지의 도우미들은 별다른 도움을 주지 못했다. 직원들이 고객들을 이해하지 못하는데 '고객에게 귀 기울이라'는 톰 주니어의 경고를 어찌 따를 수 있단 말인가? 델에서 제공되는 집중 기술 서비스를 받으려면 1분당 적잖은 수수료를 지불해야만 한다. 코미디언 루이스 블랙Lewis Black 은 "1분에 3달러라면 차라리 폰섹스를 택하겠다"고 말하기도 했다.

이제 이런 불만사항들은 델에게만 국한되는 문제는 아니다. 물론 전원 스위치가 어디에 있는지도 몰라서 헤매는 어수룩한 구매자들에게 무료 서비스를 제공하거나 그들과 협력하는 일은 힘이 들 수도 있다. 하지만 중요한 것은 델이 애초에 그 어떤 기업보다 소비자 친화적인 기업으로 고안되고 선전된 탓에 사람들이 더 많은 것을 기대한다는 것이다. 이제 소비자들은 서킷 시티Circuit City 와 같은 PC 전문 매장으로 걸어 들어가 조시나 저스틴이라는 명찰을 달고 손님들에게 구매 조언을 해주거나 구매 환불 서비스를 알려주는 젊고 똑똑한 직원들과 대화하는 것을 오히려 편안하게 느낀다. 델은 기존의 무심한 이미지를 타파하려는 노력으로 캐나다에 고객서비스센터를 오픈하거나 쇼핑몰에 부스를 설치하고 있다. 고객 한 사람 한 사람의 손을 잡아주는 일은 불가능하다고 해도 지금까지 수년 동안 고객들의 손을 뿌리쳐온 것만은 분명해 보인다.

델은 경쟁업체들에 밀려나느니 차라리 스스로 사라지는 쪽을 고려해야 할지도 모르겠다. 이제는 노트북 컴퓨터와 PC가 저가 상품처럼 보이는 시대이다. 델은 어떻게 이런 상황을 버티고 이윤폭을 끌어올릴 수 있을까? 델로서는 단순한 상품 판매업에서 벗어나 대단한 베팅을 해야 할지도 모른다. 경쟁업체 제품들과 거의 다름없는 사양의 노트북 컴퓨터와 PC를 조립하는 대신에 자신의 호주머니를 털어 전혀 새롭고 독특하며 서킷 시티의 조시나 저스틴은 결코 상대할 수 없을만한 무언가를 개발해야할지도 모른다. 델은 과연 혁신적이고 고객 친화적인 테크놀로지 기업인가 아니면 단순히 부품을 조립하는 공장인가?

테크놀로지 제왕의 퇴장

테크놀로지 세계를 점령하고 아버지의 흔적을 말끔히 씻어낸 토미는 점점 따분해졌다. 1970년에 들어서자 친구들은 그의 주의가 산만해졌다고 입을 모았고, 가족들은 그가 쉽게 짜증을 낸다고 토로했다. 그가 중역실에서 할 일없이 서성이고 있을 때면 임원과 변호사, 은행가들이 수시로 몰려와 그의 서명을 받아가려고 애를 썼다. 그들은 수십억 달러의 확장 계획이 담긴 폴더나 독점금지 서류들이 빼곡히 들어찬 노트를 펼쳐보이곤 했다. 하지만 정작 그가 들여다보고 싶은 것은 그의 맨 위쪽 책상 서랍 깊숙이 들어 있었다. 그곳은 그의 개인적인 비밀을 보관해두는 장소였다. 주위에 아무도 없을 때 그는 몰래 서랍을 열고는 자신의 비밀문서를 들여다보았다.

아버지에게서 받은 편지였을까? 법무부 몰래 숨겨둔 충격적인 증거물이었을까? 아니면 숨겨둔 애인에게서 날아든 협박성 편지였을까? 토머스 왓슨 주니어처럼 재정적으로나 감정적으로 먼 여정을 떠나온 남자라면 그럴 가능성들은 충분했다. 그것은 누구에게도 공개한 적 없는 비밀 문서였고, 쉰여섯 살에 한밤중에 일어난 극심한 가슴 통증으로 잠에서 깨어나기 전까지만 해도 그랬다. 마침 집에 혼자 있던 그는 갑작스러운 가슴 통증으로 코네티컷Connecticut 주 그린위치Greenwich에 있는 응급실로 실려 가 그곳에서 밤을 지냈다. 아침이 되어 통증이 사라지자 그는 집으로 가려고 몸을 일으켰다. 그러자 모니터를 주시하던 의사가 말했다. "아무 데도 가시면 안 됩니다. 심장마비 증세가 있습니다." 아버지는 여든두 살까지 사시는 동안에 심장에 아무런 문제가 없던 분이었다. 기가 막히기도 하고 화도 나던 토미는 중환자실의 산소 텐트로 옮겨졌다가 그곳에서 의식을 잃었다.

토미는 무사히 고비를 넘겼지만 회복하는 데는 몇 주가 걸렸다. 그는 병원에서 내과전문의인 뉴버그 박사와 돈독한 관계를 쌓았다. 마침내 토미가 완전히 회복되자 뉴버그 박사Dr. Newberg는 토미에게 앞으로의 계획을 물었다. 토미에게는 선택의 여지가 없었다. 그는 직장으로 돌아갔다가 몇 년 후쯤 은퇴할 생각이었다.

"지금 바로 일을 그만두시는 게 어떻겠습니까?"

토미는 망치로 얼어맞은 기분이었지만 한편으로는 안심했다. 수십 년 동안 아버지와 싸워오면서 그토록 두려운 발자취를 따라온 그는 자신에게 그런 말을 해줄 권위적인 존재를 기다려왔던 것이다. 전쟁이 끝나고 그에게 사실상 IBM을 지휘해도 좋다고 허락했던 브래들리 소장처럼, 뉴버그 박사는 그에게 일을 그만둬도 좋다는 허가를 내렸다. 토미는 병원에서 사무실로 전화해서는 비서에게 자신의 첫 번째 책상 서랍에서 비밀문서를 가져오라고 했다. 그는 봉투를 뜯고 비밀문서를 가만히 들여다보았다. 그것은 그동안 무척 해보고 싶었지만 그렇게 할 수 없었던 일들의 목록이었다. 거기에는 스위스의 마터호른Matterhorn 산을 등반하기나 북극해와 그린란드Greenland, 케이프 혼Cape Horn으로 항해하기 같은 내용들이 적혀 있었다. 마침내 그는 다음 20년 동안의 인생에서 탈출로를 발견했다.

세상에서 가장 아름다운 대차대조표

메리 케이 애시와 에스티 로더

Mary Kay Ash　　　　　　　**Estée Lauder**

성차별주의 사업가도, 비열하고 쩨쩨한 금융업자도, 남자보다 못한
여자는 그저 집에 얌전히 앉아 있어야 한다고 종알대던 1950년대
의 얄미운 이웃사람들도 그들에게는 아무런 장애가 되지 못했다.

MERY KAY ASH & ESTÉE LAUDER

문을 두드리는 노크 소리. 자동차 앞유리 와이퍼에 꽂혀 있는 팸플 릿. 누군가 아파트 현관 아래로 밀어넣은 중국식당 메뉴판. 잡지 광 고에 붙어 있는 일회용 향수 샘플. 마케팅은 결코 멈추지 않는다.

그렇다면 이들 마케팅 군단에 영감을 불어넣은 이는 과연 누구일 까? 누구보다 영향력 있고 혁신적인 지휘관 2명을 꼽으라면 혼자 힘 으로 일을 시작했던 아담한 체구의 메리 케이 애시 Mery kay ash 와 에 스티 로더Estée lauder를 들 수 있다. 이어지는 장에서는 서로 다른 지 역 출신으로 서로 다른 영업 기법을 개발해 서로 다른 소비자들을 공 략했던 두 여성의 이야기를 다룬다.

한 사람은 가난하고 불운한 가족의 딸로 태어난 텍사스 주 태생의 여성이었고, 또 한 사람은 뉴욕 퀸즈의 허름한 아파트에서 태어나 자 신의 조상들에게는 없던 유럽의 위엄을 되찾겠다고 결심한 여성이었 다. 한 사람은 도시 근교에 사는 홈드레스 차림의 주부들의 커피 모 임에서 고객들을 물색했고, 또 한 사람은 입점 허가를 받을 때까지 삭스Saks 백화점 문을 두드렸다. 한 사람은 전도부흥집회를 본딴 영업 컨퍼런스를 만들어냈고, 또 한 사람은 모나코Monaco의 그레이스 왕비Princess Grace와 함께 찻잔을 기울였다.

메리 케이와 에스티 로더에 대해 더 많이 알아갈수록 두 사람을 함께 묶어 상상하는 일은 무척 힘들 것이다. 미국 포크송의 아버지 우디 거스리Woody Guthrie와 뮤지컬 작곡가 콜 포터Cole Porter가 디너 파티장에 나란히 앉아 있다고 상상해보라. 거스리가 이쑤시개를 찾을 때 굴 요리 전용 포크를 찾고 있을 포터의 모습을 말이다. 그럼에도 메리 케이와 에스티 로더 두 사람이 함께 공유했던 본질적 요소라면 그 어떤 장애물도 볼링핀처럼 가뿐히 쓰러뜨리던 거칠 것 없는 패기였다. 성차별주의 사업가도, 비열하고 쩨쩨한 금융업자도, 남자보다 못한 여자는 그저 집에 얌전히 앉아 있어야 한다고 종알대던 1950년대의 얄미운 이웃사람들도 그들에게는 아무런 장애가 되지 못했다.

메리 케이 애시와 에스티 로더에 관한 장으로 넘어가면 어떤 독자들은 이 책이 두 여성 CEO에게 너무 치중한 것 아니냐며 이의를 제기할지도 모르겠다. 더군다나 두 사람 모두 화장품 업계에서 커리어를 갈고 닦은 CEO들이지 않은가. 다소 이상도 하고 시대에 뒤떨어진 내용처럼 들릴 수도 있다. 하지만 중요한 포인트는 여성들이 CEO 자리에 오를 수 있는 기회 자체가 20세기 상당 부분 동안 아예 없었다는 사실이다. 똑똑한 여성들은 교육계에 발을 들여놓았다. 대학 교육을 받은 1930년대 여성의 거의 절반이 그랬다. 사실 미국 학교들로서는 엄청난 혜택이었다. 절반 수준의 급여를 받고 일하는 똑똑한 여성 교사들은 그야말로 축복받은 국가 비밀 장려금과도 같았다. 하지만 그것은 엄연한 차별이었다. 1970년대에 들어서서는 대학 교육을 받은 여성의 겨우 10퍼센트만이 교직을 선택했다.[1] 세 딸을 둔 아버지로서 나는 내 딸들이 할머니 세대보다 훨씬 더 많은 기회를 갖게 된 것을 기쁘게 생각한다. 오늘날에는 이베이eBay의 멕 휘트먼Meg Whitman이나 제록스Xerox의 앤 멀케이Anne Mulcahy처럼 성공한 CEO 여성들이 많은 편이지만 다행히도 그들이 아직 시퍼렇게 살아 있는 관계로 이 책의 인물로는 적합하지 않았다. 그들이 오래오래 장수하기를 진심으로 소망하는 바이다!

좋아요, 토드. 선택할만한 여성이 많지 않았겠군요. 그런데 하필이면 화장품 업계의 여왕 두 사람을 고르다니 창피하지 않으신가요? 이렇게 생각한다면 천만의 말씀이다. 첫째로 나는 맨몸으로 사업을 일으킨 사람은 누구든지 깊이 존경한다. 화장품 아이라이너보다 자동차 스파크 플러그를 판매한다고 기본적으로 그것이 더 근사하고 대단한 일이라고는 생각하지 않는다. 둘째로 화장품은 여성들에게 닫혀 있던 활로를 열어주었다. 화장품은 프로복싱과도 같다. 난폭함에서 비슷하다는 말이 아니다. 복싱은 어떻게든지 출세하려고 기를 쓰는 빈곤층을 유혹해왔다. 1900년대 초반에는 존 L. 설리번John L. Sullivan과 같은 아일랜드 출신들이 복싱계를 점령했고, 뒤이어 바니 로스Barney Ross와 같은 유대인과 로키 마르시아노Rocky Marciano와 같은 이탈리아인이, 그리고 조 루이스Joe Louis와 같은 흑인들이 챔피언 벨트를 찼다. 좀 더 최근에는 오스카 데 라 호야Oscar de la Hoya와 같은 라틴아메리카 출신과 클리츠코Klitschko 형제와 같은 동유럽 출신들이 복싱계를 접수했다. 화장품 업계도 여성들에게 이와 비슷한 역할을 담당했다.

마담의 용기

위대한 마담 C. J. 워커Madam C. J. Walker를 생각해보라. 1867년 새라라는 이름의 어린 소녀는 노예 출신 부모인 오웬과 미네르바 브리드러브Owen and Minerva Breedlove의 사랑 외에는 아무 것도 가진 것 없이 삶을 시작했다. 부부는 루이지애나Louisiana 주 델타Delta 근처의 방한 칸짜리 오두막에서 살던 소작인이었다. 어린 새라는 목화씨를 뿌리거나 물 양동이를 길어오기도 하고 독한 양잿물로 백인 이웃의 옷을 빨아주면서 부모를 도왔다. 그러다 여섯 살 때 황열병이 마을 전체를 휩쓸면서 그녀의 부모마저 세상을 뜨고 말았다. 그 후 새라는 언니와 함께 살다가 열네 살에 결혼했고, 그 후로 25년 동안 사람들의 빨랫감을 세탁하고 딸아이를 키우고 교회 자원봉사를 하면서 미시시피Mississippi와 세인트루이스에서 살았다. 일이나 사랑에서 모두 불운했던 그녀는 첫 번째 남편과는 사별했고 두 번째 남편과는 이혼했다.

30대가 된 새라는 자신의 인생이 흔들리고 있을 뿐 아니라 자신의 머리카락도 하나둘씩 빠져나가고 있다는 사실을 알아챘다. 시장에서 구입한 미용제품으로 머리를 감고 행구었지만 탈모 현상은 계속되었다. 그녀는 미국 최초로 자수성가한 백만장자 여성이 되겠다는 포부를 바로 그때 품었다고 말했다. "하루는 밤에 잠을 자는데 꿈속에서 덩치 큰 흑인 남자가 다가오더니 제게 탈모 처방전을 알려주었습니다. 그중 일부 재료는 아프리카에서 자라는 식물이어서 그것을 구해다가 다른 재료들과 섞어서 머리에 발라보았습니다. 그러자 몇 주 만에 머리카락 자라나는 속도가 빠지는 속도보다 빨라졌습니다. 친구들한테도 실험해보니 분명 효과가 있었고요. 그래서 그걸 팔아보기로 마음먹었습니다."[2]

새라는 자신의 사업적 비전을 추구하기 위해 덴버Denver에 사는 동서의 집 근처로 거처를 옮기고 다락방에 세를 들었다. 사업 준비와 함께 빨래와 요리를 병행하면서 집세를 마련했다. 그녀가 모은 돈은 고작 1달러 50센트였고, 오늘날 달러로 환산해도 그리 큰돈이 아니었다. 그녀는 아프리카계 미국인 동네를 집집마다 돌아다니면서 자신이 직접 만든 미용제품들을 선전했다. 제품에는 각각 원더풀 헤어 그로어Wonderful Hair Grower와 글로신Glossine, 베지터블 샴푸Vegetable Shampoo라는 다채로운 이름을 붙여놓았다.

입소문이 퍼져나가기 시작했고, 마침내 다락방에서 이사를 나갔다. 조셉 C. J. 워커Joseph C.J. Walker라는 남성과 결혼한 그녀는 '마담 C. J. 워커'라는 호칭이 제품에 적당한 이름값을 제공해주리라고 판단했다. 그녀의 가정식 미용제품은 불티나게 팔려나갔다. 그것은 단순히 상점제품보다 나아서가 아니라 상점에서는 아프리카계 여성들의 머리를 제대로 관리해주지 못했기 때문이었다. 그 후 10년 만에 마담 워커는 뷰티살롱을 차렸고, 전국에서 5,000명의 영업 인력을 끌어들였으며, 성공적인 우편 주문 사업에 착수했다.

1916년 무렵에 마담 워커는 사업 경영권을 다른 사람들에게 넘겨주고 할렘에 타운하우스 한 채와 허드슨 강의 아름다운 강변에 존 D. 록펠러John D. Rockefeller, 제이 굴드Jay Gould 같은 재력가들과 이웃해 있는 저택 한 채를 사들였다. 그녀는 1919년에 쉰한 살의 나이로 세상을 뜰 때까지 시민권 옹호에 앞장섰고, 백악관을 방문해 우드로 윌슨 대통령에게 연방 범죄를 종식시킬 것을 촉구했다. 그녀의 딸 아렐리아A'Lelia 는 1920년대에 할렘 르네상스Harlem Renaissance 를 이끄는 핵심 인물이 되어 할렘에 있던 워커의 타운하우스를 문학 살롱으로 바꿔놓았다. 마담 워커는 기업가는 사람들의 도움을 필요로 하기는 하지만 그 어떤 사람이나 친구도 결정적인 불꽃을 주지는 못한다는 사실을 알고 있었다. "나는 스스로를 다그쳐서 시작했습니다."[3]

물론 마담 워커의 본보기는 다른 많은 이들에게 각자의 길을 가도록 영감을 불어넣었고, 그중에는 메리 케이 애시와 에스티 로더도 들어 있었다.

3

동기부여의 힘을 증명한 핑크 리더십

메리 케이 애시

메리 케이 코스메틱스
Mary Kay Cosmetics

Mary Kay Ash (1918~2000)

"도움과 격려를 받은 여성들은 자신의 날개를 발견하고는 하늘 높이
휠휠 날아다닙니다."

MERY KAY ASH

메리 케이 와그너Mary Kay Wagner는 1915년에(어쩌면 더 이전에) 텍사스 주 핫웰스Hot Wells에서 태어났다. 핫웰스는 철도에 의존해 지탱되다가 사양길에 접어든 리조트 타운이었다. 그곳 온천은 마을의 몇 안 되는 가족들도 먹여 살리기 힘들만큼 빈약했기에 결국 얼마 지나지 않아 주민 모두가 마을을 떠났다. 메리 케이의 가족은 휴스턴Houston으로 이사했다. 그녀의 어머니는 그곳에서 레스토랑 지배인으로 일했지만 아버지는 폐결핵으로 몸져누우면서 더 이상 일을 할 수 없게 됐다. 어린 소녀였던 메리 케이는 연약한 가족의 생계를 책임지고 가장으로 나선 어머니의 힘겨운 결단을 지켜보았다.

아버지는 병상에 누워 있고 어머니는 늘 직장에 나가고 없던 탓에 일곱 살밖에 되지 않은 메리 케이는 혼자서 전차를 피해 길거리를 뛰어다니고 백화점에서 물건 값을 깎아 모은 동전으로 블라우스를 구입하거나 샌드위치를 사먹었다. 그녀의 처지가 무척이나 가슴 아프겠지만 오히려 메리 케이에게는 무한한 자신감을 불러일으켰다. 어린 나이에 황량한 서부에서 꿋꿋이 살아남았기 때문에 훗날 에이본 프로덕츠Avon Product's Inc. 여성들도 거뜬히 물리칠 수 있었던 것이다!

메리 케이는 단순히 세상물정에 밝은 아이가 아니었다. 그녀는 공부에서도 두각을 나타냈다. 학교에서는 줄곧 A학점을 받았고, 경쟁심이 강해 타이핑 시합이나 즉석 웅변 대회에서도 우승을 차지했다. 메리 케이의 경쟁 상대는 그녀가 갖고 싶거나 해보고 싶은 것은 무엇이든 갖고 있고 무엇이든 해본 이웃집 친구였다.[1] 하지만 다른 여러 우수한 고등학생들처럼 메리 케이도 대학에 갈 형편이 되지 못했다. 친구들이 근처에 있는 라이스 학원Rice Institute(라이스 대학의 전신)에 가려고 짐을 꾸릴 때 메리 케이는 직장과 남편을 구하러 돌아다녔다.

1930년대에는 직장보다 배우자를 찾기가 더 쉬웠다. 대공황이 미국 근로자 직장의 4분의 1을 앗아가면서 사람들은 눈에 불을 켜고 일자리를 구했다. 젊은 여성들이 좋은 신랑감을 집으로 데려오는 일이 미덕이던 시절에 메리 케이는 벤 로저스Ben Rogers라는 남성을 낚아챘다. 로저스의 두 가지 재능이라면 하와이언 스트러머스Hawaiian Strummers라는 동네 밴드에서 기타를 연주하는 일과 동네 주유소 탱크에 기름을 채워 넣는 일이었다. 훗날 메리는 라디오에서 인기가 좋던 벤을 가리켜 카리스마 넘치는 시골의 엘비스Elvis였다고 설명했다. 그가 연예계 활동을 하는 동안 메리는 세 자녀와 함께 집에 머물렀다. 휴스턴의 집안에 갇혀 있던 그녀에게 훗날 화장품 업계에서의 활동은 하와이 섬만큼이나 아득해 보였다.

메리 케이의 다음 행보를 따라가기 전에 당시 화장품 업계의 상황이 어땠는지 살펴보자. 흥청거림이 심하던 1920년대 이전만 해도 일반 미국인들이 매년 화장품과 세면용품이나 구강용품에 소비하던 금액은 8달러에 불과했다(오늘날의 달러 가치 금액이다)![2] 민트향 구강세정제나 산뜻한 데오도란트와 같은 개념이 대부분의 미국인들에게는 쥘 베른Jules Berne의 공상 소설만큼이나 허황되게 들리던 시절이었다. 당시 상류층 사람들에게는 선호하는 신체 이미지가 있었는데, 그중 첫 번째는 말라보이거나 굶은 사람처럼 보여서는 안 된다는 것이었다. 100년 전만 해도 시간과 돈이 넉넉했던 소수의 미국인들은 체중을 빼는 프로그램보다는 체중을 늘리는 프로그램에 가입하는 경우가 더 많았다.[3] 부자들은 자신의 사치스런 장식장을 향수와 미백 화장품으로 채웠다. 거무스름한 피부는 땡볕에서 일하는 일꾼의 이미지를 풍겼기 때문이다. 실제로 1915년에는 지나치게 비만이거나 지나치게 창백한 피부를 지닌 사람을 찾아보기가 힘들었다. 콜게이트파몰리브Colgate-Palmolive 같은 기업들이 수십 년 동안 세면용품을 판매해오기는 했지만 대부분의 미국인들은 납이나 비소 중독을 우려해 상점에서 판매되는 제품에 의심의 눈길을 던졌다. 아일랜드 태생이지만 스페인 출신으로 행세했던 유명 무용수인 롤라 몬테즈Lola Montez는 1850년대 여성들에게 자신이 쓸 화장품은 자신이 직접 제조하든지 아니면 피부와 신경계를 망가뜨릴 각오를 하든지 둘 중 하나를 선택하라고 경고했다.[4] 당시 대부분의 미국인들은 불필요한 물건을 구입할 수 있을만한 금전적인 여유가 없었다. 1900년만 해도 미국 가정들은 수입의 40퍼센트 이상을 순전히 식료품에 소비했다(오늘날에는 10퍼센트 미만에 불과하다).[5]

대공황기에 이르자 메리 케이는 직업 가수가 허황된 일자리라는 것을 알게 됐다. 엘비스를 닮은 남편도 라디오 프로그램에서 쫓겨나고 말았다. 그래도 먹고 살아야 했기에 메리 케이는 남편과 함께 냄비와 프라이팬을 판매하는 일자리를 구했다. 부부의 주방용품 판매 행사에는 저녁식사가 포함되어 있어서 메리 케이가 알지도 못하는 사람의 주방에서 요리를 하는 동안 남편은 손님들에게 합금 프라이팬과 압력솥 같은 제품을 선전했다. 행사 저녁 메뉴는 언제나 깍지콩과 햄, 고구마와 케이크였다고 메리 케이는 회고했다. 판매 제품의 성격상 요리가 소꿉장난만큼이나 쉬워보여야 했기에 메리 케이는 모임에 가기 전에 음식 재료를 준비하는 데 많은 시간을 들였다. "저녁 식사는 늘 훌륭했지만 우리 부부를 위한 음식을 장만할 여유는 없었습니다. 그래서 요리 시범을 마치고 남는 음식이 있으면 그것이 우리의 저녁 식사가 됐습니다. 고객이 되어줄지 모를 손님들이 음식을 모두 먹어치우는 날이면 우리는 저녁을 굶어야 했습니다."[6] 하지만 메리 케이의 훌륭한 요리 솜씨와 세심한 식탁 차림에도 불구하고 세계 경제가 워낙 형편없던 그 시절에 새로운 주방용품을 사들일 만큼 형편이 넉넉한 사람들은 좀처럼 찾아보기 힘들었다.

평소에 신앙심이 깊던 메리 케이는 하나님께 간절히 기도했고, 얼마 되지 않아 한 침례교회의 비서직을 구하게 됐다. 교회에서 주는 125달러의 월급은 더 이상 다른 사람의 주방에서 요리하지 않아도 될 만큼 넉넉한 돈이었다. 메리 케이는 인생 여정에서 우연찮게도 가톨릭 신자와 개신교 신자, 유대교 신자와 각각 결혼식을 올렸다. 2차 세계대전은 메리 케이의 사생활에도 영향을 미쳤다. 남편 벤은 군복무를 마치고 돌아오더니 이혼하고 싶다고 말했다. 개인적으로나 직업적으로 성공을 열망하던 사람에게는 참으로 암담한 순간이었다.

"그때가 내 인생에서 가장 힘든 시기였습니다. (…) 나는 깊은 절망 감에 빠졌습니다."[7] 하지만 세 아이를 먹여 살려야 했던 그녀는 넋 놓고 앉아 신세를 한탄하고 있을 시간이 없었다.

메리 케이는 매사추세츠Massachusetts 주 소재의 신생 기업인 스탠리 홈 프로덕츠Stanley Home Products의 가정용 세제용품을 판매하는 부업을 구했다. 주방용품을 판매하던 때처럼 메리 케이는 또 다시 다른 사람의 집에서 이번에는 대걸레와 빗자루, 얼룩제거제의 사용 시범을 보이면서 제품을 선전했다. 모르는 사람의 카펫에다 일부러 더러운 오물을 떨어뜨리는 일은 쉽지 않은 일이었다. 언젠가 〈택시 Taxi 〉라는 텔레비전 프로그램에서 크리스토퍼 로이드Christopher Lloyd (일상에 찌들어 사는 짐 이그나토우스키Jim Ignatowski 역을 맡았다)가 커피와 진흙과 모래로 뒤범벅된 오물을 한사코 만류하는 주부의 거실 매트에 뿌리던 웃지 못할 장면을 기억한다. 그러고는 자신이 판매하는 제품 상자를 열어보고는 충격에 빠져 이렇게 외친다. "맙소사! 내가 파는 물건은 백과사전이잖아!"

메리 케이는 꼼꼼한 성격이라 엉뚱한 제품을 챙겨오는 일은 없었지만 가정용 세제용품을 많이 판매하기는 힘들었다. 제품은 마음에 들었지만 판매 기술을 조정해야 하는 것이 아닌지 의심스러웠다. 뭔가 도움이 될 만한 방법을 찾던 그녀는 댈러스Dallas 주에서 열리는 스탠리사의 지역 집회를 찾아갔고, 그곳에서 단순한 힌트가 아닌 굉장한 영감을 얻었다.

몇 차례에 걸친 회합에 참석해 필기한 메모는 20페이지에 달했다. 그러나 뭐니 뭐니 해도 최고의 회합은 스탠리 직원들의 진심어린 박수갈채를 받는 '판매 여왕 즉위식Crowning of the Sales Queen'이었다. 메리 케이는 그 해의 판매 여왕에게 용기 내어 다가가 자신이 여는 모임의 주최자가 되어달라고 부탁했다. 그러고는 스탠리사의 회장이자 창업주인 프랭크 스탠리 베버리지Frank Stanley Beveridge에게 다음 집회에서는 자신이 왕관을 받겠노라고 말했다.

"그는 두 손으로 내 손을 잡고는 잠시 내 눈을 똑바로 쳐다보더니 진지한 음성으로 말하더군요. '아무래도 그럴 것 같군요!' 그의 짧막한 대답은 내 인생을 바꿔놓았습니다."[8] 아니나 다를까. 그로부터 1년 후 메리 케이는 즉위식 무대로 향하는 복도를 걸어 나갔다.

메리 케이의 타고난 열정은 청소용품 판매만으로 돈을 벌게 내버려두지 않았다. 그녀는 스탠리사에서 다른 영업직원들을 채용하는 것으로도 돈을 벌 수 있다는 사실을 알았다. 그때의 채용 경험은 훗날 메리 케이 코스메틱스Mary Kay Cosmetics의 중요한 특징으로 자리 잡았다.

그 후 수년 동안 메리 케이는 150명 가량을 스탠리 제품 영업직원으로 끌어들였고, 그들의 판매 수익에서 소액의 커미션을 얻을 수 있었다. 어느 날, 스탠리사는 그녀에게 댈러스 지점의 영업 실적을 올려달라고 부탁했다. 하지만 막상 그녀가 휴스턴에서 댈러스로 옮기자 예전처럼 휴스턴에서 채용한 영업직원들의 실적 커미션을 챙겨주지 않았다. 메리 케이는 어떻게든 싸워서 그 규정을 바꿔놓겠다고 결심했다. 휴스턴을 떠나기는 했지만 어찌됐건 그곳 영업 실적을 끌어올리려고 무수한 시간을 공들이지 않았던가. 결국 스탠리 본사의 결정을 되돌리는 데는 실패했지만, 그 후 몇 넌이 지나 메리 케이 코스메틱스를 출범하면서는 지역에 관계없이 채용 커미션을 챙길 수 있도록 했다.

대걸레에서 마스카라로

메리 케이는 어떻게 대걸레에서 마스카라로 업종 변경이 가능했던 걸까? 이번에도 그 일은 누군가의 가정에서 일어났다. 1950년대 초반 무렵 메리 케이는 20명의 여성들을 모아놓고 대걸레와 빗자루 제품을 선전하던 중에 그곳에 모인 여성들의 얼굴이 심지어 70대 노인까지도 대단히 젊고 매끄러워 보인다는 사실을 알게 됐다. 그곳에 모인 여성들은 그날 모임을 주최한 집주인 여성이 소개해준 페이셜 크림을 사용하고 있었다. 집주인은 메리 케이에게 다가와 얼굴을 찬찬히 살펴보더니 피지가 있고 피부 노화가 일어나고 있다고 말했다. 메리 케이는 집주인이 건네준 특수 영양제품들(나이트크림과 세안크림, 마스크, 스킨 프레시너, 파운데이션이 들어 있었다)을 집에 가져와 얼굴에 발라보았다. 그녀와 새 남편 리처드는 이내 그녀의 환한 얼굴이 더욱 부드럽고 젊어 보인다는 사실을 알아챘다.

그 후 메리 케이는 스탠리에 좀 더 머물다가 월드기프트 컴퍼니 World Gift Company라는 또 다른 직접판매 회사로 자리를 옮겼지만 그날 모임에서 받았던 그 굉장한 화장품을 잊지 못했다. 그 후에도 화장품을 건네준 여성의 집에 정기적으로 들러서 그 신비의 화장품을 병에 채워오곤 했다. 그 후 10년이 지난 1963년에 메리 케이는 집주인이 쓰던 화장품 제조법의 권리를 사들였다.

집주인은 젊음의 샘물 같은 그 화장품 제조법을 어디서 얻어냈을까? 세상의 발명품들은 연구소에서 연구에 연구를 거듭하는 경우보다 오히려 우연한 사건에 의해 만들어진다. 1948년에는 조르주 드 메스트랄George de Mestral이라는 스위스의 도보여행자가 자신의 바지와 애완견의 털에서 좀처럼 떨어지지 않는 작은 가시들을 발견했다. 그는 현미경으로 그것을 관찰하다가 가시의 작은 갈고리들 때문에 그토록 끈덕지게 붙어 있다는 사실을 알아냈다. 벨크로는 바로 그렇게 해서 탄생했다(벨크로의 원래 이름은 벨벳velour과 갈고리crochet가 합쳐진 것이다).⁹ 메리 케이 화장품의 기원에 관해서라면 소나 말의 엉덩이에서 크게 눈을 돌릴 필요가 없다. 메리 케이는 화장품을 제공하던 여성의 아버지가 동물의 가죽을 취급하는 무두질업자라는 사실을 알게 됐다. 그것은 가축들의 거칠고 얼룩덜룩한 가죽을 아름답고 부드러운 장갑으로 만드는 일이었다. 그는 무두질 용제를 동물의 털가죽에 바르다가 용제 덕분에 자신의 손마저 부드러워진 사실을 알게 됐다. 그는 딸과 함께 무두질 용제 성분을 가지고 실험을 시작했고, 그러다 마침내 용기를 얻어 얼굴에도 발라보게 되었다. 오늘날 메리 케이 화장품에 만족하는 전 세계 수백만 명의 사용자들은 눈부신 피부를 갖게 된 데 대해 말의 상처투성이 볼기짝에 감사해야 한다.

메리 케이는 화장품 사업이라는 아이디어에 바로 매달리지 않았다. 1950년대에는 아이들을 키우면서 전 지역을 바쁘게 돌아다니는 가운데 미국 43개 주에서 월드기프트 영업직원 네트워크를 쌓아나갔다. 메리 케이는 자신이 훈련해 키워낸 꽤 많은 직원들이 단지 남자라는 이유로 훨씬 많은 봉급을 받는 것을 보고는 울화가 치밀었다. 회사 측은 "남자들은 부양할 가족이 있기 때문"이라고 해명했다. 그런 이유라면 그녀도 마찬가지였지만 그것은 설득력을 얻지 못했다. 메리 케이는 마침내 경영진과의 분쟁을 포기하고 영업에 관한 저서를 쓰기로 마음먹었다.

힘겹게 고생하고 동분서주하면서 거래를 성사시키고 달콤한 말로 고객들을 유혹하며 25년 남짓의 세월을 지낸 메리 케이는 이제 일선에서 물러나 울적한 기분으로 거실에 앉았다. "그때 우리 집 건너편에 장례식장이 있었는데 그곳에 전화를 걸어 나를 데려가라고 하소연하고 싶은 심정이었습니다."[10] 그녀는 직접판매에 대한 경험과 직접판매의 모델 개선 방법에 관한 나름의 조언을 글로 쓰기 시작했다. 그러다 잠시 휴식하면서 뺨을 문지르고 관자놀이를 주무르는 순간 번쩍하면서 아직은 다시 일을 시작해도 될 만큼 충분히 젊다는 데 생각이 미쳤는지도 모른다. 하지만 이번에는 멀리 떨어져 있는 남성우월주의 상사에게 연락할 마음이 없었다. 그녀는 재정 관리에 소질이 있던 남편 리처드와 아들들을 식탁에 불러 앉히고는 그 옛날 무두질업자의 화장품 제조법을 사들일 전략을 구상했다. 그들에게는 모아둔 돈 5,000달러가 있었고(오늘날 가치로는 3만 3,000달러 정도에 해당한다), 은행 잔고 전부를 책상 2개가 딸린 작은 사무실과 소량의 샘플 제조에 투자하기로 했다. 메리 케이는 즉시 커미션제로 일하는 세일즈우먼 10명을 채용했다.

계획은 당차 보였고 이번에도 메리 케이는 겁내지 않았다. 하지만 세상은 너무나도 매정했다. 사업을 시작하기 겨우 한 달 전 리처드와 메리 케이가 아침 식탁에서 사업 기회를 따져보고 리스크를 계산해 보고 '뷰티 바이 메리 케이Beauty by Mary kay'라는 라벨이 붙은 작은 샘플 병을 세어보고 있을 때였다. 리처드가 샘플 병 대신에 그의 가슴을 움켜쥘 줄을 메리 케이인들 상상할 수 있었으랴. 심장 발작을 일으킨 리처드는 그녀 앞에 털썩 쓰러졌고 결국 심장마비로 사망했다.

그들의 꼼꼼하고 치밀한 계획은 허무하게 산산조각 나버렸다. 이제 그녀는 무슨 일을 할 수 있단 말인가? 앞으로 어쩌면 좋단 말인가? 대부분의 사람들이라면, 제아무리 심지 굳은 기업가라고 해도 사업 계획을 포기했을 것이다. 남편의 장례식을 치르고 난 후 메리 케이는 아들들과 모여 심사숙고했다. 그녀의 변호사는 즉시 사업을 정리하고 가능한 많은 현금을 회수하라는 매우 신중한 조언을 했다. "안 그러면 빈털털이가 되고 말 겁니다."

메리 케이는 혹독한 선택의 순간에 처했다. 웬만큼 현금을 건지고 한 달 후에도 여전히 죽은 남편을 그리워하든지 아니면 인생의 새로운 아침을 출발하든지 선택해야 했다. 당시 스물일곱 살이던 아들 벤은 4,500달러가 들어 있는 자신의 예금통장을 어머니에게 내밀었다. 푸르덴셜 생명보험에 다니고 있던 스무 살의 아들 리처드도 직장을 그만두고 어머니를 돕겠다고 했다. 메리 케이가 아들에게 줄 수 있는 월급은 250달러였고, 그가 받고 있던 월급의 절반에 지나지 않았다. 그는 어머니와 일하는 쪽을 선택했다. "제가 하려는 일이 결코 희생이라고 생각하지 않았습니다. 어머니는 일생동안 늘 승리하며 살아오셨고, 직접판매에 관해서라면 이 세상 누구 못지않게 잘 알고 계신 분이었습니다."[11]

회계사와 변호사들은 사업은 몰라도 자신들의 일은 똑 부러지게 하는 사람들이었다. 그들은 그녀의 사업 모델이 왜 실패할 수밖에 없는가를 보여주는 공문서와 소책자들로 계속해서 그녀를 괴롭혔다. 그녀가 평생토록 모아둔 5,000달러와 아들이 건네준 4,500달러를 지키는 일에만 열성을 보이던 그들은 제국을 일으키려는 그녀의 포부를 결코 이해하지 못했다. 1963년 9월 13일 금요일, 메리 케이는 댈러스 주에 15평 정도 크기의 가게를 열고는 백화점에서 구입한 단층짜리 금속 선반 위에 제품을 가득 채워놓았다. 메리 케이는 화장실 창문에다 비누로 자신의 목표를 적어놓았고, 동기 부여가 될 만한 글을 카드에 적어서는 자동차 여기저기에 쑤셔 넣었다. 그녀는 아들 리처드를 CEO로 임명하고는 그를 은행에 보내 대출을 받게 했다. 리처드는 너무 앳되 보여서 얼굴에 가짜 콧수염을 달아 나이 들어 보이게 했다. 고객들은 젊어보이게 하려고 부단히 노력하면서 정작 CEO는 정반대의 속임수를 써야 했다!

하지만 사업은 그대로 풀썩 주저앉았다. 그나마 손님을 끌어모으기 위해서 1960년대 초반의 인기 품목이던 가발까지 판매해야 했다. 하지만 상점이 너무 비좁았던 탓에 두 블록 떨어진 창고에 상품을 보관해야 했고, 가발을 구입할만한 고객이라도 발견하면 젊은 CEO 아들에게 몇 블록을 달려가 샘플을 가져오게 했다. 가짜 콧수염을 단 앳된 얼굴의 남성이 채권자들 전화에 시달리면서 가발과 은행 대출금 사이에서 곡예를 부리던 모습을 상상해보라.

그 후 몇 달 동안 메리 케이는 잘못된 문제점들을 하나둘 수집해나 갔고, 댈러스 주에서 시작해 훗날에는 전 세계를 평정한 영업 모델을 개발해나갔다. 1966년에 메리 케이는 멜 애시Mel Ash라는 남성과 결혼했고, 그는 메리 케이를 도와 댈러스 주 사업을 꾸려나갔다.

메리 케이의 비밀 레시피

메리 케이는 여성용 화장품이라는 아이디어를 고안해낸 사람이 아니었다. 그녀는 그저 여성을 상대로 판매를 원하던 여성 기업가들의 길고긴 명단의 겨우 끄트머리에 올라 있을 뿐이었다. 헬레나 루빈스타인Helena Rubinstein과 엘리자베스 아덴Elizabeth Arden, 에스티 로더는 이미 그녀보다 월등히 앞서 있던 여성들이었다. 그러나 그들이 러시아 황제의 개인 소장품에서 입수했을 법한 유럽 명품 크림을 상류층 사람들에게 판매하기로 했다면 메리 케이는 그보다 단순한 것을 판매할 생각이었다. 그것은 '매끄러운 피부'였다. 그녀는 무두질업자에 관한 이야기가 창피하다고 숨긴 적도 없었고, 자신의 이름에 귀족 호칭인 'von'이나 'van', 'III' 따위를 집어넣으려고도 하지 않았다. 그녀는 여성들에게 제대로 얼굴 가꾸는 법을 가르쳐줄 수 있는 억척스럽고 겁 없는 텍사스 여성이었다. 그게 전부였다.

그러나 서민적인 접근법을 사용했다고 해서 그녀가 훗날 고객으로 맞은 부유층 여성들을 달가워하지 않았다는 뜻은 아니다. 전성기 시절 그녀는 영업 컨설턴트들을 자신의 궁궐 같은 사무실로 초대해서 특별 모임에 맞춰 준비해둔 핑크색 욕조에서 사진을 찍을 수 있게 했다. 하지만 그런 혜택들은 결코 타고난 것이 아니라 신의 은총으로 벌어들인 것이라는 사실을 강조했다. 무엇보다 그녀는 중산층은 물론이고 저소득층 여성들도 얼마든지 장애물을 때려눕히고 대단한 성공을 이룰 수 있다는 자신감을 심어주었다. 그녀는 뜻밖의 성공을 상징하는 뜻에서 다이아몬드가 박힌 왕벌 브로치를 직원들에게 상으로 주는 것을 좋아했다. "어떤 벌은 날개에 비해 몸통이 너무 커서 날아다니지 못합니다. 하지만 왕벌은 이런 사실을 모른 채 훨훨 날아다닙니다." 그것은 새로 입사한 여성들에게 들려주던 은유적인 설명이었다. "도움과 격려를 받은 여성들은 자신의 날개를 발견하고는 하늘을 훨훨 날아다닙니다."[12] 메리 케이는 빅토리아 여왕 이후로 세계에서 가장 성공적인 여성 동기부여가로 인정받았다. 그녀는 세계지도와 월별 판매 목표를 지닌 오프라 윈프리나 다름없었다.

수천 명에 달하는 여성 CEO들은 누구나 청중 강연이나 격려에 탁월한 편이다. 그렇다면 어째서 메리 케이가 그토록 주목받는 것일까? 그녀는 자신의 재능을 최대한 활용할 수 있고 다른 여성들도 그대로 따르도록 해줄 확실한 비즈니스 구조를 고안해낸 여성이었다. 그녀의 계획은 금전적 인센티브와 심리적 영감을 결합하는 것이었다.

첫째로 그녀는 수백 명에서 나중에는 수백만 명 이상으로 늘어난 세일즈우먼들을 통해 메리 케이 코스메틱스의 역량을 과시할 수 있는 방대한 판매 조직을 세웠다. 메리 케이는 스탠리사와 월드 기프트 컴퍼니에서 25년 동안 일하면서 '네트워크 마케팅'의 위력을 깨달았다. 네트워크 마케팅에서는 유통과 영업 인력은 물론 때론 소비자들까지도 모두 동일한 사람들이다. 메리 케이는 화장품에 만족한 사용자들을 판매자로 끌어들였고, 자신의 영업직원들을 '뷰티 컨설턴트'

라고 명명했다. 그리고 뷰티 컨설턴트들은 다른 여성들에게 제품 판매를 권장했다. 메리 케이의 영업직원은 어째서 다른 판매원들에 의한 경쟁을 스스로 부추기길 원했을까? 만약 알렉시아라는 뷰티 컨설턴트가 캐서린이라는 다른 판매원을 채용하게 되면 알렉시아는 캐서린의 전체 판매액의 약 4퍼센트에 달하는 수당을 얻기 때문이었다. 무엇보다 알렉시아가 받는 4퍼센트 커미션이 캐서린의 수당에서 차감되지 않는다는 것은 중요한 점이었다. 이렇게 해서 알렉시아는 다른 신입직원들을 찾아다녔고 캐서린은 알렉시아가 챙기는 커미션에 불만을 품지 않았다. 뷰티 컨설턴트 한 사람이 더 많은 컨설턴트들을 모집할수록 더 많은 커미션과 근사한 직책이 따라왔다. 이를테면 8명의 신입직원을 모집한 영업직원은 그들이 올리는 판매 실적에서 8퍼센트의 커미션을 받았다.

혹자는 메리 케이를 피라미드 조직의 설립자라고 비난하기도 했지만 그녀는 피라미드의 함정을 슬기롭게 피해나갔다. 피라미드 조직에서는 신입직원이 더 많은 사람들을 끌어들여야만 자신의 위치를 유지할 수 있다. 하부층의 신입직원들이 벌어들인 수익을 상부층으로 올려 보내고 다시 새로운 신입직원들을 모집하지 않으면 피라미드 조직은 무너진다. 메리 케이가 그런 피라미드 조직을 만들었던 것일까? 그렇지 않았다. 메리 케이의 하부층 신입직원들은 또 다른 신입직원을 물색하는 일에 염려하지 않아도 50퍼센트라는 튼튼한 수익 마진을 벌어들일 수 있었다. 신입직원 모집은 수익을 올리는 또 하나의 방법이기는 했지만 그것 말고도 직접 판매만으로 많은 돈을 벌어들일 수 있었다. 메리 케이 뷰티 컨설턴트에게 주어지는 50퍼센트의 수익 마진은 당시 35퍼센트라는 통상적인 커미션에 비해 상당히 파격적이었다.

거품 경제가 지속되던 1990년대에 전직 제록스 엔지니어이자 근거리 통신망 이더넷Ethernet 개발을 지원한 밥 매트컬프Bob Metcalfe 는 네트워크의 가치를 평가하는 공식을 만들었다. 물론 그가 말하는 것은 텔레커뮤니케이션 네트워크였지만 매트컬프의 통찰력은 메리 케이의 접근방식을 뒷받침하는 것처럼 보였다. 매트컬프의 법칙Metcalfe's law 은 네트워크의 가치는 참여자 수의 제곱에 비례한다고 말한다. 간단한 예로 팩시밀리 기기 하나만으로는 아무런 쓸모가 없지만(누구에게 팩스를 보낼 수 있단 말인가?) 조립 라인에서 다른 팩시밀리가 만들어질수록 그 가치는 점점 늘어난다. 만약 팩시밀리 3대가 있다면 네트워크의 경제적 가치는 9(3의 제곱)라는 계수만큼 증가한다. 메리 케이는 인터넷이 등장하기 이미 오래 전에 신입 영업직원을 한 명씩 늘려갈수록 자신의 범위 세력을 확장시킬 수 있다는 사실을 알고 있었다. 오래된 우스개 소리로 세상에서 가장 빠른 세 가지 텔레커뮤니케이션 방법에는 전화telephone 와 전보telegraph, 여자의 입tell a woman 이 있다. 그것은 메리 케이에게는 단순한 농담이 아니었다.

영업 인력을 제대로 파악하라

메리 케이의 시스템이 제대로 돌아갈 수 있었던 것은 제품 판매 대상과 직원 고용 대상을 잘 알고 있었기 때문이었다. 남성들의 영업 세계에서는 영업직원이 자기 영역을 지키기 위해 동물처럼 싸워대고 누군가 영역을 침범하면 다리몽둥이를 부러뜨린다. 뮤지컬 〈뮤직 맨 The Music Man〉에서는 기차를 타고 전국을 유람하는 세일즈맨들이 〈자기 영역은 알아둡시다You Gotta Know the Territory!〉라는 곡을 레퍼토리 첫 곡으로 노래한다. 하지만 메리 케이는 영업직원에게 판매 영역을 지정하지 못하도록 했다. 메리 케이 스스로도 말했듯이 '남성들에게는 설명이 불가능할' 이 혁명적인 콘셉트를 그녀는 어떻게 제대로 소화해낼 수 있었을까?[13]

메리 케이는 자신의 뷰티 컨설턴트들이 각종 샘플과 전화번호부가 든 가방을 들고 하루 온종일 돌아다니는 영업직원들과는 다르다는 사실을 알고 있었다. 메리 케이의 직원들은 가족의 수입을 보태고 싶어 하는 주부들이 대부분이었고, 그들이 제품을 판매하는 대상은 날마다 거리에서 마주치는 정육점 주인과 빵가게 주인, 치과의사 같은 동네 이웃들이었다. 뷰티 컨설턴트들은 점포를 열지 않았다. 메리 케이는 대신에 6명 정도의 여성들을 초대해 조촐한 하우스 파티를 여는 법을 보여주었고, 뷰티 컨설턴트들은 세정·자극·정화·보습·보호에 초점을 맞춘 5단계의 기초 피부 관리 제품 사용법을 가르쳤다. 고객을 교육하는 일은 메리 케이 시스템의 핵심 원칙이었다. "팔지 말고 가르쳐라"는 표어는 그들이 암송하는 주문과도 같았다. 메리 케이 뷰티 컨설턴트들은 오늘날 화폐 가치로 평균 수천 달러의 매상을 올렸다. 대개는 정규직이 아니었지만 부업으로서는 꽤 만족스러운 편이어서 여성들은 아이들을 돌보면서도 생활비를 벌 수 있었다.

손실 리스크를 줄여라

메리 케이는 방대한 컨설턴트 네트워크를 육성하면서 리스크를 관리해야 했다. 어쨌건 그녀는 100만 달러의 여윳돈을 갖고 사업을 시작하지는 않았다. 그렇게 하기 위해 메리 케이는 두 가지 핵심 콘셉트를 도입했다. 첫째로는 월급을 지급하지 않았다. 그녀의 영업 인력은 독립 컨설턴트들로 구성되어 있었다. 수천 명의 소자본 사업가들을 배출하는 형태여서 주급이나 건강보험 및 유급휴가를 따로 내줄 필요가 없었다. 그들은 제품 판매가와 도매가 사이의 50퍼센트라는 넉넉한 차액을 수입으로 벌어들였다. 둘째로는 현금 구매 정책을 고수했다. 다시 말해 뷰티 컨설턴트가 화장품을 미리 현금으로 구입해야 한다는 말이었다. 덕분에 메리 케이는 제품 대금을 떼어먹는 영업직원을 암암리에 추적하는 데 드는 시간과 비용을 절약할 수 있었고, 컨설턴트들에게는 실제 판매 가능성을 신중히 타진해보도록 했다. 메리 케이는 굳건한 심성의 소유자였는지는 몰라도 결코 냉정한 여성은 아니었다. 컨설턴트가 1년 이내에 화장품을 반환하면 회사는 미판매 재고품을 적립금 형태로 회수했다.

그 외에 고객이 파티에서 화장품 금액을 지불하면 컨설턴트가 즉시 화장품을 건네주도록 했다. 즉각적인 상품 거래가 이루어지면 컨설턴트는 외상판매를 늘려갈 필요가 없고 친한 고객들과도 어색한 상황을 연출하지 않아도 된다. 이 마지막 필요조건은 단순히 외상판매 걱정을 덜기 위한 것이라기보다는 인간 심리에 대한 메리 케이의 통찰력을 보여주었다. 스탠리사의 대걸레나 강철솜 수세미와 달리

메리 케이의 비싼 화장품은 개인의 기분과 충동에 구매가 좌우된다는 사실을 그녀는 알고 있었다. 거래가 지연되면 고객이 구매를 재고할 수도 있고 혹은 빽빽 울어대는 아이들이나 참견 많고 인색한 남편 때문에 얼마든지 일이 틀어질 수 있었다.

사업 첫 해에 메리 케이와 컨설턴트 300명으로 구성된 팀은 총 19만 8,514달러의 판매고를 올렸다. 그 후 10년이 넘도록 그들은 평균 30퍼센트에 가까운 연간 판매 성장률을 보였다. 재정 조언가들은 지역 프랜차이즈 사업을 제안하기도 했지만 메리 케이는 판매 영역을 지정하지 않겠다던 자신의 신조에 어긋난다는 이유로 거절했다. 더군다나 그런 식으로 사업을 벌이면 여성 기업가들은 자본금을 늘려줄 남성들을 필요로 할 것이고, 결국에는 그들 밑에서 일하는 여성이 생겨날까봐 염려되기도 했다. 1980년대 초반에 이르자 메리 케이는 5만 달러 이상을 벌어들이는 직업 여성이 미국의 그 어떤 기업보다 자신의 기업에 더 많다는 사실에 대단한 자긍심을 느꼈다. 1980년대 초에 메리 케이의 비정규직 뷰티 컨설턴트들은 약 4,000달러를 벌어들였고, 4,000명에 달하는 영업 디렉터들은 평균 6만 달러 이상을 벌어들였다(모두 2006년 달러 가치 금액이다). 메리 케이 코스메틱스는 1960년대 말부터 1980년대 초반까지 670퍼센트의 자산 가치 상승을 누리다가 매수대상기업의 자산을 담보로 차입금을 조달하는 LBO leveraged buy out 의 물결에 합류했다.[14]

아주 특별한 선물, 핑크색 캐딜락

대부분의 남성들이 그렇듯이 나 역시도 간간히 길거리를 지나가는 핑크색 캐딜락 자동차를 알아보는 것 말고는 메리 케이에 대해 별로 아는 바가 없었다. 1969년에 메리 케이는 화장품 가운데 립스틱이나 아이섀도 색상, 같은 '칼미아Mountain Laurel(철쭉과에 속하는 관목)' 빛깔의 캐딜락을 영업 인센티브로 도입했다. 하지만 그것은 메리 케이의 카리스마 넘치는 동기 부여 방식 가운데 하나의 상징물에 불과했다(오늘날에는 2분기 연속으로 9만 달러의 판매 실적을 올리는 영업직원들에게 대여되고 있다). 독일의 사회학자 맥스 베버Max Weber의 가설에 따르면, 카리스마 넘치는 리더들은 예외적인 영향력과 품성을 타고나는 듯 보이며 그것은 곧 고귀한 혈통이나 전형으로 여겨지고 그것에 근거해 리더로 대우받는다.[15] 나는 많은 메리 케이 추종자들이 그녀가 하나님과 특별한 소통 경로를 갖고 있다고는 생각하지 않더라도 최소한 그녀가 돈을 쉽게 벌어들일 수 있음에도 늘 고결한 삶을 유지했다는 사실에는 동조할 것이라 믿는다. 그녀는 남에게 대접받고 싶은 대로 남에게 베풀라는 기독교 윤리의 근본 원리인 황금률golden rule을 비즈니스에 적용하라는 말을 곧잘 했고, 실제로 최고 실적을 올린 영업 컨설턴트들은 메리 케이 코스메틱스에서 금팔찌나 다이아몬드를 비롯해 메리 케이가 '신데렐라' 포상이라고 부르던 다양하고 아름다운 선물들을 받았다.

물론 메리 케이가 영업 인센티브라는 개념 자체를 고안해낸 것은 아니었지만 그녀는 더할 수 없이 적절한 아이디어를 구상해내어 직원들의 산출량을 극대화했다. 그것은 어렵게 터득한 것이었다. 젊은 세일즈우먼 시절 그녀는 영업 콘테스트에서 우승해 받은 상품이 가자미 전등임을 알고는 매우 당황했다. 가자미 전등이라면 어두운 밤 가자미를 작살로 낚시하기 좋아하는 사람에게나 필요한 도구였다! 페이셜 크림과 립 라이너를 바르고 일하는 여성에게는 결코 훌륭한 선물이 아니었다. 메리 케이는 자신의 선물이 영업팀에게 실망의 눈물이 아닌 기쁨의 눈물을 흘리게 해주리라고 확신했다. 그녀는 그것을 '동기 부여 보상motivational compensation'이라고 불렀다. 메리 케이가 국제적으로 확장하고 지역별 특성을 수용하면서, 독일 지역의 최고 세일즈 컨설턴트들은 핑크색 벤츠를 몰고 다녔고 타이완 지역의 여성들은 핑크색 도요타Toyota를 몰고 다녔다. 사실 메리 케이는 회사를 시작하던 때만 해도 핑크색을 좋아하는 광팬은 아니었다. 그녀는 개인적으로 검정이나 파랑, 빨간 색상의 옷을 즐겨 입었다. 하지만 핑크색 상품들은 컨설턴트들에게 성공이라는 포근한 심리적 충만감을 안겨주는 것처럼 보였고 그래서 그것을 선택했다. 심리학자들은 핑크색이 죄수들한테도 마음을 진정시키는 효과를 일으킨다고 말한다.[16] 이런 이유로 아이오와 대학교University of Iowa의 풋볼팀은 경쟁 선수들의 라커룸을 핑크색으로 칠한다. 마음이 안정된 경쟁 선수들은 상대하기가 쉽기 때문이다. 미시건 대학교University of Michigan의 전 코치인 보 스켐베클러Bo Schembechler는 보조 코치들에게 선수들이 들이닥치기 전에 핑크색 벽지를 바르게 하기도 했다.

핑크색 캐딜락이라니, 촌스럽지 않은가? 이런 질문을 던지면 메리 케이는 즉각 활기 넘치는 대답으로 맞받아친다. "그럼 당신네 회사는 어떤 색상의 자동차를 선물하나요?" 많은 여성들에게 핑크색 캐딜락(길거리에는 약 2,000대의 캐딜락이 돌아다닌다)을 거머쥐는 일은 그들 인생의 절정이었다(물론 자녀나 남편과는 별개의 인생을 말한다). 낸시라는 이름의 캐딜락 수상자는 곧장 동네 주유소로 차를 몰고 가서는 손님의 방문을 알리는 벨소리와 연결된 주유소 바닥의 부저를 차바퀴로 계속 굴리면서 주유원들의 신경을 긁어댔다. 그들은 메리케이에 입사하던 당시 그녀의 사업가적 야망과 낡은 고물차를 비웃던 이들이었다. 그들 생각으로는 총알 없는 엽총이나 메고 돌아다니는 따분한 야간 경비원 정도의 저임금 노동자인 줄로만 알고 있었기 때문이다.[17]

메리 케이의 '동기 부여 보상'은 보석이나 핑크색 캐딜락의 수준을 넘어선다. 매년 여름이면 댈러스 컨벤션 센터는 전설적인 세미나에 참석하는 5만 여명의 메리 케이 집회 참석자들로 인산인해를 이룬다. 그들은 함께 성공담을 나누고 판매 여왕에게 왕관과 번쩍이는 봉을 수여하며, 가정생활과 직업적 성장욕구의 균형을 잡는 법을 이야기한다. 그런 행사를 비웃는 일은 어렵지 않으며, 열기구나 마차를 타고 무대에 등장하는 메리 케이 자신도 싱글벙글 웃음 지을 것이다. 하지만 영예로움에 한발 다가서고 며칠 동안 영감을 얻기 위해 스스로 비용을 내고 그곳에 모여든 여성들에게 메리 케이의 세미나는 심각한 행사다.

인권운동가 제시 잭슨Jesse jackson이 〈나는 특별한 사람이에요I am somebody〉라는 성가로 가난한 아이들을 지도하기 이미 수년 전에 메리 케이는 교외 지역(나아가 도시와 농촌)에 사는 여성들에게 그와 똑

같은 일을 했다. "여러분은 특별한 사람입니다. 여러분이 스스로를 새로운 눈으로 바라보게 됐다면 이제는 행동에 나설 때입니다. 새로운 옷과 새로운 헤어스타일과 새로운 친구를 가질 시간입니다. 학교로 돌아가고 싶다면 그렇게 하십시오. 일하고 싶거나 직장을 바꾸고 싶다면 당장 그렇게 하시기 바랍니다!"[18] 메리 케이는 그 모든 일을 스스로 해냈고, 자신의 청중도 그렇게 할 수 있다는 사실을 의심하지 않았다. 메리 케이는 자신이 만든 월간지에 〈칭찬Applause〉이라는 이름을 붙였다.

힘겨웠던 순간들

메리 케이의 마법의 화장품은 1980년대 초반에 다소 삐걱거리는 출발을 했다. 1983년 메리 케이 코스메틱스의 주가는 65퍼센트나 곤두박질쳤다. 무슨 일이 벌어진 걸까? 인구통계학의 기차가 고속 질주하던 메리 케이의 캐딜락과 충돌한 것이다. 쉽게 말해 여성들이 집을 떠나 일터로 향했다는 말이다. 메리 케이가 스탠리 제품을 판매할 때만 해도 집밖에서 일하던 여성은 3분의 1에 불과했지만, 1980년이 되자 성인 여성들의 3분의 2가 직업을 가졌다.[19] 여성들도 변호사나 의사, 엔지니어, 회계사가 될 수 있는 기회가 훨씬 더 많아진 것이다. 게다가 미국인의 삶의 속도도 빨라졌다. 카풀 조직이나 자녀들 모임을 비롯해 각종 회합에 참여하면서 한가하게 화장품 파티를 열만한 여성들이 줄어들었다. 에이본 직원이 초인종을 누르거나 메리 케이 컨설턴트들이 파티를 계획하러 전화를 걸면 집에 아무도 없거나 전화응답기가 대신 받는 경우가 많았다. 1983년과 1985년 사이에 뷰티 컨설턴트의 숫자가 20만 명에서 10만 명으로 줄었다는 메리 케이의 발표에 주식 투자자들은 불안해했다.

메리 케이와 가족을 비롯한 회사의 고위 간부들은 1985년에 LBO 물결에 합류했다. 주식 투자자들이 기업 회생 능력에 확신을 보여주지 못한다면 메리 케이 팀이 직접 나설 수밖에 없었다. 그들은 3억 1,500만 달러를 대출받아 그것으로 회사를 다시 사들였다.

메리 케이의 기업 회생 전략은 세 가지 측면에서 이루어졌다. 첫째로 월스트리트에서는 소화해내지 못할 커미션으로 새로운 컨설턴트들을 유혹했다. 둘째로 이미 정규직을 갖고 있지만 추가로 수입을 원하는 새로운 컨설턴트들을 끌어들이는 일에 착수했다. 그것은 핵심적인 전환이었다. 원래 메리 케이의 모델은 별도의 '비상금'을 원하는 주부들을 끌어들인다는 데서 착안한 것이기 때문이다. 이제는 메리 케이도 여성들이 직장에 나가 일한다는 현실을 받아들였지만 정규직 이외에 좀 더 일하려는 여성들을 유인하려고 했다. 셋째로 메리 케이는 '직접 후원' 프로그램에 착수해 영업 컨설턴트들을 대표해 고객들에게 개인맞춤화되고 전문화된 우편물을 발송했다. 우편물에는 제품 구입시 사용 가능한 무료 선물권이 들어 있었고, 그러한 전문화된 우편물은 시간에 쫓기는 고객과 컨설턴트를 동시에 유혹했다. 이 같은 기업 회생 전략은 비즈니스에 다시금 활기를 불어넣었고, LBO 1년 만에 영업 매출은 1985년 수준을 벗어나 뛰어올랐다.

인구통계학의 흐름을 타고

여윳돈을 원하는 주부와 직장 여성들을 끌어들일 수 있다는 메리 케이의 발견은 오늘날에도 진리로 통한다. 아본Arbonne 이라는 명품 기업은 호화판 컨트리클럽에 침투해 이미 캐딜락을 소유하고 있는 여성들을 부추겨 모이스처라이저를 판매하게 한다. 아본은 벤츠 자동차를 영업 인센티브로 내세우고 있다(아본 카탈로그를 보면 작은 인센티브에 지나지 않는다).

이번에는 성별이나 화장품과는 아무 관련이 없는 또 다른 인구통계학 사례에 대해 얘기해보겠다. 이제 몇 년 후면 노년층 인구가 노동력 인구의 미개척 군단이 될 것이다. 현재 7,600만 명에 이르는 미국 베이비부머들이 노년층으로 들어서면서 노동 인구와 은퇴 인구의 비율이 2대 1 정도로 좁혀지면 미국 기업들은 노년층에게 의존할 수밖에 없을 것이다. 65세 이상의 노인들이라고 해서 누구든지 골프를 치고 싶어 하거나 앞으로 30년 동안 크루즈 여행을 즐길 만한 경제적 여유가 있는 것은 아니다. 이미 일부 기업들은 변화를 시도하고 있다. 호프먼-라로슈Hoffmann-La Roche 와 폭스바겐 아메리카Volkswagen of America, 프린시플 파이낸셜 그룹Principal Financial Group 은 근무시간 자유선택제와 재택근무, 계절 업무, 직무 분담 등의 옵션을 제공하면서 노년층을 끌어들이고 있다.[20] 메리 케이에게는 한가한 일손들이 '악마의 일꾼'이기보다는 '미래의 일꾼'이었다. 이런 경향은 머지않아 경제 전반에서 사실로 드러날 것이다.

그 외에도 나는 똑똑한 기업들이 또 다른 인구통계학 흐름을 타고 있는 모습을 지켜본다. 세계에서 가장 똑똑한 제조업체에 속하는 도요타는 최근 텍사스 주 샌안토니오에 근사한 트럭 공장을 가동했다. 도요타는 이 수십억 달러짜리 공장에 수천 명의 라틴아메리카계 미국인들을 고용했다. 물론 라틴아메리카계 미국인들은 미국에서 가장 거대하고도 가장 빠르게 성장하는 소수민족 그룹이다. 도요타가 샌안토니오 지역을 선택한 데는 몇 가지 이유가 있었다. 먼저 법정 임금을 포함한 공장 운영비가 상대적으로 낮은 데다가 주거비도 그다지 비싼 편이 아니라는 점 때문이었다. 하지만 무엇보다 중요한 것은 도요타가 라틴아메리카계 미국인들의 마음을 사로잡으면 그들이 자진해 자신들의 픽업트럭 후면에 도요타 브랜드를 광고하는 커다란 표지판을 달고 텍사스 주를 횡단할 수 있다는 사실이다. 현재 도요타는 맹렬하고 급속하게 성장하는 팬들을 확보해나가고 있다. 도요타에서 트럭을 만드는 직원들이 곧 기업 최대의 홍보 주체가 되는 것이다. 메리 케이는 이미 그것을 입증했다.

마지막 인사

메리 케이는 에너지 넘치는 사람이었지만 1996년에 발병한 뇌졸중은 그녀를 멈춰 세웠다. 그리고 어머니 대신 스무 살 시절 가짜 콧수염을 달았던 아들 리처드가 회사 운영을 맡았다. 2002년에 세상을 뜬 메리 케이는 생전에 75만 명의 독립 뷰티 컨설턴트들을 확보해 전 세계에서 약 15억 달러어치의 미용 제품을 판매하는 기업을 일으켰다.

그녀는 강인하고 야심만만한 여성이었지만 화장한 얼굴과 고상한 태도를 지닌 진정한 혁신가였다. 최근 나는 댈러스 주 외곽에 위치한 메리 케이 본사를 방문했는데, 그곳은 메리 케이 박물관을 함께 관장하는 웅장한 로비를 갖춘 인상적인 건물이었다. 그녀가 처음으로 건네받은 판매 영수증과 그녀의 유명한 드레스, 오프라 윈프리 쇼에 출연했던 사진 등의 진열품을 둘러보는 동안 나는 여성이 주를 이루는 방문객들에게 더 많은 관심이 쏠렸다(그래서인지 남자 화장실은 편리한 위치에 없었다). 방문객들은 메리 케이 컨설턴트들인 경우가 많으며, 자신의 대형 칼라 사진 액자가 건물 벽에 걸려 있는 여성들도 있었다. 나는 방문객들의 눈망울에 서려 있는 하나의 공통된 모습을 볼 수 있었다. 그것은 맹목적인 찬양이나 경외심이 아니었다. 그것은 만족스러운 눈빛으로 이렇게 말하는 것과 같았다. "메리 케이, 당신은 정말로 옳았어요. 나도 할 수 있었어요." 다른 CEO들이 인정사정없는 매몰참으로 '사슬톱 엘'이라는 무시무시한 별명을 얻거나《훈족 아틸라 그 리더십의 비밀Management Secrets of Attila the Hun》과 같은 책들을 찬양하던 시절에, 작은 핑크색 화장품 팬케이크와 마스카라는 좀 더 칭송받았어야 했다.

4

마케팅의 귀재이자 품질 관리의 독종

에스티 로더

에스티 로더 코스메틱스
Estée Lauder Cosmetics

Estée Lauder (1908~2004)

"우리가 만나는 모든 사람들에게 최고의 제품을 제공한다."

ESTÉE LAUDER

　에스티 로더 Estée Lauder 라면 분명 당신의 얼굴을 만져보고 싶어 했을 것이다. 자신의 핸드백을 열고 크림을 꺼내 손등에 조금 짜내서는 당신의 피부에 톡톡 발라줬을 것이다. 그러고는 얼굴 가득 환한 미소를 짓고 당신에게 자랑스럽게 거울을 건네줬을 것이다.

　그렇지만 그녀는 당신에게 먼저 허락을 구하지는 않았을 것이다. 확고한 신념과 자신감이 있었기에 모르는 사람들에게 로션을 발라줘도 자신의 제품에 푹 빠질 거라고 장담했을 것이다. 그리고 그녀의 판단은 대체로 맞았다. 오늘날 블루밍데일즈 백화점에 걸어 들어가 향수를 들고 서 있는 점원이 소독하듯 뿌려주는 향수 세례를 받을 때면 당신은 무료 샘플이라는 아이디어를 최초로 고안해낸 에스티 로더에게 감사해야 할 것이다. "잘 알지 못하던 그녀는 내게 끊임없이 온갖 화장품을 보내줬습니다." 훗날 에스티 로더의 친구가 된 모나코의 그레이스 왕비는 말했다.

　에스티 로더는 마케팅의 귀재이자 품질 관리의 독종이었고, 전 영국 왕에게서 감사 편지를 받을 정도의 사회적 위치에 올라선 출세주

의자였다. 에스티 로더의 청을 거절하기보다 당신의 얼굴을 그냥 내 맡기는 편이 나을 것이다. 수십 억 달러의 제국을 일으킨 능력 넘치는 두 손으로 제대로 된 관리를 받을 수 있었을 테니 말이다.

에스티 로더는 어떤 여성이었을까? 그녀는 지칠 줄 모르는 야심과 결단력에 우아함과 기막힌 성깔까지 두루 갖춘 여성이었다. 그런 그녀의 자서전이 시작된 것은 가시처럼 늘 그녀를 찌르며 상처를 입혀온 한 쉰 살 여성의 몹쓸 한마디를 듣고 분노에 떨며 혼잣말을 되뇌었을 때였다. 뉴욕의 어느 세련된 뷰티 살롱의 젊은 여직원으로 일하던 에스티 로더는 한 부유한 고객이 입은 블라우스를 칭찬하면서 그것을 어디서 구입했는지 정중하게 물었다.

상대 여성은 미소를 지으면서 그녀의 눈을 똑바로 쳐다보고는 말했다. "그래봤자 달라질 게 없잖아요? 어차피 살 만한 여유도 없을 텐데요."

에스티는 붉게 달아오른 얼굴과 부글부글 끓어오르는 심정으로 그 자리를 빠져나왔다. "앞으로 절대로 두 번 다시는 누구든지 내게 저렇게 말하지는 못할 거야. 두고 봐. 언젠가는 내가 원하는 것은 무엇이든 갖고 말 거야. 보석이며 예술품이며 우아한 저택까지 모두 말이야." 에스티는 이야기에 덧붙여서 "그 여자의 피부는 끔찍할 정도였다"는 말로 우리를 위로해주었다.[1]

완벽하게 치장한 금발 머리에 옷맵시가 뛰어났던 에스티 로더는 백마를 타고 합스부르크 궁전에서라도 빠져나온 듯한 인상을 주었지만 사실상 형편은 많이 초라했다. 그녀는 귀족 출신은커녕 뉴욕의 퀸즈 자치구에서 헝가리인 어머니와 체코인 아버지 사이에서 태어난 여자아이일 뿐이었다.

에스티가 정확히 몇 년도에 태어났는지는 아무도 모른다. 2004년에 그녀가 세상을 떠났을 때 회사 측에서는 그녀가 아흔일곱일 수도 있고 아흔다섯이거나 어쩌면 백 살일지도 모른다고 했다. 출중한 재능을 갖춘 그녀의 아들 레오나드Leonard가 CEO 자리를 물려받았을 때 나이를 묻는 질문을 받자 이렇게 대꾸했다. "제 나이요? 글쎄요, 어머니한테 물어봐야겠는데요. 어머니가 인터뷰하실 적마다 제 나이가 달라지거든요. 이번 주에는 어떻게 되는지 확인해보고 알려드리죠."[2] 에스티의 어머니도 생년월일의 진실을 숨겨오기는 마찬가지였다. 그녀는 에스티의 아버지보다 훨씬 나이가 적다는 사실이 창피해서 남편의 출생년도에 7년을 보태기도 했다.

에스티 로더는 조세핀 에스터 멘처 Josephine Esther Mentzer라는 이름으로 세상에 태어났지만 가족들은 그녀를 에스티Esty라고 불렀다. 그녀의 아버지는 고향에서 말 타기를 즐겼지만 미국에서는 일자리가 필요했다. 변변한 기술이 없던 그는 간신히 철물점을 차렸다. 그의 가족은 퀸즈Queens의 중산층 마을인 코로나Corona에 위치한 철물점 위층에서 살았다. 그 시절 뉴욕에서는 유럽에서 온 유대인 이민자들이 저녁거리로 준비해둔 잉어를 산 채로 욕조에 풀어놓는 것이 이상한 일이 아니었다.[3] 어린 에스티 멘처가 이삼십 년 만에 욕조의 산 잉어에서 버그도프Bergdorf 백화점의 캐비아로 승격한 사실을 상상하기 쉽지 않지만, 에스티는 결코 생선장수의 운명을 타고난 여성은 아니었다.

에스티는 아주 어렸을 때부터 어머니의 스킨 크림과 세면용품을 갖고 놀면서 얼굴 여기저기에 발라 실험해보곤 했다. 가족들에게도 피부 관리를 해준답시고 화장품을 발라주었고, 아버지 맥스Max가 다른 사람들 얼굴에 장난치는 일을 그만두라고 엄포를 놓았을 때도 상황은 달라지지 않았다. 그녀는 순순히 "네, 아버지"라고 말하고는 그냥 한 귀로 흘려버렸다.

당시 화장품 산업이 막 기지개를 펴던 참이었으니 에스티는 이미 아버지보다도 뛰어난 사업 기질을 보여준 셈이었다. 화장품 광고는 1915년과 1925년 사이에 3배나 많아졌고, 여성 인구의 5분의 1이 노동 인구에 합류하고 있었다. 사무실이나 백화점에 일자리를 얻은 용감한 여성들은 세련된 외모를 뽐내고 싶어 했다.[4] 에스티는 머지않아 화장품이 불필요한 물건이 아닌 필수품으로 취급받게 되리라는 것을 직감했다. 에스티는 아름다워지려는 욕구를 갖고 태어난 듯 보였지만 한편으로는 아버지의 철물점과 그녀의 이복형제 누이가 소유한 플래커 앤드 로센탈Pflaker & Rosenthal이라는 코로나의 작은 백화점에서 험한 비즈니스를 배워나갔다. 1900년대 초반에 철물점을 예쁘게 꾸민다는 것은 힘든 일이긴 했지만 에스티는 제품 진열에 공을 들였고 아버지의 재고 관리 일도 도왔다. 그녀는 휴일 선물로 망치와 못을 포장하는 일도 도왔다. 한때는 코로나 지역의 메이시스Macy's 백화점으로 알려졌던 플래커 앤드 로센탈은 에스티에게는 그야말로 '치장의 공간'이었다. 그녀는 재고를 감시하는 일보다 훨씬 더 중요한 기술을 터득했는데, 손님들과 담소를 나누는 법이나 손님들이 편안하게 새로운 제품을 착용해보도록 하는 법이 그런 것이었다.[5]

코로나는 그야말로 다양한 인종이 뒤섞여 있는 공간이었고, 에스티는 손님들이 이디시 말과 이탈리아 말, 폴란드 말로 떠들어대는 속에서 헤엄치는 일이 무척이나 즐거웠다. "현금등록기의 명랑한 벨소리는 제 식욕을 자극했습니다. 완벽주의자가 되는 것이야말로 사업을 할 수 있는 유일한 방법이라는 사실을 일찌감치 터득했습니다. 모피 코트를 걸치고 물건을 사러온 여성들의 시중을 들면 그들은 미소를 띠면서 더 많은 물건을 사곤 했습니다. 나는 알 수 있었고 느낄 수 있었습니다."[6]

1920년대가 요동치기 시작하면서 자유분방한 여성들이 새로운 스타일을 창조해내거나 새로운 유혹 장치들을 시험하기 시작했다. 1929년 무렵에는 뉴욕에서만 1만 2,000명의 여성들이 헤어드레서, 매니큐어리스트, 피부 스페셜리스트로 일했다.[7] 모던 밀리Modern Millie는 "입술을 칠하고 펜슬로 눈썹을 그리는 일이 이제는 결코 부끄러운 일이 아니다"라고 말했다. 하지만 에스티 로더는 〈배니티 페어 Vaniet Fair〉지의 스타일링 조언을 아무런 생각 없이 따라하지는 않았다. 그녀는 사업가 길을 선택했다. 그렇다면 그녀를 그 길로 인도한 사람은 누구였을까? 희한하게도 그것은 머나먼 곳에서 멘처 가족의 현관에 당도한 어느 신비로운 방문객이었다.

상냥한 말투에 안경을 쓴 에스티의 외삼촌 존 스코츠John Schotz는 '박사'라는 호칭으로 화학약품이 든 가방을 들고 헝가리에서 모습을 드러냈다. 스코츠가 실제로 학위를 갖고 있었는지 아니면 미국 가수이자 배우인 알 졸슨Al Jolson이 그의 뮤지컬 감독을 '교수님'이라고 부르는 것처럼 그런 호칭을 썼는지는 확실하지 않았지만 어쨌든 스코츠는 화학물질과 피부 관리에 대해 꽤 많이 아는 것처럼 보였다.

그는 철물점 뒤편의 조그만 마구간에서 기름과 크림과 유혹적인 향으로 구성된 비밀 성분들을 함께 휘저었다. 에스티는 그 마법의 화장품을 손가락으로 찍어 뺨에 바르고는 달콤한 향과 부드러운 촉감의 무스와 거품 이는 혼합물을 피부로 음미했다.

에스티는 중년의 이민자 삼촌을 자신의 스승이자 멘토, 소울 메이트라는 사실을 발견했다. 스코츠는 얼굴에는 비누 사용을 피하고 물로 세안한 후에는 즉시 유분기 많은 크림을 발라줘야 한다고 말했다. 얼마 지나지 않아 에스티는 그 화장품을 뉴타운 고등학교에 몰래 가져가서는 반 친구들에게 발라주었다. 화장품 덕분에 에스티는 여드름 투성이의 사춘기 소녀들에게 꽤 인기가 좋았다. 화장의 시범 대상을 넓혀가기를 간절히 소망하던 그녀는 낯선 사람들이나 구세군 자원자들에게까지 손에 크림을 묻히고 다가섰다.

존 스코츠는 후에 맨해튼에다 뉴웨이 래버러토리스New Way Laboratories라는 이름의 작은 가게를 열었다. 그의 화장품은 에스티가 상상하던 것만큼이나 훌륭했다. 몇 년 후 레블론Revlon에서 일하던 전문 화학자가 그의 화장품을 분석하고는 "오래된 구식이기는 해도 상당한 효능이 있다"고 결론내렸다.[8] 그의 얼굴 크림 가운데는 일부러 의도한 것은 아니지만 햇빛 차단 효과가 들어 있는 것도 있었다. 스코츠는 화려한 궁전과 보석과 사회적 출세를 꿈꾸던 에스티에 비하면 현실적인 사람이었다. 그녀는 마법의 스킨케어 화장품 외에는 다른 물건은 인정하고 싶지 않았지만, 스코츠는 그 외에도 이 퇴치제와 애완견 옴 치료제, 진한 위스키 등을 함께 판매하는 것에도 아무런 거리낌이 없었다.

솜씨 좋은 거래 수완

1930년에 에스티는 조셉 로터 Joseph Lauter 라는 재단사의 아들과 결혼했다. 로터는 에스티처럼 사람들의 얼굴을 재창조하려는 맹렬한 기운이 부족했을 뿐 머리 회전이 빠른 청년이었다. (몇 년 후 에스티와 조셉은 그들의 성을 '로더'로 바꾸었는데 미국 이민국 직원이 이름에 함부로 손을 대기 전 원래의 오스트리아어 철자처럼 보이기 때문이었다.) 조셉이 의류업계에서 일했다면 에스티는 오늘날 말하는 '재택 근무' 주부였다. 1933년에 아들 레오나드가 태어났고, 에스티는 음식을 조리하는 바로 그 석쇠에다 삼촌의 구식 조제법에 따라 페이셜 크림을 끓였다. 같은 해 에스티는 뉴욕 전화번호부에 로터 케미스츠 Lauter Chemists 라는 이름으로 사업 등록을 하고 화장품을 팔기 위해 뷰티숍들을 왕래했다.

로더 부부는 결코 돈이 넉넉하지 않았지만 에스티는 매달 이럭저럭 모은 돈으로 어퍼 웨스트 사이드에 있는 하우스 오브 애시블론즈 House of Ash Blondes 에서 자신의 금발 머리를 손질했다. 대공황이 숱한 가정과 사업체를 무너뜨리긴 했지만 그럼에도 미국인들이 일부 서비스에 계속해서 돈을 쓴다는 사실을 에스티는 눈치 챌 수 있었다. 소비량 전체를 엄청나게 줄여야 하는 상황에서도 사정은 별로 달라지지 않았다. 이를테면 대공황 시대에 영화를 보러 다니는 사람은 꽤 많은 편이었다. 왜였을까? 예전보다 시간 여유가 늘어나고 영화 관람만이 호주머니 사정에 적합한 유일한 기분전환 거리였기 때문이다. 플로리다로 떠나는 여행은 불가능하던 시절이었다. 영화와 마찬가지로 화장품 소비도 증가했다. 에스티도 말했듯이 여자들은 "어려운 시기에 제일 먼저 아이들을 챙기고 다음에는 남편을 챙기지만 정작 자신은 점심을 굶으면서까지 좋은 화장품을 구입한다."[9] 경제학자들은 그런 제품들을 가리켜 오히려 경제 침체 중에 더 많은 수요를 끌어들인다는 점에서 '열등재inferior goods'라고 부른다.

하우스 오브 애시블론즈의 우수 고객이던 에스티는 그곳에서 자신의 첫 번째 고객들을 확보했다. 머리 건조기를 쬐고 앉아 있는 여성들을 보면서 그들이야말로 자신의 포로가 되어줄 고객들이라고 확신했다. 구세군 자원자들을 공략해 화장품 매상고를 올릴 정도의 강심장이라면 부잣집 기혼 여성들에게 접근하는 일은 어렵지 않았다. 에스티는 머리 건조기에 머리를 말리느라 꼼짝 않고 앉아 일정하게 윙윙대는 기계음에 지루해진 여성들에게 다가가 아주 괜찮은 크림이 있는데 무료로 한번 발라보지 않겠느냐고 권했다. 그런 부탁에 거절할 사람은 아무도 없었다. 끈끈한 파란색의 과산화수소와 비누 거품을 뒤집어쓰고는 어디로 도망갈 수 있으랴? 얼마 지나지 않아 플로렌스 모리스Florence Morris라는 살롱 주인이 에스티에게 살롱 안에 작은 매장을 차릴 생각이 있는지 물었다. 자리를 임대하되 에스티가 수익을 챙길 수 있는 형태의 매장이었다.

이때부터 에스티의 거대한 도약이 시작됐다. 에스티는 곧이어 하우스 오브 애시블론즈에 얻은 자리와 다른 상류층 살롱들을 오가면서 판매 기술을 연마해나갔다. 그녀는 '도와드릴까요?'라고 묻는 대신에 '손님에게 딱 어울리는 상품이 있는데 사용법을 한번 보여드려도 될까요?'라고 말을 건네는 법을 터득했다. 새로운 고객들이 다른 제품을 문의해오면 그녀는 다양한 제품들을 소개해주는 센스를 발휘했다. 당시에 에스티가 만들어낸 립스틱 색상은 단 한 가지뿐이었는데 거기에 '더치스 크림슨Duchess Crimson'이라는 이름을 붙였다. 에스티는 윈저 공작부인Duchess of Windsor에 대해 아는 바가 없었지만 립스틱 고객들은 마치 월리스 심슨Wallis Simpson의 허영심을 돈으로 산 듯한 기분이 들었다.

에스티는 자신의 화장품을 자식처럼 애지중지했다. 훗날 레오나드 로더는 자신이 어렸을 때 어머니가 집보다 실험실과 외부에서 더 많은 시간을 보낸 사실을 회고했다. 자식들에게 확고한 믿음을 갖고 있는 어머니들처럼 에스티는 자신의 천연 화장품에 확신을 갖고 있었다. 미국 유기농 식품 기업인 홀푸즈Whole Foods가 '유기농'이라는 단어로 수십억 달러를 벌어들이기 이미 오래 전에 에스티는 자신의 화장품에 들어 있는 건강에 유익한 천연 성분들을 자랑스러워했다.

어느 날 저녁 그녀의 확신이 시험대에 오르는 일이 일어났다. 어느 부유한 고객이 한 달 동안 떠나는 여행에 페이셜 크림을 가져가도 되는지 에스티에게 물었다. 화장품이 그대로 보존될 수 있을까요? 에스티는 크림을 냉장고에 넣어 보관하라고 말했다. 유감스러운 일이 벌어졌다. 에스티의 화장품 통에 붙은 라벨이 떨어져 나가면서 페이셜 크림을 마요네즈로 착각한 하녀가 샐러드와 함께 그날 밤 공식 만찬에 내놓는 불상사가 벌어진 것이다.

"손님들이 죽으면 어쩌죠?" 귀부인이 다급하게 물었다. 에스티는 크림을 삼켜도 아무런 지장이 없다고 그녀를 안심시켰지만, 귀부인은 그 후로 다시는 참치 샐러드 샌드위치를 입에 대지 않았다.

에스티에게서 배운 교훈

에스티 로더는 하우스 오브 애시블론즈에서부터 사교층 고객들을 확보해나가다가 나중에는 백화점으로 자리를 옮겼다. 하지만 자신이 만들어낸 제품을 팔러 돌아다니던 여느 사업가들과 에스티 로더가 구별되는 특징은 무엇이었을까? 사실 철판 위로 햄버거를 던지는 마지막 주자로 햄버거의 제왕이 된 레이 크록처럼, 에스티 로더는 다른 여성들을 아름답게 해주는 일로 돈을 벌어들이려던 최초의 여성은 아니었다. 헬레나 루빈스타인과 마담 C. J. 워커는 이미 30년 가까이 그녀를 앞질렀다. 하지만 그녀에게는 세월이 흘러도 변함없이 유용한 그녀만의 새롭고도 변함없는 아이디어들이 있다.

타깃 고객을 겨냥하라

에스티 로더는 자신의 화장품을 대형 할인 매장 울워스Woolworth나 드러그스토어 월그린스Walgreens에서 판매할 생각도 없었고, 에이본처럼 방문 판매할 생각도 없었다. 그녀에게는 생각만 해도 끔찍한 방법이었다. 에스티와 메리 케이는 둘 다 마스카라를 판매하기는 했지만 에스티는 상류층을 공략할 계획이었다. 그녀는 플로리다의 팜비치 여행족과 장래의 게츠비와 같은 부유층을 공략할 심산이었다.

그녀의 자서전은 찰스 왕자Prince Charles와 로즈 케네디Rose Kennedy를 비롯해 완벽하게 격식을 갖춘 차림의 테런스 쿠크 추기경Terence Cardinal Cooke과 함께 찍은 사진들로 눈길을 끈다. 그녀가 함께 사진을 찍지 못해 후회되는 단 한 사람이라면 스콧 피츠제럴드의 부인인 젤다 피츠제럴드Zelda Fitzgerald가 아닐까. 지금 나는 에스티의 사회적 신분상승을 비웃으려는 속셈으로 이 모든 사람들을 언급한 것이 아니다. 사실 그녀의 사교술은 사업 성공의 핵심 전략이었다. 그녀는 미국 사회학자 C. 라이트 밀스C. Wright Mills의 표현을 빌린 이른바 '파워 엘리트들power elites' 사이에 자신을 위치시킬 때 그들 바로 아래층에 속한 사람들에게 보다 손쉽게 화장품을 판매할 수 있다는 사실을 알아냈다. 그리고 돈은 바로 그곳에 있었다. 에스티는 특권층의 인정을 얻는 방법으로 〈보그Vogue〉와 〈하퍼스 바자Harper's Bazaar〉의 독자층을 사로잡았다.

에스티는 이 모든 것을 실현하기 위해서 그야말로 오랜 시간 힘겨운 나날을 일해야 했다. 그녀에게 화장품 성분과 용기, 심지어 포장용 상자를 공급하던 납품업자들은 납기일에 맞춰 대금을 지불하는 CODcash on delivery 방식보다는 납기일 이전에 대금을 지불하는 CBD cash before delivery를 요구했다. 그녀는 밥 먹을 때보다 울 때가 더 많았고, 하루에 최소 50명의 얼굴을 두드려야 했다고 말했다. 갖고 있는 옷 중에 최고로 우아한 옷을 입고는(1930년대와 1940년대에는 별로 그럴만한 경제적 능력이 되지 못했다) 최고급 호텔을 들락거렸다. 롱아일랜드Long Island의 롱비치Long Beach에 있는 상류층 전용의 리도 호텔 Lido Hotel은 이탈리아의 리비에라Riviera 리조트를 본따 1929년에 바닷가 컨트리클럽으로 세워진 무어 양식Moorish-style의 건물이었다. 그후 50년이 지나 어린 시절에 할머니 할아버지와 함께 리도 호텔에 갔던 나는 그곳 로코코rococo 양식의 기둥과 둥근 아치형 천장에 감탄했던 사실을 기억한다.

호텔 전성기 시절에 에스티 로더는 리도 호텔 수영장 가에서 몇 주를 보내면서 아름다운 사람들에게 더 아름다워 보일 수 있는 화장술을 보여주었다. 상류층 손님에게 진지한 취급을 받으려면 그들과 같은 외모와 행동이 필요하다는 것을 그녀는 알고 있었다. 그것 말고 그들끼리 주고받는 기분 나쁜 NOKD(당신은 우리 부류가 아니군요not our kind, dear) 암호를 듣지 않을 다른 방법이 어디 있단 말인가. 에스티는 리도 호텔 수영장에서 상류층 사람들의 저택에 초대되었고, 그곳에서 결혼한 귀부인이나 여행을 즐기는 제트족 젊은이들에게 터키색상으로 눈매를 돋보이게 하는 법이나 입술을 도톰하게 연출하는 법을 알려주었다.

고객을 잡기 위한 이 모든 수고와 고생과 잦은 외출은 에스티와 조의 결혼 생활에 타격을 입혔다. 에스티로서는 고객의 초대를 거절할 수가 없었지만 남편 입장에서는 밤마다 차려입고 사업차 저녁 파티를 들락거리는 아내의 모습을 참을 수 없었다. 1939년 에스티는 마이애미로 떠난 여행에서 이혼 소송을 제기했다. 하지만 어린 레오나드를 돌봐야 하는 부모로서 두 사람에게 완전한 별거는 있을 수 없었다. 결국 부부는 1943년에 재결합했다. 그 후 1년이 지나 둘째 아들 로날드Ronald가 태어났다(그는 훗날 오스트리아 주재 미국 대사가 되었다).

에스티와 조는 결혼 생활이 느슨해지지 않게 하려면 서로 긴밀한 사업 파트너가 되어야 한다는 데 합의했다. 결국 부부는 에스티의 아버지에게 빌린 자금으로 센트럴파크 웨스트에 있다가 문을 닫은 레스토랑 건물에 에스티 로더 코스메틱스Estée Lauder Cosmetics 본사를 열었다. 그곳은 일반적인 사무실과는 다른 식으로 운영되었는데, 에스티와 조가 요리사 초년병처럼 가스버너에서 페이셜 크림을 휘젓거나 직접 살균 소독한 병에 연화제를 붓는 작업에 대부분의 시간을 쏟았기 때문이다. 다시금 견고해진 결혼 생활과 함께 에스티의 사업은 중대 전환기를 맞아들일 준비가 되어 있었다.

1930년대 전반에 에스티는 한 번에 고객 한두 명을 집중 공략하는 일에 몰두했다. 하지만 여자 혼자서 고객층을 꾸준히 늘려간다는 것은 어려운 일이었다. 대공황기와 마찬가지로 2차 세계대전이 많은 가족들의 호주머니 사정을 압박하는 와중에도 화장품 소비는 타격을 입기보다 오히려 전쟁 중에 25퍼센트 가까이 증가했다. 1941년에 미국 정부는 립스틱을 전시 필수품으로 지정했다.[10] 〈뉴욕타임스〉는 여성 공장 근로자들이 화장을 하고 일할 때 생산성이 높아진다는 효율성 전문가들의 주장을 지면에 싣기도 했다.[11] 어찌됐든 에스티로서는 다양한 고객층에 다가서야 했지만 그렇다고 브랜드를 훼손하거나 상류층 고객을 떨어져나가게 해서는 곤란했다. 조와 함께 오래된 레스토랑에서 버려진 주방기기들과 씨름하던 첫 해 동안 에스티는 5만 달러가량의 총이익을 올렸지만 그것은 지출비용을 충당하기에는 넉넉한 금액이 아니었다.

뉴욕 5번가에 위치한 목사관이나 월도프 아스토리아Waldorf-Astoria 호텔의 스파에서 벗어나 에스티가 갈 수 있었던 곳은 어디였을까? 대안은 무엇이었을까?

헬레나 루빈스타인과 엘리자베스 아덴은 직접 살롱을 열어서 자신들의 제품을 마음껏 밀어붙일 수 있었다. 하지만 에스티는 살롱 운영이 매우 손이 많이 갈 뿐 아니라 솜씨 좋고 충성스런 미용사들을 고용하려면 상당한 신뢰를 쌓아야 한다는 사실을 알고 있었다. 에스티의 회사는 이제 겨우 두 사람이 운영하는 기업이었고 인원 충원을 할 수 있을 만한 준비가 되어있지 않았다. 게다가 살롱 수익 마진은 턱없이 낮았다(오늘날에도 4퍼센트를 웃도는 수준이다). 물론 다른 경로가 존재하지 않는 것은 아니었다. 레블론의 찰스 레브슨Charles Revson 은 드러그스토어 판매대에서 화장품을 판매했다. 하지만 얼마나 품위 없는 일인가! 그런가 하면 에이본 여성들은 집집마다 초인종을 눌러댔는데 그건 더 끔찍한 일이었다! 에스티는 자신의 품격 높은 고객층에게 다가갈 새로운 경로를 모색했다.

그녀는 5번가의 세인트 패트릭스 성당St. Patrick's Cathedral 에서 얼마 떨어지지 않은 곳의 문을 두드리기 시작했다. 그것은 주교가 사는 관구(管區)의 문이 아니라 그 옆에 위치한 쇼핑의 대성당인 삭스 백화점의 문이었다. 에스티는 성공으로 가는 최고의 길은 삭스나 니만 마커스, 마셜 필즈Marshall Field's 와 같은 최고급 프리미엄 백화점이라는 결론을 내렸다. 애석하게도 이 콧대 높은 상점들의 관리자들은 그녀의 말에 귀 기울이지 않았다. 메이시스와 같은 중류층 상점들이었다면 훨씬 수월했겠지만 이미 타깃 고객층을 공략하려는 결심이 서 있던 상태였다. 삭스 백화점에 선반을 놓을 수만 있다면 삭스라는 이름은 부유층 고객들에게 자동적인 메시지를 전달할 것이었다. 그것은 바로 에스티 로더 화장품은 품질이 뛰어나고 신뢰할 수 있으며, 효과가 뛰어난데다가, '이 세상에 단 하나뿐입니다'라는 메시지 그 자체였다. 경제학자들은 이것을 '시그널링 signaling'이라고 부른다.[12]

그런 최고급 상점들의 고상하고 세련된 분위기를 알아보려면 미국 도시 역사상 그 어느 때보다 콧대 높고 우아함을 중시하던 시절로 돌아가야 한다. 그러니까 남자들이 스포츠재킷을 입지 않고는 5번가를 지나다닐 수 없었고 극장 좌석 뒤쪽에 모자걸이 고리가 있으며 부유한 여성들이 온종일 상점 한 곳에서 시간을 보내다가 그곳 카페에서 잠시 점심을 먹거나 차를 마시던 시절 말이다. 내가 어렸을 때 어머니는 나와 형제들을 5번가에 있던 B. 알트먼B. Altman 이라는 고급 상점으로 데려가 거기서 할머니를 만나곤 하셨다. 물론 나는 옷을 고르는 쇼핑은 질색이었지만 미국 남부 농장을 그대로 빼닮은 찰스턴 가든스Charleston Gardens 라는 카페에서 점심 먹는 일은 언제나 좋아했다. 그것은 《바람과 함께 사라지다》의 타라Tara 농장과 토마토 오이 샌드위치와의 만남과도 같았다.

에스티가 맨 처음 삭스 백화점 문을 두드렸을 때 그녀는 아무런 대답도 듣지 못했다. 두 번째 두드림이나 50번째 두드림에도 누구 한 사람 대꾸하지 않았다. 그러다 마침내 다른 사람들에게 불행한 일의 형태로 그녀에게 행운이 찾아들었다. 먼저 삭스 백화점의 보조 바이어가 자동차 사고로 피부에 상처를 입었다. 에스티는 그녀에게 크림 팩 치료제를 조제해주었고, 그 덕분에 여성의 피부는 한결 나아보였다. 다음에는 삭스 백화점 중역의 딸이 에스티의 주방 겸 사무실에 베일을 쓰고 나타났다. 그것은 이슬람교 여성이 착용하는 니카브가 아니라 여드름 피부가 창피해서 가려놓은 일종의 보호장치였다. 에스티의 치료제는 확실히 난장판이던 피부를 말끔히 치료해주었다.

상처 나고 여드름 난 피부가 몰라보게 깨끗해졌다는 이야기를 전

해들은 삭스 백화점의 화장품 바이어들은 에스티의 표현대로라면 100만 번째의 입점 요청을 받아들이면서 800달러어치의 제품을 주문했다. 주문량은 작았지만 에스티는 사람들이 보는 앞에서 주문량을 늘려가는 법을 고안해냈다. 그녀는 삭스 백화점을 설득해 백화점 외상 거래 고객과 자신의 원래 고객들에게 작은 카드를 보냈다. 우아한 금박 글씨가 새겨진 카드에는 "삭스 피프스 애비뉴는 에스티 로더 화장품 라인을 자랑스럽게 선보입니다. 이제 화장품 코너에서 만나보실 수 있습니다"라는 선전문구가 적혀 있었다. 에스티와 조는 수퍼 리치 올 퍼포즈 크림Super-Rich All Purpose Creme과 클렌징 오일Cleaning Oil, 크림 팩Creme Pack, 스킨 로션Skin Loting을 말 그대로 요리하면서 눈코 뜰 새 없이 일해야 했다.

여기서 잠시 에스티가 그 옛날 1946년에 신용카드 쇼핑객들의 위력을 간파할 정도로 예리했다는 점을 짚고 넘어가야겠다. 그것은 아메리칸 익스프레스American Express 카드가 최초의 고객들에게 카드를 발행하기 4년 전의 일이었고, 다이너스 클럽Diners Club이 한정 고객 200명에게 뉴욕 수십 곳의 지정 레스토랑에서 음식 값을 지불할 수 있도록 카드를 보내기 전의 일이었다. 비자Visa 카드의 전신인 뱅크아메리카드BankAmericard는 1958년이 되서야 세상에 모습을 드러냈다.

에스티는 삭스 백화점의 외상 거래 고객들에게는 충동 구매할 여윳돈이 있다는 사실을 직감했다. 그들은 립스틱, 로션, 아이라이너에 마음을 빼앗길 것이며 비용에 대해서는 한 달 후에 걱정해도 되는 사람들이었다. 신용판매가 확대될 경우 엄청난 IOU(단기차용증)가 쌓일지 모른다는 점을 걱정하던 메리 케이 애시에 비하면 에스티 로더는 미국 최고의 부유한 상점과 고객들에게 제품을 판매한다는 점에서 미국 신용판매 확대의 물결에 합류하는 데 훨씬 더 적극적이었다.

에스티가 보낸 작은 우편물 카드는 확실히 대단한 효과가 있었다. 삭스 백화점 물건은 이틀 만에 매진되었다. 삭스 백화점에서의 뜨거운 반응에 자신감을 얻은 에스티는 밖으로 발걸음을 돌려 캘리포니아 주의 아이 매그닌I. Magnin과 디트로이트의 하이멜호크스Himelhoch's, 샌안토니오의 프로스트 브라더스Frost Brothers 등지의 최고급 화장품 판매대와 거래를 체결했다. 그녀는 기차와 버스를 이용해 바삐 뛰어다니면서도 피로한 기색 없이 늘 최고의 우아함을 보여주었다. 그러면서 신문 사회란이나 쇼핑 정보란에 에스티 로더 화장품에 관한 한마디 언급이 실리기를 바라는 마음에 지역 잡지와 신문의 뷰티 에디터들을 만나기도 했다.

부자들도 공짜를 좋아한다

에스티는 1946년 삭스 백화점에서 제품을 판매하면서 소매업을 지속적으로 변화시킬 하나의 혁신 장치를 공개했는데, 그것은 바로 공짜 선물이었다. 오늘날에는 화장 안 한 창백한 얼굴의 여성이 노드스트롬Nordstrom 백화점으로 걸어 들어가면 〈보그〉지 화보 촬영을 해도 손색없을 화장을 하고 걸어 나올 수 있다.

생일파티에 간 아이들이 사탕이나 작은 장난감들로 채워진 선물 가방을 기대하듯이 자선 행사에 참석한 백만장자들도 휴대전화나 고급 크리스털 제품이 담긴 선물 가방을 기대하기 마련이다. 그런 물건들은 뜻하지 않은 선물이란 뜻에서 '횡재 물건'이라고 부른다. 오늘날 횡재 물건을 받는 사람들은 그 옛날 파라핀 종이에 조 삼촌의 페이셜 크림을 소량씩 짜내어 잠재 고객들에게 건네주는 방법으로 커리어를 시작했던 에스티 로더에게 고마워해야 할 것이다.

1946년 에스티는 로버트 피스크Robert Fiske 라는 삭스 백화점 바이어에게 파크 애비뉴에 있는 월도프 아스토리아 호텔Waldorf-Astoria Hotel에서 열리게 될 자선 만찬에 대해 이야기했다. 그녀가 쏟아놓은 말들은 바이어의 마음을 빼앗았고, 그와 함께 에스티는 립스틱 82개를 테이블에 놓을 선물로 기증했다. 립스틱은 금속 튜브 형태로 나왔는데 2차 세계대전이 끝난 당시에 금속은 무척이나 귀한 것이었고, 게다가 립스틱의 붉은 색조와 질감은 금속 튜브만큼이나 획기적인 것이었다. 에스티의 예상대로 그곳에 참석한 82명의 여성들은 각각 적어도 3개 조직에 소속된 회원들이어서 입소문이 퍼져나가기 시작했다. 피스크의 회고에 따르면 행사가 끝나자마자 여성들은 호텔 회전문을 통과해 곧장 50번가를 건너서는 삭스 백화점 안으로 들어가 더 많은 에스티 로더 제품을 구입했다.[13] 사교계 명사들과 곰보 자국 얼굴의 삭스 가족 일원들의 등살에 에스티의 제품을 넉넉하게 쌓아두는 일 말고는 피스크에게 달리 선택의 여지가 없었다.

에스티는 특히 니만 마커스 백화점에서 힘겨운 투쟁을 벌여야 했다. 댈러스 지점의 니만 마커스는 그녀가 뉴욕에서 성공했다는 사실에 별다른 감흥을 받지 않았다. 그곳은 센트럴 파크 웨스트가 아닌 와일드 웨스트였다. 그녀는 관리자 벤 아이스너Ben Eisner에게 전화하고 보채고 귀찮게 괴롭혔다. 그는 늘 거절할 구실을 만들어냈다. 연락할 때마다 늘 상황이 좋지 않은 날이나 주간이었고, 늘 상황이 좋지 않은 계절이었다. 게다가 한국 전쟁Korean War까지 일어난 참이었다. 그러다 결국 마지못해 정월 초하루 이튿날 아주 조그만 판매 공간을 내어주면서 에스티에게 말했다. "날씨가 참 덥군요. 게다가 여성들이라면 크리스마스에 돈을 몽땅 써버렸을 테고요. 그러니 기대는 마세요."

에스티는 즉시 계획을 세웠다. 그녀는 지방 라디오 방송국에 접촉해 1월 1일 아침 8시 15분에 방송되는 지역 여성 프로그램에 출연하는 데 성공했다. "저는 얼마 전 유럽에서 온 에스티 로더입니다." 그녀는 자신을 이렇게 소개하고는 미용에 관한 최신 정보들을 쏟아냈다. 그런 다음 매장으로 자신을 찾아오는 여성에게는 선물을 준다는 말을 살짝 흘렸다. "현재 파리와 런던의 최신 화장 기술을 그대로 재현하는 법을 일대일로 보여드리겠습니다." 여성들을 유혹하는 말도 잊지 않았다. 그리고 결국에는 앞으로 계속해서 전개시킬 참신하고도 시의적절한 슬로건을 만들어냈다. "새해를 새로운 얼굴로 출발하세요."[14]

어쩌면 에스티는 무료 샘플을 나눠줄 수밖에 없는 형편이었는지도 몰랐다. 적은 매출액을 놓고 볼 때 무료 샘플은 그녀의 회사가 감당할 수 있는 유일한 홍보 방법이었기 때문이다. 매디슨 애비뉴에 있던 광고 에이전시들은 그녀의 회사를 거절했다. 그런가 하면 레블론의 찰스 레브슨은 수천만 달러의 여유 자금이 있었고, 나중에는 〈6만 4,000달러 퀴즈쇼The $64,000 Question〉라는 게임 프로그램을 후원하기도 했다. 에스티와 조는 RCA 건물에서 텔레비전 중역들을 만나는 대신에 루즈와 아이섀도의 소량 샘플을 우편봉투에 채워 넣었다. 미국 전역에서 화장 시술과 구매 증정품을 받으려는 여성들이 에스티 로

더 판매대를 찾았다. 에스티 로더를 따라한답시고 질 나쁜 선물과 지난 해 출시된 지저분한 샘플을 마지못해 증정하던 일부 업체들과 달리, 에스티는 고객들이 최상의 그리고 최신의 샘플만을 받을 수 있게 했다.

댈러스에 사는 여성들에게 얼마 전 유럽에서 왔다고 말해버렸으니 이제는 런던과 파리의 최고급 상점으로도 판매망을 넓혀야겠다고 에스티는 결심했다. 하지만 이번에도 고위층 바이어들은 그녀를 무시했다. 그리고 이번에도 그녀는 약간의 매력과 엄청난 담력으로 그들을 밀어붙였다. 에스티는 해러즈 백화점Harrods의 깐깐한 구매담당자들을 설득하는 한편 콧대 높은 〈퀸Queen〉 잡지의 에디터를 만났다. "피부가 얼마나 상쾌하고 기분 좋은 느낌이 드는지 크림을 조금만 발라드도 될까요?" 에스티는 물었다.[15]

"안 그러셔도 되는데요." 그녀는 단번에 거절했다.

이번에는 파리의 유서 깊은 갤러리 라파예트Galeries Lafayette 상점으로 날아갔다. 그곳 바이어는 에스티의 수차례 거듭된 방문에도 그녀의 면담을 줄기차게 거절했다. 그리고 결국은 샤넬Chanel을 선택했다.

에스티는 갤러리 라파예트 사람들에게 자신의 담력을 보여주었다. 우리라면 감히 누구도 용기내지 못했을 일을 그녀는 해내고야 말았다! 그녀는 유스 듀Youth Dew 향수 배스오일을 백화점 바닥에 쏟는 '실수'를 저지르고는 달콤한 향수가 쇼핑객들을 사로잡는 광경을 지켜보았다. 그들은 그 향기를 마음에 들어 했다. 얼마 지나지 않아 프랑스 여성들은 상점 바닥에 뿌려진 향수에 발을 담그는 대신에 화장품 판매대에서 유스 듀를 구입할 수 있었다.

　오늘날 쇼핑몰에서 시나본Cinnabon 빵집 앞을 지나갈 때면 공기 중에 떠도는 군침 도는 계피 향을 들이마시곤 한다. 시나본이 존재하기 전에는 고집 센 바이어들을 설득했던 에스티 로더가 있었다.

혁신과 사회 경제의 상관관계

　에스티의 창작물인 유스 듀 배스오일은 매우 치밀한 혁신 제품이었고, 바닥에 향수를 쏟는다는 그녀의 아이디어보다도 훨씬 더 중요하고 값진 것이었다. 1950년대 초반에 에스티는 향수가 스킨케어 크림보다 더 큰 수익을 올릴 수 있다는 사실을 알게 됐다(향수 마진은 대략 정가의 80퍼센트다). 그러나 여성들은 스킨케어 제품만큼이나 향수와 코롱을 자주 구입하는 편이 아니었다. 사실 대다수 여성들에게 향수는 특별한 날에만 사용하는 선물용 제품이었고, 대부분의 여성들은 직접 향수를 구입할 생각을 하지 못했다. 그것은 자기애적인 과소비에 해당했다. 그래도 여성들은 자신이 구입하거나 사용하지도 않은 향수병을 자랑스레 화장실에 진열해놓곤 했다. 이미 여러 개를 갖고 있어도 남성이나 친구가 향수를 선물해주면 여성들은 매우 기뻐했다. 에스티는 어떻게 하면 향수 시장에 진입할 수 있을지, 다시 말해 제품을 이동시킬 수 있을지 궁금해했다. 답은 명칭을 바꾸는 것이었다. 그러니까 향수라고 부르지 않는 것이었다.

　1953년에 에스티와 직원들은 유스 듀라는 이름의 향수 배스오일을 개발하고 여성들을 초대해서는 아무런 죄책감도 25번째 결혼기념일까지 기다릴 필요도 없이 그들의 직접 구입을 유도했다. 포장에도 혁신적인 장치물을 추가했다. 금속줄이나 플라스틱을 여러 겹 둘러서 단단히 밀봉하기보다는 오히려 상점에 방문한 여성들이 손쉽게 마개를 돌려 향을 맡아볼 수 있게 했다. 에스티는 유스 듀를 통해 높은 수익 마진을 올리는 비밀을 발견했다. 귀 뒤쪽에 향수를 한번 분사하는 대신에 매일 욕조에 몇 방울의 유스 듀를 붓는 방식으로도 에스티는 높은 판매고를 올릴 수 있었다. 곧이어 니만 마커스와 같은 상점들은 에스티 로더 매장의 판매액이 10배 이상 뛰어오르는 광경을 목격했다.

'향수'라는 명칭을 쓰지 않는 방법으로 더 많은 향수를 판매할 수 있었던 에스티의 기발하고도 대담한 통찰력은 오늘날의 마케터들에게도 영감을 제공한다.

푸룬prune 주스를 생각해보라. 65세 이하의 미국인들은 어딘지 쓸쓸해 보이고 주름진 과일을 좋아하지 않았다. 그것은 주로 노인들이 가는 교회의 빙고의 밤이나 아코디언 연주자 로렌스 웰크Lawrence Welk의 텔레비전 쇼 재방송을 떠올렸다. 1990년대 후반에 캘리포니아 푸룬 협회California Prune Board는 미 식품의약국FDA을 상대로 푸룬 판매자들이 자신들의 과일을 '건자두'로 부를 수 있게 해달라고 청원했다. FDA는 오랜 시간 심사숙고하고 값비싼 리서치를 의뢰한 결과 마침내 푸룬을 '건자두'로 불러도 좋다고 선언했다. 이처럼 의외의 발견으로 캘리포니아 푸룬 협회는 캘리포니아 건자두 협회California Dried Plum Board로 협회명을 바꿨다. 2001년에 푸룬/건자두 출하량은 14퍼센트 뛰어오르면서 6년 만에 처음으로 판매 상승을 기록했다.[16] 구스베리gooseberry라는 과일 이름을 들어본 적이 있는가? 이제는 키위와 비슷한 과일로 알려져 '중국 구스베리Chinese gooseberry'라는 명칭을 갖고 있었을 때보다 더 많이 판매되고 있다. 실제로 냉전 중에는 '중국'이라는 명칭이 판매에 악영향을 미쳤다. 마찬가지로 오늘날에 '이란 피스타치오Iranian pistachio'를 판매하는 사람은 그리 많지 않다.[17]

레스토랑들은 예전부터 있었던 생선에 새로운 이름을 붙여 손님들의 입맛을 돋운다. 널리 대중적인 인기를 얻고 있는 칠레 농어Chilean sea bass는 원래 파타고니아 이빨고기Patagonian toothfish라는 이름을 갖고 있었다. 노부Nobu나 뒤카스Ducasse 같은 고급 레스토랑의 메뉴에 당당히 올라 파운드당 25달러로 판매되고 있는 고급 흑대구black cod는 한때 로어 이스트 사이드에서 검은고기sablefish라는 이름으로 어부들에게 천대받았던 까닭에 신데렐라 생선Cinderella fish이라고 불렸다.[18] 최근 나는 연하고 맛좋은 삶은 송아지 고기를 먹었는데 그것이 송아지 볼 부위라는 웨이터의 설명에 갑자기 물컹거리는 기분이 들더니 입속에서 송아지 얼굴이 인상을 찌푸리는 것 같았다.

물론 에스티가 고안해낸 유스 듀의 아이디어는 단순히 이름을 바꾸는 것 이상의 의미를 담고 있었다. 그녀는 성분과 사용량을 살짝 매만지는 방법으로 수익을 끌어올릴 수 있었다. 최근 하인즈Heinz는 아이들이 케첩을 뿌릴 때는 양을 듬뿍 쏟아내는 데 반해 부모들은 조심스레 양을 조절해 덜어낸다는 사실을 알게 됐다. 그리고 그것이 하나의 계기가 되어 손잡이에 힘을 가해 내용물을 짜낼 수 있는 용기가 유행하게 되었다. 아이들이 규칙을 정하면 수익은 올라가게 되어 있다.

어릴 때 봤던 하비스Harveys의 브리스톨 크림Bristol Cream 셰리주 텔레비전 광고가 기억난다. 광고에서 코맹맹이 소리를 내는 영국식 억양의 배우가 수영장 주변을 거닐면서 영국인들은 커다란 술잔으로 셰리주를 꿀꺽꿀꺽 들이키는데 미국인들은 너무 작은 잔에 마신다면서 한탄한다. 차라리 푸념하기보다는 미국인들에게 더 많이 마시도록 설득했더라면 좋았을 것이다. 마지막으로 샴푸 통을 집어 들고 지시사항을 읽어보기 바란다. '샴푸하세요. 헹구세요. 이것을 반복하세요'라고 적혀 있다. '반복하세요'라는 문구를 누가 생각해냈는지는 몰라도 그는 마케팅의 노벨상을 받을 만한 자격이 있다.

흰색 진주와 흰색 연미복, 그리고 힙합

타깃 고객층을 끌어들이려고 부단히 애써온 에스티 로더의 투쟁은 지금도 우리에게 가르침을 준다. 캐딜락Cadillac과 크라이슬러Chrysler는 힙합 인구를 상대로 값비싼 차종 모델들을 공략하고 있다. 캐딜락은 예로부터 아프리카계 미국인 가정들 사이에서 인기를 누렸지만 젊은이들과 힙합족 사이에서는 그다지 인기가 없었다. 그러다 캐딜락의 에스컬레이드Escalade 모델에 자극적인 화려함bling을 부각시키고 〈킹 오브 더 블링King of the Bling〉으로 불리는 미국프로농구협회National Basketball Association를 후원하면서 상황은 달라졌다. MTV의 자동차 개조 리얼리티 쇼 〈핌프 마이 라이드Pimp My Ride〉에서는 사회자가 캐딜락을 "자동차의 제왕"으로 명명하기도 했다.[19] 크라이슬러도 랩 세계를 선도하는 래퍼들의 인기에 편승하고 있다. 래퍼인 50센트50 Cent가 날렵한 벤틀리Bentley 자동차와 나란히 찍은 새로운 업그레이드판 크라이슬러 300C의 스파이포토spyphoto를 목격한 지 얼마 되지 않아 반짝이는 22인치 타이어 림을 두른 크라이슬러 300C가 래퍼의 뮤직비디오에 등장했다. 비디오에서 50센트의 20만 달러짜리 벤틀리 옆을 지나쳐 가는 크라이슬러의 가격은 약 3만 3,000달러이다.

　매년 워싱턴 DC에서 열리는 최고의 공식 사교 행사는 흰색 넥타이와 연미복으로 유명한 내셔널 심포니 볼National Symphony Ball이다. 다이아몬드와 진주로 한껏 치장한 상류층 인사들이 참석하는 이 행사는 매년 외국 대사가 주최한다. 이곳에서 나는 의원과 유명 인사들은 물론이고 프랑스의 레지옹도뇌르 훈장French Legion d'honneur이나 대영제국의 대십자훈장Cross of the Order of the British Empire을 달고 묵직한 중량감에 가쁜 숨을 몰아쉬는 고관들마저도 앞 다퉈 좋은 테이블을 차지하려는 광경이 펼쳐지기도 한다. 이토록 명예로운 손님들이 행사가 끝나 집으로 돌아갈 때면 어떤 일이 벌어질까? 옆쪽에 놓인 테이블로 우르르 몰려가 값비싼 초콜릿이며 향수며 앙증맞은 전자 기기 등이 담겨 있는 공짜 선물 가방을 낚아챈다. 행사 담당 직원들은 그러한 상류층 인사들이 여분의 가방을 더 챙겨가지는 않는지 눈에 불을 켜고 감시한다. 에스티는 과연 옳았다. 부자들도 공짜를 좋아한다.

당신의 표정은 어떻습니까?

미국 극작가 테렌스 맥널리Terrence McNally의 희곡인 〈마스터 클래스Master Class〉에서 마리아 칼라스Maria Callas 역을 맡은 여배우는 무대로 당당히 걸어 나가 거만한 태도로 사람은 누구나 "자신만의 표정이 있어야 한다"고 말한다. 그녀는 관중석의 첫 번째 열에서 관객 한 명을 뽑아 무대 위에서 그를 가리키고는 "당신에게는 표정이 없군요. 당신만의 표정을 가지세요"라고 호령한다. 프리마돈나인 칼라스처럼 로더는 자신의 기업이 하나의 표정을 갖고 있어야 하며, 그것이 샌안토니오든 도쿄든 그 어떤 지역의 매장에서도 일관된 메시지를 전달할 필요가 있다는 것을 알았다. 에스티는 그것을 화장품 용기에서 시작했다.

에스티는 다른 이들의 화장실을 기웃거리는 데 무척이나 많은 시간을 보냈다. 대개 그것은 훌륭한 미적 감각을 기준으로 선정된 사람들의 아름답게 꾸며진 화장실을 말했다. 그녀의 기웃거림은 곧 '시장 리서치'라고 할 수 있었다. 에스티는 다양한 화장실의 분위기와 꾸밈새를 조사해 자신의 화장품 용기의 표정을 결정했다.

리서치를 통해 에스티의 화장품 포장 용기는 훗날 '에스티 로더 블루'로 알려진 연한 터키색으로 결정되었다. 하지만 에스티는 다른 많은 경쟁업체들과는 달리 용기에서 끝나지 않았고, 에스티 로더의 모든 백화점 판매대가 반짝이는 연한 터키 색상의 스파와 같은 모습으로 꾸며지도록 했다. 뭔가에 쫓기는 다급한 심정의 쇼핑객이 미시간 애비뉴로 달려 나가 마셜 필즈 백화점에 들어선다고 해도 에스티 로

더 매장에 다다르면 어느새 마음의 안정을 되찾는 오아시스를 만날 수 있었다. 미국 전역에 새로운 매장이 열릴 때마다 에스티는 짐을 꾸려 그곳에서 1주일 동안 체류하면서 직원들을 훈련시키고 에스티 로더의 외관을 꼼꼼히 점검했다. 새로 고용한 여직원들 가운데는 전화 통화나 화장실 잡담을 더 좋아하는 철없는 직원들이 없는지 검사했다.

매장에서 시간이 남을 때면 에스티는 다른 매장 직원들과 친분을 쌓았다. 모자 매장에 진열된 진홍색 모자를 발견하면 판매 직원에게 이 상품을 구입하는 손님이 있으면 거기에 딱 어울리는 립스틱이 자신의 매장에 있으니 손님을 보내달라고 간곡히 부탁했다. 물론 그런 판매 여직원들에게는 선물과 샘플을 안겨주곤 했다. 에스티는 1층에 위치한 자신의 작은 매장에 백화점 전체가 관심을 쏟게 하는 방법이 무엇일지 궁리했다.

에스티는 마치 부동산 개발업자처럼 매장 위치에 대해 연구했다. 삭스 백화점이 매장을 내준다면 어느 위치를 선택할까? 앞쪽이 좋을까, 중앙이 좋을까, 아니면 뒤쪽이 좋을까? 화장실 근처는 어떨까? 에스티는 알고 싶었다. 그녀는 1주일 동안 삭스 백화점 바깥에 서서 백화점으로 들어가는 여성들을 뒤따라 추적했다. 이미 화장실을 기웃거려 보고 손님들에게 향수 뿌려주는 일도 해보았으니 스토커가 되는 일은 어렵지 않았다. 추적 결과 여성들의 90퍼센트가 백화점으로 들어와 오른편으로 방향을 튼다는 사실을 발견했다. 그 후로는 상점 측과 상의해 출입구의 오른편에 매장 위치를 잡았다.

1950년대 후반이 되자 에스티 로더는 100만 달러가 넘는 판매고로 호황을 누렸다. 당시 업계의 선배격인 헬레나 루빈스타인과 엘리자베스 아덴은 화학 대기업의 수중으로 들어가려던 참이었다. 에스티는 여전히 작은 규모였지만 레블론의 찰스 레브슨은 그녀를 깎아내리거나 모방하기도 했고 심지어 본윗 텔러Bonwit Teller 백화점에서는 매장을 빼라고 엄포를 놓기도 했다. 에스티는 레브슨을 가리켜 자신의 창작물을 해체하거나 모방할 수 있는 '원자흡수분광기'를 갖고 있는 사람이라고 했다. 하지만 문제될 것은 없었다. 원자 폭탄이라도 에스티가 그녀만의 우아함과 통찰력의 명성을 계속해서 키워나가는 것을 멈춰 세울 수는 없었다.

그 후 세월이 흘러 세상에 나온 클리니크Clinique와 같은 혁신 브랜드는 지금까지도 저자극성 화장품으로 알려진 블록버스터 라인으로 각광받고 있다. 에스티는 이때도 하나의 '표정'을 강조했다. 과학적인 분위기를 갖춘 클리니크에서는 연구소 가운을 걸친 판매 여직원들이 가느다란 펜라이트를 들고 고객들의 피부를 유심히 살펴본다. 1964년에는 터키의 최음제 이름을 본따 아라미스Aramis라는 이름으로 남성들을 겨냥한 최초의 스킨 제품을 출시했다. 당시 남성들이 알고 있던 스킨케어 팁은 거의 전무하다고 해도 과언이 아니었다. 오늘날 남성용 제품은 가장 빠르게 성장하는 화장품 영역이며, 쿼터백 스타 선수들은 스포츠카 광고와 함께 모이스처라이저 광고에도 모습을 드러내고 있다. 오늘날 〈맥심maxim〉과 같은 젊고 박력 넘치는 잡지들은 코롱이나 로션을 선전하는 광고들로 가득하다. 에스티 로더와 아라미스는 이미 40년 전에 그것을 예견했다.

1970년대 중반에 이르러 에스티는 회사의 주도권을 내어놓고 아들

레오나드에게 정권을 일임하고는 오늘날 아베다Aveda와 범블 앤드 범블Bumble & Bumble, 디디Diddy라는 래퍼의 이름을 딴 숀 존Sean John과 같은 브랜드를 소유한 수십억 달러의 파워하우스를 이끌게 했다. 에스티였다면 잠시 놀라 주춤거렸을지 모르지만 그녀의 아들 레오나드 로더는 어머니의 브랜드를 시대에 맞춰 재조정할 필요성을 느꼈다.

"어머니는 늘 어떤 제품이든지 집어 들고는 '이 물건을 윈저 공작 부인에게 선물할 수 있겠니?'라고 말씀하셨습니다. 물론 좋은 말씀입니다. 하지만 윈저 공작부인은 더 이상 이 세상 분이 아닙니다."[20]

에스티 로더는 10대 때 이미 자신이 인생에서 원하는 것을 알고 있다고 확신했다. 그것은 자신의 이름을 빛내는 일이었다. 잠시 배우 일을 한 적도 있었지만 에스티는 화장품 용기와 수천 개 대형광고판에 수십 가지 언어로 자신의 이름을 남겼다. 에스티 로더는 100년에 가까운 세월을 살면서 이루지 못한 일이 없었다. 그녀는 대단히 총명했고, 놀라우리만치 확고한 결단력과 발 빠른 실행력을 갖춘 여성이었다. 한번은 나이가 들어 거울을 들여다보던 에스티가 자신이 쓰고 있던 루비와 다이아몬드 장식의 티아라(작은 왕관 장식)가 터키 색 드레스와 어울리지 않는다는 사실을 깨닫고는 즉시 금과 다이아몬드 장식의 왕관으로 바꿔 썼다. "이제 아시겠죠." 그녀는 〈뉴욕타임스〉 기자에게 말했다. "외모를 가꿔줄 무언가는 반드시 필요하답니다."[21] 이제는 수백만 명이 에스티 로더 화장품으로 외모를 가꾸고 있다.

5

텔레비전 하나로 전 세계인의
삶을 바꾼 승부사
데이비드 사노프

RCA
Radio Corporation of America

David Sarnoff (1891~1971)

"'최초의' 이익보다는 '최고의 이익'에 승부를 걸어라!"

DAVID SARNOFF

데이비드 사노프David Sarnoff는 가난한 유대교 수도사로 삶의 첫 발을 내딛었다. 그의 가족은 푸른 눈의 조숙한 사내아이를 다섯 살 때 어느 러시아 유대인 마을로 보냈다. 그곳은 아주 멀고 외져 러시아 코사크 병사들조차 번거롭게 찾아가 인가를 불태우는 일이 없었다. 4년 동안 사내아이는 성경을 읽고 선지자들을 공부하고 탈무드 명언을 탐독하면서 긴 하루를 보냈다. 그는 뛰어 놀지도 않았고 친구도 없었다. 유대교 랍비였던 그의 종조부는 매주 아람어aramic language와 히브리어로 탈무드 수천 구절을 암송하는 시험을 보게 했다. 때는 1896년이었고, 벨Bell이 전화선을 개발하고 에디슨Edison이 전기를 일으키고 라이트Wright라는 이름의 두 자전거 제조업자가 하늘을 비행할 계획을 세운 해였다. 하지만 이 모든 사실을 알고 있었다 해도 그에게 1896년은 1096년과 조금도 다를 것이 없었다.

하지만 타의에 의해 은둔자 신세가 되어 고대 문헌과 풍습의 엄격한 수호자 노릇을 해야 했던 그는 누가 뭐래도 현대의 시청각 세계로 사람들을 안내하는 데 누구보다 많은 공을 세운 인물이었다. 어린 사내 아이 눈에 들어온 사람들이라고 해봤자 수백 명 정도가 고작이었을 텐데 그런 그가 실로 엄청난 군중을 즐겁게 해줄 방법을 가르쳐준 것이다. 그는 라디오와 텔레비전, 거실의 '살아 있는 컬러'가 확산될 것을 예견하고 그것을 가속화한 인물이었다.

많은 사람들이 요즘 CEO들은 4분기 보고서와 단기 수익에만 골몰한다고 비난한다. 데이비드 사노프는 우리에게 몇 년 너머를 내다보고 거침없이 일하라고 가르친다. RCA의 CEO는 직접 소매를 걷어붙이고 용감무쌍한 과학자들과 함께 땀을 흘리면서 그들이 '유레카!'를 외칠 때까지 한사코 그 곁을 떠나지 않았다. 그는 예측불허의 경쟁업체들을 비롯해 적대적인 정부 변호사들과 의심 많은 소비자들을 다루는 법을 터득했다. 그는 목표를 향해 맹렬히 돌진하면서도 차분히 앉아 사색하고 메모를 기록하는 습관의 소중함을 알고 있었다. 요즘에는 온갖 모임에서 만찬으로, 기금행사에서 오픈식으로 정신없이 발걸음을 옮기느라 정작 사무실에 앉아 사색할 시간은 뒷전인 CEO들이 얼마나 많은가? 어쩌면 그들은 자신들의 뇌신경에서 단 하나의 스파크도 일으키지 못할까봐 노심초사하고 있는지 모른다.

데이비드 사노프는 이 책에 소개된 위대한 CEO들의 모든 덕목과 결함을 두루 갖춘 인물이었다. 그는 기막힐 정도로 총명했고, 지독하리만치 오만했으며, 이기주의자인 동시에 애국자였고, 믿음직한 동지였지만 전투에서는 잔혹했으며, 승자가 되어서는 너그러웠다. 미국의 음악가 형제 조지 거쉰과 아이라 거쉰George and Ira Gershwin은 "사람들은 록펠러 센터를 비웃었지만 이제는 줄을 서서 들어간다"는 노랫말을 만들었다.[1] 30록펠러 센터(록펠러 센터의 주소로 줄여서 30록이라고도 한다)에 위치한 RCA 건물의 꼭대기 층에서 데이비드 사노프는 대서양 너머로 어린 시절 두고 온 옛 고국을 응시하다가 맨해튼 다운타운을 내려다보고는 자유의 여신상Statue of Liberty으로 눈길을 돌렸을 것이다. 그는 RCA 건물의 70층 너머로, 경이로운 가능성으로 올라선 인물이었다.

작은 소년의 성공신화

데이비드는 맨주먹으로 시작했다. 그래도 에스티 로더는 오래전 행방이 묘연해진 가문의 보석에 대해 추억할 수 있었고, 어린 지아니니는 아버지 과일을 내다팔 수 있었고, 아키오 모리타는 어린 왕자처럼 귀하게 성장했다. 하지만 데이비드 사노프는 달랐다.

그는 유럽 동부의 민스크Minsk 지역(지금은 벨라루스에 있다) 지도에서도 보일까 말까한 유즐리안Uzlian이라는 아주 조그만 마을에서 일거리도, 페인트 재료도 구할 수 없는 무기력한 주택 페인트공의 아들로 태어났다. 유즐리안은 가난하고 우중충하며 고요했다. 기차도 서지 않았다. 들리는 소리라고는 쓰러져가는 판잣집을 스쳐 지나는 거친 바람소리뿐이었다. 그의 어머니 레아Leah는 남편 에이브러햄Abraham보다 야무진 여성이었다. 사물을 꿰뚫는 듯한 푸른 눈에 삐삐 마른 아들이 독서와 논리력에서 남다른 재능을 보이자 어머니는 아이를 탈무드 훈련소로 보냈다. 데이비드는 부모 형제로부터 수백 킬로미터 떨어진 곳에서 4년 동안 생활했고, 그 역시 "유년기로부터 완벽하게 차단된 삶"이었다고 회고했다.[2] 만약 아동 심리학자가 이것을 목격했다면 당장 복지부로 전화를 걸어 그토록 외롭고 폐쇄적인 아동기를 보내면 어린이 정신 건강에 돌이킬 수 없는 상처를 입힌다고 경고했을 것이다. 어찌됐건 데이비드 사노프는 그 시간들을 용케 버텨냈다. 그는 날마다 종교 구절을 암송하는 훈련으로 자제력을 길렀다고 설명하면서도 '4년 동안의 선지자 체험'이면 충분하다고 생각했다. 안 그래도 그는 자신의 예지력을 세상에 전파할 사람이었다.

데이비드가 유즐리안을 떠나 종조부와 기거하던 무렵에 그의 아버지 에이브러햄은 세파에 찌들어 러시아에서 뉴욕으로 도피하던 영혼들 틈에 합류했다. 그렇다고 가족을 등지고 떠난 것은 아니었다. 미국에서 돈을 벌어 고국으로 돌아와 황금 길이 깔린 안전한 곳으로 가족들을 데리고 갈 생각이었다. 사노프 가족에게는 그 어떤 길도 고향의 흙먼지 길보다는 나았다. 하지만 뉴욕 로어 이스트 사이드의 눅눅하고 비좁은 아파트에 살던 에이브러햄의 삶은 힘겹고 위태로웠다. 다닥다닥 붙어 있던 지저분한 동네에는 결핵과 폐렴이 급속도로 퍼져나갔다. 에이브러햄은 페인트 칠과 벽지 도배, 폐품 수집으로 근근이 버텨나갔다. 질병과 육체노동으로 영양실조에 걸린 몸을 4년 동안 혹사시키고 나자 마침내 144달러라는 돈을 모을 수 있었다. 그 돈이면 아내 레아와 맏아들 데이비드를 비롯한 어린 두 자녀를 러시아의 가난으로부터 미국의 가난으로 옮겨놓을 수 있었다. 미국이라면 적어도 자유로울 수 있었다. 아메리칸 드림은 그저 환상에 불과한 것일까? 여기저기 쑤시고 기진맥진하고 병든 몸으로 아파트에 앉아있던 에이브러햄으로서는 알 수 없는 노릇이었다. 그래도 아이들에게는 또 다른 삶이 있음을 입증해줄 기회를 주기 위해 힘겨운 노동을 계속했다.

때는 1900년이었다. 랍비는 잠자던 아홉 살짜리 데이비드를 깨웠다. 아이는 잠에서 깨자마자 이디시어와 아람어, 히브리어로 혼합된 구절을 막힘없이 쏟아내길 바라면서 아침 기도문을 읊어야 했다. 하지만 그날 아침은 다른 날과는 달랐다. 랍비는 데이비드에게 4년이 지났으니 어머니를 다시 보게 될 것이라고 말했다. 4년이라! 그것은 아이가 살아온 인생의 절반에 가까운 시간이었다. 다섯 살 이후로 보지 못한 어머니의 오랜 흑백사진이 그가 가진 전부였으니 어머니에 대한 그의 기억이 과연 믿을만한 것이었을까?

마침내 유즐리안에 도착한 데이비드는 어머니와 상봉했다. 두 사람은 기쁨에 겨워 얼싸안았다. 그의 기억에 어머니는 갈색 머리에 풍성한 입술과 크고 둥근 눈매에 양 미간이 넓은 얼굴의 여성이었다. 그의 기억은 조금도 틀리지 않았다. 훗날 동료들은 그의 세심한 기억력에 혀를 내둘렀다. 어머니 레아는 데이비드에게 가족 모두가 러시아를 떠나 미국으로 갈 것이라고 말했다. 프린스턴에 있는 사노프 도서관Sarnoff Library에는 러시아를 떠나기 전 두 모자가 찍은 사진이 걸려 있다.[3] 의자에 앉아 있는 어머니 레아에게 데이비드가 작은 팔을 두르고 어머니의 넓은 어깨에 턱을 얹고 찍은 사진이다. 그는 두 번 다시 어머니 곁을 떠나지 않았다.

레아와 아들들에게는 고향에서 챙길 것도 그곳에 남겨둘 것도 별로 없었다. 그들은 먼저 민스크로 가는 마차에 올라탔다. 데이비드는 민스크에 가본 적도 이층이 넘는 건물을 본 적도 없었다. 그는 시내 전차와 마을 광장을 넋을 놓고 바라보았다. 어쩌면 그곳에 머물러도 좋았을 것이다. 이것이 바로 문명이 아니겠는가? 미국이란 나라는 과연 얼마나 더 현대적일까? 그러다 느닷없이 요란한 소리가 들려왔다. 땅이 요동치고 흙먼지가 날리기 시작했다. 한가롭게 길을 걷던 사람들이 갑자기 우왕좌왕하더니 크고 무시무시한 무리들로 변했다. 데이비드와 어린 형제들은 어머니를 꽉 붙들었다. 비명 소리가 들렸다. 레아와 아이들은 안전한 구석을 찾아 담벼락에 붙어 섰고, 무리들은 행동이 굼뜬 소작인들을 무참히 짓밟고 지나갔다. 러시아 황제의 잔혹한 코사크 기병대들이 나타났다. 말 탄 호위병들이 채찍을 꺼내 휘둘러댔고 소작인들은 정치 시위에 가담했다. 말들이 앞다리를 구르며 사납게 뛰어다녔고 기병대들은 그 위에서 칼을 휘둘렀다. 화가 칸딘스키Kandinsky는 빨간 모자를 쓴 코사크들이 창검을 휘두르고 까마귀들이 시체 위로 달려드는 광경을 화폭에 추상적으로 담아 당시의 숨 가쁘고 처참한 광경을 불후의 명작으로 남겨놓았다.[4]

레아는 아이들을 지킬 수 있는 여성이었다. 그들은 발틱BalticTa 해의 리바우Libau 항으로 갔다가 북해와 영국 해협을 건너 리버풀로 향하는 300마일 거리의 험난한 여정에 올랐다. 그 가운데 레아는 맏아들이 그동안 불굴의 정신을 길러온 사실을 알게 됐다. 4년 동안의 수행을 마치고 돌아온 데이비드는 아이들과 노는 법은 몰랐어도 말싸움과 몸싸움하는 법은 알고 있었다. 그는 훗날 리버풀에서 기선에 오르던 이야기를 종종 들려주었다. 그의 어머니는 대서양을 횡단하는 고된 여정 동안에 아이들을 먹여 살릴 유대교 음식 한 꾸러미를 챙겼다. 데이비드는 갑판 위에서 어머니의 짐이 다른 짐들과 함께 짐칸에 던져지는 광경을 지켜보았다. 그렇게 꽁꽁 처박힌 물건을 다시 어떻게 꺼낸다는 말인가? 짐을 못 찾는다면 굶어죽기 십상이 아닌가? 그렇다면 달리 방법이 없었다. 데이비드는 자신들의 소중한 짐이 구석에 내동댕이쳐지는 광경을 목격하고는 건장한 하역인부를 밀치고 짐을 좇아 선실보다 몇 미터 아래인 짐칸으로 몸을 날렸다. 이를 지켜본 선원 한 명이 소년을 향해 아래로 밧줄을 던졌다. 어머니의 짐을 움켜잡은 데이비드가 짐 더미에서 모습을 드러내자 선원이 외쳤다. "자네 정도면 미국에서도 거뜬히 살아남겠군."[5]

그가 건져낸 음식 상자는 캐나다 몬트리올로 가는 지루하고 냄새 나는 대서양 횡단 길에서 가족의 목숨을 건사했다. 그들은 미국 올버니albany로 가는 기차에 올라탔다가 다시 허드슨 강을 따라 내려가는 배편으로 맨해튼 남부에 도착했다. 데이비드는 러시아를 돌아보지 않았다. 이제 그에게는 어머니 레아가 있었고, 더 이상 옛 조국을 '어머니 러시아'로 추억하고 싶지 않았다. 황제의 통치를 받다가 훗날 공산주의 체제로 들어가 황제에게서 잔인하게 등을 돌린 러시아를 혐오했다. 그는 어느덧 의기양양하고 냉담한 전사가 되어 있었고, 자신을 '러시아계 미국인'으로 부르는 전기 작가들에게는 날카롭게 신경을 곤두세웠다. 유즐리안을 떠난 지 한 달 만인 1900년 7월 2일에 뉴욕에 도착한 데이비드의 마음은 벌써 7월 4일 독립기념일처럼 부풀었다. 그는 일생동안 강한 애국심을 당당히 드러냈다. 미국 대중음악에 공헌한 조지 M. 코언George M. Cohan도, 런던에서 태어나 미국 코미디계의 전설로 우뚝 선 밥 호프Bob Hope도 그를 당해낼 순 없었다. 그는 어른이 되어 미군 군복을 입고는 조지 워싱턴과 싸워 이기기라도 한 듯 당당하게 가슴을 내밀었다.

레아와 아이들은 증기선에서 맨해튼 항구로 발을 내딛었다. 에이브러햄을 찾아보았지만 그는 그곳에 없었다. 그들은 부두 여기저기를 헤매며 그를 찾아다녔다. 상상할 수도 없을 만큼 거대하고 혼잡스런 도시에서 당황해 길 잃은 신세가 되고 만 그들은 7월 무더위에 200만 명 인파가 잘 살아보겠다고 어떻게든 다음 끼니만이라도 때워보겠다고 서로 밀치고 부대끼며 아우성치는 속에서 땀으로 뒤범벅이 되어 헤매었다. 어머니와 아이들은 하루 온종일 아버지를 찾아다녔다. 무지막지하고 인정 사정 없는 도시의 고층건물들 너머로 해가 뉘엿뉘엿 질 무렵 한 기선 직원이 에이브러햄을 찾았다고 알려줬다. 그는 엉뚱한 부둣가에서 가족을 기다리고 있었다. 레아가 남편을 봤을 때 그의 몰골은 마치 수십 년 동안 가족을 기다려온 듯한 모습이었다. 늙고 등이 굽고 수척해진 에이브러햄에게는 가족들에게 미국의 새 보금자리인 4층짜리 아파트 벽돌 건물을 보여줄 기력밖에는 없었다. 아파트 복도에는 악취 나는 여름 무더위 속에서 자유를 갈망하며 꾸역꾸역 모여든 사람들이 다함께 사용할 단 하나의 공용 화장실밖에는 없었다.

데이비드에게 그곳은 슬라브인과 아일랜드인, 이탈리아인의 알아들을 수 없는 목소리들이 한데 뒤섞여 불협화음을 이루는 '빈민가의 소용돌이'였다. 하지만 그곳은 천국이기도 했다. 소년들은 거리에서 야구와 비슷한 스틱볼 놀이를 했고 하루종일 장난칠 궁리를 하면서 신나게 뛰어놀았다. 그로부터 그리 멀지 않은 때에 맨해튼에서 성장기를 보낸 나의 할아버지는 겨울철이면 또래 사내아이들과 함께 석탄을 실은 마차에 뛰어올라 주인 몰래 자루에 석탄을 옮겨 담고는 맨해튼을 누비며 쫓겨 다니던 무용담을 갖고 집으로 돌아오던 이야기를 들려주셨다. 잠들지 않는 도시는 마침내 데이비드 사노프에게 어린 아이의 심성을 일깨웠다. 하지만 가족의 궁핍함은 또한 그에게 사나이의 심성을 흔들어 깨웠다. 아버지는 고된 노동을 하기에는 너무나도 수척했고, 어머니는 어린 동생들을 돌보면서 아파트에서 얻은 바느질감으로 몇 푼을 벌어들이느라 눈코 뜰 새 없이 바빴다.

이제는 데이비드가 일할 차례였다. 하지만 아홉 살짜리 소년이 무슨 일을 할 수 있단 말인가? 약삭빠르고 집중력 좋고 성실한 것 외에 그는 무엇을 갖고 있었을까? 그는 민첩한 발과 그보다 더 빠른 입을 갖고 있었다. 그리고 다른 웬만한 아홉 살짜리 악동들은 거뜬히 물리치고 남을 의지력도 있었다. 데이비드는 이스트 브로드웨이 철도역으로 달려가 방금 나온 따끈따끈한 이디시어판 신문 한 꾸러미를 받아오곤 했다. 그러고는 다른 소년들이 따라잡기 전에 동네를 부지런히 뛰어다니며 신문을 돌렸고, 50부가 팔릴 때마다 25센트를 벌었다. 그런 다음에는 신문배달업을 확장하기로 마음먹고 조간신문 묶음을 실어다주는 새벽 4시 기차에 맞춰 기상하는 훈련을 했다. 이번에도 데이비드는 철도역으로 달려갔다가 온 동네를 뛰어다녔고, 더 많은 구역을 돌기 위해 좁다란 지붕 위를 기어오르기도 했다. 영화 〈애니 홀Annie Hall〉에서 우디 앨런Woody Allen은 코니아일랜드 놀이공원에 있는 사이클론 롤러코스터의 아래쪽에 지어진 아파트에서 어린 시절을 보냈는데, 놀이차가 덜컹거리며 지나갈 때마다 지진이라도 난 듯 아파트를 흔들어댄다. 데이비드 사노프의 집은 그보다는 조금 덜 코믹했지만 아파트의 흔들거림은 막상막하였다. 하지만 아홉 살 아이는 오전 4시에 도착하는 기차의 전율을 자신의 자명종으로 삼는 방법을 터득했다.

데이비드는 이디시어판 신문 배달일을 하지 않을 때면 영어를 배우면서 또래 남학생들의 험한 욕지거리 대신에 풍부한 단어 실력을 쌓아나갔다. 저녁에는 교육연합Educational Alliance 단체에서 제공하는 야간수업을 들었는데 그곳은 새로 온 이민자들에게 수업과 병원 치료, 캠프, 체육관, 일자리 등을 제공해주는 일종의 사회복지관이었다. 원래 교육연합은 유대인들 위주의 기관이었지만 오늘날에는 모든 사람들에게 사회복지 서비스를 제공하고 있다. 교육연합은 사노프 말고도 화가인 마크 로스코Mark Rothko 와 가수 제로 모스텔Zero Mostel , 토크쇼의 대가 래리 킹Larry King 의 사회 진출을 돕기도 했다. 아서 머레이 통신 댄스 학교Arthur Murray Correspondence School of Dancing 는 시내 제빵업자 아들이던 머레이가 교육연합의 사교댄스 교습을 받은 후에 시작된 것이다. 데이비드는 연기나 예술, 춤에는 그다지 관심이 없었지만 외국 억양 없이 구사하는 완벽한 영어 말하기에는 열심이었다. 그는 도서관에 눌러앉아 링컨Abraham Lincoln 에 관한 책을 읽었고, 공식 토론에 참가해 필리핀 독립을 옹호하는 주장을 펼치기도 했다. 그는 영어를 배우면서 독립심을 발견했다.

하지만 히브리어 수업도 빠지지 않았다. 주말이면 유대교회당 성가대에서 찬송곡을 부르고 약간의 돈을 벌었다. 그가 8학년이 됐을 때 아버지의 건강은 몹시 악화되었고 이제는 자신이 가족을 부양해야 한다는 사실을 깨달았다. 기차역으로 달려가 계단을 급히 오르내리는 것만으로는 부족했다. 이제는 자신만의 신문가판대가 필요했다. 그러려면 200달러가 필요했는데 그것은 그때까지 저축해둔 액수보다 많은 금액이었다. 결국 돈은 마련되었지만 데이비드는 어른이 되서도 정확한 돈의 출처는 알 수 없었다. 가족들 말에 따르면 어느 이름 모를 기부자가 준 돈이라고 했는데 원래 교육연합이라는 곳이 다수의 무명 기부자들에게서 후원을 얻는다는 사실을 감안한다면 그리 터무니없는 말은 아니었다. 어찌됐건 디킨스Dickens의 《위대한 유산Great Expectations》에서 막대한 유산을 물려받은 핍Pip처럼 열네 살짜리 데이비드는 빈민가에서 차츰 벗어났다. 그의 가족이 맨 처음 정착한 곳은 우범지대로 유명한 헬스 키친Hell's Kitchen이라는 웨스트 30번가 구역이었고, 그곳은 부유한 어퍼 이스트 사이드에서 한참 떨어진 곳이었다. 헬스 키친이라는 별칭은 짐작컨대 1800년대 후반에 나온 표현이었다. 당시 풋내기 경찰 한 명이 멀찍이서 폭동을 지켜보다가 "지옥이 따로 없군"이라고 말하자 네덜란드인 경찰 프레드Fred가 "지옥이라고 하면 약하지. 이곳은 지옥의 주방hell's kitchen이라네"라고 받아친 데서 유래했다.[6]

하지만 신문가판대만으로도 가족을 먹여 살리기에 충분한 돈을 벌어들이지는 못했다. 영어 실력이 출중했던 데이비드는 단순 판매 일을 그만두고 신문 기사를 써보기로 결심했다. 그는 이디시 신문을 제쳐두고 갖고 있던 옷 가운데 가장 좋은 옷인 단벌 양복을 입고는 곧장 유명한 뉴욕헤럴드New York Herald 신문사로 향했다. 하지만 실수로 엉뚱한 문을 두드렸고 그 단 한 번의 실수가 그의 인생에서 최고 행운이 되고 말았다. 데이비드는 헤럴드 신문사 문을 두드리는 대신에 대서양 횡단 케이블 통행을 관리하는 커머셜 케이블 사Commercial Ca-ble Company의 사무실로 들어갔다.

"헤럴드 신문사에서 일하고 싶습니다." 데이비드가 말하자 "사무실을 잘못 찾아왔군요"라는 대답이 돌아왔다. 하지만 커머셜 케이블 사는 급한 대로 데이비드를 급사로 고용했고, 주당 5달러와 근무 외 수당으로 시간당 10센트를 주기로 했다. 사무실을 제대로 찾아오지도 못한 그에게 뉴욕 곳곳에 기밀 메시지를 전달하는 일을 맡긴 것이다!

데이비드는 양복을 말끔히 차려입고 손에 전보를 들고는 자전거로 맨해튼을 돌아다니기 시작했다. 그는 전보 배달 일을 하는 틈틈이 라흐마니노프의 피아노 연주 솜씨 못지않은 손놀림으로 전보 키를 두드리는 전보 교환수들을 바라보면서 감탄사를 연발했다. 전보 키의 찰칵거리는 소리는 데이비드에게 음악이나 다름없었고, 그것은 헤럴드 신문사의 찰칵거리는 타자기 소리보다 훨씬 더 매혹적이었다. 데이비드는 교환수 본부석에 앉아 대서양을 횡단하는 메시지를 만들어내는 새로운 언어를 혼자서 습득해나갔다. 그는 뭐든 빨리 배웠고 얼마 지나지 않아 수신 교환수들이 알아볼 수 있는 특정 수신 방식을 만들어냈다. 사노프는 일생동안 심지어 우주선과 레이더의 시대에도 책상 곁에 늘 전보 키를 놓아두었다.

커머셜 케이블 사에서 일하고 있던 데이비드에게 행운이 될 또 다른 불행의 순간이 찾아왔다. 유대교 대제일에 맞춰 3일 동안 무급휴가를 신청했다는 이유로 회사에서 해고당한 것이다. 그런 조치로 보면 반유대 정책을 펼치는 기업으로 의심해볼만 하지만 당시는 인권

소송의 시대와는 거리가 멀었다. 그즈음 마르코니 무선전신 회사Mar-coni Wireless Telegraph Company에 결원이 생겼다는 소식이 들려왔다.

굴리엘모 마르코니Guglielmo Marconi! 데이비드와 같은 전보 애호가에게 그것은 알렉산더 그레이엄 벨Alexander Graham Bell이 전화 응대를 직업으로 삼는다거나 야구의 전설 타이 콥Ty Cobb이 공을 던지고 받는 연습을 하는 일자리를 얻는 것과도 같았다. 마르코니는 연kite으로 지탱되는 120미터 남짓 높이의 안테나를 설치해 영국에서 캐나다 뉴펀들랜드Newfoundland로 무선 메시지를 전달한 인물이었다. 이번에도 데이비드는 양복을 차려입고 마르코니 회사 문을 두드리면서 '남성 신입 교환수'를 고용하는지 물었다. 하지만 회사는 그에게 직원 일자리 대신에 바닥을 쓸고 배달 일을 하는 사환 일자리를 제시했다. 그는 10퍼센트 봉급 인상과 함께 일자리를 수락했다.

그 후 1906년 12월, 데이비드가 15살이었을 때 무선에 관한 한 라흐마니노프이자 벨이며 타이 콥인 남성이 망토와 모자를 쓰고 맨해튼 사무실에 모습을 드러냈다. 잔뜩 멋을 부린 낯선 남자가 누구냐고 데이비드가 묻자 나이 든 한 교환수는 "번개를 만들어내는 사람"이라고 대답했다.[7] 그는 마르코니였다. 이제는 데이비드의 두뇌가 아닌 배짱이 시험대에 오를 차례였다. 신처럼 막강한 존재 앞에서 자신을 당당히 소개할 수 있는 자신감 넘치고 배짱 있는 열다섯 살 소년이 과연 몇이나 될까? 어떤 각오를 갖고 나아가야 할까?

배우 케빈 스페이시Kevin Spacey는 고달픈 신인 연기자 시절, 유명 감독을 만나고 싶다는 간절한 마음에 잠들어 있던 어느 유명 인사의 호주머니에서 파티 초대장을 훔친 사실을 시인했다. 만약 그런 도둑질이 없었다면 두 차례 오스카상을 수상한 그는 샌퍼난도밸리의 적막한 삶으로 돌아가야 했을지 모른다. 젊은 시절 엘스턴 군Elston Gunn(n이 세 번 들어간다!)이라는 이름을 쓰던 밥 딜런Bob Dylan은 무대에 오르려는 욕심에 C 코드밖에 연주할 수 없는 실력으로 자신을 미국 유명 컨트리 가수 콘웨이 트위티Conway Twitty의 피아노 연주자라고 속였다. 나 역시 워싱턴 DC에 있을 때 대통령도 아닌 젊은 의원과 악수하기 위해 자신의 아이들을 밀치고 무섭게 덤벼드는 어른들을 본 적이 있다.

하지만 1906년에 데이비드 사노프에게는 도둑질도 아이를 떠미는 일도 필요하지 않았다. 다만 마르코니가 사무실을 나가자 그를 뒤쫓아 길거리로 나가서는 그에게 다짜고짜 손을 내밀고 자신을 소개했다. 어쩌면 마르코니는 그 짧은 순간에 러시아에서 헬스 키친으로 옮겨온 소년의 여정에 대해 많은 걸 알게 되었는지도 모른다. 하지만 무엇보다도 소년을 말릴 수 없다는 사실을 알았다. 마르코니는 소년을 자신의 개인 급사 겸 조수로 고용했다. 데이비드는 테크놀로지 사업을 운영하는 법에 대해 많은 것을 배웠고, 마르코니를 대신해 미국 서부에서 동부로, 동부에서 서부 유럽으로 흩어져 있는 그의 여자 친구들을 챙기고 꽃을 배달하는 일도 능숙하게 처리했다. 마르코니는 다소 부도덕한 행실의 남성이기는 했어도 데이비드가 꿈꾸는 아버지상이었다. 데이비드는 봉급 인상과 함께 하급 교환수라는 직책의 일자리를 얻었고, 무엇보다 마르코니의 기술 자료에 접근할 수 있는 결정적인 혜택을 누렸다.

데이비드는 마치 로제타석에 새겨진 상형문자를 풀이하는 암호 해

독가처럼 마르코니의 과학에 몰두했다. 여기에 결정적인 핵심이 있었다. 데이비드 사노프가 훗날 라디오와 텔레비전을 정복할 수 있었던 것은 그에게 과학과 비즈니스 양쪽을 모두 이해할 수 있는 두뇌와 의지가 있었기 때문이었다. 그는 에디슨이나 마르코니처럼 천재 발명가도 아니었고 록펠러처럼 완벽한 재정 전문가도 아니었지만, 자신의 앞에 놓인 것은 무엇이든 정복하고야 말겠다는 결심으로 자신의 모든 뇌세포를 동원해 밤샘 작업에 몰두했다. 그는 전기공학과 삼각법, 대수학과 기하학 등 야간 학교에서 공부하는 교과서들을 자전거에 싣고 다니며 공부했다. 프랫 인스티튜트에서 전기공학 과정을 등록한 50명 가운데 겨우 12명이 학업을 마쳤는데 그중에서 대학교를 나오지 않은 학생은 데이비드 한 명뿐이었다.[8]

주급 7.5달러와 헬스 키친의 신문가판대 수입 덕분에 데이비드와 그의 가족은 브루클린의 브라운스빌 구역으로 이사했다. 얼마 지나지 않아 그의 아버지가 세상을 떠났고 가족들은 데이비드에게 더욱 의존했다. 사노프 도서관에는 1907년에 하급 교환원으로 일하던 데이비드의 말끔한 사진이 소장되어 있다. 호리호리한 체구의 16살짜리 소년이 턱을 약간 앞으로 내밀고 아치형 눈썹의 얼굴로 카메라를 똑바로 응시하고 있는 사진으로 나비넥타이와 커다란 손수건 덕분에 장난꾸러기처럼 익살맞으면서도 차분한 인상을 풍기는 모습이다. 자신이 앞으로 어떤 큰 시험을 치르게 될지 모른 채 말이다.

타이타닉 호의 침몰과 영웅의 탄생

가수 셀린 디온Celine Dion이 애절한 목소리로 〈타이타닉〉을 노래하기 85년 전, 사노프는 브로드웨이의 워너메이커Wanamaker 백화점 꼭대기에 위치한 마르코니 본부의 의자에 앉아 있었다. 그는 지역 운영 관리자로 일하고 있었다. 1912년에 일부 선박들은 마르코니의 무선 시스템을 장착했는데 그것은 사고 선박의 유일한 생명줄이었다. 오후 10시 25분경 세계 최고의 초호화 여객선이 꽁꽁 얼어붙은 빙해에서 800킬로미터 가량 떨어져 있던 올림픽 호Olympic 자매함을 통해 가슴 아픈 메시지를 보내왔다.

"타이타닉 호가 빙산과 충돌했다. 빠르게 가라앉고 있다."

100킬로미터 가량 떨어져 있던 카파시아 호Carpathia가 메시지를 듣고 재난 현장을 향해 전속력으로 배를 몰기 시작했을 때 무선 장치가 없던 인근의 선박들은 SOS 신호를 듣지 못했다. 그러나 데이비드 사노프는 신호를 포착했다. 데이비드는 직원 2명과 함께 북대서양의 폭풍우와 수신 잡음을 뚫고 찰깍거리는 무선 신호를 정신없이 읽어내렸다. 얼마 지나지 않아 워너메이커 백화점 꼭대기 층에서 헤드폰을 쓴 소년들이 생존자와 사상자 명단을 받고 있다는 소문이 퍼졌다. 절망감에 사로잡힌 가족들과 뉴욕 최상류층인 애스터Astor 일가가 마르코니 본부를 찾아와 명단을 가르쳐달라고 애걸했다. 당시 뉴욕에 머물던 마르코니는 극도의 흥분에 휩싸인 사람들의 처참한 광경을 아내에게 설명해주었다. 윌리엄 랜돌프 허스트William Randolph Hearst의 〈아메리칸American〉 신문은 당시의 숨 가쁜 상황을 묘사하면서 며칠 동안 계속된 아수라장 속에서 혼신의 노력을 기울인 사노프와 그의 동료들을 칭송했다. "직원들은 난파를 염려하면서 각자 혼신의 에너지를 끌어 모아 밤새 자리를 뜨지 않고 수십 건의 메시지를 발송하고 수신했다."[9]

타이타닉 호는 무선을 만들어냈고, 그와 함께 사노프라는 인물을 만들어냈다. 그는 소년티를 완전히 벗고 놀라운 체력과 리더십을 보여주었다. 비평가들에 따르면 타이타닉 호 사건으로 드러난 데이비드의 영웅적 행위는 한 해 두 해 세월이 지날수록 영웅적인 색채를 더해가더니 급기야 구명보트의 노를 저어 승객들을 안전하게 대피시켰다는 말만 제외하고는 혼자서 메시지를 송신하고 카파시아 호를 급파했다는 등등의 온갖 거창한 소문들이 만들어졌다. 그는 평판의 위력을 실감했지만 과장된 소문들을 일부러 잠재우려고 하지는 않았다.

하지만 진실을 알고 있던 마르코니는 데이비드에 대해 의심하지 않았다. 마르코니는 데이비드가 스물한 살이 되자 선박 검사관 겸 마르코니 인스티튜트Marconi institute 강사 겸 부기사장으로 임명했다. 데이비드는 멋진 양복과 시가를 사들이기 시작했고, 마르코니의 기품 있는 모습을 그대로 따라했다. 그는 다시 가족들을 새로운 곳으로 이주시켰는데 이번에는 세련된 브롱크스 구역의 커다란 아파트로 거처를 옮겼다. 어머니를 위해 현관문 열쇠를 돌려 문을 열어주던 그는 그동안 이민자로서 겪어온 궁핍함의 문을 닫아버렸다.

데이비드는 마르코니 무선과 스스로에 대해 확신이 있었다. 타이타닉 호의 재난은 결국 의회를 부추겨 선박들에 무선 장비를 구축하도록 했다. 마르코니 무선은 몇 년 동안 재정적인 빙산으로 다가서던 위태로운 세월을 지나 마침내 고객의 쇄도와 2배로 뛰어오른 주가를 얻을 수 있었다.

마르코니 브랜드를 구축하는 일에 열성적이던 데이비드는 밤마다 뉴욕 부두를 거닐면서 마르코니 장비가 장착된 선박들을 시찰하거나 경쟁업체 장비를 단 선박들을 찾아다녔다. 그는 얼마 지나지 않아 계약 관리자라는 직함을 달았고, 기술적 역량과 사업적 통찰력을 겸비해 영업 사안들을 지휘했다.

데이비드 사노프는 마르코니에게 청했던 당돌한 악수와 침착한 전보 키 조작으로 경력의 발판을 마련했다. 그리고 이제는 타인의 장비를 운영하는 일뿐 아니라 세상을 변화시킬 기회 또한 얻게 되었다.

예언과 수익의 관계

IBM의 모든 사무실에는 '생각하라THINK'는 게시판 아래에 앉아 있는 토머스 왓슨 시니어의 초상화가 걸려 있다. 그러나 데이비드 사노프는 어느 CEO보다 더 오랜 시간 책상에 앉아 곰곰이 생각한 끝에 미국 경제를 변화시킬 강력하고 예언적인 메모를 단숨에 적어 내려가는 나름의 원칙을 갖고 있었다. 최초의 사건은 1916년에 일어났다 (1915년일 가능성도 있다). 그의 머릿속에는 계속해서 떠나지 않고 맴도는 생각이 있었다. 어떻게 하면 다수의 사람들에게 소리를 전달하는가 하는 문제였다. 그는 선박들의 전보실만으로는 만족할 수 없었다. 그래봤자 다른 선박이나 해안 경비국에 도트dot와 대시dash를 전달할 뿐이었다. 그럼 소리는 또 어떤 곳으로 전달될 수 있을까? 타이타닉 호 사건 1년 후에 그는 마르코니 장비를 열차에 성공적으로 장착한 공로로 〈사이언티픽 아메리칸Scientific American〉지에 특집으로 실렸다.[10] 그는 토목기사협회 회원 500명과 신문 기자들을 태우고 전속력으로 달리는 이리 라카와나Erie Lackawanna 급행열차에서 쏟아져 나오는 메시지들을 해독하는 역사를 남겼다. 하지만 그것만으로도 성에 차지 않았다. 어째서 무선은 느린 선박과 빠른 열차에만 국한되어야 하는가?

데이비드는 자신의 생각을 현실로 앞당기려는 마음에 1913년 1월 에드윈 하워드 암스트롱Edwin Howard Armstrong이라는 엔지니어와 함께 저지 쇼어Jersey Shore를 지나 벨마Belmar 해변으로 가는 기차에 올랐다. 그리고 두 사람은 무너질 듯한 헛간을 비집고 들어가 암스트롱의 새로운 수신 기술 장치를 설치했다. 매섭도록 차가운 바람이 코트 안을 파고드는 가운데 그들의 귀에 윙윙거리고 딸깍거리고 찰깍대는 소리가 들려오기 시작했다. 스피커를 연결하자 소리는 보다 또렷해졌고 음원은 더욱 멀리까지 확장되었다. 샌프란시스코와 포틀랜드를 오가는 대화소리와 이제 곧 호놀룰루를 강타할 뇌우를 동반한 폭풍우에 관한 날씨 예보의 소리였다. 데이비드는 "그 어떤 지독한 추위도 대서양과 태평양 너머에서 들려오는 최초의 신호음이 들렸을 때 내 몸에 감돌던 짜릿함의 열기를 당해낼 수는 없었다"고 회고했다.[11]

몇 달이 지나 데이비드는 또 다른 실험에 착수했다. 무선 수신기가 찰깍거리는 소리를 포착할 수 있다면 하프의 선율이 전달되지 못하리란 법도 없지 않은가? 스내어 드럼의 탁탁거리는 소리는 어떤가?

브로드웨이의 워너메이커 건물 꼭대기 층에 앉아 있던 그는 레코드 판을 턴테이블에 가만히 올려놓고 손잡이를 '재생'으로 돌렸다. 그와 동시에 필라델피아에 있는 워너메이커 백화점의 마르코니 교환수에게 주파수를 맞추도록 지시했다. 필라델피아의 교환수는 도트와 대시가 아닌 악기의 선율이 흐르는 실제 교향곡 음악을 들을 수 있었다. 그 후 20년이 지나 데이비드는 전설적인 작곡가 토스카니니Tos-canini에게 새로 결성된 NBC 오케스트라의 지휘를 맡김으로써 미국 엔터테인먼트계의 품격을 높이는 데 성공했다.

이번에는 그가 즐겨 적던 메모에 관해 살펴보자. 1916년 이전에만 해도 거의 모든 커뮤니케이션 전문가들은 커뮤니케이션을 일대일 방식으로 정의했다. J. P. 모건은 자신의 부하 관리자에게 US철강 주식 1,000주를 구매하도록 주문했고, 앤드류 카네기Andrew Carnegie는 무쇠 500톤 주문했으며, 미국 27대 대통령인 태프트Taft는 저녁식사로 5파운드짜리 우둔살을 주문했다. 그것은 모두 사적이고 은밀한 거래였고, 누군가 도중에 메시지를 가로챘다면 문제가 될 행위였다.

여느 평범한 임원들이었다면 그저 선박과 기차와 주식 브로커들에게 무선 장비를 판매하면서 여생을 보냈을 것이다. 하지만 데이비드 사노프는 달랐다. 오늘날에도 우리는 '한계에 도전하려는push the en-velope' CEO들에 관한 진부한 이중 표현을 흔히 접하곤 한다. 여기서 말하는 봉투envelope는 다름 아닌 자신의 은행 계좌로 집어넣는 월급봉투를 의미할 때가 많으며, 평범한 일상 업무를 의미하기도 한다. 데이비드는 자신의 월급봉투에 집착하거나 최대한의 판매를 끌어올리는 일에는 몰두하지 않았다. "생각하라"는 좌우명은 왓슨의 것이기 이전에 데이비드의 좌우명이었다. 데이비드가 적어놓은 1916년의 메모는 커뮤니케이션의 판도를 완전히 바꿔놓았다. 그의 메모에 따르면 '가로채기'는 좋은 것이었다. 가로채기는, 다시 말해 광범위한 수신은 이로운 것이었다. 그의 메모를 제대로 음미하고 싶다면 낡은 라디오를 옆에 놓고 손으로 쓰다듬으면서 읽어봐야 한다. "내게는 계획이 하나 있다. 그것은 라디오를 가정 생활용품으로 만드는 것이다. (…) 무선을 이용해 음악을 가정으로 옮겨놓는 것이다. 수신기는 단순한 '라디오 뮤직 박스Radio Music Box'형태로 설계되고 서로 다른 몇 개의 파장으로 준비될 수 있다. 그러한 파장들은 스위치 하나를 올리거나 버튼 하나를 누르면 바뀔 수 있다."[12]

당시만 해도 미국 가정들은 축음기를 재생하거나 여자들의 피아노 반주에 맞춰 노래를 부르고 라이브 콘서트와 극장과 무도회에 참석하는 방법으로 흥을 돋우곤 했다. 집에서 엔리코 카루소Enrico Caruso 음악을 즐길 때 다른 사람들도 각자의 집에서 그의 음악을 함께 즐길 수 있다는 생각은 쥘 베른의 공상소설만큼이나 허황된 것이었다.

하지만 데이비드가 적은 메모는 음악의 차원을 넘어선 것을 제공했다. 그는 미국 문화가 상류층에만 국한되지 않는다는 사실을 알고 있었다. "폴로 그라운즈Polo Grounds 야구장에 기기를 설치한다면 야구경기 점수를 공중으로 전송할 수 있다. (…) 농부를 비롯한 외곽 지역 주민들도 얼마든지 콘서트와 강연, 음악과 리사이틀을 즐길 수 있다."[13]

1916년에 스포츠 중계의 가치를 예견한 것이다! 라디오가 없었다면 야구선수 베이브 루스가 허버트 후버 대통령보다 더 많은 돈을 벌어들일 수 있었을까? 로널드 레이건Ronald Reagan 대통령이 젊은 시절

아이오와 주 WHO 라디오 방송국의 스포츠 중계자로 야구 경기에 활력을 불어넣는 법을 터득하지 못했더라면 훗날 '위대한 커뮤니케이터'가 될 수 있었을까? ABC 방송국의 아메리칸풋볼리그AFL와 슈퍼볼Super Bowl이 탄생하지 않았더라면 프로 풋볼 경기가 번성할 수 있었을까? ABC 뉴스ABC News의 전 회장 룬 알리지Roone Arledge의 경우는 어떠한가? 그가 어떻게 ABC 뉴스의 최고 자리에 올랐던가. ABC 스포츠를 글로벌 파워하우스로 바꿔놓았기 때문에 가능하지 않았던가. 사노프라면 스포츠가 뉴스 비즈니스의 견인차 역할을 한 사실에 별로 놀라지는 않았을 것이다.

스포츠가 오늘날 라디오와 텔레비전 네트워크에 그토록 강렬한 인상을 심어놓는 이유는 무엇일까? 바로 돈 때문이다. 슈퍼볼 기간에 선전하는 30초짜리 광고 비용은 최근 들어 250만 달러까지 치솟았다.[14] 데이비드의 메모는 광고의 '어마어마한' 잠재력을 알려준 것이다.

하지만 데이비드는 콘텐츠 그 이상으로 나아갔다. 그는 미국 전역에 40~80킬로미터 간격으로 세워진 기지국을 통해 수십만 가정들이 방송을 듣는 네트워크 라디오 시대의 개막에 대한 밑그림을 그렸다. 그는 '라디오 뮤직 박스'라는 단순한 경제를 얕잡아 보지 않았다. 그는 라디오 1대를 75달러에 판매하겠다는 계획을 세웠다. 100만 명 혹은 전체 가정의 7퍼센트가 라디오 1대를 구입한다면 7,500만 달러라는 매상고를 올리고 엄청난 수익을 거둬들일 수 있었다.

이 같은 야무진 판단력과 통찰력을 놓고 본다면 데이비드가 적은 메모는 비즈니스 역사상 유례를 찾아보기 힘든 것이었다. 정치 쪽에서라면 1946년 조지 케넌George Kennan이 소련 공산체제와 그들의 야욕에 관한 내용을 담아 보낸 '긴 전문Long Telegram'이나 1987년 베를린에서 로널드 레이건이 고르바초프Gorbachev에게 장벽을 허물 것을 촉구한 연설문 정도를 들 수 있다.

레이건의 연설이 처음에는 크렘린 궁전의 무시를 당했던 것처럼 데이비드 사노프의 메모는 마르코니 상사들의 아래층 서랍으로 던져졌다. 그래도 문제될 것은 없었다. 그토록 악명 높던 베를린 장벽이 허물어지듯 기적의 송신탑도 기어이 세워지고야 말았으니 말이다.

무선 방송의 탄생

데이비드 사노프는 일생동안 여객선 침몰 사건을 비롯해 다양한 불운과 재난에 맞닥뜨렸지만 그때마다 오히려 더 높은 곳으로 올라섰다. 그는 커머셜 케이블 사로 번지수를 잘못 찾은 실수로 사회에 첫발을 내딛었고, 유대교 명절로 인한 해고로 마르코니 사로 옮겨 갔으며, 타이타닉 호는 그에게 유명세를 안겨주었다. 1차 세계대전이 유럽에 대학살을 일으키기는 했지만 한편으로는 독일 잠수함 U보트가 케이블을 절단할 수는 있을지언정 무선 차단 방법은 알아내지 못한 사실을 보여주었다. 무선은 그야말로 타지에서 싸우는 전우들과 워싱턴 DC를 연결해주는 유일하게 믿을만한 접속 수단이었다.

1917년 데이비드의 어머니는 아들의 신부감으로 적당한 딸을 둔 유대교회당의 프랑스 이민자 여성과 맞선 계획을 짰다. 두 어머니는 브롱크스에서 두 사람의 만남을 주선했고, 데이비드는 파리 억양의 영어를 구사하는 리지 허먼트Lizzie Hermant에게 첫눈에 반했다.

그 해 말 미국이 독일에 선전포고를 하자 리지와 막 약혼한 데이비드는 미 해군 통신부서의 업무를 자청하고 나섰다. 하지만 그의 청은 거절당했는데 해군 기사장에 따르면 사르코니의 민간사업이 전시 업무에 개입하기에는 적합하지 않다는 이유 때문이었다. 그럼에도 데이비드는 해군에 마르코니 장비를 설치하고 전쟁부Department of War 장교들과 회의를 하러 워싱턴 DC를 오가면서 전시를 보냈다.

1차 세계대전이 끝나고 베르사유 조약Treaty of Versailles이 체결된 후 몇 달이 지나자 윌슨 대통령은 무선이 온 세상을 선한 쪽으로나 악한 쪽으로 완전히 변화시킨 사실에 경이로움을 나타냈다.

> 이제 세상이 함께 소곤거리는 하나의 방이 된 사실을 모르시겠습니까? 무선 안테나는 우리 시대의 상징입니다. 인류의 모든 박동이 공기 중에 펴져 지구 끝에 가닿는 세상입니다. (…) 이제는 무선과 전신의 혀를 통해 무질서의 기운이 조용히 세상에 퍼져나가고 있습니다.[15]

자신이 정부로부터 지나친 주목을 받는다는 사실을 알게 되면 거기에는 늘 위험이 따르기 마련이다. 미국 희극배우 윌 로저스Will Rogers는 그것을 아기가 망치를 집어든 모습을 바라보는 것처럼 위험한 상황으로 비유했다. 윌슨 대통령과 전쟁부는 미국이 아닌 다른 나라 사람들이 미국의 전신을 통제할 수 있다는 점을 우려한 나머지 마르코니 무선전신 사를 미국 정부에 강제로 이양해 무선을 독점 운영하려 했다. 많은 분란과 저항 끝에 민영 부문 조약이 타결되면서 마르코니는 1차 세계대전의 영웅 장군 제너럴 퍼싱General Pershing이 아닌 GE의 수중으로 넘어갔다. 이를 계기로 라디오 코퍼레이션 오브 아메리카Radio Corporation of America, 즉 RCA라는 새로운 이름을 갖게 됐다. 스물여덟의 데이비드는 상업관리자라는 직함을 달았지만 이제는 더 이상 마르코니의 보호를 받지 않게 됐다.

그것은 데이비드에게는 재난이 될 수 있었다. 하지만 그는 소용돌이 속에서 살아남았다. 그는 GE 중역들에게 테크놀로지와 비즈니스를 결합하는 방법에 대해서는 자신이 누구보다 잘 알고 있다는 사실을 증명했다. 기업이 누군가의 손에 넘어갈 때, 직원 각자에게 가장 필요한 것은 자신이 회사에 없어서는 안 될 존재임을 입증하는 것이다. 물론 뻔한 교훈이기는 하다. 하지만 데이비드는 책략에 의존하거나 사무실에 떠도는 소문의 제왕은 아니었다. 쉽게 말하자면 그는 자신의 일을 잘 알고 있었고, 자신이 알고 있고 확신하는 바를 말이나 문서로 설명할 수 있었다.

훗날 사람들은 데이비드가 과대선전을 이용하고 다른 사람들의 공로를 가로채는 인물이라며 비난했다. 하지만 그 누구도 데이비드 사노프의 잠재적 역량과 직업윤리에는 결코 이의를 제기할 수 없었다. 세계적인 사이클 선수인 랜스 암스트롱Lance Armstrong이 선수 팀원들의 월등한 자전거 기술로 덕을 보았을까? 어쩌면 그럴지도 모른다. 하지만 그가 페라리를 몰듯 훌륭한 자전거 솜씨를 뽐낼 수 있었던 사실을 의심하는 사람은 아무도 없었다. 천재로부터 나온 과대 선전은 불평분자의 허풍처럼 거슬리지는 않는다. 최근 칼리 피오리나Carly

Fiorina가 휴렛팩커드에서 저지른 실책에 대해 쓴 길고긴 변명의 글은 거짓과 이기주의와 사실에 대한 무지라는 호된 비난을 받고 있다. 그녀가 회사를 떠나자 기업 재정은 대번에 상승했지만 그녀는 자신의 해고를 제외한 나머지 모든 것을 자기의 공로로 돌렸다.[16] 데이비드 사노프는 라디오를 발명하거나 타이타닉 호 승객들을 구제하지도 않았고, RCA를 설립하지도 않았다. 하지만 그는 일반 가정의 주방과 침실과 뒤뜰에서 라디오와 텔레비전 주위로 가족들을 불러 모으는 데 누구보다 많은 일을 해냈다.

우리의 고객은 전 세계인

그렇다면 청중은 누구일까? 이 부분에서 데이비드와 다른 무선 개척자들의 의견이 엇갈린다. 하딩Harding 대통령의 말처럼 1차 세계대전이 끝나자 누구나 예전의 일상으로 돌아가고 싶어 했다. 메신저들은 다시 자전거를 타고 다니면서 전보를 전달했다. 하지만 데이비드는 '라디오 뮤직 박스'를 그냥 떠나보내지 않았다. 데이비드는 RCA가 어떤 비즈니스에 속해 있는지 스스로에게 물었다.

RCA는 지점과 지점을 잇는 메신저 비즈니스에 속해 있는가? 아니면 무선 통신사업에 속해 있는가? 1차 세계대전이 끝나자 그는 무선에 열광하는 군중들의 목소리를 들을 수 있었다. 군대용 무선 장비에 배치됐던 전보 교환수들은 전쟁이 끝나고 유럽에서 돌아와 민간 장비를 수소문해 아마추어 무선사로 변신, 각자의 집에서 메시지를 보널 수 있었다. 할리우드에 사는 남성은 자신의 침실에서 5와트 송신기를 통해 이웃들에게 레코드 음반을 틀어주는 법을 알아냈다. 피츠버그의 한 엔지니어는 코트 보관실에서 축음기를 트는 최초의 DJ가 되었고, 그곳에 걸려 있던 코트들은 방음 부스가 세상에 나오기 이미 오래 전에 소음을 차단해주는 역할을 했다. 이러한 발전은 평범한 일반인이 갑자기 미디어 스타가 될 수 있다는 점에서 오늘날 인터넷 블로그와 웹사이트의 탄생과도 흡사했다. 오늘날 인터넷 뉴스 사이트를 만들어 스타가 된 중절모 차림의 매트 드러지Matt Drudge는 1920년대의 개척자들과 같은 옷차림을 즐기고 있다.

진입 장벽은 무너졌다. 메시지를 전송하기 위해 AT&T 같은 기업을 세울 필요는 없었다. 무선은 지하실과 다락방, 차고에서 시작되었다. 1916년에 데이비드가 적어놓은 메모는 당시로서는 때 이른 것이었는지 모른다. 하지만 이제는 때가 되었다. 청중은 귀 기울이고 있었다. 그렇다면 잠재 청중은 누구일까? 그것은 이 세상 모든 사람들이었다.

CEO는 언제든 한두 차례 큰 시험을 받는다. 그리고 그럴 때 광풍처럼 휘몰아치는 변화를 취할 것인지 아니면 양탄자 밑에 조용히 묻어둘 것인지 결정을 내려야 한다. 1970년대에 GM과 포드Ford의 CEO들은 어땠는가. 그들은 미국인들이 일본차에는 관심을 갖지 않으리라고 마음대로 단정 짓고는 10년 동안의 의회 로비를 통해 미국인들이 도요타와 니산Nissan, 혼다Honda의 성능 좋은 차들을 구입하지 못하게 했다. 당시 데이비드 사노프는 아직은 RCA의 CEO가 아니었지만 자신의 생각을 관철시키는 일에 누구보다 열정적으로 투쟁했다. 그는 어떻게 해서 의심 많은 RCA 상사들을 구슬려 미국인의 삶에 혁명을 일으킬 수 있었을까? 상사와 일반인들에게 호소할 수 있는 방법은 무엇이었을까? 그것은 방송이었다. 축음기에서 울려 퍼지는 카루소Caruso 나 하이페츠Heifetz 와 같은 음악가들은 할 수 없는 일이었다. 그렇다면 세상에 날고기를 던져줘야 했다. 그것은 스포츠였다. 그리고 그중에서도 가장 날것의 스포츠는 권투였다.

1921년 찌는 듯한 7월의 어느 날, 잭 뎀프시Jack Dempsey 가 로프를 잡고 올라가 9만 명 팬들에게 험악한 인상을 지어보였다. 허드슨 강 너머의 저지시티에 빽빽이 모여든 군중 속에는 평론가 H. L. 멩켄H. L. Mencken 과 배우 알 졸슨, 석유왕 존 D. 록펠러 John D. Rockefeller 도 섞여 있었다. 크고 밋밋한 얼굴에 예의 조롱 띤 표정의 뎀프시는 매너사의 난폭자Manassa Mauler(콜로라도 주 매너사 출생이어서 붙여진 별명)라는 이미지에 안성맞춤이었다. 뎀프시는 1회전에서 7번의 펀치로 2미터 장신의 거인인 제스 윌러드 Jess Willard 를 때려눕히고 헤비급 챔피언을 차지한 선수였다. 링 위에서는 무자비했는지 몰라도 1차 세계대전 군복무를 회피했다는 이유로 많은 팬들은 그를 '겁쟁이'라고 불렀다. 스포츠 흥행주의 거장 텍스 리카드Tex Rickard 는 당시의 시합을 선과 악의 싸움이라 명명했고, 어느 뉴욕 의원은 뎀프시가 이른바 '병역기피자'라는 이유로 시합을 만류하기도 했다.[17] 성직자들은 "그러한 싸움이 젊은이들을 포악하게 만들고 청소년 비행을 조장할 뿐 아니라 시합을 무대에 오르게 하는 것으로 저지시티의 규범 전체가 훼손될 수 있다"고 항의했다.[18]

뎀프시의 세련되고 점잖은 적수인 조르주 카펜티에르Georges Carpentier는 미국 무용의 대가인 프레드 아스테어Fred Astaire의 선배라고 해도 손색없을 느긋하고 우아한 몸짓으로 링에 발을 내딛었다. 이른바 '오키드 맨Orchid Man'이라는 그가 발끝으로 링을 튀어 오를 때마다 프랑스 챔피언 가운이 우아하게 나풀거렸다. 그는 민첩했고 스타일이 있었으며, 비행사로 용감히 참전했던 프랑스 전쟁 영웅이었다. 그에게는 뎀프시를 궁지에 몰아넣고 날카롭게 후벼 파는 잽으로 그의 넓적한 얼굴을 사정없이 갈겨대는 기술이 있었다. 밴드가 가슴 벅찬 프랑스 국가 〈라마르세예즈La Marseillaise〉를 연주하자 그는 관중들에게 머리를 숙여 인사했다. 여름철 밀짚모자를 쓰고 있던 대다수의 미국 청중들은 뎀프시의 적수인 프랑스 전쟁 영웅을 향해 큰 소리로 야유했다. 리카드는 프랑스 재난 미국 위원회American Committee for Devastated France와 미국 해군 클럽Navy Club of the United States의 기금 마련 행사라는 명목으로 두 사람의 시합을 홍보했다. 그는 뎀프시와 카펜티에르에게 각각 30만 달러와 20만 달러를 약속했다.

세기의 싸움이 시작되는 1회전 벨이 울리자 남성 관중들은 링 주위를 에워싸고 우리 속 표범들처럼 옥신각신하며 서로를 밀쳐댔다. 누가 먼저 강력 펀치를 날려 링 바닥에 피를 흩뿌릴 것인가?

데이비드 사노프는 시합에 목숨이 달려 있었다. 그는 RCA 상사들에게 사실상 아무런 후원도 받지 못한 채 링 주변에서 일을 벌이고 있었다. 사노프와 몇몇 엔지니어들은 아무런 예산도 없이 임시 방송국을 만들었다. 그들은 워싱턴의 해군 기지로 싣고 가던 거대한 송신기에 관해 알고 있었다. 사노프 일당은 그것을 빼돌렸다. 송신기는 결국 해군 기지 대신에 권투 시합장 바깥의 한 철로 오두막에 모습을 드러냈다. 그들은 권투 링에서 오두막까지 전선을 연장하고 안테나를 세워 전화선과 링 앞쪽 마이크와 연결했다.[19] 그렇다면 청중은 누구일까? 스피커가 설치된 영화관과 클럽, 학교 강당에 모인 청중을 포함해 약 30만 명이 예상치 청중 인원이었다. 뎀프시와 카펜티에르의 시합은 그저 최초의 대형 방송이 아니었다. 그것은 극장용 폐쇄회로 방송도 만들어냈다. 뉴욕 시어터New York Theater와 루프 가든Roof Garden에는 1,000명이 넘는 군중들이 들어찼다. 뉴저지 주 오스베리 파크Asbury Park의 산책로에서는 한 영리한 사업가가 골프 카트에 수신기를 달아 사람들에게 돈을 받고 자신의 '이동 의자'에서 시합 방송을 듣게 했다.[20]

RCA 회장에게서 "당신이 역사를 만들어냈습니다"라는 전보를 받은 사노프 외에 시합의 승자는 누구였을까?[21] 두 선수의 시합을 보고 싶다면 여러분도 나처럼 유튜브YouTube에서 관람할 수 있다.[22] 카펜티에르는 조심성이 있고 자신을 졸졸 쫓아다니는 뎀프시보다 훨씬 더 민첩했다. 카펜티에르가 몸을 웅크렸다 잽을 날렸다. 2회전이 되자 뎀프시는 상대 선수의 코피를 터뜨렸다. 그에 대한 응수로 카펜티에르는 더 많은 잽을 날렸다. 그는 자신보다 덩치 큰 남자를 겁내지 않는 것처럼 보였다. 그가 로프에서 튕겨 나와 뎀프시를 덮쳤다. 카펜티에르는 머리를 숙이고 펀치를 날리다 뎀프시에게 공격당할 기회를 내주면서 코피가 터지고 타박상마저 입고 말았다. 4회전이 시작됐다. 뎀프시는 부쩍 힘들어하는 카펜티에르의 복부를 연거푸 가격했다. 카펜티에르의 멋진 오른손 펀치가 이어졌지만 뎀프시의 돌진을 가로막기에는 역부족이었다. 카펜티에르의 펀치는 어느새 힘이 빠져버렸다. 카펜티에르가 링 반대편으로 재빨리 몸을 피했지만 뎀프시가 따라잡았다. 뎀프시의 왼 주먹과 오른 주먹이 결합된 날쌘 펀치가 카펜티에르를 바닥에 쓰러뜨렸다. 여덟 번째 카운트에서 몸을 일으키던 그에게 뎀프시가 이내 달려들어 다시 때려눕혔다. 카펜티에르는 카운트아웃을 당했다. '10'이라고 외치는 심판의 소리에 뎀프시는 상대 선수에게 달려가 그를 일으켜 자리로 부축했다. 난폭한 그에게도 심장은 있었다.

카펜티에르가 다음 라운드까지 갔더라면 사노프는 참변을 당했을 것이다. 카펜티에르가 무참히 바닥에 쓰러지던 순간 송신기가 서 있던 오두막은 폭파 일보직전이었다. 뉴저지 주의 혹독한 7월의 열기가 전기 과부하와 합쳐져 장비가 지글거리며 녹아 흐르고 있었던 것이다. 시간이 조금이라도 지체되어 5회전 시합 중계가 먹통이 되었더라면 30만 명 권투 팬들은 RCA 무선 전문가들에게 원망의 눈초리를 보내며 자리를 떴을지 모른다.

그로부터 47년이 지난 1968년에도 황당한 일이 벌어졌다. 그것은 RCA와 NBC가 오클랜드 레이더스Oakland Raiders 와 뉴욕 제츠New York Jets와의 풋볼 경기에서 마지막 몇 분을 남겨두고 중계방송을 중단하고는 어린이 영화 하이디Heidi 를 내보내 스포츠 팬들을 경악케 한 사건이었다. 방송이 나가지 않은 사이에 레이더스는 마지막 1분에 14점을 득점하면서 역전승을 거두었다. 분에 못 이겨 항의에 나선 스포츠 팬들은 NBC 전화교환대를 뒤엎고 경찰과 〈뉴욕타임스〉에 전화를 걸어댔다. 이른바 '하이디볼Heidi Bowl'사건은 불명예스러운 스포츠 연대기에 버젓이 오르게 됐다. 제츠 팀의 쿼터백 조 나마스Joe Namath

선수는 하이디 영화를 볼 기회는 없었지만 꽤 괜찮다는 소문은 들었다면서 너스레를 떨기도 했다. 그 옛날 1921년에 데이비드 사노프는 스포츠 팬들의 위력이 얼마나 대단한지 그리고 그들을 자신의 편으로 붙드는 것이 얼마나 중요한지를 깨달았다.

신의 선물에서 특허로

뎀프시의 시합은 조르주 카펜티에르의 얻어맞아 비뚤어진 코보다도 더 많은 것을 변화시켰다. 미국 정치가 윌리엄 제닝스 브라이언 William Jennings Bryan은 낭랑한 목소리로 무선은 '신의 선물'이라고 칭송했다. 미국 전역에서는 아마추어 기사들이 무선 장비를 구축하기 시작했고, 방해 소음을 차단하기 위해 벽에 밀짚과 삼베, 스펀지를 덕지덕지 붙였다. 시합이 있은 지 1년 만에 600곳이 넘는 독립체들이 무선 라이선스를 신청했다. 1922년에는 노스캐롤라이나 대학North Carolina College 연설에서 윌슨Wilson 대통령의 전 해군장관이 한층 격앙된 목소리로 "이제는 일본 함대가 우리의 태평양 기지에 기습 공격을 감행한다 해도 눈 하나 꿈쩍하지 않습니다. (…) 무선은 기습 감행을 불가능하게 만들어 줍니다"라고 말했다.

지난 1916년에 데이비드가 라디오 7,500만 달러어치를 미국인들이 구입할 것으로 예측했던 사실을 기억하는가? RCA가 설립된 첫 해인 1922년에 라디오 매상고는 1,100만 달러를 훌쩍 넘어섰다. 그것은 물론 엄청난 수치였지만 RCA의 경쟁업체들은 사실상 5,000만 달러에 가까운 돈을 벌어들였다! RCA는 송수신기와 진공관의 다양한 설립 특허를 보유하고 있었지만 경쟁업체들은 RCA의 특허 종목을 무시했다. 데이비드는 맨해튼의 동부 지역도 황무지 서부와 다를 바 없다는 사실을 깨달았다. RCA가 모든 라디오를 제작하는 것은 불가능하다고 해도 지적 공헌에 대한 보상은 받아야 마땅했다. 데이비드는 경쟁업체들이 순순히 특허법을 따르게 해 영역 침범에 대한 충동을 자제하게 만들 필요를 느꼈다. 그는 제니스Zenith나 필코Philco와 같은 기업들이 7.5퍼센트 로열티를 RCA에 지불하도록 하는 계획을 구상했고, 그것은 곧이어 미국 라디오의 90퍼센트 가량에 적용되었다.

오늘날 퀄컴Qualcomm은 어떠한가. 퀄컴은 1985년 텔레콤(전기통신)의 야심가이자 한때 전기공학 교수였던 어윈 제이콥스Irwin Jacobs의 좁은 서재에서 출발했다. 이제 퀄컴은 더 이상 휴대전화 조립을 하지 않지만 휴대전화 칩 테크놀로지의 4,500개 특허를 보유하고 있다. 몇 해 전에는 에릭슨Ericsson과 교세라Kyocera에 기지국과 휴대전화 제조부서를 매각한 바 있으며, 무선 테크놀로지와 모바일 칩 개발과 라이선스 사업에 몰두하고 있다. 퀄컴이라는 이름이 기기제품 전면에 드러나지 않더라도 인도에서 중국을 지나 시카고에 이르는 지역의 130곳이 넘는 기업들이 퀄컴으로 수표를 보내고 있다. 1920년대에 데이비드 사노프가 마련한 선례를 퀄컴이 따르고 있는 것이다.

뎀프시의 펀치 소리에서부터 베이브 루스의 날카로운 야구방망이 소리에 이르기까지 스포츠는 라디오를 가정의 필수품으로 만들었다. RCA는 1927년에 열린 로즈볼Rose Bowl 경기와 시카고 솔저 필드에서 열린 잭 뎀프시와 진 터니Gene Tunney와의 권투 시합과 켄터키 더비

Kentucky Derby를 중계했다. 스포츠 외에도 정치가 다뤄지면서 라디오 아나운서들은 1924년과 1928년 미국 대통령 선거의 투표 집계 현황을 중계했다. 1928년 선거에서 허버트 후버의 적수였던 알 스미스 Al Smith는 미국 중서부 지역 주민들 귀에 거슬리는 동부 억양이 전파를 타는 바람에 모르긴 몰라도 수천 표를 잃었을 것이다.

20대 중반이던 데이비드는 RCA를 설득해 레드Red와 블루Blue라는 2개의 독립 네트워크를 창설하고는 레드는 코미디를, 블루는 음악과 드라마를 담당하게 했다(훗날 블루는 ABC가 되었고 레드는 NBC의 본사로 남게 되었다). 흥청거림이 심하던 1920년대의 사회적 분위기를 반영하듯 RCA에서도 다른 곳처럼 와자지껄한 분위기가 일어나면서 1929년 라디오 판매액이 4억 달러로 치솟았다. 1920년대 초반에 제이 개츠비 Jay Gatsby라는 부자 캐릭터를 창조해낸 소설가 F. 스콧 피츠제럴드F. Scott Fitzgerald는 RCA에 투자했다가 1923년과 1929년 사이 주가가 20배가량 뛰어오르면서 실제로 개츠비 못지않은 생활을 누리게 됐다. CEO가 되기 전이기는 했지만 데이비드는 "아직은 백만장자라고 말하기는 뭣해도 그에 버금가는 생활을 시작했다"고 말했다.[23]

소리로 브랜드를 확장하라

데이비드는 "나는 어떤 비즈니스에 속해 있는가?"라고 스스로에게 질문함으로써 경쟁업체들을 꾸준히 앞서 나갔다. 이런 질문을 망각하는 기업들은 어느새 기업 부고란에 이름이 오른다. 그들은 복사기 대신 복사용지 생산에 매달리거나 노트북 컴퓨터 대신 팩스기 생산에 매달리는 우를 범한다. 데이비드는 인간의 귀가 들을 수 있는 곳은 어디로든 음파를 전달하는 비즈니스에 몸담기로 결심했다. 그는 더 이상 양방향 메시지를 내보내는 비즈니스에 몸담고 싶은 마음이 없었다. 그런 비즈니스라면 웨스턴 유니언Western Union과 같은 전신 회사가 맡아서 하면 될 일이었다.

그렇다면 청중의 귀를 많이 얻을 수 있는 곳은 어디일까? 데이비드는 알고 싶었다. 물론 시작은 미국인 가정에서 출발했다. 그런 다음 빅토 토킹 머신 사Victor Talking Machine Company에게 그들의 전축에 RCA 라디오 수신기를 장착하자는 비즈니스 거래를 제안했다. 주인의 목소리His Master's Voice를 알아듣는 테리어 종 애완견 니퍼Nipper의 주인인 빅터는 그의 제안을 거절했다(빅터 사는 축음기 앞에서 주인의 목소리를 알아듣고 고개를 갸우뚱하고 있는 개를 그린 화가의 〈His Master's Voice〉 작품을 기업의 트레이드마크로 채택했다). 사람들에게 큰 혼란을 불러일으킨다는 것이 그들의 대답이었다. 데이비드는 그 길로 곧장 빅터의 경쟁업체인 브런스윅Brunswick에게 달려갔고, 그들은 150만 달러짜리 계약에 동의했다. 얼마 지나지 않아 빅터의 임원들이 완전히 누그러진 기세로 데이비드를 찾아와 결정을 재고해줄 것을 요청했다. 데이비드는 그렇게 했고, 결국 라디오와 전축의 결합품이 도처에 모습을 드러냈다.

데이비드는 일반 가정에만 만족하지 않았다. 그렇다면 또 다른 청중의 귀를 찾을 수 있는 곳은 어디였을까? 그는 1922년 GE 상사들에게 적어낸 메모에서 라디오는 휴대할 수 있어야 한다고 주장했고, 언젠가는 자동차에서도 음악이 나오게 될 것이라고 말했다. 당시만 해도 고작해야 자동차에 문짝이 달리는 정도의 행운이 존재하던 시절이었다. 1929년 무렵 GM에서 라디오를 대시보드에 장착하는 법을 고안해내자 데이비드는 합작 사업을 협상하러 디트로이트Detroit행 열차에 올랐다. GM은 그의 의견을 수락했다. GM을 자기편으로 끌어들이면 명성을 얻을 수 있던 시절이었다.

1990년대에 유선전화에서 휴대전화로 급격한 전환이 일어났던 시절을 생각해보면, 1920년대에 소리의 전파라는 데이비드의 혁신적인 목표를 이해할 수 있다. 1970년대와 1980년대만 해도 휴대전화는 여전히 〈스타트렉Star Trek〉에 나오는 공상으로만 보였다. 1970년대에는 전화번호가 한 개인이 아닌 한 가정을 대표하는 번호로 생각했다. 전화번호는 집 주소를 벗어날 수 없었고, 그것은 아이작 뉴턴Isaac Newton이 발표한 자연의 법칙과도 다름없었다. 새로운 곳으로 옮겨가면 응당 새로운 전화번호가 필요했다. 하지만 오늘날의 전화번호와 이메일 주소는 마치 개인의 몸에 새겨진 문신과도 같다. 당신의 엉덩이가 가는 곳이라면 당신의 전화번호도 함께 따라간다. 통신서비스 기업인 싱귤러Cingular(지금은 AT&T)의 광고 캠페인은 수신과 서비스 면에서 소비자의 기대치를 높여줄 것이라고 당당히 선언한다. AT&T와 버라이즌Verizon과 같은 기업들은 수십억 달러 광고를 통해 당신이 아무리 멀리 벗어나더라도 전화소리를 들을 수 있다고 말한다. 그도 그럴 것이 내 AT&T 휴대전화는 캘리포니아 주의 집 앞 진입로에서는 상대방 목소리가 들리지 않는 일이 벌어졌어도 멕시코지와타네호Zihuatanejo 해안을 벗어나서는 흠잡을 데 없이 작동했다.

GM과 거래가 체결된 이후 데이비드는 선박과 기차, 가정은 물론 자동차에도 RCA를 장착하게 되었다. 이제 다음은 어디일까? 뎀프시와 카펜티에르 시합의 링 주변에 자리했던 유명인사들 가운데는 자칭 '세계 최고의 엔터테이너'인 알 졸슨이 있었다. 1927년 졸슨은 세계 최초의 유성영화인 〈재즈 싱어The Jazz Singer 〉의 주연을 맡으면서 일대 파란을 일으켰다. 이제 할리우드는 예전과 같지 않았다. 무성영화들은 어느새 지나간 풍미처럼 밋밋해졌고, 유성 영화 티켓 판매가 폭증했다. 최근 본 졸슨의 영화 중에서는 그의 과장된 연기가 어딘지 애처로워 보이기까지 했는데, 그중에서도 단연 으뜸은 타락한 유대교회당 선창자의 연기였다. 영화 변천사를 풍자적으로 보여주는 영화 〈싱잉 인 더 레인Singing in the Rain 〉에서 무성영화의 주연 여배우가 실상은 기차의 녹슨 쇳소리 같은 음성을 지닌 사실이 탄로 나는 재미난 연속 장면을 보아도 도움이 될 것이다.

데이비드 사노프는 RCA가 유성영화 산업으로 진출해야 한다는 사실을 알고 있었다. 그는 자신 못지않은 고생을 하며 자라난 젊은 이민자 후손을 보스턴에서 만났다. 늘 일로 분주하던 그 역시도 성공을 간절히 열망하던 사람이었고, 위스키를 밀수하거나 편법을 쓰는 일도 서슴지 않던 사람이었다. 그의 이름은 조셉 P. 케네디Joseph P. Kennedy였다. 그는 대본작가들 사이에서는 오르페움 서킷Orpheum Cir-cuit이라고 불리던 조악한 극장 조직의 일부를 소유하고 있었고 필름 박스 오피스Film Box Office 라는 작은 회사를 통해 영화 제작에도 손을 대고 있었다. 데이비드와 케네디는 사전 논의를 거친 후에 뉴욕 그랜드 센트럴 역의 오이스터Oyster Bar에서 만나 RCA가 RKO 픽처스RKO Pictures라는 합병 기업을 사들인다는 거래를 체결했다. 케네디는 현금 15만 달러와 바로 매각한 주식으로 2,000만 달러를 벌어들였다. 당시 RCA의 총괄 부사장 직에 올라 있던 데이비드는 결코 돈을 좇는 사람이 아니었다. 그는 미국 전역에 RCA 사운드 시스템을 설치했고, RCA가 할리우드 영화 제작에 돌입하는 입장권을 얻어내면서 킹콩과 페이 레이Fay Wray 같은 스타들을 만들어냈다.

이제 데이비드의 영역은 선박, 비행기, 자동차, 가정뿐 아니라 사람들로 붐비는 영화관까지 확대됐다. 데이비드와 케네디는 서로가 원하던 것을 얻었고, 그중에는 RKO 사가 제작한 10편의 뮤지컬에서 프레드 아스테어와 진저 로저스Ginger Rogers의 이중창을 세상에 선보인 절호의 기회도 들어 있었다. 사노프와 케네디의 경우처럼 두 무용가의 결합은 경이로운 시너지 효과를 일으켰다. 프레드는 진저에게 신분 상승을 선사했고, 진저는 프레드에게 섹스를 바쳤다고 사람들은 입을 모았다.

대공황과 싸우다

음악이 그치고 비명소리가 시작됐다면 당신은 어떻겠는가? 1920년대는 처참한 종말을 고했고, RCA 주가는 GE와 GM을 비롯한 여러 기업들의 주식과 함께 동반 폭락했다.

하지만 타이타닉 호 때와 마찬가지로 1929년 10월의 끔찍한 주식

시장 붕괴는 데이비드의 명성을 끌어내리기는커녕 오히려 위로 밀어 올렸다. 반면에 RCA의 대표이사인 오웬 영Owen Young은 300만 달러의 재산을 잃고는 애써 개인 파산을 면하려다 결국에는 사임하고 말았다. 이사회는 서른아홉의 데이비드를 대표이사로 임명했다. 1929년 6월에 그는 갖고 있던 RCA 주식을 이미 매각한 상태였다. 그는 주식 붕괴가 오리라고는 생각지도 못했지만 다른 대다수 사람들처럼 탐욕에 눈이 멀거나 엄청난 부자가 되겠다고 결심한 적도 없었다. 그는 분명 권력과 명예를 추구하는 사람이었고, 돈은 그 다음에나 따라오는 것이었다. 마흔의 나이에 RCA를 이끌면서도 RCA 지분을 0.5퍼센트 이상 소유해본 적이 없었고, 토머스 왓슨 시니어가 IBM에서 그랬듯이 엄청난 수익 분배율을 놓고 담판을 벌인 적도 없었다.

돈도 없고 먹을 음식도 없이 영어도 문외한인 채 엉뚱한 부두에 도착한 이민자에 불과했던 데이비드 사노프는 이제 RCA 사장직을 맡아 세계 최고의 강력 장치라 할 만한 미국 라디오 네트워크를 지배하기에 이르렀다. 하지만 그의 제2의 고국은 심히 휘청거렸고 무료 급식소가 도처에 생겨났으며 RCA 수익은 3분의 2가량 주저앉았다. 그런 상황에서 데이비드는 무슨 일을 할 수 있었을까?

기계장치가 폭파하려는 순간 관제실에 가두는 것만큼 리더를 테스트하기에 좋은 방법이 또 있을까? 1932년에 라디오 판매액이 3분의 1만큼 줄어들면서 RCA는 100만 달러의 손실을 감수해야 했다. 위대한 CEO들은 어려움 속에서도 냉정함을 잃지 않고 경영하는 법을 배워나간다. IBM의 왓슨 시니어는 영업직원들을 계속해서 고용했는데 그것은 그들 스스로 필요한 매출액을 끌어들여 스스로의 급여를 충당할 수 있다는 판단 때문이었다. 왓슨이 영업직원을 소중히 여겼다면, 데이비드는 과학자를 높이 칭송했다. 데이비드는 자신의 급여와 함께 직원들 급여를 감봉하면서도 자사의 과학자들에게는 계속해서 미개척 영역을 탐구하도록 격려했다. RCA의 미개척 영역은 바로 텔레비전이었다.

데이비드는 라디오가 대공황에서 살아남으리라고 확신했다. 대부분의 동료들은 비웃었지만 데이비드는 라디오야말로 실직자에게 가장 저렴하게 오락거리를 제공해줄 원천이라고 주장했다. 제아무리 가난한 국가라도 웃음을 주는 위안거리는 필요한 법이다. RCA는 휴대용 라디오를 세상에 내놓음으로써 사람들이 집을 떠나서도 밥 호프나 윌 로저스의 유쾌한 응원 메시지에 귀 기울일 수 있도록 했다. 라디오는 냉장고나 텔레비전은 포기하고 기꺼이 선택할만한 가정 필수품으로 자리 잡았다.

1932년 미국 대통령 선거가 끝나자 미국인들은 라디오 판매의 최고 공헌자인 프랭클린 루스벨트 대통령에게 귀를 기울였다. 그의 푸근하고 정감어린 라디오 좌담은 온 가족을 라디오 주위로 불러들였다. 당대의 생활상을 찍은 사진을 보면 미국인들은 마치 루스벨트 대통령이 그물망 스피커에서 성자와 같은 모습을 드러내기라도 할 것처럼 라디오를 빤히 들여다보고 있다.[24] 루스벨트 대통령은 갸우뚱 고개를 기울인 RCA의 니퍼를 대신해도 좋을 만큼 라디오를 대표하는 상징으로 떠올랐다. 1940년에는 루스벨트의 요청에 따라 데이비드가 백악관에 테이프 녹음기를 설치했는데, 언젠가 한번은 루스벨트가 자신의 대선 경쟁자인 웬델 윌키Wendell Willkie에게 여자 친구가 있다는 루머를 퍼뜨릴지의 여부를 놓고 논의하는 내용이 포착되기도 했다. 당시 루스벨트는 마이크 플러그를 꽂아놓지 않은 상황이었는데 오히려 그것은 리처드 닉슨Richard Nixon보다도 그가 미디어에 정통해 있다는 사실을 증명해주었다.

1933년 데이비드는 당시 입주자들을 애타게 찾아다니던 록펠러 센터라는 새로운 건물 단지로 RCA 본사를 옮겼다. 록펠러 일가는 메트로폴리탄 오페라Metropolitan Opera 입주에 많은 기대를 걸고 있었지만 당시 비영리 조직에 돈을 대주던 영리단체 후원자들의 재정 상황이 악화되면서 필요한 자금을 확보하지 못했다. 데이비드는 건물 코너에 아르데코 명작으로 장식된 스위트룸을 차지하고 거기에 흰색 오크 가구와 전용 화장실은 물론 숱 없는 머리를 최대한 보기 좋게 가꾸기 위한 이발소 의자를 들여놓는 호사를 누렸다. 만약 당신도 데이비드처럼 클라크 게이블Clark Gable이나 존 베리모어John Barrymore 같은 유명인사와 지속적으로 사진 찍기를 즐기는 사람이라면 자의식이 강한 사람임이 틀림없다.

데이비드는 사진 말고도 오래된 전보 키를 설치해놓고 전보 시스템을 이용해 별난 구식의 방법으로 직접 메시지를 두드렸다. 맨해튼 위로 그리고 미국의 몰락하는 부 위로 우뚝 솟아 있던 70층짜리 건물에서는 'RCA'가 찬란히 붉은 빛을 발했다.[25] 1934년 미국 전체가 22퍼센트 실업률로 고통 받던 시절에 RCA는 서서히 수익성을 회복하면서 사실상 모든 채무 변제를 갚았다.

텔레비전이라는 블루오션을 발견하다

경영대학원 학생들에게 '선발자의 이익first mover advantage'만큼이나 진부한 가르침도 없을 것이다. 거기에 대해 당신은 이렇게 대꾸할지도 모르겠다.

"아 그래요? 구글Google이 최초의 검색 엔진이었던가요? 아이튠iTune이 최초의 음악 다운로더였나보죠? 이베이eBay는 최초의 경매 사이트였나요?"

답은 모두 '아니오'다. 여러분은 일회용 기저귀 척스Chux를 구매해본 적이 있는가? 레이클러Reychler 세탁기 세제는 어떤가? 그들은 각각 팸퍼스Pampers 기저귀와 타이드Tide 세제보다 수년이나 앞서 출시됐지만 종국에는 뒤처지고 말았다. 맥도날드의 레이 크록을 다루는 다음 장에서도 설명하겠지만 맥도날드 역시 햄버거와 가느다란 감자튀김을 즉석에서 만들어내던 최초의 음식 노점은 아니었다.[26] '최초의' 이익보다는 '최고의' 이익에 승부를 거는 편이 낫다.

그렇다면 텔레비전을 발명한 이는 누구였을까? 이 질문을 던지려면 저마다 자신이 노벨상과 수십억 달러 상금을 받았어야 마땅하다고 우기는 상처 입은 무리들을 만나야 한다. 마르코니가 공중으로 도트와 대시를 전송할 수 있다는 사실을 입증한 이후로 많은 이들이 흑백의 도트를 전송해 하나의 이미지를 만들어낼 수 있다고 생각했다. 20세기로 접어들면서 특허 사무실에 수많은 신청서가 날아들었지만 그중에 눈이 번쩍 뜨일만한 것은 없었다. 거기에는 알렉산더 그레이엄 벨이 제출한 것도 있었고 프랑켄슈타인Frankenstein이라는 미심쩍은 이름의 남성이 보내온 것도 있었다. 그로부터 수년이 흘러 보리스 로싱Boris Rosing과 블라디미르 즈보리킨Vladimir Zworykin이라는 러시아인 팀이 브라운관cathode-ray tube 실험에 착수했다.

이러한 전문 과학자들이 연구실에서 실험을 거듭하고 있을 동안 아이다호에 사는 열네 살짜리 소년은 과학 선생님에게 자신의 전도 유망한 아이디어를 열심히 설명하고 있었다. 필로 판스워스Philo Farnsworth라는 이름의 소년은 손장난을 치며 놀다가 텔레비전 과학 뒤에 숨은 결정적인 개념을 발견했다. 미국 극작가 아론 소킨Aaron Sorkin의 권위적인 희곡인 〈판스워스의 발명The Farnsworth Invention〉은 텔레비전 과학의 신동인 필로 판스워스와 텔레비전 비즈니스의 신동인 데이비드 사노프와의 길고도 때로는 긴장감 도는 관계를 극화한 작품이다.

데이비드 사노프는 텔레비전을 발명하지 않았다. 하지만 그에게는 남다른 능력이 있었다. 그는 전쟁터를 찾아내고 그에 맞게 전투를 지휘하며 누구보다 효율적으로 사람들에게 영감을 불어넣는 능력이 있었다. 워싱턴 규제기관과 전쟁부, 과학자와 경쟁업체, 주주, 금융업자, 광고업자 등이 그런 무리에 속할 것이다. 사회 변화를 주도할 테크놀로지를 개발하는 과정에서 CEO는 험난한 여정을 순조롭게 성공으로 이끌어나갈 방법을 강구해야만 한다. 전쟁터를 똑바로 직시하고 빈틈없이 일을 처리하는 것이야말로 사노프가 알려주는 가장 중요한 교훈일 것이다.

데이비드는 마르코니사 사환이던 시절에 막 떠오르던 과학에 깊이 매료되어 기술 매뉴얼과 특허 신청서에 빠져들었다. 시간이 흘러

1923년에 RCA의 젊은 간부가 된 그는 다시 테이블 앞에 앉아 생각을 모으고 또 다른 통찰력 있는 메모를 적어나갔다. 이번에 예견한 것은 '뮤직 라디오 박스'가 아닌 '가정용 텔레비전'이었다. 텔레비전을 통해 소리는 물론이고 눈으로 볼 수 있게 할 생각이었고, 그것은 '매스 커뮤니케이션의 궁극의 경지'에 오를만한 것이었다.[28] 1923년만 해도 RCA 최고의 과학자들은 아직 텔레비전의 초보적인 테스트를 통과할 때까지 7년을 남겨둔 상태였고, 방 하나를 건너 펠릭스 더 캣Felix the Cat(고양이 만화 캐릭터)의 흐릿하고 뭉개진 이미지만을 전송할 수 있었다. 1930년까지만 해도 대다수 커뮤니케이션 사업가들의 실적은 그리 신통치 못했다. 펠릭스 전송 테스트를 무사히 통과하려면 인형을 단단히 고정시켜야 했고 참기 어려운 정도의 열과 빛이 필요했다. 텔레비전은 정신을 잃고 쓰러질 정도만큼이나 지독한 열기와 불빛 아래서 사람들의 동영상 이미지를 전송할 수 있었다.

그래도 데이비드는 낙담하지 않았다. 그는 과학자 고참이던 블라디미르 즈보리킨에게 모네 작품처럼 흐릿한 영상보다 조금이라도 또렷한 영상을 얻어내려면 얼마나 돈이 드는지 물었다. 즈보리킨은 10만 달러라고 대답했다. 몇 년 후 데이비드는 블라디미르 즈보리킨이 위대한 발명가일뿐 아니라 역사상 최고의 세일즈맨이라고 칭송했다. 즈보리킨은 텔레비전에 10만 달러 가격표를 붙였고 데이비드는 수백만 달러 웃돈을 얹어 그것을 사겠다고 나섰다.

데이비드는 투자를 후회하지 않았다. 그는 전자의 위대함을 전파하는 선교사였고, 텔레비전은 그가 라디오 다음으로 숭배하는 대상이었다. 1930년대에는 RCA의 연구 특허권을 지켜냈고 정부 규제기관들을 따돌렸을 뿐 아니라, 젊은 필로 판스워스의 특허권에 라이선스 비용을 지불했다. 데이비드는 열정과 인내심을 보여주었고, 대중의 시청 준비가 완료될 때까지 텔레비전 공개를 하려들지 않았다. 1931년부터 1937년까지 연구원들에게 보다 선명한 이미지 조정 작업을 격려하면서 화면 행수line count를 48개에서 441개로 늘렸는가 하면(오늘날 HDTV는 1,080개의 순차주사 행수progressively scanned line를 만들어낼 수 있다) 삼색(검정색·흰색·회색)의 정확한 조색판 제작을 적극 밀어붙였다. 초창기 텔레비전 연기자들은 화면에서 정상적인 모습으로 나오게 하기 위해 입술과 얼굴을 각각 검정색과 파란색으로 칠해야 했다. 1938년에 데이비드는 라디오 제조업체 협회Radio Manufacturers Association를 향해 가정용 텔레비전이 황금대 시간에 방영할 수 있도록 준비가 완료됐음을 당당히 선언했다. 그래도 아직은 미흡했다. RCA는 여러 가정의 거실에서 실무적인 시행착오를 겪어야 했다.

데이비드는 드디어 최고의 순간을 만끽할 준비를 끝마쳤다. 그렇다면 이제는 대변혁을 몰고 올 기계의 떠들썩한 홍보 행사가 필요했다. RCA/NBC는 최초의 프로그램 방송을 방영할 예정이었다. 그렇다면 최고의 선전 효과를 얻을 수 있는 장소는 어디일까? 역사 공부를 하면서 지난 1876년 세계박람회에서 벨이 전화기를 선보이면서 일어났던 열광적인 순간에 대해 읽은 적이 있었다. 세계박람회 사상 두 번째의 폭발적 반응이 일어날 수 있을까? 데이비드는 가능하다고 생각했고, 1939년 뉴욕 세계박람회(토머스 왓슨 시니어도 이곳에서 자신의 대흥행을 기대했다)를 선택했다. 텔레비전은 흐릿한 펠릭스 더 캣

의 이미지 이상으로 발전했지만 카메라는 여전히 강한 불빛이 필요
했다. 오프닝 날 비가 오거나 하늘에 잔뜩 먹구름이라도 낀다면 큰일
이었다. 사람 모습 대신에 커다란 검정과 회색 얼룩이 전송된다면 데
이비드와 RCA의 꼴이 어떻게 될 것인가.

　오프닝 당일 데이비드는 박람회 장소로 차를 몰았다. 그 뒤로는 이
동용 방송 장비가 되어줄 RCA/NBC 버스가 뒤따랐다. 그것은 오늘
날 인기 스포츠 중계 프로그램인 먼데이 나이트 풋볼Monday Night Foot-
ball의 방송을 위해 스타디움으로 향하는 버스 행렬과도 흡사했다. 데
이비드와 버스는 행사장 연단에서 15미터 정도 떨어진 곳에 차를 세
웠다. 쌀쌀한 4월 날 오버코트를 입고 모자를 갖춰 쓴 남성들이 행사
장에 나타났다. 데이비드는 RCA 전시장 앞에서 장비 설치를 도왔는
데 당시 모습을 찍은 사진에는 스웨터 차림의 한 남자가 몸의 한기를
막기 위해 잔뜩 움츠리고 있다. 행사장 연단에 서게 될 주인공은 누
구였을까? 라디오 최고의 세일즈맨으로는 그 누구도 따라올 자 없는
프랭클린 루스벨트 대통령이 그만이었다. 하지만 텔레비전 시청자들
은 과연 그를 알아볼 수 있을까? RCA는 인근 가정들에 약 100대의
텔레비전 수상기를 설치했고, 박람회장과 RCA 건물에도 모니터를
설치했다.[29]

　카메라맨이 무대 앞에 나 있는 길로 카메라를 비추고 전원 스위치
를 올렸다. 유즐리안 이민자 출신의 데이비드는 카메라를 쳐다보고
하늘을 올려다보았다. 태양이 구름 사이를 뚫고 나와 카메라를 밝게
내리비췄다. 전자 빔 방출과 또렷한 동영상 전송을 위해서는 광파는
필수적이었다. 이어 카메라와 마이크에 이미지와 음성으로 포착된

루스벨트 대통령의 자동차 행렬이 텔레비전 화면을 가득 채웠다. '작은 꽃'이라는 별명을 지닌 카리스마 있고 다부진 라과디아La Guardia 뉴욕 시장이 흐트러짐 없는 자세로 카메라를 똑바로 응시하면서 세계 최초의 클로즈업 화면의 주인공이 됐다. 시청자들은 나팔수의 연주를 듣는 가운데 미국 국기가 높은 깃대를 올라가는 모습과 미풍에 선명한 줄무늬가 흔들리는 모습을 지켜보았다. 루스벨트 대통령이 세계 평화를 위해 축배를 들고나자 데이비드가 한 걸음 앞으로 나아갔다.

행운이 다른 곳으로 방향을 틀었다면 그는 아직도 러시아의 가난한 소작농으로 기술 진보나 자유와는 아무런 상관없는 삶을 살고 있을지도 몰랐다. 그러나 그는 새로운 시대를 선포했다. "이제 우리는 라디오에 화면과 음성을 추가했습니다. (…) 그것은 모든 사회에 기여할 새로운 예술입니다. 근심 많은 세상에 희망의 횃불처럼 빛나게 될 예술입니다. 모든 인류의 공익을 위해 우리가 반드시 활용하는 법을 익혀야 할 창조의 기술력입니다." 그의 연설은 감격적이고 예언적이었다. 만약 그때 그가 텔레비전에서 나치 포로수용소나 베트남전의 처참한 상황이라든가 육감적 몸매의 구조대원들이 나오는 SOS 해상구조대처럼 머릿속을 떠나지 않고 맴도는 이미지를 시청자들의 거실로 내보낸다는 사실을 알았더라면 과연 어떤 말을 했을까?

RCA 전시장에는 호기심 가득한 남녀노소 청중들이 구름떼처럼 모여들어 RCA의 10인치 흑백텔레비전 수상기를 지켜보았다. 사람들은 굉장한 충격을 받았지만 그들 중에 400달러에서 700달러를 호가하는 텔레비전을 주문한 사람은 아무도 없었다. NBC는 곧이어 매일 10

시간에 가까운 방송 중계를 시작했다. 거기에는 야구중계와 퀴즈쇼, 드라마가 포함됐지만 NBC에서 더 많은 프로그램 방송을 제작하는 동안 테스트 화면이 나오는 경우가 빈번했다. 라디오가 들불처럼 번져갔다면 텔레비전은 축축한 성냥갑에서 떼어난 신통찮은 성냥 같았다. 1939년 한여름까지 1,000대가 채 안 되는 텔레비전이 판매되었고, 〈라디오 데일리Radio Daily〉 방송의 험담꾼들은 그러한 저조한 판매 현상을 가리켜 '사노프의 실책'이라고 명명했다.

데이비드는 텔레비전 가격 인하와 함께 대형 스타들이 등장하는 정규 방송 프로그램을 약속했고, 미디어 최초의 시계 기업 광고주인 불로바Bulova(훗날 소니의 광고가 불로바의 기록을 꺾었다)를 끌어들였다. 블로바에 청구한 광고비용은 1분당 4달러였고 그 후로 광고 비용은 계속해서 올라갔다. 데이비드에게 포기나 양보란 없었다.

진짜 전쟁터에 뛰어들다

데이비드 사노프에게는 다른 경쟁업체들에 비해 비즈니스 전쟁터를 제대로 식별해내는 재능이 있었다. 2차 세계대전에는 진짜 전쟁터를 목격할 기회도 있었다. 1920년대와 1930년대에는 미 육군 통신대Signal Corps에서 보충병으로 충실히 복무한 덕분에 대령 직을 얻었으며, 미래의 전쟁에서 싸워나갈 방법을 골똘히 생각해내기도 했다. 2차 세계대전이 일어나기 10년 전에는 미 육군대학 청중들을 향해 언젠가 라디오 송신기와 텔레비전 카메라로 인해 정찰기가 한 치의 오차도 없이 정확하게 대포를 발사할 수 있게 될 것이라고 말했다. 진주만 사건을 몇 달 앞두고는 루스벨트 대통령에게 RCA 통신 채널이 군대에 결정적인 공헌을 할 수 있다는 사실을 주지시켰다. 일본군의 공격이 시작되자 그는 즉시 대통령 집무실에 다음과 같은 메시지를 보냈다. "저희 RCA의 모든 설비는 각하의 즉각적인 요청에 따를 것입니다. 각하의 명령을 기다리고 있겠습니다."

겉치레 인사가 아니었다. 데이비드는 히틀러Hitler와 히로히토Hirohito로부터 서구를 구제하는 일에 자신의 기업을 기꺼이 헌신할 용의가 있었다. 민스크 지역의 악랄한 코사크 병사들이 죄 없는 사람들을 두려움에 떨게 했던 어린 시절의 기억이 그에게 애국심을 불러 일으켰다. 그는 또 자신의 목숨과 군복무를 마친 세 아들을 기꺼이 헌신할 생각이 있었다. 2차 세계대전 중에 그는 기업 공장들에게 전시 사용을 대비하도록 지시했고, RCA는 무인비행기, 미사일, 대포의 길잡이 역할을 해줄 4,000대가 넘는 텔레비전 카메라와 함께 초음파와 항법장치 및 워키토키에 사용되는 전자관 수백만 개를 제공했다.

그 후 데이비드의 역할은 유능하고 애국심 강한 CEO의 임무에서 보다 개인적인 면모를 띄게 됐다. 쉰 살이 된 그에게는 낙하산 부대를 이끌거나 해안 상륙전을 펼칠만한 체력이 없었다. 그럼에도 1944년 어느 봄날 그의 전화기가 울렸다. 아이젠하워Eisenhower 장군의 집무실에서 걸려온 전화였다. 장군은 그에게 뉴욕에서 런던으로 오는 첫 번째 군용 수송기에 올라타라고 지시했다. 데이비드는 무슨 임무인지는 알지 못했지만 나치의 폭탄이 런던을 폭파했다는 사실은 알고 있었다. 장거리 비행 끝에 아이젠하워에게 도착 사실을 알렸다. 아이젠하워가 워싱턴에 있는 장군들에게 디데이D-day에 중요한 역할을 해줄 통신망 구축의 최고 적임자를 보내달라고 했을 때 데이비드 사노프를 추천한 것이었다. 아이젠하워는 데이비드에게 정확한 디데이나 노르망디 상륙 목표에 대해서는 자세히 알려주지 않았다. 그는 예측 불허의 노르망디 상륙을 성공시키기 위해 미군과 캐나다군, 영국군을 연결해줄 획기적인 무선 통신과 방송국을 적시에 완성시키도록 주문했다.

데이비드에게 얼마의 시간이 주어졌을까? 그것은 몇 달 혹은 몇 주가 걸릴 수도 있는 문제였고, 날씨 상황이라든가 나치의 진군이나 처칠의 기분상태에 따라서도 달라질 수 있었다. 전시가 아닌 평시에 밥 호프의 신랄한 유머 감각이나 엄청난 봉급만이 문제가 되던 때에도 NBC를 개편하는 데에만 수년이 걸렸는데 말이다.

아이젠하워가 내린 임무는 데이비드가 지닌 정치와 기술 및 비즈니스의 경험과 에너지 전부를 요구했다. 그것은 일생일대의 임무였다. 데이비드는 새로운 통신망 설립을 위해 밤낮 없이 일하면서 송신기들을 확보해나갔고, 미국과 영국의 장교들은 물론 BBC 중역들과도 교섭했다. 믿음직스런 시스템이 없다면 아이젠하워는 위험한 공격을 감행할 수 없었다. 그는 또한 미디어 취재단을 만들어 기자들이 전쟁 보도 내용을 함께 공유할 수 있기를 원했다. 아이젠하워는 영국 라디오를 자유자재로 다루는 처칠의 모습을 지켜보고는 선전 활동이 사기 진작에 강력한 도구라는 사실을 깨달았다. 오늘날에는 그러한 미디어 집단이 예사로운 것이지만 당시 BBC는 그의 요청을 거절했다. 아이젠하워 장군의 압력에 시달리던 데이비드는 영국 정보부장관을 찾아가 하소연했다. 하지만 그는 미국인들이 통신망을 좌지우지할 것을 염려해 그의 부탁을 딱 잘라 거절했다. 시간은 촉박하게 흘러갔다. 데이비드는 어떻게든 네트워크를 가동해야 했다. 그는 아이젠하워가 정확히 언제 디데이의 방아쇠를 당길지 알 수 없었다.

영국 정보부장관을 꼼짝 못하게 할 사람은 한 사람뿐이었다. 데이비드는 다우닝 스트리트 10번지로 차를 몰았다. 이 외교 임무 수행에 실패한다면 아이젠하워를 대면하는 것은 불가능했다. 데이비드는 밀실에서 처칠을 만나 자신의 통신 계획을 알리고 연합군 통일 전선을 강조하면서 정보부장관의 고집을 꺾어달라고 간곡히 부탁했다. 처칠은 그의 말을 듣더니 고개를 가로저었다. 그는 데이비드의 생각에 동의할 수 없었다. 하지만 그 모든 눈앞의 고민거리와 연합군 와해를 부추기는 문제들을 생각해볼 때 미국의 통신 계획을 저지할 수는 없었다. 결국 처칠은 정보부장관의 결정을 철회했다.[30]

데이비드는 디데이 이전에 임무를 완수했다. 아이젠하워는 역사상 가장 과감하고도 목숨을 건 공격을 조직하고 수행하는 데 필요한 통신 수단을 갖게 되었다. 장군은 적임자를 제대로 골라낸 것이다. 이제 앞으로 노르망디 침투와 관련한 사진과 비디오 영상을 보게 된다면 다우닝 스트리트 10번지에서의 회담을 기억해주기 바란다.

데이비드는 보병은 아니었지만 몸소 전쟁을 경험했다. 런던을 떠나기 전 독일 공군이 오늘날 크루즈 미사일의 전신이자 날카로운 소음의 주인공인 V-1 폭명탄을 발사했을 때 런던 주민들과 함께 공습 대피소로 피신했다. 디데이 이후에 아이젠하워의 명령으로 주둔하던 노르망디에서는 독일군과의 포격전에 휩쓸린 적도 있었다. 독일군이 파리에서 달아나자 그는 지프차를 공수해 급히 파리로 차를 몰고 가 그곳에서 괴벨스Goebbels를 비롯한 나치 추종자들의 도구로 전락했던 라디오 프랑스Radio France를 되찾아 자유를 외치는 민중의 목소리로 바꿔놓았다. 데이비드는 그날 하루만큼은 자신이 드골 장군을 앞섰다면서 친구들에게 자랑스레 떠벌렸다. 프랑스는 데이비드에게 레지옹 도뇌르Legion D'Honnour 훈장을 수여했고, 미 육군은 그의 제복에 실버 스타 준장 계급장을 달아주었다.

이 책은 장군들이 아닌 CEO들에 관한 책이다. 그런데 데이비드 사노프의 전시 업적에 대한 설명이 웬일인가 싶을지도 모르겠다. 2차 세계대전이 끝난 후에 데이비드는 사노프 장군이라는 호칭으로 알려졌고, 물론 그는 이것을 매우 자랑스럽게 생각했다. 어쩌면 그러한 직함에 너무도 의기양양해진 나머지 다시금 거들먹거리는 태도를 얻게 됐는지도 모른다. 하지만 그의 전시 업적은 그가 정말로 대단한 것을 갖고 있었음을 증명했다.

1944년 그는 분초를 다투는 힘겨운 시간의 압박과 관료주의의 극심한 저항에도 불구하고 연합군 최고사령관에게 없어서는 안 될 통신을 구축했다. 그는 제시간에 맞춘 탁월한 실력으로 임무를 완수했다. 20세기 역사상 가장 무모한 순간에 뛰어난 역량과 근면과 대담성을 필요로 했던 아이젠하워에게 데이비드 사노프가 그의 부름에 열정적으로 응답한 것은 대단한 행운이었다.

네모난 상자에 뜬 무지개

　2차 세계대전이 끝나자 미국인들의 호주머니 사정은 좋아졌고, 전쟁에 불려갈 걱정도 줄어들었다. NBC는 더 많은 프로그램 방송을 만들어냈고, 1948년 무렵에는 RCA가 텔레비전 수상기 20만 대를 판매하면서 80퍼센트의 시장점유율을 차지했다. RCA는 또한 카메라와 진공관 및 프로그램 제작업과 광고업으로도 돈을 벌어들이면서 다양한 경쟁업체들과 겨루었다. 당시만 해도 텔레비전은 상당히 불안정한 편이어서 진공관이 터지기도 했고, 텔레비전 주인들은 당장이라도 수상기를 발로 차고 싶은 강렬한 충동에 휩싸이곤 했다. 데이비드는 RCA가 서비스 면에서도 두각을 나타낼 필요가 있다고 느꼈다. 그렇지 않으면 제품 사고로 구매자들이 RCA를 비난하고 나설 판이었다. 그는 RCA 서비스 사RCA Service Company를 설립하고 수천 명의 수리 직원들을 양성해 고객들에게 서비스 계약을 판매했다. 당시만 해도 RCA 직원이 장비함을 들고 현관에 나타나면 시청자들이 기뻐하던 시절이었다.

　1940년대 후반에 이르러 '사노프의 실책'은 빠른 속도로 전환기를 맞이했고, 라디오 텔레비전 제조업체 협회Radio and Television Manufacturers' Association는 그를 '미국 텔레비전의 아버지'로 명명했다. 그러나 얼마 지나지 않아 그는 수비 태세로 돌아서야 했다. CBS의 약삭빠른 CEO 윌리엄 페일리William Paley가 CBS가 컬러텔레비전을 개발했다고 발표한 것이다. 데이비드는 한 방 얻어맞은 듯 아연실색했다. 그는 평소 러시아계 유대인의 후손인 페일리를 좋아했지만 그가 테크놀로지에는 문외한이라고 알고 있었다. 토스터도 어떻게 작동하는지 모르는 사람이 컬러텔레비전을 안다는 것은 말이 되지 않았다. 1940년부터 1953년까지 CBS와 NBC는 연방통신위원회Federal Communications Commission, FCC에서 실험 개발과 제품 판매를 놓고 싸움을 벌였다. CBS의 컬러텔레비전은 NBC보다 몇 년 앞서 출시됐지만 CBS 테크놀로지에는 치명적인 결함이 있었다. 흑백텔레비전을 갖고 있는 사람들에게는 컬러 방송이 나오지 않는다는 문제였다. 데이비드는 비록 흑백 영상이기는 해도 RCA/NBC에서는 흑백텔레비전 주인들도 방송 시청이 가능한 컬러 방송을 만들겠다고 큰소리쳤다. 그는 시장 최초로 진입한 선발자가 반드시 최고는 아니라고 주장했다. 데이비드는 프린스턴 지역의 실험실에서 매일 16시간을 지내면서 연구원들을 격려하며 실험을 거들었고, 그들이 필요로 하는 것은 무엇이든 아낌없이 제공했다. 그는 맨해튼이 내려다보이는 건물 코너의 널찍한 사무실의 주인이었지만 과학자들을 도울 수 있다면 비커와 시험관을 들고 있어도 행복했다. 2차 세계대전 중에 온 힘을 다해 획기적인 통신을 만들어내 아이젠하워를 도와 나치 군을 물리쳤다면 이번에도 반드시 CBS를 물리칠 방법을 알아낼 생각이었다!

하지만 미 연방통신위원회FCC는 데이비드를 기다려주지 않았다. 1951년 FCC는 CBS를 승자로 선언하고 CBS의 기술 표준을 공식 채택했다. 페일리는 기쁨을 감추지 못했고, RCA 과학자들은 낙심했다. 그러자 RCA에게 숨 돌릴 여유가 찾아왔다. 국방부에서 컬러 인광물질을 전쟁에 반드시 필요한 물자로 선포한 것이다. 결국 CBS 조립라인은 가동을 중단했다. CBS는 그동안 6,000만 달러를 쏟아 부은 상태였다. 데이비드 사노프에게는 라운드 종료를 알리는 벨소리에 의해 구원받은 권투선수와도 같았다. 그는 다시 급히 프린스턴으로 돌아가 연구실에 살림을 차리다시피 했다. 모처럼 얻은 구사일생의 순간을 한시라도 놓치고 싶지 않았기 때문이다.

시간을 얻은 RCA 과학자들은 마침내 돌파구를 찾아냈다. 흑백텔레비전 주인들도 시청 가능한 또렷한 방송 화면을 얻어낸 것이다. CBS의 페일리는 직원들에게 CBS와 NBC의 컬러텔레비전을 나란히 비교해볼 수 있는 자리를 마련했다. 직원들은 텔레비전 두 대를 무대로 가져왔다. 위엄 있는 회장이 자리에 앉아 두 대의 텔레비전을 켜는 동안 CBS 임원들이 느꼈을 초조함과 떨림의 순간을 상상해보라. 그동안 CBS가 온전히 쏟아 부은 노고의 산물이 테스트되는 순간이었다. 직원들은 그동안 페일리를 설득해 CBS가 파산할 정도로 기술에 모든 자금을 쏟아 부었다. 페일리는 훗날 이렇게 적었다. "우리는 긴장감 도는 침묵 속에서 15분 동안 텔레비전을 시청했습니다. (…) 누군가가 감히 의견을 낼 때까지 공포의 침묵이 이어졌습니다. 나는 내 생각을 정확히 알고 있었습니다. 나는 자리에서 일어나 말했습니다. '여러분, 제가 먼저 말씀드리게 되어 다행인 것 같군요. RCA 카메라가 우리를 이긴 것 같습니다.' 그러자 아무도 입을 여는 사람이 없었습니다. 그런 다음 방을 걸어 나갔고 그걸로 모든 것이 끝났습니다."[31] FCC는 자신들의 결정을 철회하고 RCA를 컬러 전쟁의 마지막 승자로 선언하며 상황을 종결지었다.

축하 메시지가 RCA 우편함에 쇄도했지만 아직 판매대에는 당도하지 않았다. 컬러텔레비전은 실패작이었고 '사노프의 실책'이라는 말이 또 다시 나돌았다. 1956년 10월 22일자 〈타임 Time〉에는 '빛바랜 무지개'라는 제목으로 끔찍한 비방조 기사가 실렸다.[32] 해당 기사의 작성자는 사노프의 낙관을 '한물간' 것으로 묘사하면서 한 반대론자의 인용문을 실었다. "야구경기장의 잔디가 푸르다는 사실은 알고 있다. 그것이 얼마나 푸른지 확인하기 위해 400달러를 추가로 지불할만한 가치는 없다." RCA의 최대 경쟁기업인인 제니스의 사장은 사노프가 컬러의 장래성을 지나치게 떠벌리며 '과대선전'했다고 불평했다. 경쟁사 GE의 사장은 "컬러텔레비전을 갖게 되면 집에 엔지니어 한 사람을 상주시켜야 할 판"이라고 말했다. 제니스와 웨스팅하우스 Westinghouse 와 GE는 컬러 조립라인을 폐쇄했고, 소매점의 컬러텔레비전들은 뽀얀 먼지를 뒤집어썼다.

데이비드는 그의 예리함을 잃고만 것일까? 그의 날카로운 지성을 잃어버린 것일까? 그의 나이는 예순다섯이었다. RCA 건물은 이제 노인의 인생이 끝났다는 소문으로 웅성거렸다. 하지만 데이비드는 자신이 늙었다고 생각하지 않았다. 그는 회사를 떠나 느긋한 여생을 보낼 마음이 없었다. 적어도 다시 승리하기 전까지는 말이다. 하지만 데이비드는 당시의 컬러 재앙을 어떻게 돌이킬 수 있었을까?

록펠러 센터에서 거리를 내려다보면 그야말로 형형색색의 컬러를 볼 수 있었다. 선명한 넥타이와 양복과 립스틱과 자동차의 색상이 길거리에 가득했다. 1956년에 나온 영화 〈회색 양복을 입은 사나이 The Man in the Gray Flannel Suit 〉는 곧 회색 플란넬 양복의 전성기를 뜻했다. 1998년 영화 〈플레전트빌 Pleasantville 〉을 보면 흑백에서 컬러로의 변천이 어떻게 사회 변화를 가져왔는지 감을 얻을 수 있을 것이다. 격렬한 로큰롤 음악이 검정색과 흰색과 회색과는 절대로 어울리지 않는다는 사실은 분명하다. 데이비드는 로커나 파티광도 아니었고, 페일리는 귀를 쫑긋거릴 맨해튼의 무성한 잡담거리도 혐오하는 사람이었다. 하지만 사회 트렌드에는 관심이 갔다. 1956년에 캐딜락에서 15만 대가 넘는 명품차를 판매할 수 있었다면 컬러텔레비전을 여러 대 판매하는 것도 가능하다고 판단했다. 같은 해에 엘비스 프레슬리Elvis Presley는 어머니에게 핑크색 캐딜락을 사드렸다. 데이비드에게 한 가지 생각이 떠올랐다. 그는 텔레비전 수요를 활성화시킬 일련의 단계에 돌입했다.

먼저 유명인사와 정치가가 첫 번째 대상이 됐다. 선물 포장된 텔레비전이 의원과 금융업자, 출판업자와 연기자들에게 속속 도착했다. 그는 대통령이 된 아이젠하워를 설득해서 귀빈 방문객들이 기거하는 블레어 하우스Blair House에 컬러텔레비전을 들여놓게 했다. 그런 다음에는 자신의 공장을 경쟁업체들에게 개방하고 자신의 청사진과 상세가격표를 공개했다. 오늘날 일부 컴퓨터 제조업체와 소프트웨어 개발자들은 '오픈 아키텍처'를 제시하며 자사의 영향력을 확대하고 자사 네트워크로 더 많은 사람들을 끌어들인다. 마찬가지로 데이비드도 이와 비슷한 활동의 선구자로서 심지어 경쟁업체들 사이에서도 컬러텔레비전에 대한 광범위한 지지 기반을 구축하고자 노력했다.

그는 또한 소매가격을 낮췄고, 당시 신화에 가깝던 만화작가를 스카웃해 ABC에서 NBC로 끌어들여 〈월트 디즈니의 화려한 컬러 세상Walt Disney's Wonderful World of Color〉이라는 일요일 밤의 깜짝 프로그램을 만들어냈다. 프로그램 첫 회에서는 도널드덕Donald Duck의 실수투성이 루드비히 본 드레이크 삼촌Uncle Ludwig von Drake이 컬러 이미지의 작동법을 설명하기도 했다. CBS와 ABC는 컬러프로그램에 거부 반응을 보였는데 흑백프로그램보다 4분의 1가량 제작비가 더 든다는 이유 때문이었다. 하지만 그 후에 컬러텔레비전 주인들의 텔레비전 시청률이 4분의 1 가량 더 많다는 사실을 보여주는 조사 결과가 데이비드 사무실에 속속 당도하기 시작했다. 데이비드는 1960년에 컬러텔레비전이 RCA에 최초로 수익을 일으켰다고 발표했다(물론 수익률은 지극히 낮았다). 그러자 애드머럴Admiral이나 패커드 벨Packard Bell 같은 기업들이 RCA 브라운관을 주문했고, 1961년 2월에는 제니스 대표가 창피함을 무릅쓰고 RCA에 전화를 걸어 브라운관 5만 개를 주문하는 수모를 겪어야 했다. 몇 년이 안 되어 20개 업체들이 급격하게 증가한 수요를 만족시키기 위해 수십억 달러 시장에 뛰어들었다. 데이비드는 이제 더 이상 한물간 열성분자로 보이지 않았다.

30년이 지나자 페일리는 컬러 전쟁에서 싸운 라이벌에게 찬사를 보냈다. "그는 패배를 인정하기를 거부했고 (…) 워싱턴을 거듭 방문해 사람들을 집결시켰고 (…) 과학자들을 격려해 완벽한 시스템을 만들어냈습니다. 그는 컬러의 위인입니다."[33]

NBC가 어떻게 컬러 전쟁에서 승리했는지를 묻는 질문에 밥 호프는 데이비드 사노프가 컬러 크레용을 들고 텔레비전 뒤에서 설쳐댔기 때문이라는 엉뚱하고 색다른 대답을 내놓기도 했다.

† †

오늘날 기업들이 벌이는 전쟁은 극적인 장면을 연출하면서 참혹한 전쟁터를 방불케 한다. 보잉 Boeing 과 에어버스 Airbus 는 이미 여러 해에 걸쳐 전쟁을 벌이고 있다. 두 업체의 영업 인력들은 정부 규제기관이나 막대한 연구개발비를 염두에 두어야하며 각국의 항공사들이 미국과 유럽 권력의 상징물 가운데 어느 쪽을 구매할지 결정해야 하는 상황인 만큼 외교정책에도 각별한 신경을 써야한다. 물론 보잉이나 에어버스 비행기 구조물을 살펴보면 수십 개 국가들의 공로 흔적을 찾아볼 수 있다. 유럽의 에어버스는 미국인들이 아니었다면 세워질 수 없었고, 미국의 보잉은 유럽인들이 아니었다면 세워질 수 없었다. 이제 곧 세상에 나올 보잉 787은 이탈리아에서 만든 동체와 일본의 미쓰비시 Mitsubishi 와 가와사키 Kawasaki 및 후지 Fuji 에서 만든 날개로 비행기 형태를 갖추게 될 것이다. 또한 보잉과 에어버스는 모두 중국에 업무 분담을 제안하고 있다. 앞으로 중국이 20년에 걸쳐 2,800억 달러가량을 항공기에 쏟아 부으면서 미국에 이어 두 번째의 세계 최대 구매국이 될 예정이기 때문이다.[34]

21세기가 시작되던 무렵만 해도 에어버스는 보잉을 제치고 항공기 제조의 선두업체라는 칭호를 얻었지만 2006년에 데이비드 사노프의 교훈을 망각하면서 경로를 이탈하고 말았다. 데이비드는 과학자들에게 분발을 외치면서도 완성품 제작을 고안해내기 전까지는 컬러텔레비전을 판매하지 않았다. 하지만 에어버스는 기체 제작 공정을 제대로 파악하기도 전에 덩치 큰 A380 비행기의 제작 선주문을 받았다. 하지만 기체 중심부를 통해 수백 마일 길이로 뻗어 있는 수십만 개 전선을 조합하는 방법도 제대로 파악하지 못하느라 기체 제작이 수

년 동안 지체되었다. 설상가상으로 각종 소프트웨어 시스템들은 서로 소통을 거부하는 듯 보였다. 이러한 지체는 결국 항공사들의 주문 해약 사태를 초래했고 납품일자를 위반한 명목으로 에어버스가 수억 달러 위약금을 물어낼 위기에 처하면서 기업에 60억 달러 상당의 비용을 치르게 했다. 1년 사이 에어버스의 고위 간부 3명이 해고되었고, 존 리히John Leahy 영업본부장은 자신의 기업을 가리켜 '난장판'이라는 공공연한 비난도 서슴지 않았다.[35] 다행히 그는 일자리를 건사했다. 프랑스 툴루즈Toulouse에서 A380이 최초로 공개되는 자리에서 자크 시라크Jacques Chirac 프랑스 대통령은 "하늘을 나는 이 원양 선이야말로 콩코드Concorde처럼 역사에 길이 남을 것"이라고 말했다.[36] 하지만 그의 반어적인 표현이 제대로 번역되지는 않은 듯 하다.

　CBS와는 달리 데이비드 사노프는 흑백텔레비전으로는 시청이 불가능한 컬러텔레비전을 판매하길 거부했다. 그는 개개인의 삶을 믹서로 아무렇게나 혼합시키는 일 없이 정돈된 형태로 테크놀로지 세상을 바꾸려 했다. 반면 에어버스는 공항을 쓸모없게 만들어놓는 여객기를 판매하면서 공항 당국들에게 슈퍼점보 여객기를 취급할 수 있는 게이트와 활주로를 위해 수백만 달러를 투자하게 만들고 있다. 여기에 더해 항공 과학자들은 현재 A380이 지나간 자리가 그를 뒤따르는 비행기들을 위험에 빠뜨릴 수 있다고 경고한다. 대형 비행기들은 날개 끝 뒤쪽으로 작은 토네이도 소용돌이를 만들어내기 때문이다. 국제민간항공기구International Civil Aviation Organization는 A380을 뒤따르는 비행기들의 경우 보잉 747 점보보다 3배 이상 거리 간격을 유지하라는 깜짝 놀랄 권고안을 내놓았다. 그것은 다시 말하면 A380이

커다란 몸집의 비행기에 엄청난 인원을 채워 넣는 방법으로 교통량을 줄인다고는 해도 다른 비행기들의 이륙 전 활주로 대기 시간을 연장시킴으로써 공항 혼잡을 초래할 수 있음을 의미한다.[37]

현재로서는 에어버스의 기술적 도약이 사람들을 풍요롭게 만들어주기는커녕 성가시게 만들고 있다. 앞으로 에어버스 A380이 훌륭한 비행기로 입증될지는 아무도 모를 일이다. 그렇다 해도 지금까지의 여정은 간부 식당을 이용하는 임원들의 경력을 망쳐놓았을 뿐 아니라 도시락을 싸들고 다니는 하급 노동자들의 일자리마저 위협하고 있다.

전보 소년의 마지막 나날들

컬러 전쟁이 1960년대에 막을 내리자 데이비드 사노프는 은퇴기로 접어들면서 아들 로버트Robert에게 경영권을 넘겨주었다. 여기서 그가 RCA 텔레비전으로 NBC 방송을 시청하고 인터넷과 같은 새로운 아이디어를 구상하며 여생을 보냈다고 적었다면 얼마나 흐뭇했을까. 하지만 애석하게도 1968년 일흔일곱의 그는 3년에 걸친 유양돌기절제술과 뒤이어 발생한 감염으로 중환자실 신세를 지게 됐다. 이로 인해 일부 운동 기능이 손상되기는 했지만 그는 여전히 비범한 총기를 보여주었고, 보조 장치를 통해 신문을 읽으며 최신 기술 정보를 업데이트해 나갔다.

데이비드 사노프는 1971년 12월 12일에 눈을 감았다. 뉴욕 주지사

넬슨 록펠러Nelson Rockefeller는 미국 국기로 감싼 사노프의 관 옆에 서서 그의 위대한 인생을 칭송했다. "그의 역량에 깃들어 있던 천재성은 다른 사람들과 동일한 것을 바라보되 더 너머의 것을 바라보았습니다."

혹자는 라디오와 텔레비전을 한낱 장비로 치부했겠지만 데이비드의 눈에는 삶을 풍요롭게 해줄 값진 도구로 보였다. 뉴욕에 안장된 사노프 영묘의 앞문에는 원자핵 둘레를 선회하는 전자의 경로가 그려져 있다. 그는 생전에 자신과 전자가 같은 해에 태어난 쌍둥이라는 농담을 곧잘 하곤 했다.

데이비드 생전의 마지막 해에 쉰네 살의 아내인 리지 사노프Lizzie Sarnoff는 그의 침대 곁에 그의 낡은 전보 키를 놓아두었다. 전보 키의 찰칵거림은 소년 시절 그를 단번에 사로잡은 소리였다. 막바지 순간에 접어든 그는 자신의 찬란한 인생에서 가물거리는 기억을 가까이에 붙잡아두었다. 그것은 타이타닉 호에서, 마르코니의 전설에서, 노르망디 해안에서 번개와 잡음을 뚫고 들려오던 급박하고도 애절하며 정신을 일깨워주던 소리였다. 다른 사람들에게는 그저 딱딱거리는 신호음이었겠지만 사노프는 그 속에서 미래를 듣고 만들어냈다.

6

전 세계 황금아치의 영원한 신화

레이 크록

맥도날드
McDonald's

Ray Kroc (1902~1984)

"완벽이란 성취하기 매우 어렵다.
하지만 나는 맥도날드에 완벽을 바랐다."

RAY KROC

1954년으로 돌아가보자. 지금 당신은 외식업계의 혁명을 일으키고 전 세계 수백만 명 어린이들이 부모의 옷자락을 잡아끌면서 해피밀Happy Meal을 사달라고 조르게 만들 남자를 사람들 속에서 골라내려는 중이다. 하지만 당신은 레이 크록Ray Kroc을 지목하지는 않을 것이다. 그는 똑똑하거나 젊지도 않았고 유행에 민감하지도 않았다. 영화배우 그레고리 펙Gregory Peck이 주연을 맡은 1950년대의 전형적인 회색 플란넬 양복 차림의 회사원도 아니었다. 아직 갈 길이 먼 황량한 캘리포니아 주 사막을 지나 샌버나디노San Bernardino에 있는 괴상한 팔각형 모양의 햄버거 가게로 차를 몰고 가던 당시 레이 크록의 나이는 쉰두 살이었다. 그는 당뇨병과 갑상선 질환을 앓고 있었고 이미 담낭을 잃어버린 상태였다. 그는 그레고리 펙처럼 말쑥한 남성보다는 오히려 세상 풍파를 겪어온 그의 정원사 모습에 더 가까웠다. 하지만 햄버거 가게 주차장에 차를 세웠을 때 그는 자신의 인생 최고의 전성기가 백미러 속이 아닌 눈앞에 펼쳐져 있음을 깨달았다. 크록이 앞유리를 통해 바라본 광경은 피곤에 찌든 육신에 활력을 일으켰다. 무엇보다도 앞으로는 '점심'이라는 단어가 120개국 언어로 번역되어 예전과는 전혀 다른 의미를 갖게 되리라는 것은 중요한 사실이었다.

레이 크록의 삶은 우리에게 인내심뿐만 아니라 기업들이 파트너와 공급업체, 대중을 어떻게 다뤄야 하는지에 대한 교훈을 준다. 그리고 그것은 줄을 서서 커피를 사거나 우체국 서비스에 불만해 쓴 소리를 내뱉거나 좀처럼 가격이 올라갈 기미가 보이지 않는 주식을 놓고 고심하는 우리의 일상 속에서 속속 모습을 드러낸다.

자유가 아니면 죽음을

"나는 미국인이다. 나는 저 음울한 도시 시카고에서 태어났다. 나는 어떤 상황에서도 스스로 깨우친 대로 자유롭게 헤쳐 나간다. 그리고 그것을 내 방법대로 기록할 것이다. 제일 먼저 두드리면 그것으로 통과된다. 때로는 순수한 두드림일 때도 있고 그다지 순수하지 않은 두드림일 때도 있다."[1]

노벨 문학상 수상자 솔 벨로Saul Bellow가 창조해낸 허구 인물인 오기 마치Augie March의 독백 구절이다. 그는 허구 인물이었지만 레이 크록은 1902년에 태어난 실존 인물이었다. 크록의 아버지 루이스Luis는 레이가 열두 살 때 웨스턴 유니언 전신 회사의 메시지 관리일을 시작했다. 루이스는 어떻게든 아들을 고등학교만이라도 졸업시킬 생각이었지만 아들은 학교에 진득이 붙어 있질 못했다. 그는 좀처럼 선생님들의 말을 듣지 않았다. 그의 부모는 공상하기 좋아하던 아들을 대니 드리머Danny Dreamer라고 불렀다. 오늘날이라면 주의력결핍장애 ADD라는 진단을 받고 약물을 복용해야 했지만 그에게는 어디로든 자유롭게 떠나고 싶은 꿈이 있었다. 피아노 선생님이었던 어머니 로즈 Rose는 아들에게 피아노 치는 법을 가르쳤고, 레이는 금세 요령을 터득했다. 그는 인근 교회에서 오르간을 연주했지만 그곳에서도 순순히 규정을 따르는 일에 애를 먹었다. 질풍노도의 시기를 보내던 그에게 성가대 지휘자와 우울한 성가 화음은 숨이 막힐 듯 답답했다. 그는 "50센트로 수염과 머리를 깎으라지"라는 장난스러운 후렴구로 장엄한 찬송가를 끝내곤 했는데, 그것은 〈내 주를 가까이 함은Nearer My God to Thee〉이라는 찬송가의 원래 후렴구와는 거리가 멀었고 결국 레이는 교회 성가대에서 쫓겨났다. 보이스카우트에서 뷰글bugle(나팔의 일종)을 연주하기도 했지만 어쩐지 틀에 박힌 듯한 형식이 답답했다. 그들은 강요하던 소등나팔보다는 차라리 당시 떠오르던 시카고 재즈를 연주하는 편이 행복할 것 같았다.

종종 부진함을 겪을 때도 있었지만 크록의 음악적 재능은 그에게 악보 판매점이라는 첫 번째 사업을 시작하게 했다. 물론 라디오나 아이팟 시대 이전의 일이었다. 그것은 거실에 피아노가 있던 중산층 사람들에게 악보를 판매해 돈을 벌어들이는 사업이었다. 울워스나 마셜 필즈와 같은 상점들은 피아노 연주자들을 고용해 유행곡을 연주하게 함으로써 쇼핑객들에게 악보 구입을 유도했다. 음악가 어빙 벌린Irving Berlin이나 조지 거슈윈George Gershwin도 그렇게 해서 음악일을 시작했다. 지금도 노드스트롬 백화점에서는 피아니스트를 고용하고 있는데, 악보 판매를 위해서가 아니라 쇼핑객들의 마음을 들뜨게 해 쇼핑을 유도하려는 목적 때문이다. 크록과 두 명의 친구들은 비좁은 공간을 임대해 우클렐레ukulele(하와이 원주민 기타와 비슷한 현악기)나 하모니카와 같은 악기를 비롯해 최신 유행곡 악보를 판매했다. 혹시나 주변에서 맥뮤직McMusic이라는 상점은 본 적이 없다고 이의를 제기할지도 모르겠다. 크록은 월세 25달러를 대기도 버거울 만큼 벌이가 신통치 않았다. 결국 청년들은 가게 문을 닫았고, 크록은 다시 짜증나는 학교로 돌아갔다.

하지만 그는 오래 버티지 못했다. 대수algebra와는 체질상 상극이었고, 그것은 실수가 아닌 허수를 동원해도 좀처럼 해결될 수 없는 문제였다. 음악은 또 다시 10대 소년에게 손짓했다. 하지만 이번에는 성가대 지휘자나 보이스카우트가 아니라 시카고 교외에 있던 카바레의 유혹적인 리듬이었다. 크록은 버스와 기차를 타고 카바레로 향했다. 마침내 흥겨운 1890년대식 카바레로 걸어 들어갈 때였다. 어디선가 싸구려 향수 냄새가 풍기더니 100킬로그램에 육박하는 몸무게의 여성이 다가왔다. 크록은 눈치 빠른 스타일은 아니었지만 그곳이 예사롭지 않은 카바레라는 사실을 알아챘다. 그에게 몸을 기댄 여성은 다름아닌 매음굴의 포주였다. 레이는 자신이 준비해간 곡을 착실하게 연주했고, 귀에 거슬리는 걸걸한 목소리로 노래를 따라하고 싶어하는 포주의 요청에 열심히 피아노 건반을 두드렸다. 연주가 끝나자 그는 연주비를 잽싸게 낚아채어 양말 속에 쑤셔 넣고는 미식축구 선수같은 몸집의 포주가 따라오지 못하도록 문밖으로 줄행랑을 쳤다.[2]

길거리의 제왕

젊은 레이 크록을 따라갈 만한 사람은 아마 없을 것이다. 그는 조지 M. 코핸George M. Cohan이 작곡한 1차 세계대전 기념곡 〈저 건너Over There〉를 듣고는 참전을 결심했다. 그는 학교를 그만두고 나이를 속여 군대에 입대했다. 그가 입대했을 때 때마침 월트 디즈니도 군대에 들어왔다.

이게 웬일인가 싶은가? 디즈니랜드와 맥도날드가 세상에 나오기 40년 전에 크록과 디즈니가 파트너였다는 소리는 금시초문일 테니 말이다. 크록과 디즈니 모두 구급차 운전병을 지원했다. 실제로 두 사람은 코네티컷 주 사운드 비치Sound Beach에 있는 중대에서 함께 훈련받으며 복무했다. 앞으로 누군가는 1차 세계대전의 구급차 운전병에 관한 책을 써내는 것이 좋을 것이다. 그들 중에는 디즈니와 크록뿐 아니라 어니스트 헤밍웨이Ernest Hemingway와 존 도스 패소스John Dos Passos, 서머셋 모옴Somerset Maugham, e. e. 커밍스e.e. cummings와 같은 인물이 들어 있으니 말이다. (어쩌면 커밍스가 대문자를 쓸 수 있는 능력을 잃어버린 것은 독일군의 폭탄 때문인지도 모른다.)

크록은 그 시절을 다음과 같이 회고했다. "우리가 여자들 꽁무니를 열심히 쫓아다닐 때 디즈니는 늘 그림을 그렸습니다. (…) 여기에 배울 점이 있습니다. 디즈니의 그림들은 영원토록 남아 있지만 지금 그 시절의 여성들은 대부분 죽고 없으니 말입니다."[3] 유럽행 배에 몸을 싣기도 전에 1차 세계대전이 끝나는 바람에 크록은 전쟁 내내 코네티컷 주를 벗어나본 적이 없었다. 그 후 오랜 세월이 흘러 디즈니가 애너하임Anaheim에 첫 번째 테마 공원을 건설하고 있을 때 크록은 맥도날드 거래처를 확보하려고 혈안이 되어 있었다. 크록은 두 사람의 사업을 연결시켜줄 기회를 노리고 디즈니에게 편지를 썼다.

> 월트에게,
>
> 당신을 이렇게 이름 부르다니 조금은 주제넘다는 생각이 드는군요. 하지만 다른 어떤 호칭도 그다지 마음에 들지는 않을 거라 생각됩니다. (…) 내 이름은 레이 크록입니다. (…) 코네티컷 주 사운드 비치에서 우리가 함께 찍은 A 중대 사진을 들여다보고 있자니 즐거웠던 수많은 추억들이 되살아나는군요.
>
> 최근 저는 맥도날드 시스템의 전국 프랜차이즈 사업을 인수했습니다. 당신의 디즈니랜드 단지에 맥도날드 매장을 열 수 있는 기회가 있을지 문의드립니다.[4]

디즈니는 아무런 대답도 하지 않았다. 그는 자신이 일궈놓은 성공 브랜드를 졸부 사업가와 나누고 싶은 마음이 없었다. 오늘날에도 맥도날드의 감자튀김는 디즈니랜드에서 사먹을 수는 있지만 코네스토가 프라이스Conestoga Fries라는 이름으로 판매되고 있으며 맥도날드 브랜드는 어디서도 찾아볼 수 없다. 오늘날 디즈니의 시가총액은 720억 달러이며, 맥도날드의 시가총액은 550억 달러이다.

전쟁이 끝나자 세속적이고 야심찬 젊은이는 매력적인 사업인 종이컵 사업을 시작했다. 이른 아침부터 길거리를 배회하면서 하루 10시간 동안 레스토랑 문을 두드리고 매니저와 소다수 애호가들에게 릴리Lily 회사 종이컵을 구매하도록 구슬리면서 비지땀을 흘리던 젊은 크록에게 종이컵이 가볍다는 것은 참으로 다행스런 일이었다.

스무 살의 그는 촌스럽고 무뚝뚝한 사람들에게 새로 나온 최신 제품을 선전하고 판매하던 세일즈맨이었다. 이민자 출신의 레스토랑 주인들은 머리를 절레절레 흔들면서 엉터리 영어 발음으로 그의 요청을 거절했다. "아뇨, 우리 유리컵 이써요. 유리컵 돈 안 들어요." 유리컵을 씻어 얼마든지 재사용할 수 있는 사람들에게 우리의 미련한 젊은이는 월정 금액을 받으면서 종이컵을 판매하려고 했다. 그런 상점들 대부분은 벌써 100년도 넘게 유리컵을 사용하고 있었다. 차라리 글 모르는 까막눈에게 사전을 파는 것이 더 나을 듯 싶었다. 그는 무능한 낙오자처럼 보였다. 하지만 샘플을 짊어지고 그 뜨거운 길거리를 터벅터벅 걸어 다니던 경험은 미국의 미래에 대해 학교에서 배울 수 있는 것보다 더 많은 것을 가르쳐주었다.

그는 무엇을 배웠을까? 무엇보다도 그는 입 다무는 법을 배웠다. 크록은 세일즈맨들이 무조건 따발총처럼 떠들어대는 인간들로 낙인찍힌 것과는 달리 간단명료하게 말하는 법을 터득했다. 잠재 고객이 책상에서 안절부절 초조해하거나 종이를 뒤적이는 행동을 보이면 즉시 말을 멈추고 구매 의사를 물었다.

시카고의 악명 높은 겨울철에 집집마다 돌아다니는 방문 판매는 벌이가 시원찮았다. 그래서 겨울 한 철은 휴가를 내어 젊은 신부 에셀Ethel과 함께 포드의 모델 T Model T를 타고 마이애미로 차를 몰았다. 마이애미는 그로부터 30년이 지나 그에게 배당금을 안겨줄 또 다른 소중한 교훈을 가르쳐준 곳이었다. 크록은 싸구려 여인숙에 머무르면서 소택지를 판매하거나 팜 아일랜드에 있는 사일런트 나이트 Silent Night라는 호화로운 나이트클럽에서 피아노를 연주하면서 돈을 벌었다. 팜 아일랜드 지역은 갱단 두목인 알 카포네Al Capone가 살던 곳이었고 방송 앵커 바버라 월터스Barbara Walter의 아버지 루Lou가 유명한 라틴 쿼터Latin Quarter 클럽을 개장한 곳이기도 했다. 크록은 사일런트 나이트의 홀을 '근사하고 눈부시며 화려하고도 비합법적인 곳'이라고 설명했다. 클럽의 주인은 바하마에서 몰래 술을 들여오던 주류밀수업자였다. 클럽은 높은 울타리에 가려져 있었고, 도어맨은 2개의 버저 중 하나를 눌러 손님들이 들어간다는 사실을 알렸다. 첫 번째 버저가 울리면 직원이 뛰어나와 손님을 반갑게 맞이했다. 두 번째 버저는 단속원이 출현했으니 직원들에게 각자 흩어져 물건을 숨기라는 신호의 경고음이었다. 언젠가 밤에는 비밀경찰관이 버저의 암호를 알아내어 사일런트 나이트를 급습하는 데 성공했고, 덕분에 레이는 3시간 동안 교도소 신세를 져야 했다. 그래도 시골 촌구석에서 미식축구 선수만한 몸집의 포주에게 돈을 받던 시절에 비하면 엄청난 발전이었다.

그렇다면 이 불법 클럽에서 잽싸게 도망치는 법 말고 배울만한 것은 무엇이었을까? 크록은 민첩한 몸놀림으로 손님들 비위를 맞추며 서빙하는 웨이터들을 눈여겨 보았다. 그리고 단순한 메뉴에도 주목했다. 사일런트 나이트는 대리석 댄스홀과 요트를 갖고 있던 사치한 곳이었다. 럼과 브랜디, 버번을 공급할 수 있는 클럽 주인들이라면 지구상의 그 어떤 음식도 대접할 수 있었다. 그런데도 그들은 산 가재와 스테이크, 구운 오리고기 세 가지로 메뉴를 제한하는 쪽을 택했다. 그것은 우아한 스위스인 웨이터들이 대접하는 상류층 음식이었다. 어찌됐건 메뉴를 한정시킴으로써 클럽 운영을 효율적으로 할 수 있으며 손님들은 안심하고 요리사에게 음식을 맡길 수 있음을 알게 됐다. 크록이 맥도날드를 인수하던 당시에 그의 경쟁업체들은 중세 두루마기 책처럼 주르륵 펼쳐지는 접이식 메뉴판을 지닌 길거리 간이식당들이었다. 어두침침하지만 화려했던 사일런트 나이트에서의 경험 덕분에 크록은 거추장스러움 대신 단순성과 효율성을 선택했다. 그리고 그것은 이제는 너무나 진부해진 맥도날드 최초의 모토인 KISS Keep it simple stupid(단순하고 알기 쉽게)를 만들어냈다.

요즘에도 새로 문을 연 레스토랑에서 20개가 넘는 요리들이 적혀 있는 메뉴판을 보면 별로 좋은 인상을 받지 못한다. 좌석 50개의 레스토랑에서 15종의 생선요리와 8종의 스프에다 '시푸드 서프라이즈'라는 주방장 특선까지 대접하는 레스토랑의 음식이 과연 얼마나 신선할 수 있겠는가? 서프라이즈라면 티파니Tiffany 상자에 담긴 깜짝 선물이라면 모를까 저녁 식사 요리로는 사양하고 싶다. 최근에 치즈케이크 팩토리Cheesecake Factory 레스토랑에서 식사한 적이 있었다. 스프링으로 제본된 메뉴판이 어찌나 크던지 함께 간 친구는 결국 샐러드 페이지를 찾지 못했다. 웨이트리스는 메뉴판을 요령 있게 접는 자신만의 재주를 선보이면서 우리의 주문을 도와주었다. 커다란 도로 지도를 접어서 보는 일도 여간 힘든 일인 데 말이다. 자동차 내비게이션 시스템이 그래서 그렇게 잘 팔리는 것이 아닐까 싶다.

작은 종이컵에서 배운 교훈 : 고객처럼 생각하라

교도소의 시련을 끝내고 크록은 다시 시카고와 릴리 컵 회사로 돌아왔다. 평범해 보이는 일에서도 즐거움을 찾는 성격 때문에 크록은 훌륭한 세일즈맨으로 성장했다. 나이 지긋한 노인들에게 1920년대 후반과 1930년대에 대해 여쭤본다면 베이브 루스가 홈런을 치고 린드버그가 대서양 기류와 싸우고 루스벨트 대통령이 '운명과의 대면'을 경고했던 이야기를 듣게 될 것이다. 그리고 잭 뎀프시 경기의 흥분과 1929년 주식시장 붕괴의 공포를 떠올릴 것이다. 반면 레이 크록은 자서전 첫 장을 다음과 같이 시작했다. "1927년에서 1937년까지의 10년은 종이컵 산업의 운명적인 10년이었다."[6] 운명적이라? 종이컵이? 크록은 정말로 전혀 빈정거리는 기색 없이 그렇게 적어놓았다. 그렇다면 당신은 그의 말을 진심으로 믿어주고 세부 내용을 꼼꼼히 읽어보아야 할 것이다.

다시 마이애미에서 시카고로 돌아간 크록은 세일즈맨이 아니라 고객의 입장에서 생각하기 시작했다. 그는 시카고 컵스의 홈구장인 리글리 필드Wrigley Field에서 야구 경기를 관람하면서 야구팬들을 주의 깊게 지켜보는 일로 시간을 보냈다.

그들은 무슨 음료를 마시는가? 그것을 어떻게 마시는가? 음료를 다 마시고 나면 컵은 어떻게 처리하는가? 그는 자신이 앞으로 하게 될 일이 새로운 현상과 결부되어 있음을 깨달았다. 바로 테이크아웃 음식이었다. 중국 레스토랑에서 차우멘(볶음국수)을 배달해주고, 딱딱한 카드보드 컵에 커피가 담겨 나오고, 쓰레기차가 동네를 돌며 피자상자를 수거하다 길모퉁이에서 페덱스FedEx 트럭 운전수에게 손을 흔드는 모습들은 우리의 일상이 되었다. 하지만 1930년에만 해도 길거리 모퉁이에서 오랜 시간 서 있어도 그와 비슷한 광경을 보기는 힘들었다. 크록의 성공은 아이스케키를 판매하는 여름철 노점상들에게 물건을 대주는 일로 시작되었다. 노점상들은 카트에 무거운 유리컵을 놓아둘 공간도 마땅치 않고 컵을 씻을만한 곳도 없었던 탓에 종이컵을 선호했다. 그런 식으로 판매하는 것은 별로 어렵지 않은 일이었다.

크록에게 대박의 기회는 여러 번의 시련 끝에 찾아왔다. 그는 소다수 판매대를 갖춘 월그린스 드러그 회사Walgreens Drug Company 와 이미 소규모 거래를 하고 있었다. 월그린스는 크록에게서 작은 주름종이컵을 구입해 소량의 케첩과 소스들을 담는 데 사용했다. 오늘날 패스트푸드점의 케첩과 겨자 펌프 옆에서도 비슷한 컵을 볼 수 있다. 하지만 그것만으로는 크록의 성에 차지 않았다. 그는 점심시간에 손님들이 몰트셰이크와 아이스크림 소다수를 사러 판매대 주위로 구불구불 줄을 늘어선다는 것을 알고 있었다.

그는 어떻게 월그린스를 위해 이 문제를 해결했을까? 물론 판매대 직원을 더 많이 고용하면 될 일이었다. 하지만 그렇게 하면 인건비가 올라갔다. 게다가 진짜 문제는 서비스가 느리기 때문이 아니라는 것을 크록은 정확히 알고 있었다. 문제는 스툴(팔걸이나 등받이가 없는 의자)이 부족해서였다. 몇몇 손님들이 꾸물대거나 음료수 마시는 시간이 지체되면 그것으로 줄이 생겨났다. 크록이 내놓은 해결방법은 지금으로서는 너무나 당연하게 보이겠지만 당시 맥나마라Mcnamara 라는 이름의 푸드서비스 매니저는 이렇게 말했다. "당신, 제정신이 아니군요. 아니면 내가 그렇다고 생각하든가요!"[7]

획기적인 해결책은 무엇이었을까? 바로 테이크아웃 판매대였다. 하지만 월그린스에는 테이크아웃 시설이 없었다. 유리컵을 사용하고 있기 때문이었다. 월그린스 손님들이 길거리에서 빨대로 음료수를 마시거나 유리컵을 들고 다니는 광경은 볼 수 없었다. 크록이 제시한 해답은 월그린스이 지향하는 목적은 물론이고 자신의 목적에도 들어맞았다. 그것은 종이컵의 사용이었다.

월그린스 매니저는 왜 테이크아웃을 정신 나간 짓이라고 생각했을까? 오로지 비용만을 생각했기 때문이다. "손님들이 판매대에서 마시는 셰이크 하나에 15센트를 받는데 내가 왜 당신네 컵에 1.5센트를 써서 수입을 축내야 한단 말이오?"

크록은 점심시간에 줄서기를 포기하고 돌아서는 손님들을 수없이 보아왔기에 월그린스의 판매량이 늘어날 수 있다고 주장했다. 그는 테스트를 해보자고 제안했고, 그에 따른 비용도 대기로 했다. 그는 월그린스에 테이크아웃 판매대를 설치하고 무료 컵을 제공했다. 결과는 적중했다. 시카고 길거리에는 종이컵을 들고 만족해하는 손님들이 가득 했고, 그중에는 인근의 월그린스 본사 직원들도 상당수 포함되어 있었다.

월그린스에서의 테스트는 몇 가지 기억해두면 좋을만한 점들을 입증해준다. 첫째, 클라이언트의 효율성을 높여줄 방법을 강구하라. 크록은 월그린스에서 자주 시간을 보내면서 해결책을 강구했다. 야구 선수 요기 베라도 말했듯이 그냥 지켜보는 것만으로도 많은 것을 알아낼 수 있다. 둘째, 클라이언트의 연구조사 활동에 기꺼이 비용을 지불하라. 크록은 자신의 주장이 사실로 입증될 때까지 흔쾌히 무료로 종이컵을 제공했다. 셋째, 클라이언트의 수익을 끌어올려라. 클라이언트의 기존 고객들에 만족하지 말고 이전에 클라이언트의 물건을 구입해본 적 없는 새로운 고객들도 유인하라. 넷째, 성장가도에 있는 기업들 주위를 기웃거려라. 월그린스는 빠른 성장가도를 달리던 고객업체였고, 새로운 월그린스 매장이 세워질 때마다 레이 크록은 그곳에 점심 판매대를 설치했다. 물론 크록은 월그린스에만 만족하지 않았다. 그는 점심시간에 길거리를 돌아다니는 월그린스 직원들을 보면서 '직원 점심' 사업을 시작하기로 결심했고, 스위프트Swift, 아머Armour, US스틸 등의 기업을 포함한 여러 공장들과 거래를 성사시켰다. 종이컵 판매업은 크록에게는 운명처럼 보였다.

크록은 고객의 입장에서 생각함으로써 성공을 거머쥐었다. 그는 어떻게 하면 고객들 사업에 보탬이 될 수 있을지 스스로에게 물었다. 그리고 그런 방법은 고객들의 신임을 얻었다. 얼마 지나지 않아 직원 15명을 채용하게 된 그는 단순히 트럭에서 컵을 운반하는 일에 그치지 않았다. 그는 고객업체들의 재고를 점검했고, 창고를 돌아다니면서 그들 편에서 자신의 제품을 주문했다. 곧 있을 가격 인상에 대해 귀띔해주기도 했고, 넉넉한 주문으로 가격 상승을 피해가도록 도와주기도 했다.

릴리 회사 직원 누군가가 '당신은 도대체 누구 편이오?'라고 크록에게 따졌는지는 알 수 없지만, 그는 자신의 종이컵 고객업체들을 보호하고 우대해줌으로써 핵심 원칙을 발전시켰다. 그리고 그것으로 결국 다른 모든 경쟁업체들까지 물리쳤다. 다시 말해 맥도날드야말로 프랜차이즈 사업자들을 보호하고 우대해주는 사실상 유일한 패스트푸드 기업이었다. 반면에 다른 햄버거 경쟁업체들은 거의 예외 없이 프랜차이즈 사업자들을 혹사시켰다. 작은 종이컵을 판매하는 법을 먼저 터득하지 못했더라면 레이 크록은 결코 햄버거 제왕이 되지 못했을 것이다.

컵을 팔지 말고 컵에 담긴 셰이크를 팔아라

당신만의 밀크셰이크를 만드는 비법이 있는가? 뜬금없고 시시한 질문처럼 들릴지도 모르겠다. 내 비법은 믹서에 우유를 붓고 아이스크림 서너 주걱과 초콜릿 소스를 넣은 다음 작동 버튼을 누른다. 그리고 윙윙대는 모터 소리를 더 이상 참지 못할 때쯤에 믹서를 끈다.

크록은 종이컵의 자글자글한 주름처럼 하찮은 것에도 관심을 보일 수 있는 사람이기는 했지만 그를 가장 매료시킨 것은 테크놀로지였다. 그는 과학자도 아니었고 학교에서도 집중력이 부족한 학생이었지만 1930년대와 1940년대에 급속히 제조라인에 오르던 최신형 기계들에는 탄복했다. 그가 시카고에 있을 때였다. 유제품을 판매하는 레스토랑인 데어리 바dairy bar 체인점을 운영하던 얼 프린스Earl Prince라는 친구가 최신형 믹서를 그에게 공개했다. 그는 한 번에 하나의 축을 돌려 밀크셰이크 한 잔을 갈아 만들던 기존의 방법 대신에 하나의 대형 모터를 이용해서 한 번에 5개 축을 돌리는 방법을 알아냈다. 모터 돌아가는 소리에 맞춰 동시에 다섯 가지 음료수가 탄생했다. 당시 나이 서른일곱이던 크록은 프린스가 이름붙인 '멀티믹서'라는 마법의 기계에 완전히 빠져들었다. 그것은 종이컵보다도 훨씬 흥미로웠다! 크록은 친구와 독점 판매권을 체결하고는 데어리 바와 소다수 판매대를 돌아다니면서 그 기적의 공학을 전파했다.

멀티믹서는 노동과 공간, 시간을 한꺼번에 줄여주었다. 이미 많은 사업가들은 '시간이 돈'이라는 사실을 알고 있었다. 하지만 크록은 '시간이 돈'이라는 사실이 사업가는 물론이고 고객에게도 해당된다는 사실을 알고 있었다. 빠른 서비스는 상점 운영자에게 보다 큰 수익을 안겨주지만 동시에 고객을 만족시켜주는 일이기도 했다. 크록은 월그린스의 손님들이 길게 줄을 늘어서 있던 일을 기억했다. 소다수 판매대에 멀티믹서가 있다면 음료수를 보다 빠르게 만들 수 있고, 여기에 종이컵을 곁들여 사용한다면 판매대 스툴에서 손님들이 기다릴 필요가 없으니 더 적은 시간에 더 많은 돈을 벌어들일 수 있었다.

당신이 접했던 기업들 가운데 당신의 시간을 별로 소중히 여기지 않는다는 느낌을 준 기업이 있는가? 몇 년 전에 나는 아이들을 디즈니랜드로 데려가려고 로스앤젤레스로 날아갔다. 알라모Alamo에서 렌트카를 예약한 우리는 작은 셔틀버스를 타고 옥외 건물로 이동했다. 셔틀버스에서 내리는 순간 나는 다시 버스에 올라타 공항으로 돌아가고 싶은 충동을 느꼈다. 로프가 지그재그로 연결된 수십 개 기둥이 죽 늘어서 있던 것이다. 다시 말하면 알라모는 처음부터 우리에게 줄을 서도록 명령하고 있었다. 회사 입장에서는 고객들의 시간이 별로 중요하지 않다는 말이었다. 내 시간을 잡아먹는 기업과는 상대하고 싶지 않았다. 그것도 아이들과 함께 하는 소중한 시간을 말이다.

학교에 다니는 아이들은 1년에 고작 몇 주의 방학 기간이 있을 뿐이다. 그런 소중한 시간을 알라모 직원에게 한 소리 하려고 기다리며 허비할 수는 없었다. 어쩌면 알라모는 그런 무례한 행동을 디즈니랜드에서 배웠는지도 모른다. 운행시간이 고작 3분밖에 되지 않는 인디애나 존스Indiana Jones 기구를 타려고 온 가족이 구불구불 줄을 서서 소중한 봄방학 시간을 날려버리기 일쑤이니 말이다. 영화 상영시간은 2시간이었지 않은가! 해리슨 포드가 와도 기다리게 만들 작정인가? 하지만 디즈니가 거의 50년이란 세월을 보내고 나서야 드디어 '패스트 패스Fast Pass'라는 효율적인 시스템을 도입해 영리한 고객들에게 인기 놀이기구 예약 서비스를 제공해준 사실을 밝히고 넘어가야겠다. 그래서 요즘에는 머리 회전이 좋지 못한 사람들만 몇 시간씩 기다리게 되었다. 이런 해결책을 내놓는 데 그토록 오랜 세월이 걸렸다는 사실은 참으로 유감이 아닐 수 없다. 하지만 레이 크록은 결코 걷잡을 수 없는 지경에 이르기까지 일을 방치해두는 법이 없었다. 그는 아주 오랜 세월 동안 회사의 리셉션 구역에서 빈둥거리면서 미래 고객을 초조하게 기다리는 세일즈업에 익숙해 있던 사람이었다.

크록은 멀티믹서를 엄청난 속도로 빠르게 돌아가는 성공작으로 만들었다. 그는 소다수 판매대를 벗어나 칼루아와 큐라소를 비롯한 이국적이고 색다른 혼합음료를 개발해 칵테일 라운지로도 침투해 들어갔다. 그는 1대당 300달러 정도 가격의 믹서를 1년에 8,000대씩 판매했다. 드디어 잭팟을 터뜨린 기분이었다. 그는 컨트리클럽에 가입해 골프를 즐겼고, 시카고 교외에서 다른 성공한 사업가들과 친분을 쌓았다. 그는 워싱턴 DC에 A&W 루트 비어A&W Root Beer라는 드라이브인 가게drive-in stand를 개업한 사업가에게 멀티믹서 1대를 판매하기도 했다. 그는 크록의 또 다른 고객에 불과했지만 나중에 계약서에 적힌 이름을 보고는 그가 세계적 호텔그룹 메리어트의 CEO인 J. 윌러드 매리어트J. Willard marriott라는 사실을 알게 됐다.[8]

시험대에 오른 크록의 용기

부유한 생활로 접어들던 크록에게 갑자기 세 가지 장애물이 튀어나왔다. 그것은 그의 사업을 뒤흔들고 그의 용기를 시험했다. 먼저 2차 세계대전이 미국경제를 어지럽히면서 젊은 청년들이 유럽행과 아시아행 선박에 몸을 실었고, 핵심 전시 물자에 통상금지 조치가 내려졌다. 예를 들면 구리가 그랬다. 그런데 누가 구리에 관심을 가진단 말인가? 알고 보니 멀티믹서 내부의 작은 모터는 전기를 전달해주는 구리선으로 감겨 있었다. 루스벨트 행정부는 불필요한 금광마저 폐쇄시키고 금광업자들에게 금 대신 구리 같은 주요 광물들을 캐내도록 지시했다.

그것 말고도 멀티믹서 사업은 또 한 번 타격을 입었다. 1943년 5월에 정부에서 '설탕 구매 쿠폰북Sugar Buying Coupon Books'을 발행하면서 설탕 배급제를 실시했기 때문이었다. 멀티믹서의 구리선이야 다른 대체재로 조립한다고 해도 데어리 바와 소다수 판매대가 과연 무슨 수로 설탕 없이 맛좋은 밀크셰이크를 만들어낼 수 있단 말인가? 크록의 사업은 휘청거리기 시작했다. 1940년대 중반에 이르자 엄청난 직원 급여를 마련해야 하는 처지에 놓이고 말았다. "팔 물건이 없는 세일즈맨은 활 없는 바이올리니스트와도 같다"고 크록은 말했다. 다른 사람들 같으면 신세를 한탄하다 중고차나 보험 판매로 돌아설 수도 있었을 것이다. 하지만 크록은 사업을 구제할 방법을 찾았다. 그는 "나는 뭔가 속임수를 써야 했다"고 말했다.[9]

설탕 봉쇄정책에 맞선 크록의 해결책이 궁금하다면 지금 그냥 냉장고로 걸어가 보기 바란다. 냉장고에서 0.5갤런짜리 아이스크림 통을 꺼내어 거기에 적힌 성분 목록을 읽어보라. 우리 집 냉장고에는 드레이어스Dreyer's 아이스크림이 가득 들어차 있다(로키산 동쪽 지역에서는 에디스Edy's라는 이름으로 판매되고 있다). 성분 목록 첫 번째 줄은 아마도 '우유, 크림, 설탕, 콘시럽…' 순으로 나갈 것이다. 여기에 해답이 있다. 콘시럽은 설탕의 꽤 그럴 듯한 대체물이다. 오늘날에는 어디든지 빠지지 않는 성분인 콘시럽은 잼과 젤리, 애플소스에 설탕 대용으로 쓰이고 있다. 심지어는 요즘 판매되는 메이플시럽도 알고 보면 콘시럽인 경우가 많다. 최근에 내가 살펴본 로그캐빈Log Cabin 팬케이크 시럽 통에는 '1887년부터 이어온 가족 전통'이라고 적혀 있었다. 하지만 아무 전통에나 붙여놓은 이름이 틀림없었다. 콘시럽은 성분 목록의 아주 높은 순위에 올라 있었지만, 메이플시럽은 눈을 씻고 찾아봐도 없었다. 심지어 제품 라벨에 로그캐빈을 뜻하는 푸근한 오두막집 그림에서도 단풍나무는 찾아볼 수 없었다. 작은 오두막집이 소나무들에 둘러싸여 있는 걸 보니 마지막 단풍나무를 베어내야 했나 보다!

지금은 미국 정부가 설탕 수입을 제한하면서 콘시럽을 남용하고 있는 형편이며. 정부 조치에 따라 콘시럽을 대량 생산하는 농업 기업들에게 인센티브를 주고 있다.[10] 어찌됐건 2차 세계대전 동안에 아이스크림과 밀크셰이크에 대용할 콘시럽의 발견은 획기적인 아이디어였다. 사실 그런 제조법을 크록이 발명한 것은 아니었지만 그는 공격적으로 인맥을 넓혀가다 결국 굿유머 Good Humor 아이스크림 기업의 창업주 아들인 해리 버크 Harry Burke 를 만나게 됐다. 버크는 영리하고 솜씨 있게 콘시럽을 아이스밀크와 혼합했다. 크록은 셰이크 맛을 보고는 버크의 제조법이 사람들의 입맛을 맞출 수 있고 그것으로 전쟁 금지조치를 견뎌낼 수 있겠다고 확신했다. 크록은 버크와 판매 거래를 체결했다. 그렇게 해서 크록의 멀티믹서를 구매하려는 소다수 판매대 주인들에게 벌크의 제조법을 팔아넘길 수 있었다.

2차 세계대전 금지조치는 여러 방면에서 미국인들을 짜증나게 만들었다. 그것은 일상적 차원에서도 크록의 비즈니스 모델에 일종의 '스트레스 테스트'를 제공했다. 그것은 그의 유연성과 변통성을 증명하도록 그를 다그쳤다. 그런 동안에 크록은 돈을 잃었지만 자신에 대한 확신을 얻었다. 하지만 그런 가운데서도 다른 장애물들이 다가오고 있었다.

두 번째 장애물은 분명 세계대전만큼이나 무시무시한 것은 아니었다. 사실 놀라울 것도 없었다. 그것은 바로 경쟁이었다. 레이 크록이 아직 어릴 적에 위스콘신 주 라신 Rascine 에서는 세 남성이 모터 제조업체를 차렸다. 그들의 이름은 프레더릭 오시우스 Frederick Osius , 체스터 비치 Chester Beach , 루이스 해밀턴 Louis Hamilton 이었다. 오늘날 가정의 주방에서 '오시우스'라는 이름은 찾아볼 수 없는 이유는 프레더

릭이 자신의 성을 별로 좋아하지 않았기 때문이었다. 그런가 하면 해밀턴과 비치는 온갖 주방기계에 자신들의 이름표를 붙여놓는 일을 대단히 좋아했다. 세 사람은 크록보다 30년이나 앞서 출발했고, 1911년에는 음료 혼합기계로 특허를 받았다. 1930년대에 이르자 세 사람의 해밀턴 비치Hamilton Beach는 믹서를 비롯해 녹즙기와 환풍기, 바닥광택제, 고기분쇄기, 보석 세공 모터 등을 미국 전역의 업체와 가정주부들에게 판매했다.[11] 그런 대단한 기업이라면 크록과 프린스의 멀티믹서를 앞서나가야 마땅하겠지만 덩치 큰 기업들이 약삭빠른 경쟁업체들을 추적하는 데는 종종 오랜 시간이 걸린다. 해밀턴 비치는 1940년대 후반에 이르러서야 비로소 다섯 축짜리 멀티믹서가 자신들의 한 축짜리 믹서의 판매를 가로채고 있다는 사실을 알게 됐다. 물론 그들은 여섯 축짜리 믹서를 개발해 크록을 따돌릴 수도 있었다 (그러고 보니 영화 〈메리에겐 뭔가 특별한 것이 있다There's Something About Mary〉에서 '8분 완성 뱃살 운동'이라는 베스트셀러 비디오 대신에 '7분 완성 뱃살 운동' 비디오를 판매하던 남자가 생각난다). 하지만 그들은 보다 저렴하고 효율적인 세 축짜리 경쟁제품을 내놓았다. 사실 세 축짜리 이상의 믹서가 필요한 소다수 판매대는 별로 많지 않았다.

크록은 다시 곤경에 빠졌고, 멀티믹서 판매량은 곤두박질쳤다. 직원들의 급여를 감당할 수 없게 된 그는 결국 영업직원들을 해고했다. 그러자 세 번째 장애물이 덮쳐왔다. 그것은 크록뿐 아니라 미국 사회 전반에 타격을 가했다. 그것은 바로 자동차 폭증과 교외 생활이었다. 자동차 판매량은 1947년에 약 300만 대에서 1954년에는 500만 대로 치솟았다. 이제 사람들은 도심에 위치한 울워스 상점의 소다수 판매대 대신에 데어리퀸Dairy Queen이나 테이스티 프리즈Tastee-Freez, 하워드 존슨Howard Johnson과 같은 드라이브인 가게들로 몰려들었다. 교외에 생겨난 상점들은 단순한 밀크셰이크 대신에 근사한 선디sundae(과일을 얹은 아이스크림)를 판매하면서 더 많은 수익을 거둬들였다. 가격이 높은 '새텔라이트 스파클러Satellite Sparkler'(테이블 가득 신비로운 요정 가루를 날리는 가벼운 스파클러가 위에 얹어진 선디)를 사먹는 가족을 위해 다섯 축짜리 음료 믹서를 주문하는 일은 돈을 날리는 지름길이었다.

처음에 크록은 새로운 지역에서 이길 수 있는 방법을 생각해내지 못했다. 그러다 생각해낸 것이 폴드-에이-누크Fold-A-Nook와 같은 끔찍한 아이디어들이었다. 폴드-에이-누크는 주방 테이블과 긴 의자가 붙어 있는 가구로 캐비닛에 접어 보관할 수 있었다. 당시만 해도 접이식 침대인 머피Murphy 침대를 벽장에 넣어두던 시절이었다. 1940년대 초반에 버나드 카스트로Bernard Castro라는 시칠리안 이민자가 아이들도 손쉽게 접이식 소파를 접었다 펼 수 있는 '페더 리프트Feather-lift' 공법을 만들어내 특허를 얻었다. 오늘날 같으면 크록은 '엄마 이것 보세요. 손 안대고도 이렇게 펼쳐져요!'라고 소리쳤을 것이다. 사실 폴드-에이-누크가 세상에 나오지 않은 것은 천만다행이었다. 오늘날 사이비 변호사들이라면 아이들을 일부러 가구에 끼워넣어 소송거리를 만들어냈을 테니 말이다. 하지만 그 시절 크록은 폴드-에이-누크에 큰 기대를 걸었고, 실제로 캘리포니아 주 비벌리힐스 호텔Beverly Hills Hotel에서 제품을 홍보했다. 크록은 우아한 호텔방에 싱싱한 꽃과 오르되브르(가벼운 전채요리), 폴드-에이-누크 샘플을 장식해놓았다. 그중에 오르되브르는 큰 인기를 끌었지만 누크에는 누구도 앉아보려고 하지 않았다.

파산 직전의 빈털터리가 되어 낙심한 채 홀로 누크에 앉아 있는 크록의 모습을 상상해보라. 그때 전화가 울렸다. 서부에 있는 어느 드라이브인 가게에서 멀티믹서 8대를 주문했다. 8대나? 그렇다면 한번에 셰이크 40개를 만들어낼 수 있었다! 뭔가 주문 착오가 틀림없었다. 그 정도라면 미군 부대에서나 충당할 수 있는 수량이었다. 하지만 전쟁은 이미 9년 전에 끝나지 않았는가. 크록은 주문을 재차 확인하고는 지도에서 샌버나디노San Bernardino라는 마을을 찾아보았다. 그리고 로스앤젤레스로 가는 야간 비행편 티켓을 샀다.

맥도날드 형제를 만나다

크록은 아침부터 로스앤젤레스 동쪽으로 차를 몰았다. 그곳은 전혀 인상적이지 않은 곳이었다. 경치도 공기도 모두 갈색 투성이었다. 그는 마침내 5평 남짓 되는 대지에 세워진 팔각형 모양의 드라이브인 가게에 차를 세웠다. 주차된 다른 차는 없었다. 이런 오두막집에서 세상을 변화시키리라는 기미는 어디에서도 찾아볼 수 없었다. 오전 11시가 되자 몇몇 직원들이 나타나 단정하게 흰색 셔츠를 차려입고 종이 모자를 눌러썼다. 크록은 이들의 차림새가 맘에 들었다. 공상벽이 심해 엉뚱 공상가라 불리던 그는 어릴 때부터 단정함과 청결함을 매우 중요하게 여겼다. 시카고 지역의 다른 어떤 아이들보다도 침대보를 깔끔하게 정리할 수 있다고 자부할 정도였다. 그곳에서 그렇게나 많은 멀티믹서가 어떻게 사용될 수 있는지는 여전히 오리무중이었다.

잠시 후 2개의 행렬이 시작되었다. 첫 번째 행렬은 뒤쪽 창고에서 감자 부대와 고기 상자, 우유 궤짝을 손수레로 실어 나르며 분주히 오가는 직원들이었다. 그보다 인상적인 것은 두 번째 행렬이었다. 집회에 모여드는 신앙심 깊은 신도들처럼 자동차들이 속속 도착하더니 사람들이 차에서 뛰어내려 팔각형 건물 앞에 줄을 섰다. 자기 차례가 되어 음식을 주문한 다음 뒤돌아선 사람들의 손에는 이미 종이봉지에서 꺼낸 햄버거와 감자튀김이 들려 있었다. 크록은 공사 인부들이나 할리우드 스타 지망생들 같은 손님들이 게걸스럽게 음식을 먹어 치우는 모습을 지켜보았다. 크록은 목수 앞치마를 두른 남자에게 이곳에서 얼마나 자주 점심을 해결하는지 물어보았다.

"매일이요." 그는 음식을 씹으면서 뜸도 들이지 않고 말했다. "마누라가 싸주는 식어빠진 미트로프 샌드위치보다 훨씬 낫거든요."12

크록은 '마누라'의 미트로프 솜씨가 제아무리 뛰어나더라도 이 작은 식당의 맛과 중독성, 효율성을 따라올 수는 없다는 사실을 알 수 있었다. 그의 가슴은 쿵쾅거리기 시작했고, 가게 주인인 딕Dick과 맥Mac에게 자신을 소개해야겠다고 마음먹었다. 맥도날드 형제는 캘리포니아 토박이들이 아니었다. 뉴햄프셔New Hampshire에서 고등학교를 졸업하고 영화 제작소에서 일하기 위해 할리우드로 향했던 사람들이었다. 그 후에 영화관을 차리기도 했지만 몇 년 지나지 않아 문을 닫았다. 맥도날드 형제는 1937년에 캘리포니아 주 패서디나Passdena에 첫 번째 드라이브인 가게를 열었고, 이어 1940년 샌버나디노에 두 번째 지점을 열었다. 처음에는 드라이브인 음식을 날라주는 웨이트리스 20명을 고용해 바비큐 소고기와 돼지갈비를 대접했다. 그리고 10대들에게 큰 호응을 얻으면서 맥도날드 형제는 부자가 되었다.

그러다 몇 년이 흘러 새로운 경쟁업체들이 생겨났고, 맥도날드 형제는 드라이브인 서빙 사업에 몇 가지 결함이 있다는 사실을 발견했다. 먼저 어린 자녀를 둔 가족들은 10대와 드라이브인 웨이트리스 존재를 달가워하지 않았다. 드라이브인 서빙 레스토랑들은 도덕적으로 문란하다는 오명을 얻게 됐다. 순수하고 향수에 젖은 시선으로 〈해피 데이스Happy Days〉 같은 TV 프로그램을 보며 성장한 세대라면 스케이트를 신은 웨이트리스들이 손님들 자동차 뒷좌석에 몰래 숨어들어가 소다수 이외의 것을 서빙한다는 사실을 알 턱이 없었다. 그보다 비즈니스 면에서 더 중요한 두 번째 결함은 드라이브인 서빙 레스토랑들은 노동과 부동산에 매우 의존적이라는 것이었다. 드라이브인 레스토랑이 점점 늘어날수록 유능한 웨이트리스를 고용하는 데 드는 비용은 점점 늘어났다. 게다가 고객들이 자동차에 앉아 음식을 먹기 때문에 커다란 주차장이 필요했다. 세 번째 결함은 드라이브인 서빙 레스토랑이 대개 실제 접시와 용기를 사용했기 때문에 엄청난 인원의 접시닦이들을 고용해야 한다는 것이었다.

1948년에 딕과 맥은 레스토랑을 닫고 개조 작업을 벌였다. 얼마 후 다시 문을 연 그들은 보다 저렴한 메뉴와 사기 그릇이 아닌 플라스틱 용기를 제공했고, 웨이트리스 대신에 고객들이 직접 걸어가 주문하는 판매대를 만들었다. 처음에는 실패작이었다. 그러나 1년도 되지 않아 새로운 부류의 고객들이 카운터 앞에 몰려들기 시작했다. 그것은 다름아닌 어린이들이었다. 어린이들과 노동자 계급 가족들이 새로운 형태의 판매대에서 즐거움을 찾았고 저렴한 음식값에도 호감을 보이기 시작했다. 1954년경에 맥도날드 형제는 연간 약 27만 5,000달러의 매출을 올렸다. 그것은 기존의 드라이브인 레스토랑보다 40퍼센트 증가한 액수였고, 인건비나 자재비로 들어가는 비용은 기존보다 3분의 1로 줄어들었다.[13] 그러니 1954년에 레이 크록이 그곳에 차를 몰고 가서 자신도 한 몫 끼어들고 싶다고 생각한 것은 너무나 당연했다.

하지만 맥도날드 형제가 돈 버는 비밀을 알고 있었다면 시카고에서 온 쉰두 살의 세일즈맨을 사업에 끌어들인 이유는 무엇일까? 또한 맥도날드 형제가 첫 번째 햄버거를 굽던 때로부터 여러 해가 지나 우연히 맥도날드 가게로 오게 된 레이 크록은 어떻게 이번 장의 주인공이 되었는가? 뭔가 이야깃거리가 나올 만한 궁금증들이다. 실제로 맥도날드의 공식 웹사이트www.mcdonald.com 를 보면 크록이 만들어낸 기업의 역사는 1954년부터 시작된다. 그런가 하면 맥도날드의 창시자라고 해도 과언이 아닐 딕과 맥은 일리노이 주에 있는 본사 임원들이 맥도날드 형제의 존재마저 부인한다면서 종종 불평을 늘어놓았다. 자신들의 존재가 햄버글러Hamburglar 나 로날드Ronald 와 같은 캐릭터들과 다를 바 없다고 말이다. 물론 맥도날드 형제는 실존했고 혁신적인 사람들이었다. 그렇다면 크록은 맥도날드 형제의 테이블에, 오늘날 표현으로 셀프 서빙 판매대에 무엇을 가져간 것일까?

첫째, 크록은 야망을 가져다주었다. 맥도날드 형제는 쉽게 자족해버리는 사람들이었다. 그들은 두둑한 돈이 들어 있는 예금 통장과 근사한 캐딜락과 마을에서 제일 고급스러운 집을 갖고 있었다. 반면에 크록은 판매 건수를 올리기 위해 늘 비행기와 기차, 자동차를 타고 돌아다니거나 때로는 말을 타고 이곳저곳 종횡무진 활동하던 사람이었다. 크록은 맥도날드를 전국적인 이름으로 만들겠다는 생각으로 똘똘뭉친 유일한 사람이었다.

둘째, 크록은 오히려 맥도날드 형제보다도 맥도날드 시스템에 대해 강한 확신이 있었다. 크록이 나타나기 전에 맥도날드 형제는 몇몇 사업가들에게 맥도날드라는 이름의 사용권을 허가하고 비즈니스 모델을 따라하게 했다. 하지만 크록과는 달리 프랜차이즈 사업자들에게 맥도날드 규정을 따르도록 강요하지는 않았다. 크록은 전국적인 브랜드가 되려면 한결같은 통일성이 필요하다는 사실을 알고 있었다. 딕 맥도날드는 자신의 이름에 브랜드 가치가 있다는 사실조차 모르고 있었다. 피닉스에서 온 닐 폭스Neil Fox라는 사람이 찾아와 프랜차이즈 매장을 내고 싶다고 했을 때 맥도날드 형제는 그가 레스토랑 이름을 '폭스Fox's'라고 지을 거라고 생각했다. 폭스가 레스토랑 이름을 그대로 맥도날드로 하겠다고 말하자 딕이 깜짝 놀라 대꾸했다. "뭣 때문에요? 피닉스Phoenix에서 맥도날드라고 해봤자 아무도 알아주지 않을 텐데요." 형제는 글렌 벨Glenn Bell이라는 지방 전화 수리공이 자신들의 퀵서비스 개념을 빌려 새로 드라이브인 레스토랑을 차리고 자신의 이름을 본따 타코벨Taco Bell이라고 했을 때도 아무런 불만 없이 지켜보았다.

셋째, 크록은 계속해서 비용은 줄여나가고 효율성은 높여야 한다는 사실을 경험으로 알고 있었다. 그것은 곧 공급업체들과의 강력한 협상을 의미했다. 맥도날드 형제는 생각 없이 무사태평한 사람들은 아니었지만 현 상태에 만족한 나머지 공급업체들을 관리하는 일에 소홀했다.

엉성하기 짝이 없는 거래

레이 크록은 철저한 사업가였지만 웬일인지 맥도날드 형제와는 좀 엉성한 계약을 체결했다. 그는 마치 처음 자동차를 구입하는 초보자가 전시장에 들어가 좋아하는 차 앞에서 군침만 흘리는 식의 실수를 저질렀다. 침착하게 일을 처리해야 했지만 그렇지 못했다. 그는 해밀턴 비치와의 살벌한 경쟁 속에서 멀티믹서를 판매하는 일에 기진맥진한 상태였고, 더 이상 쓸모없어진 폴드-에이-누크에 대해서는 생각하고 싶지도 않았다. 그는 절박한 심정이었다. 하지만 샌버나디노의 작은 햄버거 가게를 보자 지친 몸에 활력이 솟구쳤다. 그는 맥도날드 사와 판매 계약을 하지 못한 채 시카고행 비행기에 오를까봐 불안했지만 다행히 맥도날드 형제는 핵심 조건의 거래에 즉시 동의했다. 이제 크록은 프랜차이즈 매장당 950달러와 판매 수입의 1.9퍼센트를 거둬들이는 조건으로 전국 어디서나 프랜차이즈 매장을 열 수 있었다. 그러나 1.9퍼센트 가운데 0.5퍼센트는 딕과 맥에게 돌려주어야 했고, 그것은 크록이 챙기는 수수료의 4분의 1을 넘는 것이었다.[14] 다시 말해 크록이 프랜차이즈 사업자를 물색하고 맥도날드 시스템을 교육해 10만 달러의 매상고를 올린다고 해도 그에게 돌아가는 몫은 겨우 1,400달러밖에 되지 않았다. 게다가 크록은 강사와 부동산 전문가를 포함한 여러 인력을 고용해 새로운 프랜차이즈 매장을 확장하는 데 자신의 돈을 쏟아부어야 했다. 그런 조건으로라면 전국에 마구잡이로 점을 찍듯 맥도날드 드라이브인 레스토랑을 세우지 못하면 굶어죽기 십상이었다. 크록은 정말 그런 지경에 이를 뻔했지만 맥도날드는 먼저 수많은 프랜차이즈 사업자와 공급업체들을 백만장자로 만들어주었다. 그후 한참의 시간이 흐른 뒤에야 자신의 몫을 챙길 수 있었다.

맥도날드 형제와의 비즈니스 거래는 처음부터 삐걱거렸다. 크록은 계약서에 서명하고 일리노이 주로 돌아오고 나서야 그들이 이전에 다른 사업자들과 계약한 내용을 모두 밝히지 않았다는 사실을 깨달았다. 이를테면 크록이 시카고 외곽 지역을 본거지로 삼았다고는 해도 이미 인근 지역에 맥도날드 프랜차이즈 매장을 내어준 사실을 깜박하고 말해주지 않았다! 크록은 자신이 맥도날드 전국 사업권을 따냈다고는 해도 이미 인근에 존재하는 맥도날드 지점에 아무런 통제력을 발휘할 수 없었다. 이 사실을 알게 된 크록은 프레이라크Frejlack라는 이름의 인근 프랜차이즈 사업자에게 프랜차이즈 비용을 얼마나 지불했는지 물었다. 그는 5,000달러라고 대답했다. 크록은 선택의 기로에 놓였다. 그의 매장을 사들이든지 아니면 맥도날드 브랜드를 세워가면서 또 다른 맥도날드와 경쟁할 것인지 선택해야 했다. 크록은 전자를 선택했고, 2만 5,000달러의 비용이 들었다.[15] 프레이라크는 짭짤한 수입을 챙겼고, 맥도날드 왕국은 형편없는 상태로 출발했다.

크록은 딕과 맥의 허술하고 태만한 사업방식에 대한 분노를 결코 잊지 않았다. 맥도날드 형제에 대한 불만이 쌓여가던 크록은 결국 1961년 무렵에 그들이 요구하는 금액인 270만 달러를 지불하고 맥도날드를 사들였고 그것으로 빚더미에 올라앉았다. 그때까지만 해도 크록은 사업으로 땡전 한 푼 벌어들이지 못했다.

황금아치를 빛나게 한 아이디어

제일 먼저 파트너를 부자로 만들어라

CEO들이 챙겨가는 보수를 계산하기 위해서는 특별한 과학표기법이 동원되어야 할만큼 그 금액이 어마어마한 요즘 시대에 레이 크록의 이야기는 신선함 그 자체다. 크록은 별로 가진 것 없는 중산층 부부 프랜차이즈 사업자들을 백만장자로 만들어주었지만 정작 자신은 딕과 맥 맥도날드 형제를 만난 지 6년째 되던 1961년까지도 수입을 챙겨가지 못했다. 출근 첫날부터 활짝 펼쳐지는 오늘날 CEO들의 황금 낙하산과는 사뭇 다른 이야기다.

크록은 프랜차이즈 레스토랑이라는 아이디어를 고안해낸 사람이 아니었다. 앞으로 살펴보겠지만 하워드 존슨에서 데어리 퀸과 밥스 빅 보이Bob's Big Boy에 이르는 업체들은 그에게 펀치를 날렸다. 1950년대 후반에 이르자 그런 업체들에 더해 타코벨과 버거셰프Burger Chef, 버거킹Burger King, 켄터키프라이드치킨Kentuchy Fried Chicken, 치킨딜라이트Chicken Delight를 비롯한 수십 곳의 업체들까지 아이들에게 공짜 모자와 앞치마, 배지를 열심히 나눠주면서 맥도날드와 경쟁했다. 프랜차이즈 레스토랑이 등장하기 수십 년 전에 프랜차이즈 계약을 시작한 업계로는 싱거Singer 재봉틀과 자동차 정비업소, 드러그스토어가 있었다.

그렇다면 다른 업체들이 고전을 면치 못할 때 크록과 맥도날드가 멀쩡히 살아남아 번영을 누릴 수 있었던 이유는 무엇일까? 그 비결은 참깨가 박힌 햄버거 빵이 아니었다. 크록이 다른 메뉴보다 햄버거에 치중한 것은 사실이었지만 그의 진정한 혁신은 프랜차이즈 비즈니스를 180도로 바꿔놓은 데 있었다. 대개 프랜차이즈 계약을 하는 기업들은 브랜드명과 메뉴와 공급 물품에 대한 라이선스로 선금을 챙겨 하루빨리 부자가 되고 싶어 했다. 그들은 오랜 세월 살아남을 자신이 없었고 그래서 당장에 돈을 챙기려고 했다. 하지만 크록은 맥도날드의 미래에 대한 자신감으로 충만했고, 그랬기에 프랜차이즈 사업자들이 번영을 누린다면 자신은 기꺼이 천천히 부자가 되어도 좋다고 생각했다. 케네디 대통령의 취임사에서 "국가가 당신을 위해 무엇을 해줄 수 있는지 묻지 말고 당신이 국가를 위해 무엇을 할 수 있는지 물어라"라는 대목을 생각해보라.

일리노이 주에 위치한 본사가 프랜차이즈 사업자들을 도와야 할 의무가 있다는 것은 크록의 신념이었다. 다른 사람들 같으면 석유 기업가들이 바닥 난 유전을 바라보면서 '뽑아낼 때까지 뽑아냈으니 이제 다른 곳으로 이동하자'는 식으로 프랜차이즈 사업자들을 바라보았을 것이다. 그들의 행동은 실제로 어땠을까? 테이스티 프리즈는 프랜차이즈 사업자들에게 의무적으로 자신들의 값비싼 냉동고를 구

매하게 했다. 버거셰프의 모회사인 제너럴 이쿼먼트General Equipment
의 최대 관심사는 밀크셰이크 머신과 감자튀김 머신을 최대한 많이
매장에 팔아넘기는 것이었다. 실제로 점포 장비의 4분의 3은 제너럴
이쿼먼트의 딱지를 달고 있었다. 마찬가지로 버거킹의 모회사는 버
거킹 매장에 브로일러 기계를 가능한 많이 판매하기를 원했고, 데어
리 퀸 본사는 프랜차이즈 사업자들에게 구매를 강요하던 아이스크림
믹스에 32퍼센트라는 수익마진을 책정했다.

나는 어릴 적에 카블Carvel 소프트 아이스크림의 창립자 톰 카블Tom
Carvel의 내레이션이 들어간 촌스러운 TV 광고를 좋아했다. 매년 12월
이면 산타클로스 모양의 케이크를 광고했고, 3월에는 아일랜드 요정
인 레프러콘leprechaun 모양의 케이크를 광고했다. 그러다 비수기로
접어들면 고래 모양의 퍼지 더 웨일Fudgy the Whale 케이크를 광고했다.
톰 카블은 이 케이크들이 기본적으로 모두 같은 주조 틀로 만들어진
다는 사실을 비밀에 붙였다. 하지만 그런 이유로 카블이 곤경에 빠졌
던 것은 아니었다. 이유는 회사의 의무 규정 때문이었다. 카블은 자사
의 파트너들에게 아이스크림뿐만 아니라 종이 냅킨과 같은 자질구레
한 물품을 강매함으로써 독점금지법을 위반했다. 이렇듯 모회사가 비
용을 끌어올려 프랜차이즈 사업자들을 착취할 경우에 어떤 일이 벌어
질까? 사업자들은 매장 문을 닫거나 파산하거나 아니면 암시장에서
물품을 구매해 모회사의 규정을 빠져나가려 한다. 크록은 수많은 하
워드 존슨 매장들이 식품을 밀매한다고 고발하기도 했다.

크록은 경쟁업체들이 거시적인 성장보다는 파트너들에게서 마지
막 한 푼이라도 빼내는 일에만 관심 있다고 생각했다. 그것은 크록의

단순한 직감이 아니었다. 그는 기업들이 프랜차이즈 매장을 감독하는 일에 얼마나 무관심하고 게으른지 알게 됐다. 빅보이는 겨우 직원 5명을 고용해 현장을 감독하게 했다. 테이스티 프리즈의 경우에는 1,500곳 지점의 품질 관리를 감독하는 인원이 고작 5명에 불과했다! 그들은 분명 과중한 업무에 시달리든지 아니면 너무나 뻔한 이치이지만 허술한 감독을 했을 것이 틀림없다. 브레슬러Bresler's 아이스크림과 헨리Henry's 햄버거 체인의 공동 창업주인 찰스 브레슬러Charles Bresler는 피닉스 지역의 프랜차이즈 사업자의 이야기를 들려주었다. 그곳 매장을 방문하게 된 브레슬러는 주인이 한쪽 팔이 없는 장애인이라는 사실을 알고 충격을 받았다. 브레슬러는 그에게 다른 직원이나 가족들이 도와주는지 물었다. "아뇨, 저 혼자 다 합니다." 그는 대답했다. 훗날 브레슬러는 이렇게 말했다. "한쪽 팔만 있다고 해서 그를 나무라는 것은 아닙니다. 하지만 햄버거 포장도 못하는 사람에게 어떻게 프랜차이즈를 내어줄 수 있단 말입니까?"[16]

크록은 경쟁업체의 실수를 거울삼아 프랜차이즈 사업자들의 비용을 절감하고 제품을 개선함으로써 그들을 부자로 만들어주는 것이 자신의 임무라고 생각했다. 그는 공급업체들이 건네는 어떤 것도 받지 않았다. 한 대형 식용유 공급업체가 크리스마스 선물을 건넸을 때도 크록은 받지 않았다. 오히려 그보다는 프랜차이즈 사업자들에게 더 나은 품질과 가격의 오일을 공급해주기를 바랐다. 크록은 매장의 수익 대신에 자본 지출로 돈을 벌어들이고 싶은 생각이 추호도 없었다. 게다가 외부에서 발생하는 수익으로 돈을 벌어들이고 싶은 마음도 없었다. 그는 매장에 주크박스, 공중전화, 자동판매기 설치를 금지했다. 왜였을까? 스타벅스는 음악 CD와 번쩍거리는 이탈리안 카푸치노 머신으로 짭짤한 수익을 올리지 않는가? 그것은 사실이다. 하지만 그런 물건들은 오히려 '스타벅스의 체험'을 강화시키는 역할을 한다. 하지만 주크박스와 자동판매기는 비생산적인 인구 통행량과 북적거림을 일으킬 뿐이라고 크록은 말했다. 게다가 "자동판매기는 대개 조직폭력배들이 관리하는데 그런 사람들과는 조금도 연루되고 싶지 않다"고 설명했다.

크록의 비즈니스 모델은 오랜 인내심을 요구했다. 그를 앞서간 수많은 사업가 동료들이라면 그를 바보라고 생각했을 것이다. 피클pickle과 수익profit이 어떻게 다른지도 모르는 사람들이 수두룩한 풋내기 프랜차이즈 사업가들에게 도대체 왜 자신의 인생을 담보로 잡히려 한단 말인가? 그만큼 자신감이 있다는 소리이기도 하겠지만 크록이 순진해서 그런 건 아니었다. 평생을 세일즈맨으로 살아온 사람이 결코 순진할 수는 없었다. 크록은 고기주걱을 들고 자신을 찾아왔다고 해서 아무에게나 프랜차이즈를 내어주지는 않았다. 그는 매장을 천천히 확장해 나가면서 프랜차이즈 사업자들을 시험하고 훈련하는 가운데 품질과 청결, 서비스에 대한 자신의 엄격한 기준을 맞추도록 했다. 하루라도 빨리 큰돈을 벌어들이는 데 급급하던 다른 기업들은 돈 많은 투기꾼들에게 한 주(州)를 통째로 관리하는 프랜차이즈 사업권을 팔아넘겼다. 하지만 크록은 한 번에 하나의 프랜차이즈만 판매했고, 경영 실적이 대단히 출중하지 않는 한 기존 사업자에게 두 번째 매장을 허락하지 않았다. 그것은 곧 맥도날드 매장 운영자들의 중산층 비율이 다른 프랜차이즈 매장에 비해 높은 사실을 말해준다.

그런 만큼 맥도날드 프랜차이즈 사업자는 성공에 대한 열망이 더욱 강했다. 또한 통제권의 많은 부분을 포기하려 하지 않던 크록 덕분에 매장 경영에 대한 부담도 덜했다. 크록이 원하던 거래는 바로 그런 것이었다. 크록과의 계약은 당신의 성공을 위해 힘써줄 리더 한 사람을 얻는 동시에 당신을 주도면밀히 주시할 리더를 얻는 것을 의미했다.

맥도날드 햄버거와 감자튀김을 믿을 수 있는 식품으로 만들고 싶었던 그는 통일성에 치중했다. 멤피스Memphis의 맥도날드 햄버거가 내슈빌Nashville의 맥도날드 햄버거보다 훨씬 낫다는 소리는 듣고 싶지 않았다. 그는 맥도날드 형제에게 이렇게 말했다. "우리는 결코 시시한 기업에 머무르지 않을 겁니다. (…) 프랜차이즈 계약서에 서명한 사람이라면 규정을 따르게 될 것입니다."

전해오는 일화에 따르면 크록은 언젠가 캘리포니아 주의 어느 매장 운영자와 맞붙었다. 그는 자기 멋대로 맥도날드 매장에서 로스트 비프를 썰어 판매하기로 하고는 기본 메뉴 규정에서 크게 벗어나지 않는다는 생각에 자신이 직접 주방장 차림을 하고 가게 전면 유리에서 고기를 썰면서 사람들의 이목을 끌려고 했다. "맥도날드 간판을 내리시오." 크록은 명령했다. 결국 그는 크록이 규정 위반에 대해서는 엄격한 조치를 내린다는 사실을 깨달았다. "맥도날드는 내가 그런 무뢰한이라는 사실에 감사해야 합니다. 그런 덕분에 프랜차이즈 사업자들을 선정하는 데 보다 신중할 수 있으니까요."[17]

크록은 프랜차이즈 매장의 통일성을 중요시했다. 그는 개인적으로 싫어하는 것이 많았다. 그는 턱수염을 싫어했고, 껌 씹기나 흰 양말은 물론 만화책도 싫어했다. 그는 또 욱하는 성질 때문에 끊임없이 사람들을 '해고'했다. 해고라는 말에 강조 표시를 해넣은 것은 한 시간 정도가 지나면 슬그머니 자신의 말을 철회했기 때문이었다. 레이 크록의 격한 행동은 빌리 크리스탈Billy Crystal의 영화 〈토요일 밤의 남자Mr. Saturday Night〉를 연상시킨다. 영화에서 어느 텔레비전 버라이어티쇼 호스트는 그날 연기가 형편없었던 스태프를 마구 해고한다. 그는 주변 사람들을 손가락으로 가리키면서 "당신은 해고야! 당신도 해고야! 그리고 당신도 해고야!"라고 소리 지른다. 그러면 누군가 기어들어가는 소리로 말한다. "근데 전 여기서 일하지 않는데요." 그러면 크리스털이 미소 지으며 이렇게 말한다. "좋아, 그럼 당신을 고용하지." (잠시 뜸을 들이고는) "이제 당신은 해고야!"

이처럼 욱하는 성질과 결점에도 레이 크록은 파트너들에게 판박이처럼 획일적인 모습을 강요하지는 않았다. 맥도날드는 스코틀랜드 이름이었지만 기업 핵심 멤버들의 이름은 마치 UN에서 출석 체크라도 하는 것처럼 들린다. 크록의 가족은 보헤미아Bohemia(지금은 체코 공화국에 속해 있다) 출신이었고, 그의 조수였다가 훗날 엄청난 주식 보유자가 된 직원은 이탈리아인 후손이었다. 맥도날드의 폭발적인 성장기에 CEO를 지낸 해리 손번Harry Sonneborn은 유대인이었다. 크록은 여성들을 비즈니스에 참여시키는 일에는 느린 편이었지만 흑인 사업가들에게는 그 어떤 기업들보다 훨씬 빨리 손을 뻗었다.

시카고에서 성장한 덕분에 크록은 미국의 다민족 문화melting pot에 대해 정확히 알고 있었다. 릴리 종이컵을 판매하던 시절에 그는 오래된 폴란드인 동네에서 종이컵이 많이 팔린다는 사실을 알았다. 폴란드인들은 종이컵을 어디에 썼을까? 주범은 포비들라Povidla 라는 푸룬 버터였다. "폴란드 사람들은 푸룬버터를 엄청나게 많이 먹었습니다." 1960년대 초반 크록이 맥도날드 회장으로 재직하고 있을 때였다. 신시내티의 로마가톨릭교 동네 중심에 있던 매장의 프랜차이즈 사업자에게서 전화가 걸려왔다. 그곳 운영자에게는 한 가지 문제가 있었는데 동네 주민들이 금요일에는 햄버거를 먹지 않는다는 것이었다. "저한테는 빌어먹을 생선 샌드위치가 필요합니다." 그는 주장했다. 참으로 종교적인 발언이 아닐 수 없었다! 크록의 지휘 하에 맥도날드 기업은 해덕과 대구 생선에 대해 세계에서 가장 철저하고 값비싼 연구조사를 실시했고, 그 결과 필레-오-피시Filet-O-Fish 를 개발했다. 현재 필레-오-피시는 전 세계 고객들의 입맛을 만족시키고 있지만, 그 출발은 로마카톨릭교 신자들에게 금요일마다 빌어먹을 샌드위치를 먹이려던 종교적인 요청에서 비롯되었다.

과학을 주방으로 가져오다

1980년대 초반에 웬디스Wendy's 광고는 공전의 히트를 기록했다. 왜소한 체구의 할머니가 빵만 크고 쇠고기 패티는 형편없이 작은 햄버거 안을 들여다 보면서 직원에게 "쇠고기는 어디에 있죠?Where's the beef?"라고 외치는 광고였다. 이 유명 문구는 게리 하트Gary Hart 의원이 민주당 대통령 후보 경선에서 탈락하는 데도 한몫 거들었다 (1984년 민주당 대통령 후보 지명전에서 게리 하트가 자신의 공약을 늘어놓자 그의 경쟁자였던 월터 먼데일Walter Mondale 이 핵심을 말하라는 뜻에서 "Where's the beef?"라고 맞받아쳤고 결국 먼데일이 승리했다). 하지만 레이 크록의 질문은 그보다 더 예리했다. "쇠고기 안에 무엇이 들어 있나요? What is in the beef?"

지금은 맥도날드 햄버거를 값싼 음식으로 치부한다. 하지만 어린 시절 내 기억으로는 맥도날드 햄버거 종이포장지에는 '100% 쇠고 기'라는 문구가 적혀 있었다. 어린 내게는 대단할 것 없는 글귀였지 만 아버지에게는 퍽이나 인상 깊은 것이었다. 1950년대에는 햄버거 안에 무엇이 들어가는지 알 수 없었다. 그 속에 집어넣을 수 있는 재 료는 누구도 알 수 없는 무궁무진하고 무시무시한 재료들이 그득했 다. 운이 좋으면 햄버거 내용물의 대부분은 적어도 소에서 나온 것들 이다. 하지만 당시에는 애완견 사료인 알포Alpo 캔의 성분 목록에서 볼 수 있을만한 애매모호한 재료들로, 이를테면 '육류와 육류 부산 물'로 만들어지는 경우가 대부분이었다. 육류 부산물이라니 그게 도 대체 무엇이란 말인가? 소, 돼지, 말에서는 그야말로 다양한 것들이 나올 수 있다. 미국 작가 업튼 싱클레어Upton Sinclair의 1906년도 저서 인 《정글The Jungle》은 육류가공업체의 해악을 폭로했다. 그러나 레이 크록이 맥도날드를 인수하던 당시만 해도 햄버거는 대개 도축한 고 기의 부스러기들로 만들어졌고, 피나 콩을 채워 넣는 경우도 빈번했 다. 화이트 캐슬White Castle 레스토랑은 그들의 얇은 패티 중앙에 구 멍 다섯 개를 뚫어 쇠고기 비용을 줄이기도 했다. 오늘날 미국 정부 조차도 지방 함량을 30퍼센트로 제한하라는 요구사항을 내놓고 있을 뿐이다. 크록은 통일성 있고 건강에 이로운 햄버거를 고집했다. 맥도 날드는 크록의 감시 하에 풀을 먹인 소 83퍼센트와 곡물을 먹인 소 17퍼센트의 살코기 목살을 사용하도록 했다.

크록은 공급업체와 프랜차이즈 사업자들을 곧이곧대로 신뢰하지 않았다. 본사 검열팀은 미국 전역을 돌면서 종합적인 '육류 테스트'를 실시했다. 패티가 지나치게 붉은 색을 띄는 경우에는 질산염이 들어 있을 가능성이 높았고, 패티가 너무 질긴 경우는 황소 고기를 사용했을 가능성이 컸으며, 석쇠로 구울 때 수증기가 많이 튀는 경우는 콩이 혼합되어 있기 때문이었다. 크록의 검열팀은 말 그대로 과학을 주방으로 가져왔다. 그들은 프랜차이즈 사업자들에게 염산이 담긴 작은 병을 나눠주어 지방 함량을 측정할 수 있게 했다. 검열팀은 종종 자정이 넘은 시각에 의심스러운 공급업체의 창고를 들이닥쳐 내용물 중량을 증가시키기 위해 충전재를 넣은 증거물이나 속임수를 물색했다. 패스트푸드 프랜차이즈 사업의 성패는 강력한 감독에 달려 있었고, 그렇다면 소비자들은 메뉴를 안심하고 믿을 수 있었다. 레이 크록 덕분에 소비자들은 '쇠고기 안에 무엇이 들어 있나요?'라는 질문에 대답할 수 있게 되었다.

미국인들은 연간 약 65킬로그램의 감자를 소비하는데[18] 이것은 미국인의 체중과도 대체로 일치한다. 물론 감자에 사워크림이나 버터를 곁들인다면 무게는 걷잡을 수 없이 증가한다. 샌버나디노 공터에 차를 세운 첫날 크록은 앞으로 자신이 햄버거보다 많은 것을 팔게 되리라는 사실을 알았다. 딕과 맥은 손을 멈출 수 없을 만큼 맛좋은 감자튀김을 만들어냈다. 버거킹은 거의 50년 동안 보다 맛좋은 감자튀김을 만들어내려고 애써왔지만 맛과 질감에서 맥도날드와 비등하다고 감히 주장할 수 있게 된 것도 불과 몇 년 전 일이었다. 당신은 손수 감자튀김를 만들어본 적이 있는가? 나도 만들어 보았는데 차마 손님을 초대해 시식을 권할 정도는 되지 못했다. 아무리 케첩을 찍어도 제대로 된 맛이 나지 않았다. 레이 크록이 던진 질문은 단순했다. 샌버나디노의 감자튀김은 어째서 그토록 맛있을까? 그는 즉시 답을 얻었다. 물론 우리는 알 수 없다. 사실 1950년대에도 늘 한결 같이 맛 좋은 감자튀김을 만들어내는 비법을 아는 사람은 아무도 없었다.

크록은 감자튀김에 숨어 있는 과학에 대해 궁금해했다. "지금 농담하시오?" 감자 판매업자들은 그의 궁금증에 이렇게 대꾸했다. 감자 재배자들은 1960년대 TV 프로그램인 〈그린에이커스Green Acres〉 세트장에서 막 빠져나온 듯 서로 제각각의 농부들이 뒤섞여 있었다. 그 후 완벽한 감자튀김을 만들기 위한 탐색전이 시작되었다. 거기에는 크록을 포함해 생기 있는 표정의 전직 육군 사무관 프레드 터너Fred Turner와 샌드위치 가게 주인의 아들인 닉 케로스Nick Karos가 포함되었다. 그들은 가장 의심스러운 것부터 살펴보았다. 튀김 기계의 온도에 비밀이 숨어 있을까? 그들은 기름통에 온도계를 담그고 실험했다. 아니면 감자종의 차이 때문일까? 대개는 일등품 아이다호 러셋 감자를 제일로 쳤지만 같은 러셋 감자라도 모두 한결같은 맛과 질감의 감자튀김을 만들어낼 수는 없었다. 그들은 수없이 많은 감자들로 감자튀김을 만들어가며 끝없는 실험을 거듭했다. 그리고 마침내 농업에 혁명을 몰고 올 두 가지 사실을 발견했다.

첫째, 같은 러셋 감자라도 수분 함량이 다르다는 것이었다. 최고의 감자튀김는 수분이 적고 단단한 감자여야 한다는 사실을 알게 됐다. 감자가 단단할수록 기름을 덜 흡수하기 때문에 더욱 바삭바삭한 감자튀김이 완성됐다. 또한 단단한 감자는 튀길 때 부피가 덜 줄어들기 때문에 무게당 더 많은 감자튀김를 만들어낼 수 있었다. 이번에도 크록 팀은 실험실 연구를 수행하는 데서 그치지 않았다. 그들은 공급업체들에게 자신들이 발견한 내용에 납품 기준을 맞추도록 했다. 이번에는 맥도날드 농장 관리자들이 감자밭을 습격했다. 그들은 액체비중계라는 부유장치로 수분과 육질의 강도 비율을 측정했고 또는 이보다 정확한 방법으로 물이 담긴 통에 감자를 쏟아 부어 비중specific gravity을 확인했다. 작업복 차림의 소박한 농부가 자신의 감자가 과학박람회 실험의 대상이 되어 온갖 고초를 당하는 모습을 지켜본다고 상상해보라. 하지만 맥도날드의 전망이 너무나도 찬란히 빛났기에 그런 실험도 묵묵히 따라주었다.

감자튀김과 관련한 두 번째 발견은 저장법과 관련이 있었다. 당신은 감자를 어디에 보관하는가? 식료품 저장실인가? 아니면 창고나 냉장고에 보관하는가? 그렇다면 1950년대와 1960년대 농부들보다 훨씬 앞서 있다고 할만하다. 당시 아이다호 최고의 가공업자들은 사일로(저장고)나 온도 조절이 가능한 헛간을 사용하지 않았다. 그들의 저장 방식은 땅을 파 만든 구덩이에 감자를 던져 넣고 잔디를 덮어두는 정도였다. 이 얼마나 멋진 방법인가? 눅눅한 여름철에 구덩이에 습기가 찬다 싶을 때는 어떻게 했을까? 구덩이의 입구를 열어 신선한 바깥 바람이 들어가게 했다. 당시 농장의 삶은 1885년에 반 고흐van Gogh가 〈감자 먹는 사람들The Potato Eaters〉을 그렸을 때와 별반 다르지 않았다. 크록은 적절한 냉동 보관으로는 만족할 수 없었다. 이번에도 그는 농부들을 강하게 밀어붙여 믿을 수 있는 저장시스템을 개발하도록 만들었다. 처음에는 머뭇거렸지만 즉시 크록의 요구에

응했던 농부들은 주문량이 쇄도하는 것을 지켜볼 수 있었다.

버거 셰프와 같은 다른 패스트푸드 기업들은 사실상 감독관이 전무한 상태로 사업을 지속했지만 크록은 시카고 외곽의 연구소에 부족하나마 자금을 투자했다. 그러한 개념은 결국 높이 평가받는 햄버거 대학Hamburger University으로 발전했다. 하지만 초창기에 자금난을 해결하려고 안간힘을 쓰는 크록을 지켜보던 경쟁업체들은 배꼽 빠져라 웃어대며 놀려댔을 것이다. 그런 경쟁업체들의 조리법은 다음과 같았다. '오래된 감자를 기름통에 집어넣어라. 그냥 아무 생각 없이 고기를 던져 뒤집어라. 그리고 가능한 많은 돈을 쓸어 담아라. 미래는 무슨 미래인가.' 하지만 아이라 거슈윈Ira Gershwin의 가사처럼 "지금 최후의 미소를 짓고 있는 승자는 누구인가?"

협력업체를 부자로 만들어 길들여라

감자 재배업자나 육류 가공업자 입장에서 보면 레이 크록은 틀림없이 골치 아픈 존재였다. 그는 늘 더 나은 가격과 품질을 원했다. 1950년대와 1960년대 초반에만 해도 레이 크록이나 맥도날드에 대해 누가 들어보기나 했겠는가? 그렇게 알려지지도 않은 기업에 어떤 거물급 기업들이 굽실거리겠는가? 실제로 그들은 꽤 뻣뻣한 태도를 보였다. 크록은 신생 업체라도 붙잡겠다는 절박한 심정의 소규모 공급업체들과 거래를 맺었다. 크래프트Kraft는 맥도날드의 초창기 치즈 거래업체였지만 크록이 햄버거에 맞도록 좀 더 자극적인 체다 치즈를 주문하자 거절했다. 맥도날드만을 위한 새로운 조리법을 개발하기에 크래프트는 일이 너무 많든지 배가 부르든지 둘 중 하나였다.

크록이 품질 좋은 쇠고기를 찾자 아머나 스위프트와 같은 주요 업체들은 거래 연장을 거절했다. 베이스Bays라는 지나치게 콧대 높던 제빵 업체는 크록이 동일한 모양의 잉글리시머핀을 요구하자 거절했다. 그것은 원래 모양이 들쑥날쑥한 베이스만의 자랑스러운 전통을 모독하는 처사였다. 하이어스 루트 비어Hires root beer도 초창기에 맥도날드와의 거래를 중단했다.

그러자 이번에는 어떤 일이 벌어졌을까? 레이 크록은 발 빠르고 배고픈 공급업체들을 백만장자로 만들어주었다. 크래프트에게 거절 당하자 크록은 위스콘신 주 그린베이의 L. D. 슈라이버L. D. Schreiber라는 치즈 가공업자를 찾아갔다. 현재 슈라이버 사Schreiber Company는 수천억 달러의 기업으로 성장했다. 크록은 웨슨오일Wesson Oil이나 P&G와 만족할만한 협상을 성사시키지 못했다. 그래서 그는 해리 스마건Harry Smargon이라는 신흥 사업가를 찾아갔고 그를 엄청난 부자로 만들어주었다. 크록이 스마건을 처음 만났을 때만 해도 주류 업체들로부터 한참 뒤처져 있었다. 스마건의 기름에는 쇠고기 지방과 식물성 쇼트닝이 섞여 있었다. 순수 식물성 기름을 만드는 장비를 구비할만한 경제적 여건이 되지 않기 때문이었다! 그럼에도 크록은 스마건에 대한 믿음을 저버리지 않았고, 스마건 역시 그런 레이 크록에 대해 믿음을 저버리지 않았다.

스마건을 비롯한 업체들이 크록을 사업 파트너로 삼기에 적합한 인물로 확신했던 이유는 무엇일까? 두 가지 이유 때문이었다. 첫째, 크록은 지독한 세일즈맨이었다. 그가 전국 방방곡곡에 맥도날드 프랜차이즈 매장을 세우겠다는 비전을 제시하자 공급업자들은 그의 말에 홀딱 넘어갔다. 그가 팔을 허공에 흔들어대며 메뉴에 대해 설명하자 한 사업자가 "햄버거 빵이 눈에 보이는 듯해요!"라고 소리쳤다. 크록의 열정은 아직 거래를 트지도 않은 업체에게서 대량 구매 할인을 약속받기도 했다. 웨슨과 스위프트에게 거절을 당하자 크록은 배고픈 업체들을 찾아다녔다. 노련한 세일즈맨이었던 크록은 늘 해결의 실마리를 찾아냈다. 새로운 장소를 발굴하기 위해 부동산 팀을 파견할 때면 그는 "학교와 교회, 새 주택 단지를 찾아라"고 일러주었다. 돈은 바로 그곳에 있었다.

크록이 파트너로서 신뢰받은 두 번째 이유는 그가 수단 좋은 세일즈맨이었음에도 성실하다는 점 때문이었다. 그는 뇌물이나 선물은 물론이고 정당한 급료까지도 거절했다. 그는 음식이나 수익을 필요 이상 부풀리는 얄팍한 속임수를 거부했다. 무엇보다 유리한 공급가를 얻어내려고 맹렬하게 협상을 벌이더라도 일단 협상이 타결되면 더 이상 공급업체에게 양보를 강요하지 않았다. 상품 시장commodity market이 타격을 입고 침체기를 겪고 있을 때도 공급업체들에게 가격 인하를 요구하지 않았다. 그는 공급업체들에게 충성스러운 고객이었다. 거기에 따르는 위험은 없었을까? 냉철한 구매자라면 다양한 공급업체들과 거래를 다각화하고 상품 가격이 10분의 1센트라도 떨어지면 공급가를 깎아달라고 떼써야 하는 것 아닌가? 대개는 그렇게 할 것이다. 하지만 인색한 구매자일수록 상품 가격이 폭등하거나 재고가 부족해져 공급업체가 납품 고객을 선택해야 하는 순간이 닥치면 더 큰 고통을 감수해야 한다. 크록은 믿음직스럽고 강인한 사람이었다. 그의 공급업체들은 크록이 마지막 1센트까지 절약하려고 협상을 벌일수록 맥도날드 프랜차이즈 사업주들이 수익을 벌어들인다는 사실을 알았고, 그렇게 되면 자신들에게 더 많은 주문이 쇄도한다는 사실을 터득했다.

결국 맥도날드가 폭발적으로 성장하면서 수많은 공급업체들이 맥도날드의 황금아치Golden Arch에 의존하다시피 했다. 경제학자들은 이처럼 한 명의 구매자가 시장을 지배하는 현상을 구매자독점monopsony이라고 정의했다. 식용유와 빵을 납품받기 위해 전전긍긍하며 사업을 시작한 레이 크록은 마침내 어마어마한 시장 권력을 거머쥐게 되었다. 그가 훗날 얻은 권력으로 초창기에 그를 믿어줬던 영세 사업자들을 후려치는 일은 다행히 일어나지 않았다.

로날드의 탄생과 각인의 효과

레이 크록에게는 쇼 비즈니스에 대한 감각이 있었다. 비벌리힐스 호텔을 빌려서 폴드-에이-누크를 전시했던 아이디어가 그러한 사실을 말해준다. 크록은 맥도날드를 하나의 오락 장소로 만들어야 한다고 생각했다. 매장에 주크박스를 포함한 일체의 오락시설을 금지하기는 했지만 어린이들의 주의를 끌어야 한다고 결론내렸다. 나는 어릴 적에 맥도날드에서 나눠주던 사각형 종이 모자를 수집했다. 그것은 해피밀이나 영화 캐릭터 수집용 장난감이 나오기 훨씬 오랜 전의 일이었다. 1950년대 후반에도 크록은 프랜차이즈 사업자들에게 강제로 판매 수익의 2.5퍼센트를 광고에 소비하도록 했다. 매장에 사방이 어항처럼 유리로 둘러싸인 주방을 만들어낸 아이디어도 오락적 가치를 더해주었다. 크록은 시카고의 한 홍보 업체를 고용해서 지역 신문 칼럼니스트들에게 재치 있는 문구를 제공했다. "쉴lean 시간이 있으면 청소할clean 시간도 있습니다"라는 유명한 문구를 만들어내기도 했다.

맥도날드는 1960년대에 대중의 이목을 끌기 위한 이벤트의 일환으로 독일 함부르크Hamburg(햄버거가 탄생한 곳이다) 시장을 어렵게 끌어들여 햄버거를 고향으로 돌려보내는 행사를 펼쳤다. 그 후에는 '로날드'가 탄생했다. 유쾌한 어릿광대 캐릭터는 처음 워싱턴 DC 지역 방송국에서 보조Bozo라는 캐릭터로 출발했다. 보조 캐릭터로 활동하다 나중에 로날드 캐릭터를 연기한 사람은 유쾌하고 통통한 몸집의 윌러드 스코트Willard Scott였고, 그는 훗날 NBC〈투데이Today〉쇼에서 기상캐스터로 활약했다. 《외식하는 미국America Eats Out》이라는 책을 집필한 존 마리아니John Mariani는 이렇게 적었다. "1965년 맥도날드 광고가 처음 방송을 탄 지 6년쯤 되자 로날드 맥도날드 광대 캐릭터는 미국 어린이 96퍼센트에게 알려진 존재가 되었고, 그것은 미국 대통령 이름보다 훨씬 친숙한 이름이었다."[19] 일본에서는 일본인들의 발음이 어렵다는 이유로 로날드를 도날드로 바꾸기도 했다.

맥도날드가 자전거와 롤러스케이트를 타는 로날드를 전 세계에 내보내고 누구든지 따라 부르기 쉬운 CM송을 만들어내자, 프랜차이즈 사업자들은 자신들이 낸 광고비가 제몫을 톡톡히 한다는 사실을 금방 알아챘다. 이러한 맥도날드 홍보 방식은 지난 수십 년 동안 막연하게 테마나 스타일을 개발해온 다른 패스트푸드 업체들과는 확연히

차이가 났다. 아울러 타 업체의 프랜차이즈 사업자들은 필요 이상으로 비싼 브로일러와 프라이어, 냅킨을 강매당하는 것도 모자라 자신들이 내는 광고비가 본사 경영진의 호주머니로 들어가는 것이 아닌지 의심했다.

레이 크록의 청결에 대한 집착은 가히 전설적이라 할 만 하다. 매장을 방문할 때면 그는 일부러 몇 블록 떨어진 곳에서 차에서 내려 걸어 갔고 인근 길거리에서 주은 쓰레기로 저글링을 하면서 지점장 문 앞에 당도했다. 청결이라면 둘째가라면 서러울 맥도날드가 양동이와 대걸레를 손에 든 직원들 모습을 텔레비전 광고 캠페인에 내보낸 것은 어쩌면 당연한 일이었다. 그리고 광고는 큰 성공을 거두었다.

1960년대와 1970년대에 성공가도를 달리던 맥도날드의 CM송은 톱40 Top 40 히트곡에 들어갈 정도로 인기를 모았다. 〈오늘 하루는 쉬셔도 좋습니다 You Deserve a Break Today〉와 〈두 장의 쇠고기 패티와 특별소스 Two All-Beef Patties, Special Sauce〉가 그런 노래들이었다. 몇 년 전 차를 몰고 나가 음식을 사오기도 귀찮던 나는 주방에서 뭘 먹을까 궁리하다가 에그 맥머핀을 만들어 먹기로 했다. 재료를 머릿속으로 생각하다가 갑자기 예전에 따라 부르던 CM송이 떠올랐다. 〈캐롤라인 더 모닝 Carolina in the Morning〉이라는 옛날 멜로디에 가사를 붙인 노래는 바로 조리법을 해결해주었다. "아무 것도 없어요. 아침에 맥도날드 에그 맥머핀 만한 것은 아무 것도 없어요. 달걀과 캐나다 베이컨과 치즈와 머핀이 당신의 아침을 만들어주죠…"

맥도날드에서 CM송과 맥머핀을 내놓기 전까지만 해도 미국인들 대부분은 잉글리시 머핀이 뭔지도 몰랐다. 1970년대에 맥도날드에

서 '햄 앤드 에그 치즈 베이글Ham & Egg Cheese Bagel'을 출시하기 전만
해도 베이글은 시골 지역에서 유대인들을 욕할 때나 입에 오르던 단
어일 정도로 생소한 것이었다(베이글은 유대인들의 빵이다). 만약에 일
러스트레이션 작가 노먼 록웰Norman Rockwell이 오늘날 미국인들의
아침식사 풍경을 그린다면 나이든 할머니가 크림치즈를 바른 파피시
드 베이글과 맥도날드 해시브라운을 씹고 있는 모습일 것이다.

달콤한 크리스피크림의 몰락

레이 크록의 주문과도 같은 QSC&V(품질quality, 서비스service, 청결
cleanliness, 가치value)는 경쟁업체들에게도 쉽게 각인되었다. 그것은 오
래된 컵스카우트Cub Scout(6~12세 남자 아이들이 가입하는 보이스카우트
전 단계의 소년단체) 안내서의 진부한 문구처럼 들렸다. 크록이 발명
하지는 않았지만 어느새 프랜차이즈의 핵심 사항이 된 문구는 패스
트푸드 업계를 넘어서서 세무대행업과 여행사, 세탁소, 주방 리모델
링업을 비롯해 테니스 교습에까지 확산되었다. 그런가 하면 일일 운
영은 지역 점주가 관리하고 본사는 브랜드 홍보와 구축을 담당한다
는 오래된 기본 개념도 아직까지 별로 달라지지 않았다. 현재 프랜차
이즈 사업은 100종에 가까운 업계에 퍼져 있으며, 미국 경제에 연간
1조 달러 이상을 기여하고 있다. 그 중 식품서비스 부문이 거의 절반
을 차지한다.

하지만 프랜차이즈 사업이 대단히 활성화되기는 했어도 레이 크록

의 행동과 그의 원칙을 따르는 기업은 매우 드문 편이다. 우리는 이 장에서 크록에게 유리하게 작용했던 핵심 원칙들을 살펴보았다. 50년 전에는 황무지나 다름없던 분야에 그가 새로 길을 터놓았는데 도대체 어째서 길을 잃거나 좌절하는 것일까? 도넛을 예로 들어보자. 그 중에서도 크리스피크림을 살펴보자.

샌버나디노의 맥도날드 가게처럼 크리스피크림도 열광적인 호응을 한 몸에 받으며 출발했다. 남부 지역 소비자들은 인근에 크리스피크림 매장이 문을 열면 군침을 흘리면서 줄을 섰다. 토크쇼 진행자 로지 오도넬Rosie O'Donnell은 TV에 나와 뉴욕에서는 크리스피크림을 살 수 없다고 불평하기도 했다. 그녀의 투덜거림에 나는 중학생일 때 로키산 동쪽 지역에서는 구경할 수 없던 쿠어스Coors 맥주를 찬양하던 선생님을 떠올렸다. 열네 살짜리 아이들에게 어쩌다 맥주 이야기를 꺼냈는지는 모르겠지만 우리는 맥주 맛이 어떤지 먹어보고 싶어 견딜 수가 없었다. 사람은 자신의 손이 미치지 않는 것을 간절히 원하는 법이다. 크리스피크림이 마침내 전국에 지점을 내기 시작하자 이번에는 월스트리트 투자은행들이 군침을 흘리기 시작했다. 기업 공개시에 주당 21달러였던 크리스피크림 주가는 2000년에 105달러까지 치솟았고, 그 후 주식분할로 주가는 더욱 상승했다. 크리스피크림은 미국은 물론이고 저 멀리 영국과 호주에도 진출하면서 435곳의 매장을 열었다. 이 얼마나 대단한 성공인가! 크리스피크림은 돈방석에 올라앉았다. 하지만 그들은 크록의 길을 따라가지 않았다. 2004년에 크리스피크림 주가는 90퍼센트나 폭락했고, 매장당 평균 판매율이 20퍼센트 하락하면서 100여 곳의 매장이 문을 닫았다.

무엇이 잘못되었을까? 레이 크록이라면 뭐라고 말했을까? 첫째, 크리스피크림 경영진들은 프랜차이즈 사업자들에게 지나치게 탐욕적이었고, 젤리 도넛을 판매하는 특권의 명목으로 과도한 비용을 요구했다. 경영진은 부자가 되었지만 프랜차이즈 사업자들은 고전을 면치 못했다. 2004년에는 경영진도 이 사실을 인정하면서 문 닫은 매장들을 3,200만 달러에 매수하겠다고 했다. 애초에 이보다 낮은 가격으로 프랜차이즈 계약을 했더라면 주가 폭락은 막을 수 있었을지도 모른다.[20] 하지만 지나치게 빠른 확장이 문제였다. 레이 크록이 신청자들을 면밀히 검토하고 나서 한 번에 하나씩 매장을 열던 사실을 기억해보라.

둘째, 크리스피크림은 회계장부를 엉망으로 감독한 나머지 소득액을 다시 기입하면서 결국 연방당국의 조사를 받게 됐다. 크록은 맥도날드의 미래에 대해서는 늘 거창한 이야기를 늘어놓았지만 현금흐름에 대해서는 투자자들을 속이지 않았다.

셋째, 크리스피크림은 브랜드 가치를 떨어뜨렸다. 크록은 프랜차이즈 매장들이 맥도날드 건축 구조와 주방 배치를 그대로 따르도록 강조했다. 하지만 크리스피크림 도넛은 크리스피크림 매장은 물론이고 세이프웨이Safeway나 피글리위글리Piggly Wiggly 같은 슈퍼마켓에서도 얼마든지 살 수 있었다. 공급망 관리가 허술한 바람에 도넛 맛이 변질되는 경우도 있었다. 엑손Exxon 주유소에서 기름을 넣으면서도 젤리 도넛을 먹을 수 있다면 크리스피크림만의 경험을 어떻게 관리한단 말인가? 크리스피크림 옹호자들은 앳킨스Atkins 박사의 저탄수화물 다이어트 열풍이 공교롭게 맞물리면서 도넛 산업이 몰락했다고 탄식한다. 하지만 같은 시기에 던킨도너츠Dunkin' Donuts와 파네라브레드Panera Bread가 훨씬 우수한 실적을 거둔 사실을 본다면 그것은 변명에 지나지 않는다.

그럼 크리스피크림은 다시 살아날 수 있을까? 물론이다. 하지만 상당한 정직과 겸손을 되찾아야만 지금까지 분하게 속아온 프랜차이즈 사업자들의 노여움을 누그러뜨릴 수 있다. 그래야 도넛과 곁들이는 고수익의 고단가 커피의 판매에도 지장을 주지 않을 것이다. 어찌 됐든 도넛보다는 카페인의 중독성이 더 강력하지 않겠는가.

부유하지만 검소했던 보통 사람

레이 크록은 1984년 샌디에이고에서 매우 부유하게 생을 마감했다. 1961년에 맥도날드 형제로부터 사업권을 인수한 것은 그를 곤경에 빠뜨리기도 했지만 결국에는 수십만 개도 아닌 수십억 개로 판매되는 햄버거를 상징하는 매장 간판과 배당금을 안겨주었다. 그의 대단한 부와 명성에도 불구하고 그는 결코 검소하고 효율적인 삶의 방식을 저버리지 않았다. 그는 운전사가 딸린 롤스로이스 자가용을 타고 대형 할인매장인 프라이스클럽Price Club에 가 물건을 구입했다. 오렌지 한 조각을 자신에게 주기 위해 냅킨을 사용한 아내에게 낭비한다고 핀잔을 주는 모습이 목격되기도 했다. 그것은 모두 800만 달러짜리 걸프스트림Gulfstream 자가용 비행기를 타고 다니던 시절의 일이었다.

크록은 결코 완벽한 사람이 아니었다. 그런 사실을 증명이라도 하듯 많은 실수를 했다. 언젠가는 파인애플과 치즈를 넣은 샌드위치인 훌라버거HulaBurger를 출시했다가 사람들에게 말 그대로 '쇠고기는 어디 있나요?'라는 질문을 받기도 했다. 또 언젠가는 미국인들이 패스트푸드 파운드케이크를 원한다는 확신으로 가득 찼던 적도 있었다. 샌디에이고 파드리스San Diego Padres 야구팀을 사들인 적도 있었고, 워터게이트Watergate 사건이 터진 뒤에 리처드 닉슨Richard Nixon 대통령에게 25만 달러를 기부한 적도 있었다. 언젠가는 파드리스 팀이 형편없는 경기를 치른 뒤에 크록이 연설 마이크를 잡고 이렇게 소리친 적도 있었다. "저는 레이 크록입니다. 진심으로 사과드립니다. (…) 정말로 형편없었습니다. 지금까지 보아온 경기 중에 가장 한심한 경기였습니다." 그러자 한 선수가 항변했다. "지금 도대체 누구에게 그따위 말을 하는 겁니까? 즉석요리 주방장들한테 하는 말입니까?"[21] 크록은 언론을 통해 그가 즉석요리 주방장들을 모욕했다고 말했다. 한번은 주방장 모자를 쓰고 경기장에 오는 사람들에게 공짜 티켓을 주겠다고 말한 적도 있었다. 그러자 수천 명 야구팬들이 몰려와 줄을 서서 주방장 모자를 흔들어대는 바람에 곤욕을 치러야 했다. 그들은 레이 크록이 약속을 지키는 사람이라는 사실을 알고 있었다.

7

소리로 세계를 재패한 글로벌리스트
아키오 모리타

소니
Sony

Akio Morita (1921~1999)

"남이 하지 않기 때문에 소니는 할 수 있고,
남이 하지 않더라도 소니는 한다."

AKIO MORITA

동이 틀 무렵 젊은 중위 한 명이 초조한 듯 검을 향해 손을 뻗었다. 그는 사무라이의 후예였지만 간밤에 제대로 잠을 이루지 못했다. 아마도 용맹함은 물려받지 못한 듯했다. 그는 규칙적인 손놀림으로 해군복의 단추를 잠그고 넥타이를 가다듬고는 옷깃에 달려있는 닻 모양 금배지의 먼지를 털었다. 그런 뒤 차려 자세로 천황의 전갈을 기다렸다. 이미 수천 명의 일본인들이 도쿄를 빠져나가다 떼죽음을 당했다. 미국의 B-29기 대규모 편대가 일본의 옛 마을에 무차별 폭격을 가하면서 목조건물이 불탔고 여기에 바람까지 휘몰아치자 온 마을이 불바다로 변했다. 피난처로 달려가던 주민들의 겉옷과 모자에도 불이 붙었다.

아키오 모리타Akio Morita 는 무사했다. 그는 해군 연구소에 숨어 다른 물리학자들과 함께 미군의 맹습을 격퇴시킬 열추적 무기를 개발 중이었다. 하지만 곧 그의 차례가 올지도 몰랐다. 책상 뒤에서 걸어 나와 화염이 난무하는 전장으로 진군하라는, 천황의 요청 아닌 엄명이 떨어질지도 몰랐다. 그렇다면 거절이란 없었다. 1945년 4,000여명에 달하는 동지들이 가미카제 임무를 완수하기 위해 전투기에 올라 연합군의 해군함정으로 돌진했다. 가미카제 교범은 조종사들에게 "생사를 초월해 (…) 이승에서의 삶을 완전히 잊어버리고 (…) 확고 부동한 결단력으로 적군을 전멸하는 일에 모든 정신을 집중할 것"을 명령했다.[1] 수많은 일본군들은 미국에게 항복하느니 차라리 할복자살을 택했다.

목숨은 결코 하찮은 것이 아니었지만 신성한 천황의 이름을 걸고 언제라도 희생할 수 있는 것이었다. 뿌리 깊은 명문가의 15대 종손인 아키오에게 불복종이란 생각할 수조차 없는 것이었다. 히로히토 천황은 그에게 어떤 명령을 내릴 것인가? 아키오는 군주의 모습을 잘못 쳐다보았다가는 눈이 멀지도 모르니 쳐다보아서도 안 된다는 가르침을 받아왔다. 기차 차장들은 기차가 천황의 궁궐을 지나갈 때면 승객들에게 절하도록 지시했다. 시민들은 모두 천황을 섬기는 신하들이었다. 황제의 친족과 참모들을 제외하고는 그의 목소리를 들어본 사람은 없었다. 황제는 구약성서에 등장하는 불떨기나무처럼 일반인들은 결코 쳐다볼 수도 없는 경외의 대상이었고 누구도 부인할 수 없는 지혜와 권력의 소유자였다.

아키오는 검을 꼭 쥔 채로 라디오를 켜고 전국으로 방송되는 천황의 목소리에 귀를 기울였다. 그런데 이럴 수가. 그것은 진노해 쩌렁쩌렁 울리는 신의 목소리가 아니었다. 천황의 음성은 가냘픈 고음이었고, 전자회로의 치직거리는 잡음에 묻혀 더욱 가냘프게 들렸다. 그가 전하는 말은 천황답지도 않고 당당하지도 못했다. 형식적이고 진부했으며 불분명했다.

용맹하고 충성스러운 일본 전사들이 무장해제 되는 것은 견딜 수 없는 일이로다. 국가 수호를 외치던 자들이 이제 와서 전쟁의 선동자로 처벌당해야 하는 것도 견딜 수 없는 일이로다. 그럼에도 차마 견딜 수 없는 일을 견뎌야 할 때가 되었도다. 짐은 눈물을 머금고 연합군의 선언을 수락하는 바이다.[2]

일본 천황은 성전(聖戰)에서 항복했다. 이로써 스물네 살 명문가 출신의 해군 장교 아키오는 목숨을 건졌다. 군복무에서는 자유로워졌지만 이제는 다른 전쟁을 치러야했다. 그것은 연합군의 폭격과 일본 제국정부의 과대망상적 대응으로 초토화된 극빈 상태의 경제 대혼돈에서 살아남는 일이었다. 아키오 모리타는 검을 내려놓고 앞을 바라보았다. 임무가 사라지자 이제 어디로 가야할지 무슨 일을 해야할지 앞길이 막막했다. 천황의 권위가 땅에 떨어진 이 마당에 젊은 물리학자의 권위가 존재할 리 없었다.

그로부터 15년 만에 아키오가 일본은 물론 전 세계를 미개척 전자 영역으로 이끌어내 개개인에게 자신의 음악과 텔레비전, 게임을 갖게 해주었다는 것을 생각할 때 이 얼마나 기상천외한 일인가. 아키오가 라디오를 끈 1945년 8월 9일 그 날은 아마도 모든 일본인들이 한 북소리에 맞춰 진군하기를 멈춘 마지막 날이었을지 모른다.

동서양 문화의 절묘한 조합

아키오 모리타는 위대한 운명을 타고나지는 않았다. 하지만 그가 다른 CEO의 명령에 복종하는 신세가 되었더라면 그의 조상들은 대단히 실망했을 것이다. 수백 년 동안 사케와 간장을 제조해온 가문의 장손이던 아키오는 1921년 1월 그가 태어난 날부터 가업을 책임지는 교육을 받았다. 그의 아버지는 초등학생이던 아키오를 비즈니스 회의에 데려가기도 했고, 재고 물량 세는 법을 가르쳐주기도 했으며, 무엇보다 부하직원들을 위엄 있게 상대하는 법을 몸소 보여주기도 했다. 모리타 가문은('풍요로운 논'이라는 뜻이다) 테니스 코트와 고급 승용차와 하인을 두고 있고 도요타 자동차 회사를 창립한 도요타 일가를 이웃으로 둔 특권층 사람들이었다. 다른 일본인들보다 표정이 밝고 잘 웃던 아키오는 미래의 전망과 자신감으로 빛이 나는 듯했다.

아키오 가족은 일본 쇼군 시대와 현대 시대라는 서로 상충되는 시대에 각각 한 발을 담그고 있었다. 19세기 후반에 이르러 일본은 야만적인 서구인들에 대해 적대적이고 폐쇄된 사회에서 벗어나 메이지 유신Meiji Restoration의 시대로 나아갔다. 불과 몇 년 사이 일본을 지배하는 모토는 외국인을 배척하는 외침 소리이던 '존황양이(尊皇攘夷, 황제를 공경하라! 야만인들을 몰아내자!)'에서 모든 것을 포용하는 '문명개화(文明開化)'로 바뀌었다. 1870년대에 메이지 천황은 워싱턴 DC와 파리로 사절단을 파견해 법률과 정책 및 의복 등에 관한 최신 정보들을 들여왔다. 전통 관복을 입고 서양으로 향했던 일본 관료들은 실크 모자를 쓰고 도쿄로 돌아왔다. 1890년대에 이르러서는 일본의 한 학교 야구부(이치로Ichiro)가 요코하마에서 열린 야구 경기 시리즈에서 미국 선수들을 크게 앞지르기 시작했다. 10회 경기 가운데 9회를 이치로가 승리하면서 미국을 230대 64로 꺾고 압승을 거두었다.[3] 미국팀은 그동안 일본인들의 입장이 금지된 미국인 전용 운동장에서 경기하면서 홈필드의 이점을 누려왔다.

모리타 가문은 전통과 현대가 엎치락뒤치락하는 시대를 헤쳐 나갔다. 아키오의 어머니 슈코Shuko는 늘 기모노를 입으면서도 자신의 의견을 거침없이 주장하던 여성이었다. 아키오의 부모는 아들의 정신 단련을 위해 한겨울에도 난방이 안 되고 옷도 껴입지 못하게 하는 혹독한 규율의 학교로 아키오를 보냈다. 그러면서도 그의 어머니는 아들에게 전통 다다미 요 대신에 서양식 매트리스를 사주었다. 그들은 미처 의식하지 못하는 사이에 아들을 동서양이 혼합된 방식에 익숙하도록 양육한 셈이었다.

아키오의 할아버지는 다기(茶器)와 같은 오래된 동양 공예품에 투자했다가 가산을 탕진하다시피 했다. 하지만 아키오를 극장에 데려가 영화 〈킹콩〉을 보여준 것도 다름아닌 할아버지였다. 할리우드에서는 유성영화가 막 등장했고, 아키오의 할아버지는 손자를 데리고 1928년 알 졸슨 주연의 최고 흥행작인 〈싱잉 풀The Singing Fool〉을 관람하러 갔다. 졸슨은 〈소니 보이Sonny Boy〉라는 감수성 짙은 곡을 계속해서 불러댔는데 '소니 보이'라는 구절은 아키오의 마음에 깊이 각인되었다.

서양 음악을 좋아하던 아키오의 어머니는 아들과 함께 오래된 빅터 축음기Victrola의 손잡이를 돌려 엔리코 카루소Enrico Caruso의 노래와 에프렘 짐발리스트Efrem Zimbalist의 바이올린 연주곡 레코드를 틀었다. 카루소의 높은 고음의 음성은 다른 어떤 가수의 목소리보다도 훨씬 원음에 가깝도록 오래된 기계를 통해 흘러나왔다. 어머니 슈코가 카루소 목소리의 떨림과 비통함에 귀를 기울이고 있을 동안 아키오는 빅터 축음기 광고에서 주인의 목소리를 듣고 고개를 갸우뚱거리는 개처럼 머리를 기울인 채 자리에 앉아있었다. 노랫말에서는 별다른 감동이 느껴지지 않았지만 소리 역학에 대해서는 강한 열정이 느껴졌다.

빅터 축음기는 어떻게 작동하는 것일까? 레코드의 긁힘 소리는 어째서 나는 것일까? 레코드마다 잡음의 정도가 다른 이유는 무엇일까? 어떻게 하면 이런 잡음을 없앨 수 있을까? 아키오가 중학교에 입학하던 무렵 그의 아버지는 전기축음기라는 어마어마한 고가품을 사들여 가족들을 놀라게 했다. 일렉트롤라Electrola 두 대 가격이면 자동차 한 대는 족히 구입할 수 있었다. 아버지가 일렉트롤라를 구입한 것은 카루소를 좋아해서가 아니라 번거롭게 손잡이를 돌려야 하고 긁힘 소리가 나는 빅터 축음기의 잡음에 아키오의 청각이 손상될까 염려되었기 때문이다.

"일렉트롤라의 환상적인 소리는 결코 잊지 못할 겁니다. 저는 완전히 반하고 말았습니다." 모리타는 말했다.[4] 그와 어머니는 라벨Ravel의 볼레로Bolero와 모차르트Mozart, 베토벤Beethoven, 바흐Bach, 브람스Brahms의 레코드를 턴테이블에 조심스레 올려놓고는 미국의 발명품에 감탄했다. 잡음이 거의 들리지 않는 고혹적인 멜로디는 아키오를 사로잡았다. 그는 전자기계에 강한 애착을 느꼈다. 다른 10대들이 우표를 수집하거나 여자 꽁무니를 쫓아다니느라 여념이 없을 때 그는 방과 후 모든 시간을 전기 라디오와 기타 장비들을 조립하는 데 쏟았다. 그는 일본에서 새로 창간된 〈무선과 실험Wireless and Experiments〉 잡지를 정기 구독했고 외국 잡지에 나온 도해를 보고 기계 조립을 하기도 했다. 구할 수 있는 전기제품을 끌어 모아 모두 분해했다가 거의 대부분 재조립해 원상복귀시킬 수 있었다. 몇 년 동안 기계를 만지작거리고 노하우를 터득한 결과 마침내 그는 미숙하게나마 자신의 목소리를 녹음하는 법을 깨우쳤다.

한 가지에 집착 증세를 보이는 다른 많은 소년들이 그렇듯 아키오는 학교 선생님들이 가르치는 그렇고 그런 과목들에는 관심이 가질 않았다. 사파이어 축음기 바늘의 비밀을 캐내려는 판국에 어떻게 역사와 지리에 관심을 가진단 말인가? 아키오는 오로지 과학에만 관심이 있었고 그 중에서도 소리의 물리학에 관심이 많았다. 낙제 성적으로 퇴학당할 위기에 놓이자 그의 부모는 어쩔 수 없이 가정교사를 붙였다. 아키오는 가장 낮은 합격 점수를 받아 간신히 고등학교에 진학했다. 물론 물리학 성적은 탁월했다. 그의 아버지는 실망했다. 아키오가 명망 있는 사케 사업 경영을 준비해야 하는 처지였음을 기억한다면 당연히 그랬을 것이다. 가업을 물려받으려면 경제학이나 쌀과 콩의 양조 화학에 뛰어나야했다. 음악과 관련한 물리학도 그런대로 괜찮은 취미였지만 직업으로는 적절치 못했다.

아키오는 아버지의 강압을 뿌리치고 과학에 매진했다. 1941년 12월 8일 오전에 아키오는 혼자서 조립한 라디오를 들으며 침대에 앉아있었다. 6시 정각에 자신을 깨우도록 라디오에 알람시계를 장착해놓았다. 뉴스 해설자의 목소리에 작은 라디오가 진동했다. 뉴스 속보는 충격적이고 걱정스러우면서도 흥미로웠다. 일본군이 진주만 습격을 성공리에 완수했다는 뉴스였다. 해설자는 미 해군기지의 폭발로 생긴 구름 기둥을 묘사했다. 아키오는 자부심으로 가득 찼지만 어느새 그것은 걱정으로 바뀌었다. 그는 과학 기술에 대해 알고 있었다. 미국인들은 비행기와 자동차, 전자 부문에서 월등히 앞서 있었다. 그런데 미국처럼 막강한 국력을 갖춘 나라와 일본이 어떻게 겨룰 수 있단 말인가? 뉴스 방송은 일본 선전원들이 떠들어대는 필리핀과 홍콩의 점령 소식으로 가득 채워졌지만 아키오는 일본 제국의 군국주의에 동조할 수 없었다. 그는 직접 만든 라디오로 도쿄 로즈Tokyo Rose(미군을 회유하는 일본군 선전방송의 진행자)의 음성을 들었지만 그녀가 미국 가수 빙 크로스비Bing Crosby보다 대단하다는 말은 믿지 않았다.

부품 조립원에서 열추적 무기 연구원으로

'가라데karate'나 '푸톤futon(일본식 소파 겸용 침대)'처럼 영어식 표현으로 흘러든 동양 단어들은 제법 있지만, 그중에서 아키오 모리타의 전시 복무와 전혀 어울리지 않을 단어라면 '경호gung ho(투지와 열정을 표현하는 일종의 구호나 인사)'가 아닐까 싶다.[5] 물리학 연구원으로 군에 입대한 아키오는 첨단기술직에 배치될 것이라고 믿었다. 하지만 그는 강철 부품을 손질하는 공장으로 보내졌다. 몇 주 동안 적적하고 따분한 노동을 지속한 끝에 누군가가 그를 조립 라인에서 빼내는 것이 오히려 일본의 전쟁 승리를 돕는 길이라고 판단한 모양이었다. 그는 곧이어 다른 똑똑한 연구원들과 함께 실험실에서 야간투시경과 열추적 무기를 설계하게 되었다. 하지만 열추적 미사일 개발은 끝내 성공하지 못했다.(미국도 10년이 지나서야 사이드와인더Side-winder 미사일을 개발해내는 데 성공했다.)

아키오의 자서전에 따르면 그는 해군에서 복무한 덕에 수완가가 되는 법을 터득했다.[6] 개인적으로 그 어떤 획기적인 발명품을 만들어내지는 못했지만, 어떻게 하면 군사작전과 멀리 떨어져있고 해군에서 맘껏 사용할 수 있는 호텔과 가까운 해안가에 배치될 수 있는지 요령을 터득했기 때문이다. 그는 집에 부탁해 귀한 미소된장을 '해군용'으로 표기된 용기에 담아 연구팀에 보내게 했고, 사람들은 이 값진 물건을 다른 필요한 물건들과 교환했다.

아키오는 공습경보에 대해 나름의 논리적이고 냉소적인 견해를 갖고 있었다. 공습경보가 울리면 다른 대대 병사들은 잠자리에서 벌떡 일어나 허겁지겁 군복을 입고 소방 시설에 투입됐지만 아키오는 생각이 달랐다. 그는 자신의 대원들에게 '폭격이 떨어지면 누구라도 죽을 수밖에 없다'는 각오로 그냥 잠자리에 누워 있으라고 말했다. 1960년대에 텔레비전에서 방영되던 〈특전해군McHale's Navy〉을 그가 봤는지는 모르겠지만 그의 생각은 프로그램과 제법 맞아떨어졌다.

전쟁에서 맺은 인연

눈치 빠르고 얍삽하게 구는 법을 터득한 것 외에도 아키오 모리타가 전쟁을 통해 얻은 것은 또 있었다. 그것은 인생의 가장 소중한 인연을 만난 것이었다. 그가 연구실에서 만난 사람은 명문가 출신의 모리타보다는 도시 노동자에 가까운 말투에 손가락이 두껍고 안경을 낀 한 남성이었다. 하지만 두꺼운 안경과 투박한 말투 너머에는 과학적 재능으로 빛나는 지성이 엿보였다. 마사루 이부카Masaru Ibuka도 아키오만큼이나 물리학에 빠져든 사람이었다. 그는 자신의 열정을 실행에 옮기는 데는 훨씬 더 창의적이었다. 그는 어릴 적부터 장난감과 집안 물건을 분해하는 일로 악명이 높았다. 그의 가족은 이렇게 소리치곤 했다. "마사루가 나타났으니 어서 장난감과 시계를 숨겨!" 그는 사운드 실린더를 직접 혀로 핥으며 그것이 얼마나 부드럽고 얼마나 아름답게 설계됐는지 음미하면서 기쁨으로 눈을 빛내던 사람이었다.[7]

이부카는 아키오보다 열세 살이 많았다. 그는 이미 1933년경에 파리 세계 박람회에서 일명 '춤추는 네온the dancing neon'(음파를 이용해 장거리 빛 신호를 제어하는 장치)이라는 발명품으로 금상을 수상하고 '천재 발명가'라는 칭호와 명성을 얻었다. 아키오는 이부카의 창의력에 매료되었다. 어느 날 모리타 중위는 이부카가 강력 신형 앰프를 설계하고 있는 실험실을 찾아갔다. 그것은 지구 자기장의 미세한 동요를 측정해내어 해수면 위를 낮게 날아가는 비행기들이 수심 30미터 아래를 운항하는 연합군 잠수함을 탐지해내는 장치였다. 파장을 제대로 맞추기만 하면 초당 몇 사이클에 해당하는 미세한 주파수까지도 감지해낼 수 있었다. 아키오가 실험실 문을 열고 들어서자 인근의 음악학교 여학생들이 이부카 주위를 둘러싸고 있었다. 이부카는 음악을 전공하는 여학생들의 고도로 훈련된 청각을 이용하면 자신의 송신기 진동을 1000분의 1의 미세한 사이클 음조에 맞출 수 있다고 생각했다. 그리고 그의 판단은 옳았다.

이부카는 과학적 천재성이 다분하기는 했지만 CEO가 될 만한 인물은 아니었다. 어떤 기계라도 분해하고 이해할 줄은 알았지만 사람을 이해하고 다루는 기술과 요령은 부족했다. 그는 도시바Toshiba의 전신인 시바우라Shibaura 입사시험에서도 낙방했다. 이부카는 어딘가 나사 하나가 풀린 듯한 교수처럼 보였지만 아키오는 그가 자신의 완벽한 파트너라는 사실을 알아챘다. 그 후 두 사람은 평생 동안 바닥에 앉아 함께 장난감을 만지작거리는 일만으로도 즐거워할 수 있는 사이가 되었다. 아키오는 뉴욕에 갈 때마다 FAO 슈워츠FAO Schwarz 장난감 매장에 들러 자신과 이부카의 몫으로 무엇이든 2개씩 사가지고 왔다. 훗날 이부카의 아들은 이렇게 말했다.

"두 분은 연인보다 가까운 사이였습니다. 모리타 씨 아주머니도 그렇게 생각하셨어요. 우정이라기보다는 사랑에 가까울 정도로 끈끈했습니다. 두 분이 함께 계실 때면 어머니나 모리타 씨 아주머니도 끼어들지 못할 만큼 애정이 깊으셨습니다."[8]

평화가 찾아들다

도쿄는 시내 절반 이상이 이글이글 불타고 있거나 더 이상 태울 것도 없을 만큼 황폐한 모습이었다. 메이지 신사와 도쿠가와 가문의 사당들은 공습으로 산산이 부서져 내렸고 황궁에서도 연기가 피어올랐다. 도쿄 함락이 선포되고 맥아더 장군이 도쿄에 당도하자 노동자들은 도쿄만으로 엄청난 양의 잿더미를 퍼 날랐다.[9] 휘발유는 구할 수 없었고 그나마 길거리를 운행하는 자동차들은 휘발유 대신에 석탄이나 나무를 때워 움직이도록 개조된 것이었다. 결코 새로운 사업을 시작할 미래가 보이지 않는 곳이었다.

《제5도살장Slaughterhouse-Five》이라는 책의 등장인물처럼 마사루 이부카(아직 아키오 모리타의 파트너가 되기 전이었다)는 여기저기 불타고 무너져 내린 백화점에서 직원 몇 명과 머리를 모으고 자신들의 기술을 돈벌이로 만들 궁리에 여념이 없었다. 워낙 음침하고 흉악한 몰골의 장소였던지라 툭하면 경찰들이 들이닥쳐 그들을 무단침입이나 불법거주 혐의로 체포했다. 당시 호황을 누리던 장의사를 제외한다면 1945년이라기보다는 1745년에 가까운 모습의 돌무더기로 가득한 도시에서 그 어떤 기업이 살아남을 수 있었을까?

첨단 전자공학과 물리학을 공부한 이부카조차도 떡을 만들어 팔거나 미니 골프장을 차리는 일처럼 기술과는 전혀 상관없는 사업을 생각할 정도였다. 마침내 그들은 전기밥솥이라는 단순한 전기 기계를 만들기로 했다. 쌀밥을 뜻하는 단어인 메시(だ飯)가 식사meal를 의미할 만큼 쌀은 일본인에게 매우 중요하다. 이부카는 쌀이 수분을 모

두 흡수하면 저절로 전원을 차단시키는 똑똑한 기계 개발에 착수했다. 하지만 애석하게도 일본산 쌀은 그 품질과 씹히는 질감이 천차만별이어서 이부카의 밥솥은 늘 너무 질거나 된 밥을 지어냈다. 형편이 좋지 못하던 일본인 소비자들은 새로운 기계에 한 컵의 쌀도 낭비할 수 없는 처지였다. 이부카의 주머니는 점점 홀쭉해졌고 그의 직원들은 불안에 떨었다.

다음 프로젝트는 AM 무선을 단파 무선으로 전환하는 장치였는데 그런대로 성공을 거두면서 도쿄 전기통신 연구소Tokyo Telecommunications Research Institute라는 기업명을 달고 판매됐다. 전시 동안 일본 헌병대는 일본 시민들이 연합군 선전방송을 듣게 될까봐 단파 무선을 차단시켜놓았고, 이부카는 진공관 한 개를 장착해서 단파 기능을 복구하는 방법을 알아냈다. 그는 직원들을 시켜 암시장에서 구해온 진공관을 세척해 설치했다. 그런 이부카에게 행운이 찾아들었다. 일본 최대 신문사인 〈아사히신문Asahi Shimbun〉에 근무하던 한 지인이 이부카의 공로를 띄워주는 기사를 실은 것이었다. 그는 이부카가 공익을 위해 그런 서비스를 제공했다고까지 적어놓았다. 앞으로 민영방송이 재개되면 이부카가 재건한 라디오로 소비자들이 혜택을 얻을 수 있다는 확신을 독자들에게 심어주었다.

아키오 모리타는 기사를 읽고 이부카의 회사에 입사하기 위해 즉시 그를 찾아갔다. 이부카의 신문 기사를 통해 교훈을 깨달은 아키오는 미디어의 위력을 절대로 잊지 않았다. 〈아사히신문〉이 이부카의 재능에 무심했다면 그의 사업은 허우적대다 결국은 실패했을지 모른다. 하지만 미디어의 주목은 소비자들의 관심과 납품을 희망하는 업체들의 문의 전화를 이끌어냈다. 아키오는 그러한 미디어의 긍정적인 떠들썩함이 비즈니스에 갑절로 이로운 경로를 터준다는 사실을 깨달았다. 그것은 첫째, 수요를 활성화해 기업이 제품에 더 높은 가격을 책정할 수 있도록 하며, 둘째, 공급업체들 사이에 경쟁을 일으켜서 부품 원가를 끌어내릴 수 있게 해준다. 이러한 가위의 양날은 기업에 유리하도록 작용하면서 높은 매출과 수익마진을 창출해냈다.

이후 아키오는 일을 하면서 언론과 꾸준한 접촉 활동을 벌였고, 이 때문에 가끔 동료나 경쟁업체들의 노여움을 사기도 했다. 아키오와 텔레비전 카메라 사이에 끼어드는 일은 대단히 위험한 행동이었다. 그는 기업 활동을 벌이는 동안 주의를 끌려고 호들갑을 떠는 사람이 되었을까? 어쩌면 그럴지도 모른다. 하지만 그의 선전 활동은 기업의 재정을 확보하는 데 보탬이 됐다. 미디어의 떠들썩함은 오늘날까지도 핵심적인 마케팅 전술로 자리매김하고 있다. 1979년 여름에 워크맨Walkman이 출시되면서 대단한 성공을 거두자 아키오는 텔레비전과 영화 및 음반 스타들에게 워크맨을 무료로 선사했다. 아니나 다를까. 곧이어 〈피플People〉 같은 잡지에는 이 획기적인 휴대용 테이프 플레이어에서 나오는 노래에 맞춰 춤을 추는 유명인사들의 사진이 실렸다.

이부카의 회사에 들어가려던 아키오에게 두 가지 장애물이 가로막았다. 그중 첫 번째 장애물은 아키오가 전쟁 후 돈벌이로 어느 공과대학의 노교수 밑에서 물리학을 가르치는 일자리를 얻은 것이었다. 그럴싸한 변명 없이 일을 그만둔다고 말하면 교수님에게는 엄청나게 무례한 행동이었다. 다행히 맥아더 장군이 그를 대신해 변명거리를 만들어주었다. 주둔군 측에서 전시에 육군 장교로 재직했던 교직원들을 학교에서 추방하라는 명령이 떨어졌는데, 그들이 젊은 일본 학생들의 정신을 해치고 군국주의로 되돌릴 수 있다는 우려 때문이었다. 아키오가 근무하던 기술 대학의 교수들은 주둔군의 명령에 전혀 신경 쓰지도 않았고 아키오의 군복무 전력에 대해서도 별로 걱정하지 않았다. 하지만 일자리를 물러나고 싶은 마음이 간절하던 아키오는 주둔군의 명령에 대단히 염려하는 기색을 내비쳤고, 결국에는 학장까지 불안하게 만들어 그를 내보내게 했다. 학장은 아키오가 불안감을 호소하는 과장된 연기를 멈출 때까지도 혹시나 니미츠 장군 Admiral Nimitz이 전투함을 타고 캠퍼스를 찾아와 왜소한 체구의 아키오 모리타를 체포해가지는 않을지 좌불안석이었는지도 모른다.

또 다른 장애물은 그보다 훨씬 더 겁났다. 아키오는 15대 가문 역사상 처음으로 장손이 왜 그 위대한 사케와 간장 왕국을 떠나 전기밥솥과 싸구려 라디오를 만들어야만 하는지에 대한 이유를 아버지와 대면해 설득시켜야했다. 아키오는 그 일을 혼자 감당할 생각은 아니었다. 일본 전통에 따라 사랑하는 여성의 아버지에게 결혼 허락을 구하는 청년처럼, 이부카는 아키오의 아버지를 설득하기로 했다. 다행히 당시 일본 정부의 고위 관료이던 이부카의 장인이 그들과 동행했다.

세 사람은 야간 열차에 몸을 싣고 금방이라도 무너질 듯한 철로를 따라 도쿄에서 서남쪽으로 멀리 떨어진 아키오의 고향인 고스가야로 향했다. 무엇 하나 성한 것 없던 상황에서 울퉁불퉁한 철로를 달리던 그들의 몸은 위아래로 흔들렸고, 깨진 유리창으로는 썩은 냄새가 들어왔다. 그들은 아키오의 아버지에게 허락을 얻어내야 할지 축복을 구해야 할지, 아니면 이제 막 시작한 사업에 간절히 필요한 자금을 부탁해야 할 지 알 수 없었다. 덜컹거리는 기차를 타고 긴긴 시간을 가슴 졸이며 달려온 그들은 마침내 모리타 영지에 도착했다. 그곳은 전쟁과는 상관없는 평화로움이 깃든 성지처럼 보였다. 대부분의 일본인들이 먹을거리를 찾아 헤매고 죽과 감자로 끼니를 연명하던 시절임에도, 모리타 일가는 그들에게 잼을 바른 따뜻한 빵과 차를 대접했다. 일본 정부의 오랜 제한 정책으로 인해 초조해진 암시장 상인들이 사케에 물을 넣어 희석시키거나 방부제를 넣는 일이 비일비재하던 시절에도 모리타 일가의 사케 사업은 건재했다. 모리타 가문을 보더라도 그랬지만 전쟁이 모든 문명화된 중산층을 말살시킨 것은 아니었다. 세 사람이 식사를 하고 있는 동안 아키오의 아버지는 그들의 폭탄선언을 기다리고 있었다. 그는 사람들이 왜 그곳에 왔는지 알고 있었다. 그는 과학에 대해 아들이 품은 열정을 오랫동안 지켜봐왔고 사케나 간장 같은 식품에는 조금도 관심이 없다는 사실도 알고 있었다. 드디어 이부카는 자신의 사업 포부를 설명하면서 그 원대한 꿈을 이루려면 아키오가 반드시 필요한 파트너라는 점을 납득시키려 했다. 아키오의 아버지는 한걸음도 물러서지 않고 그들의 요구는 아들 아키오에게 300년 동안 이어져온 전통을 깨도록 부추기는 일임을 일깨웠다. 현대 세상을 수용하기 위해 얼마나 많은 일본의 아버지들이 양보해야 한단 말인가?

그런데 이번에는 아키오의 아버지가 폭탄선언을 했다. 그는 아들을 가업에 묶어두지 않겠다고 말했다. 그는 체념한 듯한 표정으로 아키오를 바라보면서 "네가 가장 좋아하는 일을 하려무나"라고 말했다.[10] 그는 미소 지었고 아키오 일행은 충격으로 입을 다물지 못했다. 하지만 그들이 미처 할 말을 찾기도 전에 아키오의 아버지는 또 다른 깜짝 발언을 터뜨렸다. 아키오가 전통을 탈퇴하는 것을 허락할 뿐만 아니라 새로운 기업에 자금을 빌려주겠다고 한 것이다. 모리타 일가에서 몇 차례 지원한 자금은 얼마 안 있어 약 6만 달러(현재 화폐 기준)로 불어났고, 모리타 가문은 도쿄 전기통신 공업 회사Tokyo Tele-communications Engineering Corporation(혹은 토츠코Totsuko)라는 새로운 회사의 최대주주가 되었다. 돌이켜보면 그것은 매우 훌륭한 투자였다. 그것은 결국 모리타 가문에 수십 억 달러의 부를 가져다주었다.

지붕이 새는 초라한 사무실 생활

아키오 일행은 두둑해진 호주머니로 다시 기차에 올랐다. 도쿄에 돌아오자마자 그들은 집 없는 신세가 된 사실을 알게 됐다. 이부카가 사업을 시작한 백화점에서 1946년 8월에 건물 보수를 결정내린 것이다. 무엇보다 모욕적인 사실은 백화점의 건물 보수 목적이 주둔군을 위한 댄스홀을 만들기 위한 것이었다. 지난 전시에 영국에 상주하던 미군들은 '유럽으로 건너와 지나치게 많은 급료를 받고 지나치게 섹스를 많이 한다'는 오명을 얻었다. 하지만 덩치 큰 양키 주둔군에 대한 일본 남성들의 분노는 그런 비웃음 정도에서 그치지 않았다.

아키오는 그런 좌절된 상황에서도 뭔가를 배우려고 했다. 댄스홀은 주둔군과 여성 파트너들을 위한 곳이었지만 아키오는 그들의 음악이 일본을 휩쓸고 있다는 사실을 알았다. 황실 정부는 전시 동안 미국의 재즈와 스윙 음악을 금지했다. 군대에서 각 가정의 라디오 수신을 차단한 이유이기도 했다. 그런가 하면 도나리구미(隣組)라는 이웃 감시단은 의심되는 이웃집들을 들이닥쳐 지르박 박자에 맞춰 춤을 추는지 수색했다. 그러나 황제가 항복을 선언하자마자 태양이 떠오르는 나라 일본에서는 미국 가수 토미 도시Tommy Dorsey와 해리 제임스Harry James, 프랭크 시나트라Frank Sinatra가 스타로 떠올랐다. 라디오에서 흘러나오던 루이 암스트롱Louis Armstrng의 코넷 연주는 서구 색채가 가미된 일본 토착 음악인 대중가요를 탄생시켰다. 1948년에 〈다운비트Down Beat〉지는 '전쟁이 종료되면서 일본에서는 재즈가 들불처럼 번져나가고 있다'고 적어놓았다.[11]

아키오가 단지 음악에 맞춰 춤추는 일에 한눈이 팔려 그런 현상에 주목한 것은 아니었다. 그는 상업적인 변화를 함께 감지했다. 일본은 모든 면에서 변화를 겪는 중이었다. 그리고 그런 변화는 소리를 원하는 엄청난 수요를 창출할 수 있었다. 다시 말해 레코드플레이어와 라디오를 비롯해 이부카와 함께 만들어낼 수 있는 그 모든 소리 장치를 의미했다. 하지만 장애물이 있었다. 그들에게는 공급 물자가 필요했다. 다시 말해 일할 공간이 필요했다.

백화점 건물에서 쫓겨난 아키오와 이부카에게는 투덜거릴 시간이 없었다. 축축하고 여기저기 부서져 내린 백화점 건물은 현대식 공장의 모양새와는 거리가 멀었다. 그들은 즉시 다른 장소를 물색했고, 항구와 가까운 오두막에 정착했다. 지붕이 새는 탓에 직원들은 책상 밑에 늘 우산을 준비했다. 그들의 사무실에 들어가려면 이웃집의 빨래줄 아래로 몸을 구부려야 했고, 종종 빨랫줄에 걸려 있던 기저귀를 걸친 채 문을 열고 들어갈 때도 있었다고 아키오는 회고했다. 그의 사무실을 방문한 친척들은 사실적으로든 비유적으로든 그가 반체제주의자가 되어 지하로 숨어들었다고 생각했다. 하지만 반체제자라기보다는 암시장 상인이 되었다. 당시 일본 상업은 물물교환 형태로 전락하면서 모든 사람들이 암시장을 통해 물건을 사고팔았다. 직원 중에서 그나마 운전면허를 소지하고 있던 아키오와 이부카는 돈을 모아 손으로 크랭크를 돌려 시동을 걸어야 하는 고물 트럭을 구입했다. 거칠 것 없는 두 사람은 길거리를 돌아다니면서 금속과 전선, 코일 따위의 물자들을 수거해 이웃집 빨랫줄을 통과해 비가 새는 오두막으로 돌아왔다. 차라리 영화 〈고인돌 가족 플린스톤Bedrock〉의 주인공인 프레드 플린스톤Fred Flinstone의 자동차를 타고 다니는 편이 나을 듯싶었다. 토츠코의 엔지니어들은 필요한 장비는 각자 알아서 마련해야했다. 그들은 진공관을 찾으러 여기저기 돌아다녔고, 폐허 더미에서 찾아낸 오토바이 스프링으로 드라이버를 만들어 사용하는가 하면, 고물 수집장에서 발견한 전화선을 떼어내어 전선으로 사용하기도 했다.

독립의 날

아키오와 이부카가 조금만 더 일본인답게 행동했더라면 좀 더 순탄한 삶을 영위했을지도 모른다. 두 남자는 일본 대기업들과의 제휴를 거부했고 획일화된 합의에 굴복하지 않았다. 오히려 그들은 당시 군림하던 거대 기업들에 종속되지 않은 그들만의 기업을 만들어냈다. 2차 세계대전이 발발하기 전 일본 산업은 미츠비시Mitsubishi와 미츠이Mitsui, 스미모토Sumitomo라는 3대 재벌 기업이 군림했다. 전쟁이 끝나자 맥아더 장군은 이들 거대 기업을 바로잡고자 노력했지만, 이들을 포함해 산와Sanwa나 후지, 다이이치Dai-Ichi의 기업들은 1947년 독점금지법이 시행된 뒤에도 버젓이 살아남으면서 6대 주요 계열 기업으로 탈바꿈했다. 계열 기업이란 긴밀한 공조 체제를 이루고 서로 물자를 구매하거나 공급해주고 자금을 대주는 기업 형태를 말한다.[12] 심지어 오늘날에도 일본 최고 기업의 절반가량이 이들 6대 주요 계열 기업에 속할 만큼 그들의 위력은 대단하다. 예를 들어 기존의 후지 계열사에는 오늘날 삿포로 맥주Sapporo beer와 닛산Nissan 자동차, 캐논Canon 복사기 등이 속해 있다.

그냥 곧장 계열사의 품으로 뛰어들었다면 아키오와 이부카는 여분의 부품을 찾아 돌아다니거나 공급업체에게 청탁하거나 빨래줄 아래로 몸을 구부릴 필요가 없었는지도 모른다. 하지만 그들은 독자적인 기업 운영에 엄청난 장점이 있다는 사실을 알았다. 독립을 유지할 경우 보다 민첩하고 창의적인 움직임이 가능했고, 덕분에 소니(1958년에 공식 기업명으로 채택됐다)는 다른 막강한 경쟁업체들을 뛰어넘을 수 있었다. 어쩌면 두 사람은 황실 군대에서 명령을 받는 일에 넌더리가 난 것인지도 몰랐다.

종종 물에 잠기는 실험실에서 이부카가 실험에 몰두해 있을 동안 아키오는 토츠코 기업의 사명을 구상하기 시작했다. 아직은 제대로 준비되지는 못했지만 그는 사업에 필요한 교훈들을 빠르게 터득해가면서 토츠코의 자생력을 키웠고, 마침내 번영으로 이끌었다.

아키오, 소비자에 대해 배우다

> "팬들이 야구장에 나타나지 않는다면 그들을 어찌할 도리는 없다."
> – 요기 베라

1949년 아키오는 45킬로그램 무게에 1년치 봉급보다도 비싼 테이프 녹음기를 일반 가정에 판매할 수 있을 것이라 생각했다. 몰라도 너무 모르는 소리였다. 직원들이 녹초가 될 때까지 매달려 만들어낸 물건이니 당연히 그만큼 대단한 값어치가 있다는 순진한 발상이었다. 하지만 얼마 없는 돈을 어떻게든 쪼개 써야 하는 소비자들의 반응은 달랐다. "당신이 얼마나 시간을 들였든지 알 게 뭐요? 우린 안 사요." 경제학자들 눈에는 젊은 아키오가 칼 마르크스Karl Marx의 '노동가치설labor theory of value'을 그대로 흉내내는 것처럼 보였을 것이다. 노동가치설은 영국 빅토리아 시대의 경제학자 앨프레드 마셜Alfred Marshall에게 강력한 반발을 샀다.[13] 아무도 원치 않는 제품을 만드는 데 허비한 노동은 전혀 쓸모없는 것이었다. 아키오에게는 녹음기의 진가를 알아줄 사람을 찾아내는 것이 풀어야 할 수수께끼였다.

아키오의 수수께끼에 대한 답을 살펴보기 전에 먼저 테이프 녹음기를 만들면서 아키오와 이부카가 어느 정도로 변통성을 발휘했는지 알아보는 것도 도움이 될 것이다. 1940년대 후반에 NHK(일본 방송국)를 방문했던 이부카는 미국산 테이프 녹음기를 보고는 그 성능에 충격을 받았다. 독일 선전원과 미국 기업들이 사용하던 자기테이프 magnetic tape에 대해서는 일본 엔지니어들도 익히 들어 알고 있었지만 (자기테이프 주요 제조업체는 미네소타 마이닝 앤드 매뉴팩처링 사Minnesota Mining and Manufacturing이며, 포스트잇으로 유명한 3M을 말한다) 실제로 테이프가 재생되는 소리는 들어본 적이 없었다. 자기테이프는 그야말로 기적의 발명품처럼 보였다. 지금으로서는 이해하기 힘들 수도 있다. CD나 DVD, 아이팟의 등장으로 이제는 카세트나 8트랙 테이프 같은 물건들이 오래 전 섀그 카펫shag carpet(올이 굵고 성긴 카펫)이나 뮬렛 커트mullet haircut(앞머리는 짧고 뒷머리는 긴 스타일)와 다를 바 없는 골동품으로 전락했으니 말이다.

아키오와 이부카는 자기테이프를 어떻게 만들어내는지 전혀 몰랐다. 무엇보다 전쟁이 끝난 일본에서 플라스틱은 귀했다. 두 사람은 바닥에 앉아 면도칼로 셀로판 조각을 잘라냈지만 셀로판은 금세 늘어나서는 그들의 조잡한 녹음 기계에 막히고는 했다. 또 어떤 재료가 있었을까? 이번에는 고급 종이를 면도칼로 잘라내서는 그 위에다 가루로 빻아놓은 자석가루를 뿌려보았다. 이번에도 실패였다. 그때 노부토시 키하라Nobutoshi Kihara라는 나이보다 조숙한 연구원이 어느 책에선가 옥살페라이트oxalic ferrite를 가열하면 산화제2철ferric oxide이라는 자성 물질이 된다는 내용을 읽었다고 말했다.

아키오는 도매업자들의 창고를 뒤진 끝에 마침내 옥살페라이트 가루를 찾아냈다. 이제는 어떻게 한단 말인가? 노부토시가 읽은 책에는 옥살페라이트를 산화제2철로 바꾸는 방법에 대해 정확한 설명이 없었다. 그들은 부엌에서 프라이팬을 가져다가 옥살페라이트 가루를 넣고 불에 달궜다. 너무 많이 익혔던지 가루가 노란색에서 갈색으로 변하다 검은색이 되고 말았다. 자기테이프를 본 사람이라면 그것이 검은색이 아닌 갈색이라는 사실을 알고 있을 것이다. 이번에는 새로 옥살페라이트를 달구다 갈색으로 변했을 때 더 이상 화학반응이 일어나지 못하도록 재빨리 물에 담갔다. 그것으로 자성을 띤 재료를 만들어냈다. 하지만 그것을 테이프에 입히는 방법은 여전히 오리무중이었다. 고무를 사용해 보기도 하고 귀한 쌀밥으로 풀을 만들어 사용해 보기도 했다. 그러던 중 갈색 가루와 투명 아교를 섞었는데 그것으로 그들이 원하던 점성을 얻으면서 일이 해결되었다.

마지막으로 이 끈끈한 자성 물질을 종이에 입힐 도구가 필요했다. 에어브러시 분사방법은 섬세한 작업에는 힘이 너무나 셌다. 그들은 수많은 붓을 사용해보다가 마침내 적합한 것을 찾아냈다. 오소리 아랫배 털로 만든 부드러운 솔이었다. 마침내 그들은 〈맥베스Macbeth〉에 나오는 마녀가 사용했음직한 조리법으로(그들은 도룡뇽 눈과 박쥐 털을 사용해 보았을까?) 이른바 '말하는 종이talking paper'라는 제대로 된 자기테이프를 만들어냈다. 미네소타 마이닝 앤드 매뉴팩처링 사라면 프라이팬과 오소리 털보다는 훨씬 발전된 기술력을 이용했겠지만 그럼에도 그때의 경험은 독창성에 대한 모리타의 확신을 높여주었다. 면도칼과 프라이팬으로 수많은 시행착오를 겪기는 했어도 그로부터 15년 후 IBM이 소니의 자기테이프를 자신들의 저장 용도로 선택했을 때 모리타는 최후의 웃음을 지을 수 있었다. 혁신에 따른 공로상이 늘 가장 돈 많은 사람에게 돌아가는 것은 아니다. 구글과 이베이의 창립자 주머니에서 쩽그랑거리는 수십억 달러의 돈이 그 사실을 증명해준다. 그들은 GE를 비롯해 막강한 자금력을 확보한 거대 기업들과 겨루어 당당히 승리했다.

프라이팬과 혁신에 관해 마지막으로 덧붙이자면, 같은 시기인 1940년대 후반에 모리타로부터 1만 킬로미터 떨어진 미국에서 우리의 위대한 CEO인 에스티 로더가 페이셜 크림을 만드는 제조법으로 냄비를 끓이고 있었다. 언젠가는 수십 억 달러를 거머쥘 두 사람이었지만 그들도 처음에는 스토브 앞에 서서 제조법이 성공할 때까지 실험을 거듭하면서 출발했다.

에스티는 스토브 앞에서 고생한 끝에 부드러운 연화제를 만들어 3온스짜리 병에 담아 예쁘게 포장할 수 있었다. 아키오와 연구팀은 조리와 조립 공정을 끝마친 후에 45킬로그램짜리 테이프 녹음기를 완성시켰다. 그런데 과연 누가 이 발명품을 살 수 있을까? 아키오는 어떻게든 물건을 팔겠다는 굳은 결심을 했다. 그는 방문 판매 세일즈맨처럼 여기저기 전화를 걸고 최신 정보를 소개하고 도쿄 이곳저곳을 뛰어다니면서 트럭에서 그 육중한 녹음기를 끌어내어 마법의 녹음 장비 시범을 선보였다. 여러 업체와 가정들이 그의 발명품에 호기심을 보이긴 했지만, 아키오가 마이크를 들고 말하고 노래 부르고 탭댄스를 추고 난 후에 지갑을 여는 사람은 단 한 명도 없었다. 그런 녹음기를 개발하고 만드는 데 자그만치 1만 시간이 들었다고 해도 그것을 원하는 사람이 없으면 그것은 아무 짝에도 쓸모없는 물건이었다. 그 것은 아키오에게 평생 잊지 못할 뼈아픈 교훈이 되었다. 오늘날에도 아무런 경제적 효용성을 갖추지 못한 일회용 아이디어 신상품들을 접하곤 한다. 그러고 보니 텔레비전 심야 광고 시간에 선전하던 플라스틱 운동 계단이 떠오른다. 하지만 집이나 직장의 계단이 있지 않은가? 아파트나 일반 주택에 살면서 계단을 사고 싶어 하는 사람이 과연 얼마나 될까? 최첨단 장비라면 앞뒤 가리지 않고 덤벼드는 일본인들의 못 말리는 관심은 그 어느 나라보다 심한 편이다. 겐지 가와가미Kenji Kawakami라는 일본인 발명가는 '진도구(珍道具)'라는 신조어를 만들어냈다. 진도구는 처음엔 그럴싸해 보이지만 사실상 쓸모없는 발명품을 가리키는 말이다. 이를테면 워크 앤 워시Walk'n 'Wash 발목 부착용 세탁기 탱크는 양말을 빨면서 동시에 운동할 수 있도록 해주며, 고양이 슬리퍼는 고양이가 장난을 치는 동안 바닥 먼지를 청소하도록 해준다.[14] 일시적이기는 했지만 돌멩이에 그림을 그려 넣어 애완용으로 키우는 장난감 펫록pet rock처럼 코믹하고 재미난 깜짝 유행을 일으키지 않는 한 그런 제품들이 제조업체에게 보상을 안겨줄 것이라고 기대할 수는 없다.

하지만 아키오의 공로는 인정해주어야 했다. 테이프 녹음기를 판매하는 데 실패한 그는 어쩌면 그것을 다시 조각조각 분리해내어 산화제2철을 옥살페라이트로 원상복귀시킬 수도 있었다. 대신 그는 도시 이곳저곳을 배회했다. 우연히 한 골동품 가게를 지나치다가 누군가 오래된 꽃병을 구입하는 장면을 목격했다. 아키오는 골동품에 관심이 없었지만 그의 아버지와 할아버지는 열렬한 골동품 수집가였다.[15] 처음엔 모욕적인 기분이 들었다. 먼지 덮인 낡은 꽃병에는 귀한 돈을 내놓으면서 어떻게 자신의 멋진 테이프 녹음기에는 콧방귀들을 꽂을 수 있단 말인가? 하지만 꽃을 꽂아두는 것 외에는 테크놀로지와도 거리가 멀고 그다지 쓸모도 없는 꽃병이라도 누군가 그것을 위해 기꺼이 돈을 지불할 의향이 있다면 상품으로서 가치가 있다는 사실을 깨달았다. 상품 가치는 고된 노동에서 비롯되거나 과학적으로 고안된 고유한 장점에서 비롯되는 것이 아니라 오직 시장의 공급과 수요에서 비롯되는 것이었다. 아키오의 테이프 녹음기가 상품 가치를 지니려면 그것에 가치를 부여해줄 소비자를 찾아야만 했다. 그것이 그가 풀어야 할 수수께끼였다. 아키오는 테이프 녹음기가 정말로 가치 없는 상품인지 아니면 전혀 엉뚱한 소비자들에게 시간을 낭비하고 있었던 것인지 사실을 밝혀내야 했다.

그렇다면 젊은 여성의 체중과도 맞먹을 만큼 무겁고 값비싼 테이프 녹음기의 정확한 판매 대상은 누구였을까? 다른 소형 햄버거 매장은 한 번에 밀크셰이크 5잔을 만들어내는 기계에 만족했지만 자그만치 멀티믹서 8대를 주문한 맥도날드 형제에게 레이 크록이 찾아갔던 사실을 기억하는가? 아키오와 직원들은 생계를 꾸리기도 벅찬 일본의 봉급생활자에게 테이프 녹음기를 살만한 여력이 없다는 사실을 깨달았다. 그들의 장비는 '가정'이 아닌 '기관'으로 가라고 외치고 있었다. 그것은 가정집 거실이 아니라 사무실에 어울릴만한 물건이었다. 하지만 어떤 사무실일까? 목소리 녹음을 필요로 하는 곳은 어디일까? 게다가 그런 물건에 투자할만한 돈을 갖고 있는 곳은 어디일까? 정답은 일본 법원이었다.

전쟁이 끝난 뒤 일본에는 법원 속기사가 턱없이 부족한 실정이었다. 속기학교 학생들이 전쟁에 동원되면서 빠져나가자 많은 속기학교들이 문을 닫았기 때문이다. 일본어 표기법은 상당히 복잡한 편이어서 일본인 동료들과 비즈니스를 해본 개인적인 경험에 비추어 보더라도 본토 출신 일본인들조차 혼란에 빠뜨릴 때가 많다. 일본 교토에 가서 잘 차려진 저녁 식사를 대접받을 일이 생기더라도 계산서에 적혀있는 글자를 읽어달라고 부탁하는 일 따위는 없기 바란다. 일본어에는 음절로 표시되는 두 가지 표기법 외에도 간지 kanji 라는 한자어가 있다. 전쟁 전 실시된 연구조사에 따르면 글을 읽고 쓸 줄 아는 일본 군인들조차도 학교에서 배운 대부분의 간지 글자를 잊어버리고 있었다.[16] 게다가 간지 글자를 읽을 줄은 알아도 힌트 없이는 쓰는 법을 기억해내지 못하는 경우도 허다했다. 전후의 열악한 형편으로 일본 법원은 급한 대로 일반인들을 고용했다. 하지만 그들이 실시간으로 복잡하게 진행되는 대화를 완벽하게 베낄 수 있는 속기사 역할을 기대한다는 것은 말이 되지 않았다.

아키오는 이부카의 장인이자 전직 문부성 장관이던 다몬 마에다 Tamon Maeda 의 이름까지 들먹이면서 일본 대법원으로 무작정 쳐들어가 정부 government 를 뜻하는 G를 붙여 명명한 모델 G Model G 녹음기를 시연해보였다. 예전과는 반응이 달랐다. 자신들의 얄팍한 지갑을 축낼 요물단지로만 바라보던 어리둥절하고 멍청한 노동자들의 표정 대신에 도움이 절실히 필요하던 과중한 업무에 찌든 관리들의 반짝거리는 표정을 보았다. 대법원은 즉시 모델 G 20대를 주문했다. 일반 가정들과는 달리 속기 인력을 충당하기 위한 자금을 미리 확보해 둔 탓이었다. 아키오는 자신에게 필요했던 것이 경제학자들이 말하는 '유효수요 effective demand'였다는 것을 터득했다. 유효수요란 구매

욕구가 있고 그것을 뒷받침해줄 자금이 동반되는 수요를 말한다.

테이프 녹음기를 사용할만한 기관은 또 어디였을까? 당시 주둔군은 사법 제도뿐 아니라 획일화된 태도와 제국주의 풍조가 만연해 있고 기계적인 암기에 치중하던 일본 학교 제도를 완전히 바꿔놓았다. 미 교육사절단U.S. Education Mission은 황제를 찬양하는 윤리 과목을 철폐했고, 주판과 같은 구닥다리 물건 대신에 현대식 시청각 장비를 적극 활용했다. 미국에서는 시청각 교육이 이루어지면서 '영사기의 황금시대'가 열렸다.[17] 교사들이 불을 끄고 벨 앤드 하웰Bell & Howell의 암회색 프로젝터를 작동시키면 아이들은 구식의 투박한 플라스틱에서 투영된 영상으로 머릿니를 없애는 방법에서 수학 공식에 관한 내용에 이르기까지 다양한 정보를 알려주는 화면에 넋을 잃었다. 미국은 외국인들에게 미국이라는 나라를 가르치고 전후 일본의 현대화를 도우려는 취지로 이러한 영사 필름을 수출하기 시작했다. 아키오와 직원들은 그런 미국의 계획에서 한 가지 중대한 결점을 발견했는데, 그것은 영사 슬라이드의 말소리와 자막이 모두 영어로 되어 있다는 것이었다. 이부카의 장인은 법원과 마찬가지로 학교에도 특별한 프로젝트에 충당할 자금을 준비해두고 있다고 판단했다. 이번에도 아키오는 테이프 녹음기를 짊어지고 적진으로 행군해 교장을 비롯한 교사들에게 미국의 영상물에 맞춰 일본말을 녹음할 수 있다고 설명했다. 토츠코는 법원에서 녹음기를 판매해 올린 매출액을 투자해 녹음기 무게를 약 13킬로그램까지 줄이는 데 성공했다. 모델 H Model H라는 이름이 붙은 이 제품도 많은 구매자들을 만족시켰다.

토츠코는 다시 모델 H로 벌어들인 수익금을 제품 소형화 작업에 재투자했다. 1951년 토츠코가 출시한 9킬로그램 무게의 모델 M Model M은 어깨끈으로 메고 다닐 수 있었다. 곧이어 뉴스 취재 기자들은 모델 M을 어깨에 둘러메고 뉴스메이커나 길거리 시민들과 즉석인터뷰를 했다. 모델 M은 훗날 연재만화의 등장인물인 뉴스 취재 기자의 이름을 본따 덴스케 Densuke라는 별명을 얻었고, 덴스케는 휴대용 테이프 녹음기를 총칭하는 용어가 되었다. 1954년에 발표된 고전영화 〈고질라 Godzilla〉에서는 덴스케를 둘러맨 취재 기자가 황폐해진 도쿄를 누비며 돌아다닌다.

45킬로그램짜리 원조 녹음기를 닷선 트럭에 싣고 힘겹게 돌아다니던 때로부터 몇 해가 흘러 아키오는 마침내 당당하게 선언했다. "시장조사에 관한 것이라면 모두 내 머릿속에 있습니다! 우리는 시장을 창출하고 있습니다."[18] 그러나 그는 전혀 새로운 제품을 공개하고 시장을 창출해내는 방법을 터득하기 전에 먼저 구매 의향이 있는 소비자를 식별해내는 법을 공부해야 했다. 1946년에만 해도 그는 마치 어린 오렌지 나무를 추운 클리블랜드 지역에 심으려는 어리석은 농부와 다르지 않았다. 아무리 좋은 나무라도 제대로 된 오렌지 농부라면 서리가 내릴 염려 없는 비옥한 땅이 필요할 것이다. 그리고 아키오 또한 그렇게 했다. 1950년에 이르러서는 판매가 유력한 타깃 소비자층과 제품에 별다른 흥미를 느끼지 못하고 돌아설 비소비자를 구별해내는 방법을 간파했다. 이제 그가 일군 밭은 비옥해보이기 시작했다.

포켓용 라디오의 탄생

공자는 지적 자산을 도둑질하는 행위에 대해 관대했다. 책을 훔치는 것은 '우아한 범죄'에 속했다. 그는 자신이 새로운 지식을 '전파'했을 뿐 결코 창조하지는 않았다고 말했다.[19] 그러한 공자의 시각은 일본 발명가들에 대해 미묘한 점을 제기했는데, 다시 말해 그들이 완전히 새로운 기술을 발명하기보다는 단순히 기술을 복제하고 개선한다는 비난이었다. 일본어에서 '배우다(學ぶ)'는 말은 '모방하다(眞似る)'는 말에서 파생된 단어다. 나는 개인적으로 일본 발명가들이 지난 수십 년에 걸쳐 보다 과감하고 혁신적으로 변해왔다고 생각한다. 오늘날 일본은 미국의 2배에 달하는 특허권을 신청하고 있으며, 그것은 주로 전자 분야에 집중되어 있다(나머지는 의학과 제약과 농업 분야이다).[20]

1989년에 렉서스Lexus를 세상에 공개한 토요타는 벤츠 S클래스 라인을 모방했을 수 있지만 그럼에도 고급 자동차 시장을 새롭게 재편하면서 렉서스보다 비싼 벤츠 자동차조차 충족시키지 못할 새로운 기준을 제시했다. 그런가 하면 닛산 인피니티Infiniti의 초강력 Q-45 엔진에 당황한 BMW는 결국 자사 세단에 8기통 엔진을 장착하기에 이르렀다. 자동차 구매자들에게는 놀랍지 않은 사실이겠지만 렉서스는 전 세계 품질 등급의 최정상을 차지하고 있으며, 반면에 벤츠와 BMW는 자동차 1대 당 렉서스보다 2배에 가까운 결함을 갖고 있다.[21] 앞선 경쟁업체들의 코를 납작하게 만들려면 반드시 모방 이상의 것이 필요하다. 내가 어릴 적 렉서스가 출시되기 이전만 해도 일본 자동차를 업신여기던 미국인들은 도요타를 '녹슨Corroded' 자동차라고 불렀다. 그러나 도요타는 결국 최후의 미소를 지었다.

토츠코는 자기테이프를 개발하던 때처럼 모방의 방침을 고수해 미국 전자제품을 그대로 흉내 낼 수도 있었고, 혹은 정반대로 독자적인 제품을 개발해 다른 제품은 철저히 도외시하고 배격할 수도 있었다 (이를 NIHnot invented here 증후군이라고 한다). CEO로 재직하면서 이러한 양 극단을 요령껏 운행해가던 아키오 모리타는 타 제품들의 개선책을 더욱 보완해가면서 그 누구도 범접할 수 없는 새로운 영역에 말뚝을 박아놓기도 했다. 그는 일본의 용맹성을 테크놀로지 파워로 입증하는 일에 동참하게 된 데에 대단한 자부심을 가졌다. 언젠가 젊은 시절에 독일에 방문했던 아키오는 뒤셀도르프의 술집 웨이터가 아키오의 칵테일에 꽂혀있던 조그만 장식용 우산을 가리키면서 일본에서 만든 제품이라고 말했다. 그 말에 창피함을 느낀 아키오는 일본을 시시한 물건이 아닌 세상에서 가장 정교한 장치를 제조하는 나라로 만드는 일에 동참하겠다고 굳게 다짐했다.

이제는 트랜지스터를 살펴볼 차례다. 1947년 뉴저지 주에 위치한 벨연구소Bell Labs에서 존 바딘John Bardeen과 월터 브래튼Walter Brattain, 윌리엄 쇼클리William Shockley는 세계 최초의 트랜지스터를 발명했다. 트랜지스터는 전류를 조절해주고 전자 신호의 스위치 역할을 하는 장치였다. 벨연구소와 그의 모기업인 웨스턴 일렉트릭Western Electric은 이 고형 장비가 보청기에 대단히 유용하다는 사실을 알게 됐다. 아키오와 이부카는 트랜지스터로 할 수 있는 일이 무엇인지 전혀 감을 잡을 수 없었고 더욱이 보청기에 대해서는 아무런 관심도 없었다.

일본에서 청각 장애는 치명적인 결점에 속했고 따라서 보청기를 착용할 경우 오히려 청각 장애자임을 부각시키는 꼴이었다. 당시에는 원음에 가깝고 왜곡이 없는 하이파이high fidelity가 크게 유행했는데, 소비자들은 FM 라디오에 주파수를 맞추거나 33rpm 레코드를 듣는가 하면, 고주파와 저주파를 충실하게 잡아내는 스피커가 장착된 확성기의 볼륨을 높였기 때문이다. 오디오 애호가들은 어두운 방에 앉아 문을 닫고는 기관차가 굉음을 울리고 지나가거나 비행기가 정지할 때 내는 생생한 녹음 소리를 감상했다.

그렇다면 트랜지스터가 라디오의 진공관을 대체할 수 있을까? 아키오와 이부카는 궁금했다. 만일 그것이 가능하다면 라디오의 소형화 작업이 가능하며 소형 배터리로 작동될 수 있으니 휴대할 수도 있었다. 벨연구소와 일본 통상산업성의 전문가들은 이구동성으로 "불가능하다!"고 외쳤다. 벨연구원들이 그들의 아이디어를 비웃는 소리는 마치 하늘에서 들려오는 신의 목소리와도 같았다고 아키오의 한 과학자는 회고했다. 통상산업성의 관리들은 그들의 말을 그냥 농담으로 웃어넘겼다.[22]

아키오는 토츠코의 무모한 트랜지스터 계획을 실행에 옮기기 위해 웨스턴 일렉트릭과 라이선스를 체결했지만 일본 통상산업성은 자신들의 알력을 휘둘러 아키오가 라이선스비 2만 5,000달러를 미국으로 송금하지 못하게 했다. 그들로서는 토츠코처럼 풋내기 신생 기업이 미국인들과 경쟁하는 것은 고사하고 마츠시타와 같은 일본 굴지의 기업과도 경쟁할 수 없을 거라고 여겼다. 여섯 달 동안의 로비와 회유로 통상산업성은 입장을 누그러뜨렸고 그로부터 2년 후 토츠코는 결국 트랜지스터를 정복하고 소형 라디오를 생산하는 데 성공했다.

아키오는 그들의 기술적 성공에 놀라지 않았다. 일본은 '작은' 것에 일가견이 있는 나라였다. 작은 집과 작은 도시락, 앙증맞은 부채와 두루마리 회화와 같은 것들이 바로 일본의 문화이다. 일본의 3행시 하이쿠haiku 는 6권짜리 산문집보다 절절한 감동을 줄 수 있다. 토츠코는 1955년에 첫 번째 트랜지스터 라디오를 판매했고, 뉴욕에 있는 UN 본부 빌딩과 모양이 닮았다는 이유로 UN 라디오라는 별명이 붙여졌다. 안타까운 사실이라면 오리지널 모델은 그 해 섭씨 37도가 넘는 도쿄의 불볕더위에 뒤틀어져 녹아내렸다는 것이다.

하지만 아키오는 휴대용 트랜지스터 라디오보다 훨씬 더 야심찬 목표를 세웠다. 그는 셔츠 주머니에 쏙 들어가는 '포켓용' 라디오를 원했다. 1957년 토츠코는 TR-63을 세상에 공개했다. 그것은 기술 면에서나 판매 면에서 모두 경이로운 제품이었다. 판매가는 1만 3,800엔으로 일본 월평균 봉급과 맞먹는 액수였다. 때마침 우연히 빅터 레코드Victor Records 는 〈1만 3,800엔Thirteen Thousand Eight Hundred Yen〉이라는 제목으로 노동자의 삶을 풍자한 히트곡을 발매했다. 빅터는 1만 엔 지폐처럼 보이는 전단지를 비행기에서 뿌려대며 음반을 홍보했다. 라디오 판매점들은 그것을 상점 앞에 붙여놓고 TR-63을 선전했다.

또한 빅터의 노래는 국경선의 경계를 넘어섰다. 아키오는 미국의 크리스마스 시즌 대수요를 겨냥해 일본항공JAL 화물기를 전세 내어 포켓용 라디오를 가득 싣고는 미국으로 날아가 39달러 95센트에 판매했다. 토츠코는 동서양을 합쳐 라디오 150만 대를 판매했다. 이러한 추진력 덕분에 토츠코는 금방이라도 쓰러질 듯한 오두막에서 벗어날 수 있었다.

그러한 성공 덕에 아키오는 한정된 틀이나 공간에서 벗어나 사고할 수 있는 자신의 능력을 입증했다. 훗날 그는 TR-63에 관해 진실에 살짝 손을 댄 사실을 인정했다. 1957년 테츠코의 엔지니어들은 소형화 공정을 완전히 해결하지 못한 상태였고, 따라서 라디오는 여전히 회사원의 셔츠 주머니보다도 약간 컸다. 하지만 문제될 것은 없었다. 아키오는 일반 셔츠보다 주머니를 약간 크게 키운 세일즈맨 전용특수 셔츠를 주문했다!

이름이 곧 브랜드

주머니에 들어갈 정도의 크기라는 점 외에도 토츠코의 라디오에는또 다른 혁신적인 특징이 있었다. 그것은 소니라는 브랜드명이었다.'도쿄 추신 고교Tokyo Tsushin Kogyo'나 그것의 줄임말인 '토츠코'는 긴여정을 끝내고 마침내 소니로 탄생했다. 1950년대 중반 즈음 아키오와 이부카는 미국을 자주 오가면서 미국인들이 일본식 이름을 발음하는 데 굉장히 애를 먹는다는 사실을 알게 됐다. 그나마 '히로히토' 천황의 이름을 발음할 수 있었던 것은 전적으로 에드워드 머로Edward R. Murrow와 같은 종군기자들이 수없이 언급한 덕분이었다. 일본어 발음 문제는 오늘날까지도 지속되고 있다. 내게는 뉴욕에서 미도리Midori(실제로는 산토리 사를 지칭함)라는 일본 주류업체에 근무하던 사촌이 있었다. 사촌은 일본인 본사 직원이 뉴욕 지점으로 발령받아 오면 미국식 이름을 지어주곤 했다. 유머감각이 있던 그녀는 늘 유쾌한 이름을 붙여주었는데 모토시Motoshi라는 임원이 왔을 때는 '모이시Moishe'라는 이름을 명함에 새겨주었고, 가지런히 정돈된 앞머리가 마치 선반처럼 이마 앞으로 툭 튀어나온 직원에게는 절벽이라는 뜻의 '클리프cliff'라는 이름을 붙여주었다. 그는 영화배우 클리프 로버트슨Cliff Robertson을 말하는 줄 알고 좋아했다고 한다.

아키오는 토츠코라는 기업명을 사람들이 떠올리기 쉽고 해석이 쉬운 이름으로, 아니 그보다 더 바람직하기는 아예 해석이 필요 없는 이름으로 바꿔야 한다고 생각했다. 뉴욕에서 RCA 빌딩을 본 아키오는 RCA가 소유한 세 글자로 된 방송국인 NBC나 혹은 CBS의 지명도에 탄복했다. 그래서 TTK라는 이름도 고려해보았지만 그것은 일본 철도 기업인 TKK와 별로 구분이 되지 않았다.

어쩌면 글자 수가 답이 아닌지도 몰랐다. 그렇다면 소리에 관한 단어는 어떨까? 어린 시절부터 소리에 매료된 그가 아니던가. 밝고 경쾌한 단어를 찾아 사전을 뒤진 끝에 아키오와 이부카는 '소리sound'라는 뜻의 라틴어인 '소너스sonus'를 찾아냈다. 아키오는 이 단어에다 미국인의 흔한 '소니 보이sonny boy'라는 표현을 혼합해 축소시켜 마침내 소니Sony라는 이름을 만들어냈다. 소리에 헌신하며 젊고 친구처럼 다정한 기업인 토츠코에게는 꼭 들어맞는 이름이었다. 그런데 왜 Sonny 대신에 Sony를 택했을까? 'n'이 두 번 겹칠 경우 일본인들은 '손-니sohn-nee'라고 발음할 수 있었고, 손니는 돈 없는 낙오자를 뜻하는 단어였기 때문이다. GM은 멕시코에서 셰비 노바Chevy Nova를 판매하면서 그와 같은 실수를 저질렀는데 노바nova는 스페인

말로 '가지 않는doesn't go'이라는 뜻이 담겨 있었다.

소니라는 이름은 무엇보다 미국인과 유럽인은 물론 일본인들도 발음할 수 있다는 점에서 어디에나 환상적으로 들어맞았다. 게다가 브랜드명이 기업명과 똑같으니 광고 비용을 절약할 수도 있었다. (마츠시타 사는 파나소닉Panasonic 브랜드를 광고하느라 이중으로 비용이 들었다.)

소니라는 이름은 정말로 탁월한 선택이었다. 당연한 결과겠지만 전통을 중요시하던 일본인들은 소니라는 이름을 좋아하지 않았다. 한때 황실에서 근무했던 토츠코의 나이 지긋한 고문은 한자어로 표기될 수 없는 이름은 불명예스럽다고 이의를 제기했다. 하지만 아키오는 자신의 뜻을 굽히지 않았고 소니라는 이름을 어디든 닥치는 대로 갖다 붙였다. 그는 어느 초콜릿 회사에서 같은 이름을 사용하는 것을 보고 이 이름이 성공작이라고 확신했다. 하지만 해당 초콜릿의 품질에 대해 확신이 없었고 게다가 초콜릿은 주머니에 휴대할 수 없다는 생각에 소송을 제기해 도용을 차단했다.

아키오는 트레이드마크와 기업명이 단지 독창적인 고안물에 그치지 않는다고 주장했다. 그것은 제품의 품질을 보증해주며 책임을 갖는다. 같은 시기에 텍사코Texaco 정비소의 흥얼거리기 쉬운 광고 음악에도 그와 동일한 메시지가 담겨있었다. "별이 그려진 유니폼을 입은 직원에게 자동차를 믿고 맡기세요. 크고 밝게 빛나는 텍사코의 별에 맡기세요."

아키오는 소니라는 브랜드를 지키기 위해 누구도 함부로 믿지 않았고, 브랜드를 지키기 위해서라면 금전적인 손실도 기꺼이 마다하지 않았다. 포켓용 라디오가 곧 미국 전역을 점령하기 직전에 뉴욕에 있던 그는 테이프 녹음기와 마이크, 첫 트랜지스터 라디오의 판로 모색에 여념이 없었다. 그는 뉴욕 시민들에게서 이미 많은 거절을 당했다. 아이젠하워 시대에 미국인들은 큰 집으로 이사 가거나 큰 차를 몰던 시기였다. 한마디로 작은 것이 퇴보하던 시대였다. 그러던 중 불로바Bulova 명품 시계 구매담당자가 그의 소형 라디오에 관심을 보였다. 그는 대수롭지 않은 듯이 10만 대를 주문했다. 10만 대라고? 소니로서는 고용 인원과 부품 물량을 대폭 늘리지 않는 한 결코 소화해낼 수 없는 물량이었다. 하지만 누가 어떻게 그런 거래를 거절할 수 있단 말인가? 그것은 기업의 성패가 달린 기회였다. 게다가 샘플이 담긴 서류가방을 들고 뉴욕을 헤매느라 아키오의 팔다리는 이미 지칠 대로 지쳐 있었다. 제정신의 사업가라면 누구나 할 만한 방법이 있지 않은가. 일단 주문부터 받고 나서 해결 방법을 찾아내면 되지 않은가!

불로바의 구매담당자는 한 가지 조건을 달았다. 소니 대신 불로바 상표를 붙여야 한다는 것이었다. 이번에도 제대로 정신이 박힌 사업가라면 "알겠습니다"라고 답했을 것이다. 유명 기업 구매담당자로부터의 제품 10만대 주문이라면 소니는 즉시 주류 무대로 진출할 수 있었고, 기저귀가 널린 빨래줄 너머의 오두막으로는 영영 돌아가지 않아도 됐다. 실제로 도쿄에 있던 임원들과 이사진은 아키오에게 수락을 종용했다. 구매담당자는 아키오에게 말했다. "불로바는 설립된 지이미 50년이 넘은 유명한 브랜드입니다. 소니는 전혀 생소한 브랜드고요. 그러니 우리 브랜드를 활용하는 것이 어떻겠습니까?" 도쿄의 중역들도 그의 의견에 동감했다.[23] 소니의 공식 연혁에 따르면 아키오는 뉴욕에서 공중전화로 도쿄의 중역들과 한바탕 입씨름을 벌였고 동전이 떨어지던 때까지 우세한 상황이었다. 하지만 아키오의 자존심과 선견지명을 놓고 본다면 그는 혹시 일부러 동전을 달랑거리게 해서 자신이 승리한 것으로 무마하려던 속셈이 아니었을까. 사실이야 어찌됐든 그는 불로바의 주문을 거절했고, 훗날 그것은 자신이 내린 가장 훌륭한 결정이었다고 말했다. 그것은 사실이었다.

훗날 소니는 가장 존경받는 브랜드에 관한 설문조사에서 불로바를 월등히 앞섰다. 1990년에 설문업체 랜도Landor 사는 세계 전체 기업과 브랜드 파워에 관한 설문조사에서 코카콜라Coca-Cola에 이어 소니를 2위로 선정했다. 소니는 세계화의 확장으로 부수적인 이득을 얻었다. 과거에는 브랜드가 자리를 잡으려면 수십 년이 걸릴 수도 있었지만 이제는 훨씬 빠른 속도로 명성을 얻을 수 있다. 이러한 경향은 더욱 가속화되고 있으며, 유튜브는 18개월 만에 10억 달러의 이름값을 갖게 되었다. 나로서는 특히 소니가 불로바를 앞선 사실에 대해 별로 놀라지 않았는데 그럴만한 이유가 있다. 나는 뉴욕의 라과디아 공항La Guardia Airport을 수도 없이 들락날락거린다. 공항 바로 바깥에는 1950년대에 세워진 우아한 아르 데코식 건축물인 불로바 빌딩이 서있고 특별한 일이 없는 한 늘 불로바 빌딩 전면을 장식하고 있는 거대한 시계 앞을 지나가는데 시계는 언제든지 적어도 15분은 늦게 가고 있다.

직접 현장에 뛰어들어라

"땀 흘려 일하는 것이 전혀 해로울 게 없다고들 하지만 굳이 그럴 필요는 없다고 생각한다."

아키오 모리타는 이런 말은 들어보지도 못했을 뿐더러 설사 들었다고 해도 믿지 않았을 것이다. 우리는 이미 아키오가 직접 발로 뛰거나 수동식 크랭크 트럭을 타고 도쿄 전역을 돌면서 사람들에게 소니 제품의 성능을 설명하고 그 어떤 비웃음에도 굴하지 않았던 모습을 지켜보았다. 아버지를 이어 가업을 물려받을 왕자님으로 곱게 자라났지만 아키오는 손에 때를 묻히면서도 리더의 품위를 유지하는 법을 터득했다.

1960년에 소니는 미국의 한 저급한 판매기업과 분쟁을 벌였다. 소니로부터 허가를 받거나 대리점 계약을 체결하지도 않은 업체가 소니 텔레비전을 선전하고 있었던 것이다. 분쟁이 해결된 후에 아키오는 그 업체의 소니 재고품을 다시 사들이자고 주장했다. 2월의 어느 쌀쌀한 아침에 아키오와 몇몇 직원들은 코트 단추를 단단히 여미고 맨해튼 소호 인근의 한 임대 창고 앞에 서 있었다. 그들은 뭔가를 초조하게 기다리고 있었다. 이윽고 트럭들이 얼어붙은 도로 위로 모습을 드러냈다. 창고 앞에 트럭들이 멈춰 서자 아키오와 직원들은 트럭 뒷문을 열었다. 깔끔하게 포장된 3만 대의 라디오 상자가 드러났다. 아침나절부터 일을 시작해 오후와 저녁을 지나 이튿날 새벽까지 아키오와 직원들은 상자 3만 개를 싸늘한 창고 안으로 날랐다. 동이 틀 무렵 그들은 커피기계 앞에 웅크려 모여 앉았고 직원 중 누군가가 실수로 도난경보기를 건드렸다. 경비원들이 창고로 들이닥쳤고, 먼지를 뒤집어쓴 초췌한 아키오 일당을 발견했다. 누가 봐도 도둑이라고 의심할만한 행색이었다. 경비원들은 그들을 포위하고는 경찰에 체포 요청을 하려고 했다. 겁에 질린 아키오의 입에서는 영어 한마디 제대로 나오지 않았다. 다행히 경비원들이 범인호송차를 부르기 직전에 직원 한 명이 창고 금고의 정확한 번호 조합을 증명해보였다. 누가 보아도 합법적인 보관물품임이 틀림없는 것임을 보여준 것이다.[24]

사실 소니에게는 이전에도 뉴욕에서 절도와 관련한 전력이 있었다. 1958년 1월 〈뉴욕타임스〉와 지역 라디오 방송국에서는 다른 유통업체 창고에서 소니 포켓용 라디오 4,000대를 도난당했다는 뉴스를 전했다. 끔찍한 일이었지만 한편으로는 잘 된 일이기도 했다. 소니의 다른 경쟁업체 제품들은 손 하나 대지 않고 오직 소니의 제품만 훔쳐갔다고 보도했기 때문이다. 도둑이 선호하는 브랜드가 무엇인지 이보다 더 확실한 증거가 어디 있겠는가?

1960년 아키오의 창고 소동이 벌어진 직후에 소니는 미국에서 기업공개를 준비하고 있었다. 이번에도 아키오는 지칠 줄 모르는 근면성을 보여주었다. 뉴욕에서 하루 일과가 끝나고 저녁이 되면 그는 매일같이 노무라 증권Nomura Securities 사무실을 찾아가 도쿄 증권거래소에서 소니 주식이 매매되는 현황을 지켜보며 노무라 고문들과 전략을 구상했다. 도쿄와의 시차 때문에 그는 오전 2시 반경에야 뉴욕의 아파트로 돌아왔다. 그의 아파트는 이스트 56번가 개스라이트 클럽Gaslight Club의 바로 건너편에 위치해 있었는데 덕분에 아파트 도어맨은 그가 매일 밤 클럽 문이 닫힐 때까지 술을 마신다고 생각했다.

몇 년 전 나는 댈러스에서 아메리칸 에어라인American Airlines 여객기를 타고 있다가 아키오의 신념과 리더십을 떠올릴 기회가 있었다. 비행기 도착이 지연되던 중이었는데 조종사는 왜 그런지 승객들에게 아무런 설명도 하지 않았다. 나는 기내용 잡지를 읽고 있다가 문득 일등석 건너편 좌석에 앉아있는 사람이 당시 아메리칸 에어라인의 CEO였던 도널드 카티Donald Carty임을 알게 됐다. 마침 잡지에는 그에 대한 기사와 사진이 실려 있었다. 물론 그도 당시의 지체 현상에 못마땅했을 것이다. 그는 승무원을 불러 뭐라고 중얼거리더니 약 20분 후에 좌석에서 일어나 가방을 들고 자리를 떴다. 작별 인사도 자신을 승객들에게 소개하는 일도 없이 도착이 지연되는 문제를 해결하거나 이유를 설명하지도 않은 채 말이다. 실망스러웠다. 그건 무슨 리더십이란 말인가? 차디찬 2월 아침에 라디오 3만 대가 창고 앞에 나타났더라면 그는 어떻게 행동했을까?

　늘 끊임없이 손을 움직여야 직성이 풀리던 아키오의 손에는 늘 기계나 장난감이 들려있었다. 그는 다른 사람들도 즐길 수 있을 것이라는 생각에 도쿄의 화려한 긴자 구역에 전시관을 열었다. 전시관과 브랜드와 회사명이 네온등으로 반짝였다. 아키오는 뉴욕에서 일본으로 브로드웨이 영화들을 가져가 임원들에게 보여주면서 소니도 뭔가 화려하고 적어도 뭔가 눈에 번쩍 뜨일 만한 것이 필요하다고 말했다. 담배연기를 동그랗게 내뿜는 카멜Camel 담배의 유명한 낙타처럼 브로드웨이의 유명한 상징물이 필요하다고 말이다.

　아키오는 긴자보다 더 큰 것을 원했다. 1950년대에는 매출액의 적어도 절반이 일본 이외의 지역에서 창출되도록 기업을 이끌었다. 그런 점에서 1957년에 TR-63을 비행기로 실어 나른 일은 대단히 중요했다. 1961년 아키오는 뉴욕증권거래소에서 소니를 성공적으로 상장시킨 후 뉴욕에 전시관을 내기로 마음먹었다. 에스티 로더가 5번가에 상점을 열 수 있는 기회를 찾아 삭스 백화점을 기웃거렸듯이 아키오는 삭스나 버그도프 백화점, 티파니를 바라보면서 언젠가 그곳에 소니 간판을 내걸기를 꿈꾸었다. 1962년 아키오는 5번가와 47번가 사이에 위치한 전시관의 오픈 행사를 열고 일본 국기를 내걸었다. 2차 세계대전 이래로 일본 국기가 뉴욕에 처음으로 휘날리던 순간이었다.

아키오는 거기서 그치지 않았다. 그는 뉴욕으로 이주해 소니 아메리카Sony of America를 이끌 생각이었다. 도쿄의 동료들은 그것을 무모한 도전이라고 생각했다. 본사 사무실을 떠나는 CEO가 어디에 있단 말인가? 소니의 공식 연혁서에 따르면 아키오는 이렇게 대답했다. "조금은 이른 행동일 수도 있습니다. 하지만 기회를 이용하지 않는 회사는 기업체라고 불릴 자격이 없습니다. 지나친 확장일 수는 있지만 지금이 바로 행동에 나설 때입니다. 훌륭한 기회가 동반되는 고난을 회피하는 일은 우리 소니에게는 있을 수 없습니다."

그가 가족 모두 낯선 대륙으로 이주시키겠다는 대담하고 황당한 계획을 내놓았을 때 아키오의 아내와 자녀들은 별로 놀라지 않았다. 아내 요시코Yoshiko나 세 아이들 모두 영어를 하지 못했다. 그 중 여덟 살짜리 아들은 대부분 일본말로 더빙되어 있는 미국 텔레비전 프로그램을 보면서 미국 사람들이 일본말을 한다고 여겼을지도 모른다. 아키오는 가족의 걱정을 한시름 덜어줄 좋은 방법이 무엇일까 고민하다가 미국에 가면 제일 먼저 디즈니랜드에 데려가겠다고 약속했다. 그의 작전은 한동안 효과가 있기도 했지만 그의 아이들은 결국 아버지가 소니의 대표일 뿐 아니라 집에서도 권위적인 가장이라는 사실을 깨달았다.

아키오는 자녀 양육에 관해서는 '죽기 아니면 까무러치기'식의 교육 방식을 고집했다. 그는 즉시 메인 주에서 열리는 미국인 여름캠프에 두 아들을 등록시켰다. 그곳에서 적응하든지 적응하지 못하든지 둘 중 하나였다. 결국 아이들은 캠프에서 미국 아이들에게 인기를 얻었고, 학교에서는 끝내주는 전자제품을 생일선물로 주는 친구로 유명해졌다. 아내 요시코도 파티를 여는 솜씨가 보통이 아니라는 소문이 나면서 뉴욕의 손꼽히는 파티 주최자로 등극했다. 그녀에게는 유명인사 손님들의 식성과 기호를 상세하게 적어둔 카드가 있었는데, 거기에 적힌 내용에 따르면 피아니스트 앙드레 와츠Andre Watts는 온실 속 화초 같은 남성이었고, 그의 어머니는 생선요리를 싫어했으며, 음악가 레나드 번스타인Leonard Bernstein은 스시 음식이라면 사족을 못 써서 젓가락을 지휘봉처럼 들고는 한 손으로 게걸스럽게 먹어댔다.[25] 하지만 요시코가 저녁 파티를 준비하는 일만 한 것은 아니었다. 아키오는 대부분의 전통적인 일본 남편들과는 달리 아내가 운전면허증을 소지하기를 바랐다. 그것은 아내에게 독립심을 키워주는 일이기도 했고 필요할 경우에는 소니 직원들을 태워줄 수도 있었다. 언젠가는 요시코가 엔지니어들을 차에 태우고 뉴욕 교외 지역을 돌아다니면서 소니의 신형 FM 라디오의 수신율을 점검하게 해준 적도 있었다고 아키오는 말했다.

여기서 핵심은 아키오가 무작정 미국 시장에 뛰어들었다는 것이다. 소니가 미국인들을 상대로 승리하려면 아키오와 소니 브랜드는 미국인들처럼 생활하고 호흡해야 했다. 아키오는 훗날 캘리포니아 주 랜초버나도Rancho Bernardo에 소니 지점을 열었다. 오늘날 이곳은 바이오 Vaio 노트북 제작과 기업 엔지니어링 허브의 역할을 맡고 있다. 1972년 랜초버나도 지점이 문을 열던 당시에 아키오는 미국 근로자들의 손재주를 믿지 못했다. 초창기만 해도 미국 공장 직원들의 일은 이미 일본에서 조립과 정비와 해체 작업을 끝마친 텔레비전 수상기를 다시 조립하는 수준에 불과했다. 경영진은 그들이 그런 간단한 일도 제대로 해낼 수 있을지 확신하지 못했다.[26] 품질의 중요성을 증명하기 위한 차원에서 소니는 일부러 랜초버나도 조립라인에서 실수가 일어나도록 일을 꾸며 직원들에게 조립라인의 실수가 어떻게 텔레비전 수상기를 못 쓰게 만드는지 보여주었다. 또한 아키오는 일본에서도 신입 엔지니어들을 조립라인에 투입해 제조 공정에서 생길 수 있는 위험한 상황들을 깨닫도록 했다.

아키오의 공격적인 태도는 일본인의 취향을 무시한 채 자신들의 제품을 일본에 성공적으로 수출할 수 있다고 생각하는 미국 경영진과는 사뭇 대조된다. 일례로 많은 미국 자동차 기업들은 일본 도로의 실정에 맞춰 운전석을 차량의 오른쪽에 장착하지 않는다. 그럼 도대체 일본인들더러 어깨 너머로 고개를 돌려 후진으로 자동차를 몰라는 말인가?

아키오는 경쟁이 살벌한 미국 시장에서 이기는 방법이 무얼까 골똘히 생각하다가 1966년 〈도쿄 신문Tokyo newspaper〉에 다음과 같은 광고를 게재했다. "모집공고: 영어로 '싸움을 걸 수 있는' 30세 이하의 일본인 남성을 찾습니다!"

아키오는 그저 미국에서 승리하겠다는 열망으로 가득 찬 일본인이기보다는 글로벌리스트였다. 그는 어디서든지 시장을 개척하려고 했다. 심지어는 도쿄 레스토랑 문화에 활력을 불어넣고 세계화하려는 취지로 프랑스의 전설적인 레스토랑인 맥심 드 파리Maxim's de Paris 지점을 직접 도쿄에 들여오기도 했다. 그러고 보면 아키오 모리타가 없었더라면 도쿄의 주방장들이 오늘날의 획기적인 '아이언 셰프Iron Chef' 같은 요리 프로그램에 진출할 수 있었을지 의심이 든다.

멘토를 찾아라

그렇다고 아키오 모리타가 모든 문제의 답을 알고 있던 것은 아니었다. 오히려 그보다는 많이 알지도 못한 채로 일을 시작했다. 1950년대에 뉴욕을 오가기 시작하던 때만 해도 그는 상당히 미숙했다. 타임 스퀘어 광장 근처의 벼룩이 들끓는 모텔에 머물면서 셀프서비스 대중식당에 몰래 숨어들어 저녁을 해결하기도 했고 싱크대에서 빨래를 하기도 했다. 그는 회사의 비용 방침뿐 아니라 일본 통상산업성에서도 출장 경비 제약을 받았는데, 당시 일본인 사업가들은 1회 해외 출장으로 500달러 이상을 쓰지 못하게 되어 있었다. 그러나 하와이 태생의 일본계 미국인으로 한때 주둔군 측 변호사로 일본에서 복무했던 요시노부 '닥터' 카가와Yoshinobu 'Doc' Kagawa는 아키오를 설득해 싸구려 여관과 식당에서 벗어나 괜찮은 호텔과 레스토랑을 이용하게 했다. 소니의 진보된 기술과 노하우를 어필하려면 싸구려 참치 샌드위치 냄새를 풍겨서는 안 될 일이었다. 또한 42번가와 9번가가 만나는 곳보다 훨씬 그럴싸한 주소지에 머물러야 거래처를 뚫을 확률이 올라갔다.

아키오는 뉴욕에서 다양한 유대인 사업가들과 친분을 맺었다. 그들은 아키오가 뉴욕 소매업 문화를 탐방하는 동안 그의 안내자 역할을 했는데, 늘 시가를 입에 물고 있던 어느 제조업체 대표인 아돌프 그로스Adolph Gross와 그로스의 변호사로 훗날 소니 최고의 미국 협상가이자 아키오의 법률 고문이 된 에드워드 로시니Edward Rosiny, 소니 아메리카의 CFO가 된 회계사 어빙 사고르Irving Sagor가 그런 이들이었다. 그들은 아키오와 만나 무교병(유월절에 유대인이 먹는 음식) 스프를 마시며 함께 소니의 미국 시장 확장 계획을 세웠다. 그런 경험에 비추어볼 때 아키오는 친유대인 성향이 다분한 듯 보였다. 실제로 그는 유대인 사업가들에게 특별한 애착을 가졌고, 뮤지컬 〈지붕 위의 바이올린Fiddler on the Roof〉의 주인공인 유대인 테비에Tevye에게 깊은 공감을 느꼈다. 아키오는 이 작품의 도쿄 상연을 주선하기도 했다. 1980년대와 1990년대에는 유대인 사업가들이 소니의 임원 자리를 차지했고, 여기에는 몇몇 부서장들을 포함해 소니 아메리카의 CEO를 지낸 마이클 슐호프Michael Schulhof도 들어있다.

훗날 소니 사장이 된 노부유키 이데이Nobuyuki Idei는 아키오를 다음과 같이 묘사했다. "그는 일본인이라기보다는 미국 동부 연안 출신처럼 보였습니다. 그에게서는 뉴욕 비즈니스맨의 분위기가 풍겼습니다. (…) 전생에 미국인이었는지도 모른다는 생각이 들 정도였습니다."[27] 불과 몇 년 전까지만 해도 축축한 빨래가 걸려 있는 빨래줄 아래를 지나 사무실로 들어가야 했던 남자가 이렇게까지 변했다니 과연 상상할 수 있겠는가!

인간은 왜 걷는 법을 배웠는가

아키오는 다름아닌 소니의 CEO였기에 다른 어떤 CEO들보다 도전적인 사명을 갖고 있었다. 무엇보다 그는 계속해서 끊임없이 자신의 사명을 밝혀내야 했다. 소니란 과연 무엇일까? 슈윈 자전거의 CEO는 3년 뒤에도 자전거를 판매하고 있을 것이라는 사실을 알고 있었다. 푸르덴셜 보험의 CEO도 계속해서 보험을 판매할 것이라는 사실을 알고 있었다. 하지만 소니는 달랐다. 기술의 지속적인 변화 속에서 소니의 CEO는 과연 3년 뒤에 어떤 물건을 판매하고 있을지 어떻게 알 수 있었을까? 소니는 재능 넘치는 엔지니어와 과학자들에 의해 세워진 브랜드였고, 판매액의 6~10퍼센트를 연구와 개발에 투자하고 있었다. 소니는 3년 후에도 계속해서 텔레비전이나 스테레오, 전화기를 만들어 낼 수도 혹은 그렇지 않을 수도 있었다. 소니의 사명은 빠르게 움직이는 과녁과 같았다. 그리고 아키오의 역할은 늘 그러한 과녁보다 앞서가는 것이었다.

그것의 가장 훌륭한 사례는 물론 소니의 워크맨Walkman이다. 1979년 워크맨이 음악 세상을 뒤흔들어놓기 전에는 소니의 문을 두드리면서 이어폰이 달린 소형 카세트 플레이어를 원하던 사람은 아무도 없었다. 아키오가 아이들과 함께 해변으로 놀러 가면 거대한 붐박스 boom box에서 쿵쿵 울려대는 음악에 귀는 물론 아름다운 흥취가 손상되는 경우가 많았다. 왜 사람들 각자가 자신만의 음악과 사운드트랙으로 인생을 즐길 수 없단 말인가? 마침 그 무렵 소니 엔지니어들은 이부카가 장시간 비행에서 사용하도록 커다란 이어폰과 대형 카세트 플레이어를 연결해놓았다. 아키오는 그 부담스런 기계를 사용해보고는 직원들을 소집해 크기를 줄이고 성능을 개선해 소니의 다음 히트작으로 판매하도록 명령했다. 그는 또 다시 소니를 영광의 길로 이끌고 있었다.

당연한 일이겠지만 부서장들은 갑작스런 명령에 충격을 받고 안색이 창백해졌다. 먼저 회사로서는 아무런 시장 조사도 해놓지 않은 상태였다. 둘째로 그것은 반드시 이어폰이 있어야 하는 기계였다(일본에서 이어폰이나 헤드폰은 청각 장애인으로 오인받을 수 있는 금기 물건이라는 것을 아키오는 모른단 말인가?) 셋째로 이 기계는 오직 카세트 재생만이 가능했다. 녹음 기능이 없는 카세트 플레이어를 누가 구입한단 말인가?

아키오는 녹음 기능이 없는 카스테레오도 사람들이 구입한다는 사실을 상기시켰다. 그리곤 그들에게 또 다른 어려운 숙제를 내주었다. 그것은 10대 청소년들도 구입할 수 있을 정도로 가격이 저렴해야 한다는 것이었다. 경험 많은 노련한 엔지니어들에게 그것은 모욕이나 다름없었다. 하지만 아키오는 상관하지 않았다. 그는 엔지니어, 마케팅, 회계 부서의 불만에 찬 직원들을 향해 제품 출시 직후 3만 대가 팔려나가지 않으면 CEO직에서 물러나겠다고 선언했다.

자존심의 위험한 줄타기가 시작된 가운데 아키오는 신제품 출시의 모든 공정에 직접 뛰어들었다. 제품 디자인을 정교하게 다듬는 일에서부터 광고 슬로건을 채택하는 일까지 세심하게 개입했다. 해변에서 쿵쿵 울리던 붐박스를 떠올리며 제품 출시일은 여름으로 잡았다. 프로젝트 일정은 예정보다 늦어졌다. 1979년의 5월과 6월이 지나갔지만 아직 최종 제품은 완성되지 않았다. 마침내 1979년 7월 17일, 소니는 워크맨 제품을 출시했다. 함께 등장한 광고 포스터에는 '인간은 왜 걷는 법을 배웠는가Why man learned to walk'라는 슬로건이 담겨 있었다. 처음에는 불발탄에 그치고 말았다. 제품 출시 후 첫 한 달 동안 붐박스는 날개 돋친 듯이 팔려나갔지만 워크맨은 진열대에 그대로 남아있었다. 8월에 접어들자 술렁임이 일어나기 시작했다. 소비자들의 입소문과 도발적인 광고가 젊은이들의 발걸음을 상점으로 끌어들였다. 여름이 끝나갈 무렵에는 3만 대 재고 물량이 완전히 동이 났다. 소니는 조립라인을 2배로 가동했고, 워크맨은 즉시 전자제품의 역사에 기록됐다. '워크맨'이라는 단어가 문법적으로 맞는지 틀리는지를 놓고 회사 내부에서 한동안 옥신각신하기도 했지만 1986년 워크맨은 《옥스퍼드 영어사전Oxford English Dictionary》에 당당히 등록되었다.

미국 자동차 업계가 경영 부진으로 고전을 면치 못하는 와중에도 직접 문제의 현장에 뛰어들어 소매를 걷어붙이고 직원들을 성공으로 안내하는 중역을 종종 볼 수 있다. 1990년대 초반에 크라이슬러 사장 밥 루츠Bob Lutz는 자사의 자동차 모델들을 죽 둘러보고는 하나같이 촌스럽고 네모나며 따분하다고 직격탄을 날렸다. 크라이슬러에는 뭔가 강한 맥박이 부족했다.[28] 저돌적인 성격에 전직 해병대 전투기 조종사 출신인 루츠는 엔지니어링 팀을 분발시켰고 마침내 신문 첫 지면을 화려하게 장식해줄 모델을 세상에 내놓았다. 400마력의 다지 바이퍼Dodge Viper와 다지 램Dode Ram 픽업트럭, LH 세단 시리즈가 그것이었다. LH 세단은 '마지막 희망Last Hope'이라는 애칭이 붙었다. LH 시리즈가 출시되기 얼마 전 나는 백악관 잔디밭에서 루츠와 이야기를 나누던 일을 기억한다. 마침 그의 입에는 시가가 물려 있었는데 그렇게 곧 경쟁업체들도 질겅질겅 씹어줄 준비가 되어 있었다. 그로부터 몇 년 뒤 크라이슬러는 미국 자동차 제조업체 가운데 최하위 등급에서 최고 등급으로 껑충 뛰어올랐다.[29] 루츠는 2002년 GM의 부회장직으로 합류했는데 그곳의 치열한 관료제도에서 살아남으려면 모르긴 몰라도 해병대 훈련 지침서에 나온 기술보다 훨씬 더한 것이 필요할 것이다.

소니는 다시 올라설 수 있을까?

워크맨은 상상을 초월하는 대히트작이었다. 그 외에도 트리니트론Trinitron 텔레비전 브라운관과 최초의 컴팩트 CD 플레이어를 비롯한 눈부신 성공작들이 쏟아져 나왔다. 아키오 모리타는 그런 와중에 몇 번의 커다란 실패를 감내해야 했는데, 그중 가장 두드러진 것으로는 베타맥스Betamax와 VHS의 전쟁을 꼽을 수 있다. 1970년대 후반을 기억하는 사람들은 소니의 베타맥스 기술이 VHS 테이프보다 훨씬 선명한 화질을 만들어낸 사실을 알고 있을 것이다. 오늘날에도 전문 카메라맨들은 흐릿한 VHS 영상보다 베타를 선호한다. 그럼에도 VHS는 베타를 제치고 일반 가정의 거실을 차지했다.

소니가 불리했던 이유는 세 가지였다. 첫째, 베타는 제조비용이 높은 편인데 그것은 VHS가 상대적으로 조잡하고 단순한 기술로 만들어지기 때문이다. 둘째, VHS 테이프는 영화 한 편 분량을 녹화할 수 있는 반면에 베타 테이프는 그렇지 못했다. 셋째, JVC, 마츠시타, 샤프Sharp, 히타치Hitachi, 산요Sanyo 같은 소니의 수많은 경쟁업체들이 일제히 VHS 포맷을 채택했기 때문이었다. 소니는 즉시 전쟁에서 패하고 말았다. 소비자들이 보다 저렴하고 재생시간이 긴 포맷을 선호한 탓이었다.

그러한 상업적인 실패에도 나는 소니가 일반 가정 소비자들을 위해 중요한 승리를 거머쥔 사실을 짚고 넘어가야겠다. 할리우드의 스튜디오들은 소니가 레코딩 시스템을 출시한다는 사실을 알고는 소니의 베타맥스 판매를 차단하기 위해 연방 소송을 제기했다. 미 영화협회Motion Picture Industry Association는 베타맥스를 가리켜 기생충처럼 혐오스러운 물건이라고 말했다. 어떻게 감히 소니가 미국인들의 방송 프로그램 녹화를 좌지우지할 수 있단 말인가! 할리우드는 그 옛날 구텐베르크 성경Gutenberg Bibles을 탄핵하던 교황에게서 시작된 문화 확산 통제라는 구닥다리 전통을 그대로 답습하고 있었다. 하지만 소니는 유니버설 스튜디오Universal Studios를 비롯한 고소업체들을 누르고 소송에서 승리했다. 소비자들에게는 참으로 다행스러운 일이었다. 그렇지 않았더라면 VHS나 녹화 가능한 CD와 DVD 제품은 아예 세상에 나오지도 못했을 테니 말이다.

소니를 곤경에 빠뜨린 또 다른 사건은 아키오가 CEO로 재직한 마지막 해에 일어났다. 소니는 1990년대 초반에 컬럼비아 영화사 Columbia Pictures를 사들이고 할리우드 제작자 두 사람에게 어마어마한 대가를 지불하고 스튜디오를 운영하게 했다.《치고 빠져라: 존 피터스와 피터 거버는 어떻게 소니를 낚았는가 Hit and Run: How Jon Peters and Peter Guber Took Sony for a Ride in Hollywood》[30]라는 책에 상세히 기록되어 있는 당시 사건은 내게 어니스트 헤밍웨이의 경고를 떠올리게 했다. 그는 할리우드가 넘보는 책을 쓴 저자들에게 이렇게 말한다. "네바다 주와 접한 경계선으로 가서 울타리 너머로 당신의 책을 던져라. 그런 다음 그쪽에서 던져주는 돈을 받아 써라. 하지만 울타리를 넘어가서는 안 된다는 것을 명심하라!"

지난 몇 년 동안 소니는 아키오 모리타의 화려한 시절에서 점점 더 멀어져갔다. 브랜드 관리 조언을 제공하는 글로벌 컨설팅 기업인 인터브랜드 Interbrand에 따르면 소니의 브랜드 가치는 2000년부터 미끄러지기 시작해 2005년에는 삼성 Samsung에게 추월당했다. 2006년에 소니는 노트북 폭발을 우려해 800만 대의 배터리를 리콜해야 했다. 설상가상으로 텔레비전과 디지털 음악을 비롯한 다른 핵심 부문은 시장점유율을 잠식당하고 있다. 참으로 위태롭고 난감한 상황이 아닐 수 없다. 소니는 역사적으로 경쟁업체들보다 제품 가격을 높게 책정해 별도의 수익을 얻어왔다는 사실을 명심하라. 소비자들은 소니만의 남다른 스타일과 혁신과 당당함에 더 많은 돈을 지불해왔다. 그러니 더 이상 그런 것들이 사라진 소니라면 소비자들의 외면으로 벼랑 끝에 위태롭게 서 있을 수밖에 없었다. 만일 소니가 가격을 대폭 낮춰 시장 점유율을 높이기로 한다면 소니 브랜드의 명품 이미지가 손상되어 어쩌면 더 많은 손해를 입게 될 것이다.

어떤 이들은 소니의 문제점을 1990년대부터 고용하기 시작한 MBA 출신들에게 돌리기도 하는데, 그들이 소니가 진출할 시장을 단순히 데이터에 의지해 결정내린다는 것이다.[31] 하지만 그것은 너무나 당연한 질문을 하게 한다. 그럼 우둔한 사람들에게 경영을 맡겨야 하는 이유가 도대체 무엇이냐고 말이다. 내가 진단해본 소니의 문제들은 간단히 ADD라는 머리글자로 설명될 수 있다. 바로 태도attitude, 표류drift, 방심distraction 이다. 소니의 태도에는 자기 과신과 패배주의가 불안하게 뒤섞여 있었다. 아키오 모리타는 1955년 라디오 10만 대를 주문한 불로바의 제안을 거절하면서 매우 우쭐했을 것이다. 그는 종종 경쟁업체를 향해 신랄한 비난도 서슴지 않았다. 하지만 소비자들의 품위를 떨어뜨리는 일은 결코 없었다!

아키오가 세상을 떠난 이후로 소니는 종종 그가 이끈 민주적 혁명의 반대편에 설 때가 있었다. 아키오는 누구나 자신만의 사운드트랙을 만들 수 있도록 해주었다. 그는 소니를 소형 헤드폰 개발에 뛰어들게 해 보다 편리한 삶으로 이끌었다.

오늘날 경제는 자신의 노트북으로 사업을 벌이는 개인들에게 점점 더 의존하는 추세이다. 누구나 책을 쓰고 출판할 수도 있고, 판매업체를 세울 수도 있으며, 자신이 만든 코믹 랩 비디오를 인터넷에 올리고 반응을 관찰할 수도 있다. 크리스 앤더슨Chris Anderson 의 저서 《롱테일 경제학The Long Tail》에는 얼빠진 표정의 아마추어 코미디언

들이 집에서 제작한 저급하고 코믹한 백인 랩 비디오로 일약 스타가 되어 NBC의 인기 코미디 프로그램 〈새터데이 나이트 라이브Saturday Night Live〉로 진출한 내용이 들어 있다. MIT 교수 에릭 폰 히펠Eric von Hippel은 소비자들이야말로 수술 도구에서 카이트서핑(서핑과 패러글라이딩을 접목한 스포츠) 장비에 이르기까지 다양한 제품들을 발명하는 주체라고 주장했다.[32]

그럼 소니는 이처럼 새롭게 등장한 생산자들을 위해 최근 무슨 일을 했는가? 애플은 가정용 컴퓨터와 홈 비디오를 연결해주는 일에 앞장선 반면에 소니 카메라의 소니 전용 메모리스틱은 호환성을 우려하는 소비자들에게 외면당했다. 소니는 소비자 관계에서 호환 불가능한 파트너인가? 소니는 누구 편에 서 있는가?

소니는 그럴 필요가 없는 상황에서는 거드름을 피우고 자신감을 드러내야 할 순간에서는 용기를 잃고 말았다. 현재 소니의 CEO인 하워드 스트링거Howard Stringer는 똑똑하고 매력 넘치며 소니의 도전과제를 잘 알고 있는 사람이다. 하지만 지난 해 그가 아이팟 혁명으로 애플에게 패한 사실을 사실상 인정한 소식을 접하고는 실망감을 감추지 못했다. 물론 아이팟과 아이튠iTune이 기존의 패러다임을 산산조각 낸 굉장한 제품이라는 사실을 인정한다. 애플의 이어폰은 도둑들이 노릴 정도로 근사하며, 〈피시PC〉 잡지는 그것의 색상을 가리켜 '머그 미 화이트mug-me white('나를 훔쳐가세요'라는 뜻)'라고 이름 붙였다.[33] 그렇다면 소니는 정말로 아이팟이 영원히 개선될 필요도 없고 뛰어넘을 수도 없는 제품이라고 생각하는 것일까? 500년이 지나서도 사람들은 여전히 흰색 이어폰과 아이팟 휠을 사용하고 있을까?

아니 5년 후에는 어떨까?

소니는 또 스타일 '표류'나 '방심' 현상을 겪고 있다. 투자 펀드 관리의 세계를 예로 들어보자. 어떤 포트폴리오 매니저가 당초에 약속한 것과는 다른 식으로 투자 거래를 시작한다면 우리는 그를 '스타일 표류style drift' 상태에 빠졌다고 비난하게 된다. 소니도 무작정 표류하다 결국 자신의 촉수를 통제하지도 못하는 거대한 다국적 문어 신세가 되고 말았다. 반면 삼성은 하드웨어 부문을 고수하면서 평면 패널 텔레비전과 무선전화기를 비롯한 다양한 유형 제품들을 생산하고 있다. 소니의 소프트웨어 진출은 전혀 잘못된 것이 아니다. 문제는 소프트웨어로 표류하면서 하드웨어 전선에서 싸울 전투력을 상실했다는 데 있다. 소니는 평면 패널 텔레비전에서 저지른 실수로 삼성으로부터 평면 패널 인풋input을 구매해야 하는 처지에 이르렀다.

소니는 어째서 애플보다 먼저 아이팟이나 아이튠을 개발하지 못했을까? 나는 소니가 음반 판매와 영화 제작 수익에 치중한 나머지 애플이 추구하는 민주적인 다운로딩 기술에는 선뜻 뛰어들지 못했을 것이라고 생각한다. 이 얼마나 아이러니한 일인가! 한때 아키오는 소비자들에게 이로운 베타맥스와 VHS를 향해 영화 스튜디오를 좀먹는 기생충이라고 주장하던 할리우드 경영진들을 상대로 소송을 벌이지 않았던가. 소니는 다시 소비자들의 편에 섰어야 했다. 그럼에도 소니는 아이팟과 아이튠이 레코드 판매 수익을 가로챌 것이 두려워 중심을 잃고 휘청거렸다.

소니는 과연 반전을 일으킬 수 있을까? 물론이다. 무엇보다 제품 주기는 날이 갈수록 줄어들고 있다. 새로운 싸움을 알리는 새로운 라운드의 벨소리가 끊임없이 울리고 있다. 예컨대 휴대전화 사용자들은 대체로 17개월마다 휴대전화를 교체한다. 20년 전만 해도 소비자들은 전화기를 20년 동안이나 사용했는데 말이다! 이제 전자제품 제조업체들은 다시 링으로 돌아가 싸움을 벌일 수 있는 기회가 그야말로 무궁무진하다. 휴대전화 투기장에서는 LG라는 브랜드가 어디선가 불쑥 나타나(사실은 한국이다) '라이프 이스 굿Life's Good'이라는 광고로 사용이 편리한 단말기를 출시했다. 소니에 대한 이런 모든 불만들에도 불구하고 나는 날렵한 초경량의 소니 바이오 노트북으로 이 책을 쓰고 있다. 나는 여전히 소니의 과거에 열광하는 팬으로서 소니가 다시금 힘차게 전진할 수 있는 자원을 갖고 있다고 확신한다. 그러나 소니는 소니의 사명을 재평가하고 새롭게 규명해야 한다. 그동안 도시바와 파나소닉은 그들이 무엇을 만들어내든지 소니가 언제든 더 작고 강하고 스타일리시한 제품을 만들어낼 수 있다는 사실에 제대로 기를 펴지 못했다. 소니는 지금도 그런 제품을 만드는 일에 헌신하고 있는가? 스타일은 결코 포기해서는 안 된다. 설문조사에 따르면 사람들은 대부분 기능이나 배터리 수명보다 스타일로 휴대전화를 선택한다. 스타일이 어떻게 오늘날과 과거의 위대한 아이콘을 만들어냈는지 생각해보라. 1955년형 셰비 벨 에어Chevy Bel Air와 프랭크 게리Frank Gehry가 설계한 빌바오 구겐하임Guggenheim 미술관, 허먼 밀러Herman Miller가 디자인한 에어론Aeron 체어가 그런 것들이다. 물론 1979년의 워크맨도 빼놓을 수 없다.

물론 스타일만으로는 부족하다. 성능도 뛰어나야 한다. 아키오 모리타는 소니가 이 두 가지 항목에서 모두 선두를 지키도록 지휘했다. 물론 전자제품 분야는 살벌한 비즈니스이다. 하지만 아키오는 자신의 후계자들이 현대의 치열한 경제 상황에서 겪는 고통의 무게에 징징대라고 그 옛날 수동식 트럭에 45킬로그램이나 되는 원조 제품을 싣고 전쟁으로 황폐화된 도쿄를 돌아다니지는 않았을 것이다.

과학기술에 대한 모리타의 신념

아키오 모리타는 소니를 경영하던 마지막 해에 텔레비전 광고에 출연했다. 그것은 소니 광고가 아닌 아메리칸 익스프레스American Express 광고였다. 그는 광고에서 "제가 누군지 아십니까?"라고 질문했다. 아키오가 성공을 거두기 전만 해도 일본인 경영인들은 얼굴 없는 사람들이었고 필요하면 미국인들로 교체될 수 있는 사람들처럼 보였다. 언젠가 미국인들을 대상으로 한 여론조사에서 가장 유명한 일본인을 브루스 리(이소룡)로 꼽았다. 그가 홍콩 출신이라는 사실은 제쳐두도록 하자. 아키오는 그 광고로 일본 CEO들이 엄격하고 감정이 메마른 사람들이라는 고정관념을 산산조각 냈다.

애석하게도 아키오 모리타는 1993년 테니스 게임을 마친 후에 뇌졸중으로 쓰러졌다. 언어 기능을 상실해 말을 못하게 된 그는 은둔에 가까운 생활을 하며 6년을 더 살았다. 종종 오랜 친구인 이부카가 찾아왔지만 그도 건강이 악화되어 휠체어를 타야 하는 신세였다.

아키오의 사회적 성공에서 가장 두드러진 점은 돌이켜보면 다음과 같은 것이 아닐까 싶다. 그는 왕자처럼 태어나 가부장적인 아버지를 섬겼고 전쟁 중에는 천황을 섬겼다. 하지만 그의 마음속에는 과학 기술이 세상을 보다 민주적으로 만들어준다는 확고한 신념이 있었다. 정부 고위 관료들은 물론이고 소니 이사진도 '노!'를 외칠 때에도 아키오는 누구든지 자신만의 사운드트랙을 만들 수 있고 누구든지 텔레비전을 가질 수 있으며 누구든지 개인 용도로 음악과 텔레비전을 녹화할 수 있어야 한다고 주장했다. 그 어떤 권위자도 모든 사람이 똑같은 박자에 맞춰 행진하라고 강요할 수는 없다고 말이다. 아키오 모리타의 이야기를 접하면서 우리는 세계 경제가 기술적인 발전을 거듭할수록 어떻게 점점 더 많은 사람들에게 힘과 능력을 실어주는지 알 수 있다. 아키오 모리타는 오랜 섬나라 일본 출신이었지만 그럼에도 미국인이나 프랑스인, 핀란드인이 소니 워크맨으로 자신만의 음악을 들으며 길거리를 지나치는 모습에 그 어느 때보다 환한 미소를 짓던 사람이었다.

8 |

상상의 한계를 뛰어넘은
불멸의 창조자
월트 디즈니

디즈니
Disney

Walt Disney (1901~1966)

"다들 말도 안 된다고 했다. 하지만 나는 사람들이 반대하면 할수록,
'내가 뭔가 큰 것을 건졌구나!' 하고 확신했다.

WALT DISNEY

할리우드가 뭔가 제대로 아는 경우는 드물다. 저명한 시나리오 작가 윌리엄 골드만William Goldman은 "누구 하나 제대로 아는 게 없다"며 할리우드의 작은 비밀을 폭로했다. 두 가지 사례가 이해에 도움이 될 것이다. 파라마운트 영화사Paramount Pictures는 한 무명배우의 스크린 테스트를 해보고는 이렇게 적었다. "노래 못함. 연기 못함. 살짝 대머리 조짐이 보임. 거기에 춤까지 춤." 무명배우의 이름은 훗날 탭댄스와 뮤지컬 영화로 유명해진 프레드 아스테어Fred Astaire였다.

그보다 몇 년 앞서 할리우드는 더 끔직한 실수를 저질렀다. 남 말 하기 좋아하는 제작사들 사이에 월터 엘리어스 디즈니Walter Elias Disney라는 농부 출신 젊은이의 이야기가 나돌았다. 물론 그에게는 야망이 있었다. 그는 기차간에서 번 돈으로 마침내 시카고에서 로스앤젤레스로 입성했다. 하지만 비벌리힐스 호텔의 수다꾼들에 따르면 그에게는 만화영화를 그려낼 정도의 재능은 없었다. 당시 워너브라더스Warner brothers와 새뮤얼 골드윈Samuel Glodwyn, 루이스 메이어Louis B. Mayer와 같은 영화 제작자들이 더글러스 페어뱅크스Douglas Fairbanks나 찰리 채플린, 글로리아 스완슨Gloria Swanson 같은 세계 최고의 스타들로 극장을 훤히 밝히고 있을 때 젊은이는 토끼 그림을 그리며 시간을 허비하고 있었다. 그런데 잠깐만! 토끼라니? 디즈니는 모든 것이 생쥐 한 마리에서 시작됐다고 말하지 않았던가? 알고 보니 우화 제작자는 자신의 이력사항을 잘못 알려주었다. 생쥐 전에 토끼가 있었다니 아마도 금시초문일 것이다. 하지만 정겨운 모습의 토끼 한 마리에 주목하지 않고서는 수천억 달러의 글로벌 엔터테인먼트 거대 기업인 디즈니를 이해할 수는 없다.

'토끼 오스왈드Oswald the Rabbit'는 영화 〈시민 케인Citizen Kane〉의 '로즈버드Rosebud' 썰매와도 다름없었다(〈시민 케인〉은 언론 재벌인 주인공 케인이 첫 장면에서 '로즈버드'라고 중얼거리며 숨을 거둔 후 로즈버드의 정체를 밝혀내는 일종의 미스터리극으로 그것은 어릴 적 주인공이 타던 썰매였음이 밝혀진다). 오스왈드는 디즈니가 추구하던 완전한 통제의 탐색이자 수직적 통합으로의 자극이며 다른 분야로의 진출을 위한 끝없는 노력이었다. 디즈니는 토끼 한 마리를 그려냄으로써 흥행업계에 놀라운 비즈니스를 일으키는 법을 보여주었다.

무대를 갈망하는 소년

월트 디즈니는 미국 경제사상 가장 건실한 기업을 설립했다. 미국 문화에 깊숙이 뿌리내린 디즈니 기업은 1993년에 '잠자는 숲속의 미녀Sleeping Beauties'라고 알려진 100년 만기 채권의 구매자들을 성공리에 모집했다. 하지만 정작 월트 자신은 그다지 안정된 가정의 출신이 아니었다. 그의 아버지 엘리어스는 한 가지 일에 붙어 있질 못했다. 전도사와 건설 노동자, 목수, 우체부에서 가망 없는 농부에 이르기까지 온갖 직업을 전전했다. 하지만 자녀들에게는 세심하고 엄격하며 검약을 중시하고 욕설을 경멸하던 아버지였다. 전도사였던 엘리어스는 성경 구절을 매우 엄격하게 해석했는데 이를테면 밭에는 절대로 비료를 뿌리지 않는 식이었다. 그는 '농작물에 비료를 주는 것은 사람에게 위스키를 주는 것과 같다. 잠깐은 상태가 나아지는 것 같아도 오히려 전보다 나빠진다'고 확신했다.[1] 결국 엘리어스의 농장은 에덴동산이 아닌 황무지로 끝나고 말았다.

월트의 아버지도 상당히 엄격했지만 그의 조부모는 훨씬 더 엄격하고 어두운 규칙을 따르던 분들이었다. 그들이 분이 다니던 조합교회Congregationalist는 춤추는 것을 금지했다. 그들은 세속적인 음악에 눈살을 찌푸렸고, 젊은 시절 엘리어스가 댄스홀에 가려고 몰래 집을 빠져나가다 들키는 날이면 말 그대로 아들의 머리에 바이올린을 내리쳐 산산조각 냈다.

이 일 저 일 전전하는 엘리어스를 따라 아내 플로라Flora와 3남 1녀 자식들도 함께 옮겨 다녀야 했다. 월트는 1901년 12월 5일 시카고에서 태어났지만 엘리어스는 곧바로 미주리 주 마르셀린의 작은 농장으로 이주했다. 그곳에서 겨우 몇 년 머물렀을 뿐이지만 월트에게는 마르셀린이 떠돌이 유년시절의 고향처럼 각인되었다. 월트의 형인 로이Roy와 허버트Herbert, 레이Ray가 밭에서 땀 흘리며 일하는 동안 어린 월트는 시냇가에서 수영하거나 돼지를 몰면서 그야말로 톰 소여 Tom Sawyer와 별다를 것 없는 생활을 했다. 월트가 커서 신문 배달로 돈을 벌 수 있게 되자 아버지 엘리어스는 얼렁뚱땅 일해서는 안 된다고 가르쳤다. 월트는 다른 소년들처럼 자전거를 탄 채로 신문을 집어던질 수 없었다. 그는 매번 자전거에서 내려 현관 앞에 신문을 가지런히 놓아두어야 했다.[2] 솔직히 그가 왜 그랬는지는 이해가 되지 않는다. 나로 말하면 신문 배달을 돌면서 늘 슈윈 자전거를 탄 채로 신문을 던졌고, 추운 겨울이면 형이 차를 태워주곤 했다. 형이 포드 핀토 Ford Pinto를 몰고 시속 50킬로미터(최고 속력이었다)로 동네를 질주하는 동안 나는 차창 밖으로 있는 힘껏 신문을 내던지고는 꽁꽁 얼어붙은 주택 잔디밭 위로 신문이 미끄러지는 것을 지켜보았다. 어떤 때는 그렇게 미끄러지다 현관 바로 앞에 도달하는 경우도 있었다.

마르셀린은 월트에게 디즈니랜드의 메인스트리트 USA Main Street USA였고, 이제는 20세기 초반의 정취 어린 마을을 기념하며 디즈니랜드 Disney Land와 월트 디즈니 월드 Walt Disney World(플로리다 주 올랜도에 있는 디즈니랜드 이름) 방문객들을 맞이하고 있다. 실제로 월트는 디즈니랜드의 메인스트리트에 아버지를 기념해 2층짜리 가짜 상점을 세우고는 창문에 '계약자 엘리어스 디즈니, 1895년 설립'이라는 간판을 내걸었다.

그렇지만 월트가 아버지 엘리어스에게 늘 애틋한 감정을 갖고 있지는 않았을 것이다. 바이올린으로 월트의 머리를 내리치던 기억 때문인지도 모르겠지만 무엇보다 엘리어스는 심술이 고약했다. 월트는 아버지를 이렇게 회고한다. "아버지는 손에 잡히는 대로 집어 드는 분이었습니다. 톱을 집어 들면 톱의 넓적한 면으로 내리치셨고 망치를 집어 들면 망치 손잡이 부분으로 내리치셨습니다."[3] 한마디로 세상에서 가장 행복한 가정과는 거리가 멀었다. 월트는 어릴 때 연기에 대한 재능을 보였는데 엘리어스는 연기에 대한 마음이 사라질 때까지 아들을 두들겨 패고는 했다. 그렇다고 엘리어스가 호감 가는 대화 상대인 것도 아니었다. 엘리어스가 월트와 나누던 대화 내용은 소설가 링 라드너Ring Lardner의 《젊은 이민자들The Young Immigrants》에 등장하는 부자의 대화와도 흡사했다.

"길을 잃으셨나요, 아버지?" 나는 공손하게 물었다.
"입 닥쳐라." 아버지는 대답하셨다.

엘리어스는 못마땅했지만 월트는 어린 시절부터 그림을 그리고 무대에서 연기하기를 소망했다. 언젠가 월트는 화병에 꽂힌 생화를 그리는 미술 시간에 실제 꽃모양 대신 사람 얼굴과 팔을 꽃에 그려 넣어 미술선생님을 당황하게 만든 적도 있었다.[4] 초등학교 6학년 때는 링컨 대통령 탄생일에 링컨처럼 옷을 입고 수염을 단 분장으로 나타났는데, 그것은 훗날 디즈니랜드의 유명한 애니메트로닉스animatronics(사람과 동물 형상 로봇을 말하고 움직이게 하는 기술)인 아베 링컨Abe Lincoln의 탄생을 알려주는 전조였다.

엄격하고 때로는 가혹하기까지 했던 월트의 가정환경이 그에게 격렬한 반항심을 키우는 계기가 될 수도 있었다. 하지만 월트는 그런 유년 시절을 기꺼이 감싸 안았고, 어린 추억을 향수 어린 시선으로 추억하는 법과 장밋빛 안경 너머로 아름다운 어린 시절을 넉넉한 마음으로 바라보는 법을 터득했다. 엘리어스는 성질이 난폭하기는 했어도 입버릇이 사납지는 않았다. 월트가 기억하는 아버지의 거친 말투라고 해봤자 '에잇'이나 '저런' 정도가 고작이었다. 그러고 보면 엘리어스의 말투는 〈백설 공주와 일곱 난장이Snow White and the Seven Dwarfs〉에 나오는 그럼피Grumpy의 투덜거림과도 비슷하게 들렸다. 월트는 아버지 엘리어스와는 달리 다른 사람의 어깨에 팔을 두를 만큼 다정다감한 남성으로 자라났다. 물론 강인하고 때로는 무뚝뚝한 보스로도 성장했지만 누구한테나 '그냥 월트라고 불러주세요'라고 말하는 꾸밈없고 천진난만한 매력을 잃지 않았다. 월트의 아내 릴리언Lillian은 남편과 함께 춤을 출 때면 그가 소리없는 입모양으로 '하나, 둘, 셋' 박자를 세는 모습을 볼 수 있었다고 말했다.

월트는 무자비한 환경 속에서 창의력을 키우는 법을 일찍이 터득한 듯 보였다. 그것은 할리우드에서 적응하기 위한 완벽한 훈련이었다. 월트 디즈니는 분명 환상의 세계를 만들어낼 운명이었다.

마르셀린에서 농사일에 도전했다 실패한 엘리어스는 가족을 이끌고 캔자스 주 캔자스시티로 이주했다. 월트는 그곳에서 아버지의 감시망을 벗어나는 최초의 기회를 얻었다. 1917년 여름철 그는 산타페 철도Santa Fe Railroad의 기차간에서 땅콩이나 팝콘과 크래커잭(팝콘과 땅콩을 캐러멜로 버무린 과자) 등을 팔았다. 쇼맨십 기질이 다분하던 월트는 번쩍이는 금빛 단추가 달린 푸른색 유니폼을 차려입곤 했다. 그때의 경험으로 월트는 기차광이 되었고, 그런 취향은 그의 후반부 경력에서 드러났다.

1940년대에 들어서 노동조합의 압박과 매출의 심각한 폭락으로 기력을 소진한 그는 집 뒷마당으로 들어가 800미터 길이에 달하는 미니어처 철로를 조립했다.[5] 그것은 디즈니 공원의 기차에 영감을 불어넣었고, 10대 시절 산타페 철도 열차에서 입었던 유니폼은 디즈니 테마파크 기관사의 유니폼에 기초가 되었다. 여기서 월트 인생에 정기적으로 등장하는 주제를 볼 수 있다. 바로 역경이 닥칠 때마다 장밋빛 추억을 끄집어내어 온전한 정신을 유지했다는 것이었다.

레이 크록의 경우처럼 디즈니의 여행도 종종 그를 낯선 곳으로 데려갔다. 언젠가는 기차 승객이 콜로라도 주 푸에블로Pueblo에서 하룻밤 기차가 정차할 동안 묵을만한 여인숙을 추천했다. 여인숙에 앉아 맥주를 마시던 월트는 몇몇 남녀들이 훤한 곳에서 성행위를 하려는 모습을 목격했다. "꽤 순진했던 나조차도 그곳이 어딘지 금세 눈치챌 수 있었습니다." 바로 매음굴이었다! 월트는 허겁지겁 맥주를 들이키고는 안전한 기차로 뛰어올랐다.[6]

이듬해 여름철 월트가 얻은 일자리는 약간의 창의력을 필요로 했다. 월트의 가족은 다시 시카고로 이주해 살고 있었다. 그는 우체국에 일자리를 지원했다 거절당했다. 열여섯 살이었지만 월트의 호리호리한 체구 때문에 열네 살 정도로밖에 보이지 않았기 때문이다. 변장의 귀재였던 월트는 전혀 다른 모자를 쓰고 분장을 하고는 다시 인사과 사무실을 찾아갔다. 지원서에 나이를 열 살이나 부풀려놓고 기발한 분장 솜씨를 발휘한 월트는 예전에 퇴짜 맞았던 바로 그 직원에게서 일자리를 얻었다.

하지만 기찻간에서 행상하는 일이나 우편배달부로 시카고를 돌아다니는 일도 젊은 월트의 성에는 차지 않았다. 당시 신문의 헤드라인은 온통 유럽 전쟁에 관한 시끌벅적한 내용으로 가득했다. 월트는 보병들이 낡은 배낭에 짐을 싸서 저 멀리 유럽행 증기선으로 행군해 들어가는 모습을 지켜보았다. 거기에는 월트의 세 형도 끼어있었다. 집에 남아 우편물을 배달하는 일보다는 직접 생생한 전투 현장을 보고 싶었다. 하지만 이번에도 나이가 말썽이었다. 육군과 해군에서 모두 거절당한 월트는 캐나다 군대에 들여보내달라고 졸라댔지만 허사였다. 그렇다면 선택의 여지가 없었다. 거짓말이 필요했다. 하지만 이번에는 분장과 의상을 동원하는 대신에 어머니에게 적십자 야전의무대Red Cross Ambulance Corps 신청서에 나이를 속여 적어달라고 애걸했다. 아들의 마음이 얼마나 간절한지 알고 있던 어머니는 아들 말대로 하지 않으면 그가 밀항을 해서라도 유럽에 갈 것이라고 생각했다. 두 사람은 전혀 상반되는 두 가지 이유로 엘리어스에게 두들겨 맞을 각오를 해야 했는데, 첫째는 엘리어스가 주먹부터 올라가는 사람이라는 이유였고 둘째는 그의 정치적 성향이 평화주의와 사회주의에 쏠려있다는 이유였다!

그가 프랑스에 도착한 무렵에 이미 휴전협정이 체결되기는 했지만 월트는 그곳에 10개월 동안 체류하면서 고위 관료들을 유럽 전역에 수송하는 일을 담당했다. 1차 세계대전에 참전했던 다른 많은 병사나 자원봉사자들의 경우과는 달리 월트의 해외 복무는 만화로 성공하겠다는 그의 꿈으로 다가서는 발걸음을 늦추지 않았다. 그는 동료들의 군복에 가짜 훈장을 그려 넣어 진급을 하사하기도 했다. 월트에게 야전의무대는 만화를 그려 넣는 또 다른 그림판과 다름없었다. 1차 세계대전 구급차들은 하나같이 우중충한 녹색 바탕에 붉거나 흰 십자가 일색이었다. 그러나 디즈니가 운전하는 구급차는 달랐다. 그는 자신이 고안해낸 만화 캐릭터들을 그려 넣었다.

그 후 월트는 조지아 출신의 친구와 함께 돈을 벌어들일 기발한 아이디어를 떠올렸다. 두 일당은 독일군 전투모를 수집해 위장용 얼룩무늬를 그려 넣고는 돌로 힘껏 내리쳤다. 이제 가장 중요한 작업이라면 전투모에 대고 총을 쏴서 전쟁터의 생생한 흔적을 새겨 넣는 일이었다. 오늘날 디즈니가 지나치게 상업적이라고 비난하는 사람들은 월트 디즈니의 첫 작품이 세계대전을 상업화했다는 사실을 기억해야 할 것이다!

월트는 전쟁의 폐허 속에서 애니메이터와 몽상가로 생계를 유지할 수 있다면 미국에 돌아가서도 똑같이 살아갈 수 있다는 자신감을 얻었다. 그는 시카고에 사는 가족을 떠나 캔자스시티로 가서 농기구 전문 광고업체에 취직했다. 옥수수 종자와 퇴비 관리 농기구를 광고하는 캠페인에도 디즈니가 특출한 재능을 발휘했을 것은 의심할 여지가 없다. 그 일은 오래 하지 않았지만 곧이어 디즈니는 우베 아이웍스Ubbe Ert Iwwerks라는 특이한 이름의 유쾌한 인물과 평생의 친분을 맺었다. 법원 등록인이 트림하다 적어놓은 듯 우스운 이름의 그는 이름 못지않은 위트를 지니고 있었다. 곱슬머리에 아치형 눈썹을 한 아이웍스는 괴팍한 인상의 사진 속 아인슈타인의 얼굴과 닮아 보였다. 만화영화 〈벅스 버니 앤드 대피 덕Bugs Bunny and Daffy Duck〉의 감독인 척 존스Chuck Jones에 따르면 아이웍스는 'screwy(별나다는 뜻)'의 스펠링을 거꾸로 적어놓은 이름이었다. 디즈니는 아이웍스의 만화적 재능이 자신보다 훨씬 뛰어나다고 생각했다. 디즈니는 아이웍스를 비롯한 다른 몇몇 젊은 만화가들과 함께 래프-오-그램 영화사Laugh-O-Gram Films를 세웠다.

그는 래프-오-그램을 설립하면서 마음속으로 두 가지 원칙을 세웠다. 첫째는 누구의 밑에서도 일하지 않겠다는 것이다. 아버지와 미군 장교들에게 복종하며 지내온 디즈니는 이제 더 이상 서툰 상사들을 섬기고 싶지 않았다. 둘째는 당시의 과학기술을 크게 앞지르겠다는 것이었다. 1920년대 초반 당시의 1분짜리 광고 만화영화는 기본적으로 조잡한 종이인형에 핀으로 팔다리를 고정시킨 정도로밖에 보이지 않았다. 빌 게이츠와 스티브 잡스Steve Jobs가 각자의 차고 안에서 뚝딱거리던 시절보다 이미 반세기 전에 월트 디즈니는 정지동작 카메라를 끌어다가 정교한 만화 그림으로 실험을 시작했다. 결과는 놀라웠다. 종이인형보다 훨씬 생동감 넘치는 캐릭터들은 각각의 개성을 갖추었다. 시청자들도 관심을 보이기 시작했다. 1922년에 디즈니는 당시로서는 초현대식의 6분짜리 만화영화인 〈빨간 모자Little Red Riding Hood〉를 공개했다. 할머니가 영화를 보러 간 사이 위험에 처한 소녀를 어느 비행기 조종사가 구해준다는 스토리의 만화영화였다. 디즈니의 늑대는 자연사박물관Museum of Natural History에 진열된 박제표본처럼 뻣뻣한 몸놀림 대신에 두 다리로 설 수도 있었고 모자와 연미복도 갖춰 입었다.

디즈니는 캔자스시티의 뉴먼 극장Newman Theater 체인의 후원으로 지역 투자가들로부터 1만 5,000달러를 모았다. 그는 주체할 수 없는 끼와 에너지를 가진 젊고 실력 있는 일러스트레이터들을 모집했다. 그들은 만화영화와 뉴스영화를 제작했고, 봉급과 사무실 임대료 충당을 위해 동네의 아기 사진을 찍기도 했다. 언젠가는 치아위생을 다룬 영화를 제작해 받은 500달러짜리 수표 한 장으로 간신히 회사를 연명한 적도 있었다.

그러던 중 디즈니는 또 다른 획기적인 돌파구를 마련했다. 바로 인간 배우를 만화 배경에 출연시키는 것이었다. 1923년 래프-오-그램은 〈이상한 나라의 앨리스Alice's Wonderland〉를 발표했다. 영화에서 여섯 살짜리 여자 아역배우는 디즈니와 아이웍스를 비롯한 직원들에게 만화영화를 그려달라고 한다. 그러고는 곧장 만화 속으로 뛰어 들어가서는 고양이 밴드가 연주하는 음악에 맞춰 춤을 춘다. 당시 디즈니 만화영화가 얼마나 혁신적이었는지 알아보려면 그 후 65년이 지나 1988년에 발표된 〈누가 로저 래빗을 모함했는가?Who Framed Roger Rabbit?〉(디즈니 사의 자매회사에서 제작했다)라는 기발한 만화영화를 떠올리기 바란다. 형사 역을 맡은 영화배우 밥 호스킨스Bob Hoskins가 만화 속 툰타운Toontown으로 자연스럽게 미끄러져 들어갔다 나오는 장면은 영화팬들을 사로잡기에 충분했다. 물론 오스카상을 수상한 이 영화가 3억 5,000만 달러를 벌어들인 것은 시각적 효과뿐만 아니라 탄탄한 대본 때문이었다. 영화 속에서 육감적 몸매로 등장하는 팜므파탈 캐릭터인 제시카 래빗Jessica Rabbit(여배우 캐서린 터너Kathleen Turner가 목소리를 맡았다)은 이렇게 말한다. "나는 못되지 않았어요. 단지 그렇게 그려졌을 뿐이죠." 1945년 작품인 〈닻을 올리고Anchors Aweigh〉에서 영화배우 진 켈리Gene Kelly가 〈톰과 제리Tom and Jerry〉의 생쥐 제리와 춤추는 장면이나 1964년 작품 〈메리 포핀스Mary Poppins〉에서 딕 반 다이크Dick van Dyke가 댄스 콘테스트에서 만화 펭귄 웨이터들과 춤을 겨루는 장면에서도 비슷한 기술이 사용되었다.

디즈니의 래프-오-그램사는 웃음소리와 박수갈채를 얻었지만 직원 급여와 사무실 임대료를 지불할 돈은 얻지 못했다. 결국 직원들은 뿔뿔이 흩어졌고 디즈니는 기차 시간표와 지도를 보면서 어디론가 떠날 준비를 했다. 몇 년 동안 그는 독일과 프랑스와 시카고를 떠돌아다녔다. 이제 돈도 없고 일자리도 없는 그가 가야 할 곳은 오직 한 군데뿐이었다. 디즈니는 지도에서 할리우드를 찾았다. 그럼 이제는 기차표 살 돈을 구해야 했다. 전도유망한 영화 제작자가 거지꼴로 기차에 오를 수는 없었다. 그는 캔자스시티 주변을 돌면서 아기들의 동영상을 찍어 자식이라면 사족을 못 쓰는 부모들에게 팔아 돈을 모았다. 그렇게 편도 승차권 샀을 손에 쥔 월트는 기차에 올랐다.

기차가 로스앤젤레스의 유니언 역Union Station에 도착하자 디즈니는 돈도 일자리도 없이 머릿속에 만화 스케치를 가득 담아 로스앤젤레스에 발을 내딛었다. 할리우드는 비즈니스를 하기에는 살벌하기 그지없는 곳이었다. 우디 앨런은 아귀다툼보다 심한 것이 벌어지는 곳이라고 말했다. 그곳은 서로가 전화 회신조차 하지 않을 만큼 삭막한 곳이었다. 다행히 그곳에는 디즈니의 삼촌 한 분이 살고 계셨고, 삼촌댁에는 임대료를 내지 않아도 되는 여분의 침대가 있었다. 월트의 형인 로이도 그곳에 있었지만 보훈병원에 입원해 있었다.

디즈니는 첫 일자리로 서부영화의 단역을 맡았다. 촬영 장소는 사막이었지만 그의 첫 데뷔는 물거품이 되고 말았다. 그의 역을 다른 무명배우로 교체했기 때문이다. "그것으로 제 연기 생활은 끝났습니다." 디즈니는 말했다.

영화 제작사들은 캔자스시티 출신의 깡마른 풋내기가 제의하는 일을 선뜻 받아주지 않았다. 시내의 웬만한 영화 제작자들에게 모두 거절당한 디즈니는 자신에게 어떤 강점이 있는지 곰곰이 생각해보았다. 그는 똑 부러진 재정 관리자도 아니었고 그렇다고 사람 다루는 일에 천부적인 재능을 타고난 관리자도 아니었다. 하지만 그는 놀랄만한 상상력의 소유자였다. 어릴 때는 링컨 대통령 분장에 능수능란했고 커서는 분장과 의상으로 군대를 감쪽같이 속였던 그였다. 그렇다면 그런 재능을 어떻게 돈벌이로 바꿀 수 있을까? 그는 상상력을 동원해 사람들을 속일 생각이었다. 그러니까 자신은 이미 직업을 갖고 있고 누구나 탐낼만한 인재라고 말이다!

번듯한 사장님에게 제일 먼저 필요한 물품은 무엇이었을까? 문구용품과 명함이었다. 그럴싸한 서류를 만드는 일은 디즈니와 같은 애니메이터에게는 식은 죽 먹기였다. 그는 곧바로 뉴욕의 배급업자에게 마치 올림푸스 산Mount Olympus에서 들려오는 듯한, 아니 영화감독 세실 B. 드밀Cecil B. DeMille의 사무실에서 전해지는 듯한 내용의 서류를 보냈다. 그는 이제 곧 로스앤젤레스에 새로운 스튜디오를 열고 '새롭고 획기적인 만화영화 시리즈'를 제작할 예정이라고 밝혔다. 한 술 더 떠서 '소수 정예' 직원들을 데리고 있다고도 말했다.[7]

서류에는 소수정예 직원 수가 0명이라는 사실은 굳이 언급하지 않았다. 하지만 그런 교묘한 수법으로 모두 여섯 편의 〈앨리스〉 만화영화 주문을 받아냈다. 가상의 스튜디오를 내걸고 계약을 했으니 당장에 스튜디오를 구해야 했다. 그는 얹혀살던 삼촌에게 빌린 500달러를 들고 형 로이가 입원해 있는 병실로 달려가 고집 센 형에게 사업을 하자고 애걸했다. 월트는 이미 디즈니 브라더스 스튜디오Disney Bros. Stu-dio라는 이름까지 붙여놓았다. 500달러로 어느 사무실 뒤편의 공간을 얻고 카메라 한 대를 구입하고는 주급 15달러로 여직원 2명을 채용했다.

호리호리한 체구에 야망밖에는 가진 것 없는 두 형제가 나누었을 대화를 상상해보라. 업무용 책상이 필요하다고? 그럼 통조림이랑 상자들을 쌓아서 해결해. 배가 고프다고? 그럼 책상을 잠깐 기울여놓고 완두콩 통조림 하나를 따먹던가. 로이와 월트는 마른 편이었지만 빈약한 예산은 오히려 그들의 체력을 키워주었다. 두 사람은 밤늦게까지 작업하면서 매달 〈앨리스〉 만화영화 한 편을 만들어냈다. 쪼들리는 자금으로 어떻게든 연명해가던 형제는 방 한 칸짜리 싸구려 아파트를 빌렸다. 궁상맞은 생활이 지겨워질 때면 동네 간이식당에 가서 고기 요리 1인분과 채소 한 접시를 주문해 서로 반씩 나눠먹었다.

"우리는 방 한 칸에서 음식을 만들고 식사하고 잠을 잤습니다. 볼일을 보려면 엄청난 거리를 걸어가 해결해야 했죠. 하지만 돌이켜보면 정말로 근사한 시절이었습니다." 월트는 그 시절을 추억했다.[8] 두여직원들 덕에 그 시절은 좀 더 빛날 수 있었다. 그중 아이다호 대장장이의 딸이던 여직원은 색칠과 잉크칠을 능숙하게 했다. 릴리언 마리 바운즈Lillian Marie Bounds는 돈에서도 융통성을 발휘했다. 디즈니 형제의 돈이 점점 바닥나고 있다는 소리를 듣고는 자신의 급료를 찾아가지 않겠다고까지 했다. 월트는 이 재능 있고 이해심 많은 중서부 출신 아가씨와 사랑에 빠졌고, 두 사람은 2년 후 결혼했다.

여섯 편의 〈앨리스〉를 제작한 뒤에 월트와 로이는 더 많은 일손과 장비가 필요하다는 사실을 알았다. 월트는 캔자스시티의 우베 아이웍스에게 전화했다. 아이웍스는 발음하기 쉽도록 이름을 개명했다. 1920년대 유럽 이민자 출신들은 이를테면 그레타 구스타프손Greta Gustafsson에서 그레타 가르보Greta Garbo로 짧고 간단하게 이름을 개명했다. 아이웍스도 어브 아이웍스Ub Iwerks로 짤막하게 이름을 고쳤다. 그럼에도 어떻게 발음하는지는 여전히 아리송했다. 촌티를 벗고 실력도 좋아진 아이웍스가 도착한 후 얼마 되지 않아 디즈니는 래프-오-그램의 전 동료 4명을 할리우드행 기차에 오르도록 설득했다. 이렇게 모든 인력이 갖춰지자 〈앨리스〉 스토리는 마치 조립라인에서 찍어내듯 척척 완성되어 나오기 시작했다. 1926년 디즈니 브라더스는 모두 26편의 〈앨리스〉 단편영화를 판매하면서 하이페리온 가공터에 지은 새로운 스튜디오로 입주할 수 있을 만큼의 매상고를 올렸다.

토끼의 흥망성쇠

모든 것은 생쥐 한 마리가 아니라 토끼 한 마리와 한 줄기 분노에서 시작되었다. 1927년 세상 사람들은 〈앨리스〉와 익숙할 대로 익숙해졌고, 디즈니와 그의 제작자인 마거릿 윙클러Margaret Winkler와 남편 찰스 민츠Charles Mintz는 디즈니 사에서 새로운 캐릭터를 개발하도록 했다. 디즈니는 쾌활하고 자신감 넘치는 '행운의 토끼 오스왈드Oswald the Lucky Rabbit'라는 주인공을 만들어냈다. 기계처럼 정교한 아이웍스의 눈썰미 덕에 오스왈드는 팔다리를 자유자재로 사용하는 여러 독특한 캐릭터들과 함께 말하고 행동할 수 있었다.

　한 에피소드에서는 장난기 가득한 오스왈드가 젖소의 젖꼭지를 수도꼭지로 만들어 놓았고, 또 다른 에피소드인 〈불쌍한 아빠Poor Papa〉에서는 과도한 번식력으로 오명을 얻은 어느 토끼의 오명을 해결해야 했다. 황새가 수도 없이 반복해 날아와 아기 토끼를 떨어뜨리고 가는 상황에서(서양에서는 갓난아기를 황새가 물어다준다고 생각한다) 오스왈드는 계속 밀려드는 아기 토끼를 과연 어떻게 막을 수 있었을까? 〈기계소The Mechanical Cow〉나 〈좌충우돌 전차여행Trolley Troubles〉과 같은 만화영화는 관객들에게 웃음을 선사하면서 엄청난 현금을 안겨주었다. 1920년대 후반에 오스왈드는 만화영화계의 버스터 키톤Buster Keaton 처럼 유명세를 타게 되었다.

　두둑해진 은행 잔고와 오스왈드만큼이나 당당해진 자신감으로 충천한 디즈니는 민츠와 급여 인상을 논의하기 위해 아내와 함께 뉴욕행 열차에 올랐다. 하지만 뜻밖의 일이 벌어졌다. 민츠는 디즈니의 봉급 인상 요청을 거절했고 오히려 급여 20퍼센트를 삭감하겠다고 협박했다. 디즈니는 아연실색했다. 처음에는 농담이려니 했다. 민츠가 협상에서 무슨 힘을 가지고 있단 말인가? 그래봤자 배급업자에 불과하지 않은가? 그러자 두 번째 펀치가 날아들었다. 민츠는 디즈니의 실력 좋은 몇몇 애니메이터들과 이미 계약을 끝마쳤다고 말했다. 인재를 도둑맞은 것이었다! 그 중에는 캔자스시티에서 이주한 원조 팀원들도 들어있었다. 그러더니 숨 돌릴 틈도 없이 마지막 펀치가 날아들었다. 민츠가 디즈니의 창작품인 오스왈드에 대해 디즈니에게 아무런 권리가 없다고 선언한 것이다! 민츠의 계약서에 따르면 디즈니는 유니버설 스튜디오에 권리를 양도한다는 조건에 무심코 서명해 놓았다. 그러니까 디즈니는 언제든지 해고당할 수 있는 고용인에 불과했다.

디즈니는 1차 세계대전의 참호와, 실패한 농장에서의 빈곤, 래프-오-그램 기업의 파산을 몸소 체험했다. 하지만 민츠의 사무실에서 맞닥뜨린 노골적인 사기 행각과 지적자산에 대한 도둑질에는 아무런 준비가 되어있지 않았다. 그것은 디즈니에게 그저 돈에 관한 문제가 아니었다. 오스왈드는 아이웍스와 함께 만들어낸 창작물이었다. 황새가 물어다준 토끼가 아니라 월트와 아이웍스 두 사람의 상상력에서 탄생한 존재였다. 디즈니의 직원들과 무엇보다 그의 아이디어를 가로챈 민츠는 자신도 모르는 새 디즈니의 알맹이 전부를 도려내간 셈이었다. 훗날 디즈니는 당시에 맞닥뜨린 살벌한 순간을 가리켜 제작자들은 "함께 웃고 함께 축배를 들면서 등 뒤로 칼을 겨눈다"고 설명했다.[9] 〈뉴욕경찰 24시 NYPD Blue〉와 〈엘에이 로 L.A. Law〉 시리즈물로 에미상을 수상한 시나리오 작가 겸 제작자인 스티브 보치코 Steve Bochco 는 할리우드 간부들이 이야기를 나눌 때 상대의 몸을 툭툭 건드리는 이유가 상대를 물어뜯기 전에 얼마나 단단한지 미리 점검하는 것이라고 설명했다.

디즈니는 민츠의 끔찍한 폭탄선언에 치가 떨렸고 형 로이에게는 일단 사실을 알리지 않기로 했다. 서부 해안으로 향하는 기나긴 여정에 오르기 전 월트는 로이에게 웨스턴 유니언 전보를 발송했다.

오늘밤 출발해 캔자스시티에 들렀다 일요일 오전 7시 30분에 도착할 예정. 걱정할 일 없음. 만사 순조로움. 자세한 내용은 도착해서. —월트

디즈니의 분노가 어땠을지는 짐작이 가지만 나는 민츠가 디즈니를 배신하고 오스왈드를 가로챈 덕에 오늘날의 디즈니가 완성됐다고 생각한다. 만약 디즈니가 바라던 대로 괜찮은 급여 인상액을 챙기고 더 좋은 카메라와 기술 장비를 채워넣을 수 있었다면 아마도 그는 꽤 괜찮은 수입을 올리는 그럴싸한 스튜디오 중역으로 그쳤을지 모른다. 하지만 그랬더라면 월트 디즈니 스튜디오도, 디즈니랜드도, 그리고 720억 달러라는 오늘날 디즈니의 시가총액도 존재하지 않았을 것이다. 왜 그랬을까? 물론 디즈니가 매우 야심만만한 인물이기는 했지만 캔자스시티나 로스앤젤레스에서 그가 '디즈니' 간판을 내걸지 못했던 이유는 상급자에게 복종하기를 거부하던 구제불능 이기주의자여서가 아니라 그를 원하던 일자리로 고용해준 사람이 없었기 때문이다. 1923년에 대형 스튜디오를 이곳저곳 기웃거리며 일자리를 구해봤지만 갈 곳 없던 그가 로버트 삼촌에게서 500달러를 빌린 사실을 기억해보라.

디즈니는 민츠가 자신과 오스왈드에게 저지른 파렴치한 처사를 통해 평생의 신조로 삼을 만한 두 가지 중요한 원칙을 세울 수 있었다. 그것은 '스스로를 위해 일하라'는 것과 '자신만의 창작물 권리를 싸워 지키라'는 것이었다. 일을 하면서 다양한 상황과 맞닥뜨리는 동안 그는 자유를 지킬 수만 있다면 보상이 적더라도 기꺼이 감수했다.[10] 레이 크록과 마찬가지로 디즈니도 즉시 떼돈을 벌겠다는 생각은 별

로 없었다. 민츠의 사무실을 떠나는 순간부터 그는 회사에서 돈을 타내는 사람이 아니라 스스로 일을 벌이고 쌓아올리는 사람이 되었다. 찰스 민츠에게 호되게 당한 디즈니는 자신의 사업과 평판을 다시 쌓아올리겠다는 결심이 그 어느 때보다 확고했다.

오스왈드 납치사건으로 빚어진 또 다른 작은 사건이 있었는데, 바로 미키마우스Mickey Mouse였다. 그러나 본격적인 이야기에 들어가기 앞서 오스왈드 이야기의 결말에 관해 이야기하겠다. 80년 가까운 세월 동안 디즈니 일가는 민츠와 유니버설 스튜디오에 품은 원한을 버리지 못했다. 마침내 2006년 2월 그들은 NBC 유니버설에서 오스왈드를 구출할 절호의 기회를 거머쥐었다. 당시 ABC 방송국(디즈니 소유)의 스포츠캐스터 앨 마이클스Al Michaels는 풋볼계의 거물인 존 매든John Madden에게 재합류하기 위해 ABC에서 NBC 스포츠로 이적하기를 원했다. 하지만 그렇게 하려면 디즈니는 그의 고용계약을 풀어주어야 했다. 디즈니는 그 값을 NBC 유니버설에서 치르기를 원했고, 거기에는 오스왈드를 놓아준다는 조항도 포함되었다. 그러니까 마이클스는 사실상 여든 살 먹은 토끼와 맞바꿔진 셈이었다. 이러한 거래 사실이 발표되자 월트의 딸 다이애나 디즈니 밀러Diana Disney Miller는 디즈니 회장 밥 아이거Bob Iger의 현명한 거래에 박수를 보냈다.

그리고 앨 마이클스는 앞으로 평생 동안 자신이 퀴즈 프로그램의 답변 인물로 살아가게 될 운명임을 깨달았다.

오스왈드에서 미키까지

누군가 당신의 물건을 훔쳐갔는데 경찰에 신고할 수 없다면 어떻게 하겠는가? 월트는 부글부글 끓어오르는 심정으로 로스앤젤레스행 열차에 올라탔다. 그는 자신의 직원들과 생애 최고의 아이디어를 홀랑 도둑맞은 기분이었다. 물론 오스왈드는 단순한 아이디어 정도가 아니었다. 그것은 디즈니에게 꾸준한 수입원이었고, 월트와 로이를 완두콩 통조림과 싸구려 간이식당 특선메뉴에서 벗어나게 해준 고마운 밥줄이었다.

릴리언과 기차에 나란히 앉아 있던 월트는 주섬주섬 종이를 꺼내 뭔가 그리기 시작했다. 그에게는 새로운 캐릭터가 필요했다. 그는 디즈니 스튜디오의 만화 동물원에 등장하는 토끼, 닭, 오리, 기계소와 같은 동물들을 떠올렸다. 디즈니에 관한 일화에 따르면 그는 기차 안에서 캔자스시티의 사무실 책상에서 경주를 펼치던 작은 생쥐들을 기억해냈다. 일반인들의 생각과는 달리 디즈니는 생쥐들을 일종의 동거자로 반갑게 환영했다. 그는 생쥐들을 새장 안에 키우면서 가끔씩 밖으로 내보내 놀게 했다. 당시의 기억을 더듬으면서 디즈니는 머리와 귀와 통통한 몸통을 스케치하고 거기에 색을 입혔다. 그는 모티머Mortimer라는 이름을 염두에 두고 있었지만 너무 딱딱하게 들린다는 릴리언의 의견에 포기했다. 미키마우스Mickey Mouse라는 이름을 지어내기까지 겪었던 눈물겨운 창조 과정에 대해서는 밤새도록 이야기할 수도 있겠지만, 거기에는 다른 것은 제쳐두고라도 한 가지 특기할 만한 사실이 있었다. 바로 미키마우스가 토끼 오스왈드를 쏙 빼닮았다는 것이었다! 오스왈드의 길쭉한 귀를 둥그스름하게 다듬고 초콜릿 퍼지를 잔뜩 먹어 불룩해진 배로 만들면 미키마우스가 완성된다. 또한 날렵한 까만 색 V자형 앞머리는 리처드 닉슨 대통령이 등장하기 전까지만 해도 누구도 당해내지 못할 만큼 똑같았다. 오스왈드가 민츠에게 있다고 해도 오스왈드의 본질을 지켜낼 수 있는 나름의 방법을 터득한 것이다.

하지만 디즈니는 오스왈드의 닮은꼴에서 멈출 생각은 없었다. 민츠와 그의 앞잡이들이 오스왈드 시리즈물을 계속해서 만들어내는 마당에 디즈니에게는 오스왈드를 능가하는 미키마우스가 필요했다. 이제 두 들짐승의 팽팽한 접전이 펼쳐질 예정이었다. 하지만 디즈니는 어떻게 자신의 창조물을 한발 앞서게 만들 수 있었을까? 바로 이 대목에서 디즈니의 재능이 돋보일 뿐 아니라 그가 비즈니스와 마케팅 경제학에 평생토록 몰두한 사실이 드러난다. 다른 애니메이터들이 캐릭터를 만들고 나서 관객들의 관심을 막연하게 기대했던 것과는 달리, 디즈니는 먼저 관객을 분석한 후 그들의 요구에 부응하는 만화를 그려냈다.

오스왈드를 넘어뜨리려면 미키마우스에게는 영화팬과 만화 독자들이 어떤 꿈을 꾸고 어떤 갈등을 겪는지 반영해줄 수 있을만한 심오한 개성이 필요했다. 정치판 고수들이 '포커스 그룹focus group'을 통해 대선후보자들을 가늠하던 시절보다 한참 이전에 월트 디즈니는 이미 미키마우스를 포커스 그룹으로 데려다 놓았다. 그는 로스앤젤레스 외곽지역인 글렌데일Glendale의 한 극장에 미키마우스의 좌충우돌을 담아 만화책으로 만들어 초판 인쇄본을 가져갔고, 뒷좌석에 앉아 아이들은 물론 성인들의 반응을 살펴 기록했다. 그는 이른바 '미키마우스의 관객'에 대해 이해하려고 했다. 마치 융Jung 분석가라도 되는 양 디즈니는 미키가 보편적인 상징성을 띨 수 있다는 사실과, 세상살이에 찌든 모든 개개인들의 내면 깊숙한 원초적 감성을 건드려 장난감을 갖고 놀거나 혹은 마음속 미키를 갖고 놀게 만들 수 있다는 사실을 깨달았다.[11] 여담이지만 칼 융Carl Jung이 《원형과 집단무의식The Archetypes and the Collective Unconscious》을 발표한 것은 그로부터 몇 년이 흐른 뒤였다.

P&G의 연구조사원이 포커스 그룹 참가자들의 손등에 향이 첨가된 로션을 발라줄 때마다 그는 미키마우스의 발자취를 걸어가고 있는 셈이다. 마침내 디즈니 스토리부서Story Department는 가축우리의 동물 스타들에 대해 진지하고 세밀한 캐릭터 분석을 내놓았다. 도날드 덕Donald Duck은 "자만심 강하고 잘난 체하기 좋아하며 허풍을 떠는 캐릭터로 그의 사전에 타협이란 없었다. 그 어떤 불리한 상황이 닥쳐와도 말이다."[12]

디즈니는 또 어떤 방법으로 관객들과 깊은 공감대를 형성할 수 있었을까? 디즈니는 시대정신을 불어넣어야 한다는 사실을 인지했다. 미키마우스는 한치 앞을 내다볼 수 없는 희뿌연 아지랑이 시대를 살고 있지 않았다. 당시는 포효하는 1920년대였다. 주식 값이 치솟고 자유분방한 아가씨들이 거침없이 인생을 즐기던 시대였다. 예전에는 어쩌다 스타킹이 살짝 보일라쳐도 충격으로 받아들여지던 시대였지만, 1920년대 후반은 무엇이든 거리낌이 없던 시대였다. 미키마우스가 이런 흥을 깨뜨리는 존재일 수는 없었다. 딱딱한 빅토리아풍 태도를 벗어던진 미키마우스는 공공장소에서 여자 친구에게 키스했고, 〈트래픽 트러블스Traffic Troubles〉에서는 자동차 안에서 구애했다. 미키는 재즈시대Jazz Age의 응원단장과도 같은 존재였다. 게다가 생쥐치고는 좋은 옷을 차려입었고 종종 개츠비보다 좋은 차림새일 때도 있었다(당시에는 F. 스콧 피츠제럴드의 〈위대한 개츠비〉의 영향으로 깔끔한 흰색 플란넬 정장이 유행했다).

월트 디즈니는 신문 1면 기사를 스크린으로 옮겨놓는 방법을 알아냄으로써 미키마우스가 시대에 뒤처지는 일이 없도록 했다. 찰스 린드버그의 대서양 횡단 소식이 미국인들을 사로잡자 미키마우스는 〈비행기 크레이지Plane Crazy〉의 주인공으로 등장했다. 대공황이 미국을 강타하면서 가족들이 영화표를 구입하기 힘든 상황에 처하자 미키마우스는 부자가 아닌 중산층의 편에 섰다. 1936년에 만들어진 〈이사하는 날Moving Day〉 에피소드에서는 미키마우스가 집세와 가구를 뜯어내려는 몰인정한 미불대금 회수업자를 혼내준다. 디즈니는 그때야말로 미다스 왕King Midas 동화를 바탕으로 만든 최신 작품을 영화로 발표할 적기라고 판단했다. 만화영화 〈황금의 손The Golden Touch〉에서는 손대는 물건은 황금이 아닌 햄버거로 변했다. 미키마우스에게는 시대를 초월한 매력이 있었지만 디즈니는 관객들에게 공감대가 필요하다는 사실을 알았고, 그러려면 미키마우스는 관객들과 비슷한 나이여야 했다. 시대 초월적이면서도 관객과의 공감대를 끌어내는 능력은 경이롭고도 흔치 않은 재능이었다. 월트 디즈니와 로널드 레이건 대통령의 공통된 재능이라면 미국인들의 아련한 추억을 떠올리게 만들어 그것으로 동시대 사람들에게 영감을 불어넣는 능력이었다.

디즈니의 경험은 엔터테인먼트 업계에 귀중한 교훈을 일깨워준다. 몇 년 전 미국 서부에서 언젠가 브로드웨이로 진출하겠다는 목표로 뮤지컬 한 편이 제작되었다. 1960년대에 전성기를 구가한 가수 프랭키 발리Frankie Valli와 그의 그룹 포 시즌스Four Seasons에 관한 내용을 다룬 〈저지 보이스Jersey Boys〉라는 뮤지컬이었다. 2004년도 연극계에는 이른바 '카탈로그 뮤지컬catalog musical(과거 히트곡들로 만들어지는 뮤지컬로 주크박스 뮤지컬jukebox musical이라고도 한다)'이 범람하던 시기였다. 비치보이스Beach Boys(〈굿 바이브레이션Good Vibrations〉)와 엘비스Elvis(〈올슉업All Shook Up〉)의 히트곡들을 바탕으로 만든 쇼들이 마치 버려진 브로드웨이 극장에서 낡은 전구가 펑펑 터지듯 쏟아져 나왔다. 비평가들은 1960년대 히트곡들을 들고 멋모르고 나타난 제작자를 겨냥해 독기 어린 일침을 날렸다. 하지만 나는 〈저지 보이스〉가 도시 분위기를 한결 밝게 만들어주었다고 생각했다. 믿기지는 않겠지만 그것은 음악 때문이 아니었다. 프랭키 발리의 날카로운 가성이 담긴 앨범이 수백만 장 팔려나간 사실은 내게는 중요하지 않다. 이미 40년 전 일이 아닌가! 〈빅 걸스 돈트 크라이Big Girls Don't Cry〉에 맞춰 몸을 흔들던 청년과 아가씨들은 이제 할아버지와 할머니가 되었다. '오늘은 있어도 내일은 사라진다Here today, gone tomorrow'는 말을 들어봤겠지만 이제는 '오늘은 있어도 오늘 사라진다Here today, gone today'라고 할 만큼 세상이 변했다.

내가 〈저지 보이스〉의 공동제작자로 뮤지컬을 후원하게 된 것은 디즈니가 그랬듯이 시대정신이 들어 있기 때문이었다. 첫째, 당시 뉴저지는 근사한 곳이었고 더군다나 뉴저지의 이탈리아인들은 최고로 매력적이었다. HBO 채널의 인기 프로그램인 〈소프라노스The Sopranos〉는 극중 인물 토니 소프라노Tony Soprano가 팬들과 만남을 가졌던 이탈리아인 거주 지역으로 관광객들을 몰려들게 했다. 둘째, 데스 맥카너프Des McAnuff 감독은 4컷짜리 연재만화를 커다랗게 확대해 무대 배경으로 사용하면서 작가 로이 리히텐슈타인Roy Lichtenstein의 그림을 연상시켰다. 당시 리히텐슈타인의 작품들은 소더비Sotheby 경매에서 최고 낙찰가 기록을 갱신하던 중이었다. 셋째, 뮤지컬에서는 자동차들을 기념하고 축하하는 장면들이 등장했다. 경매에서 상상을 초월한 가격을 기록한 차종은 무엇일까? 짐작했겠지만 그것은 1960년대의 머슬카muscle car(엔진이 크고 성능이 뛰어나고 속도감 좋은 자동차)였고, 프랭키 발리의 팬들이 그 옛날 군침을 흘렸을 법한 자동차였다. 마지막으로 각본이(우디 앨런의 전 각본 담당가였던 마셜 브리크먼Marshall Brickman이 공동 작업했다) 다른 실패한 카탈로그 뮤지컬보다 훨씬 위트있고 신랄했다. 그러니까 시대상을 반영하면서도 진부하지 않았기에 자금을 투자한 것이다. 그리고 그것은 월트 디즈니와 미키마우스에게 얻은 교훈이었다.

맨 처음 무성영화가 미국을 휩쓸아치자 우드로 윌슨 대통령은 영화 기술이 "번개와 같은 속도로 역사를 바꿔나간다"고 말했다. 그러나 1927년 10월에는 번개와 천둥이 서로 맞붙었다. 알 졸슨의 〈재즈 싱어〉가 갑작스레 나타나면서 보드빌 배우(통속적인 희극과 춤, 곡예와 노래 등을 섞은 쇼에 출연하는 배우)가 춤추며 노래하는 모습을 보고 듣게 된 것이다. 유성영화가 탄생하는 순간이었다! 그러나 유성영화는 다양한 문제들을 일으켰는데 그중에서도 가장 심각한 문제는 남자

주연배우들이었다. 막상 영화에서 들려오는 남자 배우들의 목소리가 혀 짧은 발음을 하거나 독일식 억양이거나 혹은 여성 주연배우의 목소리보다 더 가냘프고 징징대는 투였기 때문이다.

이 장 초반부에서 우리는 디즈니가 왜 기술면에서 경쟁자들보다 적어도 한 발 이상 앞서야 한다는 생각에 집착했는지 살펴보았다. 디즈니는 아무런 의심 없이 미키마우스가 말을 해야 한다고 생각했다. 오스왈드가 먼저 말을 한다면 그것은 엄청난 재앙이었다. 게다가 디즈니 자신의 끽끽거리는 목소리를 넣을 수 있다는 사실에 대단히 즐거워했다. 하지만 한 가지 문제가 있었다. 이제 곧 발표될 미키마우스 영화인 〈증기선 윌리Steamboat Willie〉가 이미 무성영화로 제작을 끝마친 것이다. 디즈니는 즉시 브레이크를 밟고는 2만 컷에 달하는 만화영화에 소리를 넣어줄 회사를 물색했다. 월트는 무성영화인 〈증기선 윌리〉를 3,000달러에 배급업자에게 판매할 예정이었다. 물론 미키마우스에 대한 권리는 모두 디즈니 자신에게 있었다. 하지만 미키마우스가 노래하고 말할 수 있게 하려면 그것보다 몇 배나 많은 돈을 써야했다. 디즈니는 뉴욕으로 돌아가 스튜디오에 머물면서 미키마우스와 증기선에 맞춰 노래하느라 애쓰는 음악가들과 함께 시간을 보냈다. 수없는 시행착오와 1만 5,000달러가량의 자금을 쏟아 부은 끝에 대화와 춤을 곁들인 미키마우스가 탄생했다.

생쥐는 포효했다. 아니 적어도 1928년 11월 28일 뉴욕의 콜로니 극장Colony Theater에서 〈증기선 윌리〉 시사회에 참석한 관객들은 그랬다. 디즈니 애호가들은 그 날을 미키마우스의 탄생일로 여긴다. 아마도 그날 오스왈드와 찰스 민츠는 침묵의 밤을 보냈을 것이다.

그 후 몇 년 동안 미키마니아가 미국 전역을 휩쓸었다. 프랭클린 루스벨트에서 무솔리니에 이르기까지 전 세계 팬들은 〈증기선 윌리〉 이후 발표된 다양한 만화영화를 보면서 미키마우스의 재미난 모습에 박수를 보냈다. "뭐야, 미키마우스가 없다고?" 이 말은 히트곡 제목이 됐을 뿐 아니라 실망감을 나타낼 때 쓰는 표현이 되었다. 각 나라마다 미키마우스를 부르는 애칭도 생겨났다. 이탈리아에서는 작은 생쥐라는 의미로 '토폴리노Topolino'라고 불렸고, 스웨덴에서는 '무스 피그Musse Pigg'로, 스페인에서는 '라톤 미키Raton Mickey'라고 불렸다.

배급업자들이 엄청난 액수의 수표를 흔들어대면서 디즈니를 찾아왔지만 디즈니는 스스로의 힘으로 서고 싶었다. 그는 곧 팻 파워스Pat Powers라는 할리우드 수완가와 장기 계약을 맺었다. 그는 시네폰Cinephone이라는 음향 시스템을 보유하고 있었다. 파워스 영화사Powers Motion Picture Company가 총수익의 10퍼센트를 가져가는 대신에 디즈니는 시네폰 시스템을 빌려 새로운 유성영화들을 제작하기로 했다.

디즈니는 미키마우스에 대한 모든 통제권을 쥐고 있었지만 새로운 만화영화가 출시될수록 파워스에게 점점 더 많은 매출액이 돌아가고 자신에게 돌아오는 돈이 점점 줄어든다는 사실을 알게 됐다. 1929년 말에 로이는 재정 혼란 문제를 해결하기 위해 뉴욕으로 갔다. 결과는 좋지 않았다. "파워스란 놈은 사기꾼이야." 로이는 월트에게 말했다. 처음에 월트는 파워스를 두둔하며 형을 나무랐다. "형은 사람들을 믿지 못하는 게 흠이야."[13]

그러나 찰스 민츠와 벌어졌던 끔찍한 일이 재현될까봐 겁이 난 월트는 파워스와 재정 문제를 상의하러 뉴욕에 갔다. 그의 두려움은 현실로 이어졌다. 파워스는 쿠테타를 준비 중이었다. 그는 먼저 어브 아이웍스를 빼내어 디즈니와 경쟁할 독립 스튜디오를 차려줄 것이라고 선언했다. 파워스는 아이웍스가 디즈니에 가려진 숨은 천재이며 월트는 단지 중개인에 불과하다고 생각했다. 디즈니를 그저 껍데기로 판단한 파워스는 스튜디오를 자신에게 넘기고 두둑한 봉급이나 챙기는 것이 어떻겠냐고 제안했다. 찰스 민츠와의 기억이 다시 머릿속으로 밀려들자 월트는 파워스의 제안서를 찢어버리고 문을 박차고 나왔다. 얼마나 후한 조건을 제시받든 얼마나 끔찍한 공갈 협박을 받든 간에 디즈니는 누구에게도 미키마우스를 넘길 생각이 없었다.

참고로 아이웍스는 파워스의 품에 안기기 위해 디즈니 스튜디오의 지분 20퍼센트를 포기해야 했다. 그의 후손들은 아마도 그의 무덤에 대고 원망을 퍼부었을지 모른다. 디즈니 스튜디오의 지분은 1936년에 사라져버린 아이웍스 스튜디오의 지분보다 수십억 달러는 더 값나가는 물건이었기 때문이다.

월트와 로이는 다시 그림판으로 돌아가 더 많은 애니메이터들을 고용했다. 그리고 선한 사람이 악의 세상에 휘말려 고통당하는 내용의 이야기에 착수했다. 어쩌면 유성영화 업계의 수완가들에게 겪은 디즈니의 경험이 자극제가 되어 또 다른 엄청난 성공작을 이끌어냈는지 모른다. 그것은 최초의 컬러판 장편소설 만화영화인 〈백설공주 Snow White〉였다. 미주리 주의 작은 농장 출신이던 월트는 제작자나 배급업자, 혹은 금융업자와 함께 테이블에 앉아 있을 때면 자신의 처지가 백설공주 같다는 기분이 들었다. 디즈니는 그들을 늑대와 거머리라고 불렀다. 다시 볼 기회가 있다면 〈백설공주〉에서 흉측한 마녀가 탐스럽게 윤기 나는 치명적인 독사과를 흔들어대며 백설공주를 유혹하는 섬뜩한 장면을 찰스 민츠와 팻 파워스가 월트 디즈니에게 달콤한 거래를 제안하는 모습으로 상상해보라.

이미 성공을 거둔 단편 만화영화들을 대량 생산하는 대신에 굳이 장편 만화영화에 손을 댄 이유는 무엇일까? 거기에는 두 가지 이유가 있었다. 첫째로 월트에게는 야망이 있었고, 거물급 영화 제작자가 되겠다는 강한 열망이 있었다. 둘째로 그는 남부 출신의 소박한 사람이기는 했지만 통찰력 있는 경영자이기도 했다. 당시 영화관들은 두 편 동시상영을 늘리기 위해 단편 만화영화 상영을 줄여나가기 시작했다. 미키마우스가 엄청난 인기를 누리고 있었지만 뽀빠이Popeye 와 펠릭스 더 캣Felix the Cat 을 비롯한 다양한 캐릭터들이 호시탐탐 미키마우스 자리를 넘보고 있었다. 하지만 그가 장편 만화영화를 만들어낸다면 디즈니는 극장을 장악할 수 있었다. 그것은 엄청나면서도 위험한 도약이었고, 수백 명의 애니메이터들이 필요한 일이었다.

디즈니는 단순히 길이가 긴 만화를 원했던 것이 아니었다. 그는 사람들의 마음을 사로잡을 수 있는 위대한 드라마 한 편을 만들어내고 싶었다. 버스에 가득 실린 직원들이 총총걸음으로 디즈니 스튜디오에 출근하면서 장편만화영화 예산은 25만 달러에서 150만 달러로 껑충 뛰어오르기 시작했다. 당연한 소리겠지만 디즈니의 채권업자들은 걱정하기 시작했고 검약 정신이 투철한 로이는 날마다 초조함이 늘어갔다. 공식 출시를 앞두고 맨 처음 〈백설공주〉를 상영한 자리에서 로이는 관객 설문조사서에 익명으로 다음과 같이 적었다. "월트, 계속 단편 만화영화나 만드시오!" 물론 월트는 못들은 체 했다. 아내 릴리언이 위험한 길로 벗어나고 있다고 경고했을 때도 듣지 않았다. 마침내 장비를 새로 장만하느라 예산이 바닥나자 월트는 집을 저당 잡아 여분의 자금을 마련했다.

그렇다면 월트는 어떻게 할리우드 전체가 '디즈니의 실수'라고 손가락질하던 만화영화에 들어간 돈을 회수할 수 있었을까? 그것은 대단한 만화영화였기 때문이었다! 〈백설공주〉는 한 컷 한 컷 세심한 주의를 기울이며 기술 한계를 한층 끌어올린 작품이었다. 물론 애니메이터들의 오랜 기술에 의존해야 할 때도 있었다. 한 시사회에 참석한 월트는 백설공주 얼굴이 지나치게 하얗고 창백하다고 생각했다. 그는 채색부서Inking and Painting Department를 소집했다. 그들이 할 수 있는 일은 무엇이었을까? 컴퓨터로 미세 조정 작업이 가능한 시절보다 50년 이전의 이야기였다. 버튼 한 개만 누르면 백설공주의 창백한 얼굴이 순식간에 햇볕에 그을린 얼굴로 변환되는 오늘날과는 상황이 달랐다. 채색부서의 여직원들은 구식 기술에 의존해야 했다. 방법은 루즈 화장품이었다. 그들은 조심스러우면서도 일관된 손놀림으로 종이 한 장 한 장마다 루즈를 살짝 덧칠했다. 월트가 여직원들을 고용하지 않았더라면 어린이들은 대대손손 빈혈 환자 같은 창백한 백설공주를 보아야 했을 것이다.

할리우드에서 〈백설공주〉가 개봉하자 캐리 그랜트Cary Grant와 찰리 채플린, 잭 베니Jack Benny를 비롯한 수많은 최상급 스타들이 영화를 보려고 화려한 레드카펫을 밟았다. 디즈니 은행계좌는 그보다 더 화려한 빛으로 빛났다. 월트는 영화가 막바지로 접어들 때까지만 해도 얼마나 많은 관객이 영화를 좋아할지 알 수 없었다. 백설공주가 정신을 잃고 관에 누워있는 장면이 나왔다. 그는 극장을 둘러보다가 뭔가 들리는 소리에 귀를 기울였다. 관객들이 흐느끼는 소리였다! 디즈니에게 그보다 더 행복한 소리가 있을 수 있었을까. 냉소적이고 까다롭기로 소문난 할리우드 관객들이 온통 이야기 속에 빠져들어 만화영화에 사로잡혀 있던 것이다.

피부색을 해결한 백설공주가 관객을 휘어잡고는 자그만치 6억 달러(2000년 기준)에 가까운 돈을 쓸어 담았고, 당시의 모든 박스오피스 기록을 갱신했다.[14] 〈백설공주〉는 지금까지도 역사상 가장 높은 총수익을 올린 만화영화로 남아 있다. 〈백설공주〉는 총천연 컬러 만화영화라는 점에서 대대적인 찬사를 받았고, 1938년 메트로폴리탄 미술관Metropolitan Museum of Art에서는 실제로 이 만화영화의 수채화 원본이 전시됐다. (이런 사실이 교양 넘치는 사람들에게 충격적이라면 1998년 구겐하임 미술관의 오토바이 전시 소식에는 심장마비를 일으킬지도 모르겠다.) 〈백설공주〉 만화영화에 사용된 수십만 장의 그림들은 매번 경매에서 한 장당 5,000달러 이상에 팔려나간다. 1939년 월트 디즈니는 〈백설공주〉로 오스카 특별상을 수상했고 당시 아역배우였던 셜리 템플Shirley Temple이 시상식에 올랐다. 영화계의 작은 별은 디즈니에게 보통 크기의 오스카 트로피와 작은 트로피 7개를 건네주었다(백설공주와 일곱 난장이를 상징함). 〈백설공주〉로 얻은 금전과 추진력이 뒷받침되어 1940년대에 계속해서 앞으로 내달리던 디즈니 스튜디오는 뒤이어 발표한 〈피노키오Pinocchio〉와 〈아기 코끼리 덤보Dumbo〉, 〈밤비Bambi〉로 또 다시 박스오피스를 점령했다.

1930년대와 1940년대 초반에 디즈니는 예술적으로만 아니라 재정적으로 영역을 확장했다. 그는 더 많은 직원들을 고용했고, 버뱅크Burbank에 300만 달러의 스튜디오 단지를 조성했으며, 첫 공개 주식에 나서기도 했다. 양키 스타디움Yankee Stadium이 '베이브 루스가 지은 집House That Ruth Built'으로 불린다면 월트는 버뱅크를 '백설공주가 지은 집House That Snow White Built'이라고 불렀다. 그러나 월트는 단순히 〈백설공주〉를 복제하려는 마음에 버뱅크에 투자한 것은 아니었다. 오늘날의 할리우드 거물들과 달리 그는 속편에는 관심이 없었다. 그의 영화들에는 모두 '디즈니만의 느낌'이 있었지만 그 중 어떤 것도 천편일률적으로 만들어진 것은 없었다.

모든 작품마다 예산과 재정 방침이 달랐다. 작은 이탈리아 마을이나 고래 몬스트로Monstro의 입안처럼 매우 정교한 장면들이 등장하는 〈피노키오〉에 엄청난 자금을 투자한 후 디즈니는 규모 축소의 필요성을 느꼈다. 그렇게 해서 〈아기 코끼리 덤보〉는 보다 소박하고 화려함을 줄인 이야기로 만들어냈다. 디즈니 애니메이터들은 경이로운 속도로 〈아기 코끼리 덤보〉를 완성했고, 만화영화는 곧바로 수익을 올렸다. 장편 만화영화를 출시하는 틈틈이 스튜디오에서는 미키마우스와 악동들이 등장하는 수많은 단편 만화영화들을 만들어냈다. 만화영화는 한 편 당 5만 달러의 비용이 들었고, 대부분 2배 이상의 매출액을 벌어들였다. 늘 현실적이고 돈에 민감하던 로이 디즈니는 위험이 따르는 장편 만화영화들보다 빠르게 인기를 얻을 수 있는 단편 만화영화들을 선호했다.

이제 광고시간입니다

월트 디즈니의 만화영화들은 획기적인 혁신품이었다. 그러나 디즈니는 자신을 셰익스피어나 피카소처럼 창의력 뛰어난 천재로 여기고 우쭐해하는 잘못을 저지르지 않았다. 대형 작품들이 출시될 때마다 언제든 스튜디오가 파산할 가능성은 있었기에 그는 돈을 버는 일에도 집중해야 한다는 사실을 알고 있었다. 그렇지 않으면 이 거친 업계에서 낙오자가 될 것은 뻔했다. 그래서 그는 창의력과 돈을 따로 분리시키지 않았다. 세대를 거듭하는 동안 대학의 순진한 교수들은 멋모르는 철부지 신입생들에게 모름지기 예술가란 순수 창조 인력일 뿐 금전과는 아무런 상관없는 사람으로 세뇌해왔다. 그들은 예술가들은 인간사를 바라보는 독특한 식견을 갖추어야할 뿐 저속한 상업에 물들어서는 안 된다고 가르친다. 하지만 역사는 "터무니없는 소리!"라고 외친다. 셰익스피어가 세상에 남겨놓은 희곡들은 극적인 사건과 외설적이고 이중적인 표현의 대사를 교묘히 혼합해 관중들을 흥분의 도가니로 몰아넣었다. 피카소는 자신의 작품이 지닌 가치를 너무나도 잘 알고 있던 사람이었다. 언젠가는 자동차 대리점 전시장에 연필 스케치 한 장을 그려주고 자동차를 받았다는 소문도 나돌았다. 피카소와 동반한 친구가 "고작 2분 만에 뚝딱 그려낸 그림으로 자동차 한 대를 받아내다니 양심에 찔리지도 않는가?"라고 묻자 피카소는 대답했다. "그 2분을 위해 나는 60년을 바쳤다네." 사회주의자였던 극작가 조지 버나드 쇼George Bernard Shaw조차도 할리우드 시나리오 작업에 착수하면서 제일 먼저 자신의 호주머니를 챙겼다. 그는 영화계 거물인 샘 골드윈Sam Goldwyn에게 이렇게 말했다. "골드윈 씨, 문제는 말입니다. 당신은 예술에만 관심이 있고 저는 돈에만 관심이 있다는 겁니다."

이제는 월트 디즈니가 어떤 방법으로 예술과 상업의 간극을 영리하게 메웠는지 살펴볼 차례다. 1920년대에는 베이비 루스 캔디 바가 출시된 데 이어 오스왈드 래빗 바가 등장했다. 디즈니는 〈증기선 윌리〉 제작을 위한 자금 마련을 위해 미키마우스 얼굴의 연필용 그림에 대한 라이선스를 판매했다.[15] 또한 월트가 만들어낸 아이디어는 아니었지만 1930년대 초반에는 미키마우스 클럽Mickey Mouse Clubs을 의욕적으로 후원하면서 뉴스레터를 발간했고, 배지와 필통을 만들거나 주제곡을 내놓기도 했다. 영화배우 아네트 푸니첼로Annette Funicello가 1950년대 텔레비전 프로그램인 〈미키마우스 클럽〉에 등장하기 20년 전에 이미 50만 명의 아이들은 미키마우스 클럽의 회원으로 가입해 있었다.

그럼 디즈니 상품들은 어떤 것이 있었을까? 요람에서 무덤에 이르기까지 그야말로 없는 물건이 없었는데, 전 세계 100곳이 넘는 제조업체들이 아기 딸랑이에서 침대보, 컵과 비누, 그리고 모르긴 몰라도 지팡이에 이르는 엄청난 제품들을 만들어냈다. 1억 달러의 매상을 올리는 디즈니 제품들은 일일이 기록하기도 힘들었지만 디즈니 스튜디오는 판매액의 0.5퍼센트에서 10퍼센트에 이르는 다양한 커미션을 협의했다.[16] 미키마우스 팬들은 출시 후 첫 한 달 동안 수백만 개의 미키 아이스크림콘을 구매했다. 물론 당시의 아이콘이던 미키마우스 손목시계를 필적할만한 제품은 없었고 그것은 대공황 시기에 엄청난 돌풍을 일으켰다.

1930년대 말에 이르자 도널드덕이 미키마우스를 앞지르기 시작했다. 아마도 도널드덕의 성마르고 고약한 심보가 당시 미국의 답답한 처지와 더 잘 맞아떨어졌기 때문이다. 어찌됐든 도널드덕은 시계와 팝콘, 심지어 오렌지 주스에도 등장했다. 고백하자면 언젠가 나는 디즈니월드의 미래도시인 엡콧Epcot에 있던 프랑스 레스토랑에서 도널드덕 오렌지 주스를 주문했다가 가짜 프랑스인 웨이터에게 한심스럽다는 눈총을 받은 적이 있었다.

디즈니의 혁신은 스크린 캐릭터들을 상품화하는 데 그치지 않았다. 우리는 또 그가 속도의 중요성에 대해 비즈니스 세계에 가르쳐준 공로를 인정해야 한다. 다른 기업들 같으면 영화 상영 이후 인기를 끈 캐릭터 위주로 장난감 제작에 들어갔겠지만 디즈니는 캐릭터들이 대형 화면에 나오기도 전에 미리 서둘러 장난감과 소품들을 세상에 내놓았다. 〈백설공주〉와 〈피노키오〉 영화가 출시되기 전에 백화점은 아이들에게 백설공주 인형을 갖고 놀거나 도피Dopey(일곱 난장이 중한 명)가 그려진 접시에 담긴 땅콩버터 샌드위치를 먹도록 유혹하는 광고를 신문에 실었다. 부모들은 "유리컵에 그려진 지미니 크리켓Jiminy Cricket(피노키오에 나오는 귀뚜라미)이 누구니?"라고 질문했고 영화가 개봉되면 곧 답을 알게 되었다.

내가 디즈니 속도의 위력을 깨달은 것은 1995년에 두 살배기 딸아이가 처음으로 두 음절의 단어를 발음했을 때였다. 아장아장 걸어서 타겟 매장으로 들어간 딸아이는 아직 극장에 개봉되지 않은 영화 포스터를 발견하고는 손가락을 가리키며 제법 분명한 발음으로 '포카

레이디Poca-lady'라고 말했다. 영화 개봉 몇 주 전에 아이들은 이미 내 아이처럼 포카혼타스Pocahontas에 대해 훤히 알고 있었다. 물론 그날 우리 부부는 아이에게 인디언 공주 의상을 사주어야 했다.

디즈니는 캐릭터 상품 부서장인 허버트 케이먼Herbert Kamen에게 속도에 집중할 것을 주문했고, 그 결과 일종의 '매출 자체 강화 터보 충전기'를 만들어냈다. 부모들이 일찌감치 캐릭터 상품을 사주면 그 것으로 만화영화에 대한 집착이 늘어나면서 만화영화를 보여 달라는 아이들의 요구가 거세졌고, 만화를 보고 나면 부모들은 또 다시 더 많은 캐릭터 상품을 사줄 수밖에 없었다. 그렇게 해서 금고에 두둑한 매출액이 쌓이면 디즈니는 더욱 더 감동적인 작품을 만들어낼 재정을 확보할 수 있었다. 이처럼 돌고 도는 순환 주기는 매우 성공적이고 완벽해서 브랜드와 제품의 유대관계에 일대 혁신을 일으켰다. 이전만 해도 제조업체는 아직 세상에 알려지지 않은 제품을 먼저 상점에 옮겨놓고 광고하는 방식으로 브랜드 네임을 구축해야 했다. 하지만 이제는 미키마우스나 도날드, 지미니의 얼굴이 그려져 있는 한 제품이 상점 선반에 진열되기도 전에 즉각적으로 유명세를 탔다.

디즈니의 속도 중시 원칙은 오늘날까지 지속되었고 오히려 더욱 강화되고 있는 추세다. 오늘날 속도는 DVD와 비디오게임 판매에서 없어서는 안 될 중요한 요소다. 다양한 소프트웨어 선두기업들의 제품 유통을 책임지고 있는 다이탄사Ditan Corporation에 따르면 매출의 40퍼센트는 판매 개시 후 첫 3일 동안에 일어난다! 일례로 일렉트로닉 아츠Electronic Arts가 내놓은 존 매든의 NFL 풋볼John Madden's NFL football 시리즈처럼 새로 출시되는 비디오게임의 절대 다수가 화요일에 출시되며, 주요 구매층은 젊은 남성들이다. 다이탄과 같은 비디오 게임 유통업체나 공급업체들은 화요일 오전 상점 문이 열리는 시각까지 반드시 진열대에 제품을 갖춰놓아야 한다. 만약 화요일 아침에 월마트로 게임 제품을 운반해가는 배달업자가 커피를 마시느라 꾸물 댔다가는 비디오 게임 서든데스Sudden Death는 그의 운명을 가리키는 말이 될 것이다.

디즈니가 굳이 여러 광고주들이 공동으로 실시하는 광고타이인 광고tie-in commercial를 하지 않았어도 몇몇 기업들은 종종 '무임승차자'로 이득을 얻곤 했다. 경제학자들은 다른 기업의 활동으로 이득을 얻고도 그 대가를 치르지 않아도 되는 기업을 가리켜 '무임승차자' 기업이라 부르며, '긍정적 외부효과positive externality'라고도 부른다. 영화에서 백설공주가 빨래를 하는 장면이 꽤 오랫동안 이어지자 비누 판매업체들은 환호성을 질렀고 업계지 〈소프Soap〉는 "월트 디즈니가 만화영화에 비누를 등장시키다"는 제목의 기사를 실었다.[17] 〈백설공주〉가 등장하기 전까지만 해도 위생은 그리 중요한 문제가 아니었다. 물론 우리 경제학자들은 부정적 외부효과에 대해서도 이야기한다. 예를 들어 크루즈 선박업계는 〈포세이돈 어드벤처The Poseidon Adventure〉와 같은 영화에 고객들이 질겁하고 도망가지는 않을지 우려한다.

물론 최근에는 할리우드에서 'PPL 광고product placement(영화나 드라마에 상품을 출연시키는 간접 광고)'를 부추기는 방법으로 무임승차 기업들을 없애고 있다. 영화배우 톰 크루즈Tom Cruise가 출연하는 영화에 코카콜라 캔이 등장했다면 십중팔구 코카콜라에서 비용을 지불했을 것이다. 간접광고 거래는 매우 일찌감치 협의된다. 오늘날에는 비벌리힐스 지역에서 가장 막강한 연예 에이전시인 크리에이티브 아티스트 에이전시Creative Artists Agency의 시나리오 분석가들이 영화 각본들을 훑어보면서 PPL 광고에 적합한 작품들을 물색한다.

디즈니가 텔레비전 영역으로 진출한 1950년대와 1960년대에는 너구리 털가죽 모자를 쓴 미국의 개척자 대니얼 분Daniel Boone과 데이비 크로켓Davy Crockett이 어린 소년들 사이에 최고의 액션영웅으로 떠올랐다. 그 결과 너구리 털가죽 가격은 20배나 뛰어올랐다. 모피업자들은 신이 났고, 너구리 모피가 동이 나자 설치류 가죽에 너구리 줄무늬를 그려 넣은 제품이 나오기도 했다. 그런 호기를 틈타 디즈니는 데이비 크로켓을 위한 주제곡을 의뢰했고 결국 당시 최고의 히트곡으로 떠오르면서 지금까지도 저작권 사용료를 벌어들이고 있다.

디즈니는 캐릭터 상품 시장에 일대 파란을 일으키면서 오늘날 소비자들의 지갑을 노리는 쟁탈전에 한몫을 담당했다. 오늘날 마케팅 관리자들은 '바이러스 마케팅viral marketing'을 일으키려고 안간힘을 쓰고 있는데, 그것은 소비자들이 네트워크를 통해 자신의 제품 구매 소감을 퍼뜨리는 저렴하고도 떠들썩한 활동이기 때문이다. 지나칠 정도로 활동적이던 미키마우스 클럽 회원들이 1930년대 초반에 소리 높여 불평을 쏟아놓던 제품이 무엇인지는 역사책을 조금만 뒤적여도 알아낼 수 있다.

미키마우스 집으로의 행군

미키마우스, 도널드, 구피를 포함한 디즈니 악동들은 미국 팬들 외에도 전 세계 어린이들을 디즈니광으로 바꿔놓았다. 미국을 제외한 해외 팬들은 디즈니 스튜디오 매출액의 절반가량을 일으켰다. 그러나 월트 디즈니가 전속력을 다해 1940년대로 접어들 무렵, 히로히토 폭격기와 히틀러 탱크의 난데없는 출현으로 디즈니는 그의 직업 인생에서 최악의 곤경에 빠져들었다. 〈피노키오〉 이야기는 이탈리아를 무대로 삼고 있는데, 1940년 디즈니가 영화를 개봉했던 당시에는 나치 점령군과 무솔리니 군대가 유럽을 장악했다.[18] 군화를 신은 군인들이 외국 시장의 통로를 완전히 봉쇄하면서 디즈니의 수익은 곤두박질치기 시작했다. 버뱅크는 유럽의 폭격이나 총격전과는 수천 킬로미터나 떨어져 있었지만 1941년 12월 7일 일본군이 진주만을 습격하자 곧이어 디즈니 스튜디오 문으로 진군해온 미군 500명 기병중대의 주둔지가 되고 말았다.

중대의 임무는 두 가지였는데, 첫째는 인근의 록히드Lockheed 항공기 제조공장을 보호하는 것이었고, 둘째는 디즈니를 판타지 제조공장에서 전쟁공장으로 바꾸어 군대 로고에서 훈련용 영화에 이르기까지 전쟁에 관한 모든 것을 제조하는 것이었다. 디즈니가 해군의 어뢰정 로고로 고안해낸 것은 위협적인 모기가 어뢰정 위에 타고 있는 모습이었다. 공군 비행중대와 함께 나타난 아기 코끼리 덤보는 폭탄 위에 걸터앉아 "우리는 백발백중이지"라고 외친다.

디즈니가 1942년에 제작한 영화의 90퍼센트 이상은 전쟁에 관한 내용이었고, 미 해군은 디즈니오 스튜디오를 다그쳐 평상시보다 영화 물량을 6배로 늘렸다. 애국자였던 월트 디즈니는 자신의 회사가 군복무에 이바지한다는 사실에 뿌듯해 했지만, 자신의 개인 사무실을 몇 달씩이나 점거하던 나이 지긋한 해군 사령관이 과달카날 섬의 최전선에 있다고 착각이라도 했는지 월트가 제작회의를 하는 동안 양동이에서 양말을 빨기 시작했을 때는 경악할 수밖에 없었다.

　당국의 전쟁부서에서 디즈니의 재능을 이용해 제작한 영화들은 〈십이지장충Hookworm〉, 〈질병은 어떻게 전파되는가How Disease Travels〉, 〈청결은 건강을 가져온다Cleanliness Brings Health〉처럼 하나같이 눈길을 끄는 제목들이었다. 말할 것도 없이 디즈니의 고정 팬들은 영화표를 구매하려고 하지 않았다. 직원 1,500명의 급여를 책임지고 있던 디즈니 스튜디오는 얼마 안 있어 400만 달러가 넘는 빚더미에 올라앉았다. 월트는 국가를 위한 희생의 필요성을 인지했지만 오히려 미국 정부는 종종 디즈니에 대한 고마움을 잊어버리는 듯했다. 여기 악명 높은 일화가 있다. 미 재무부는 도널드덕을 징집해 시민들에게 제때 세금을 내도록 경고하는 만화영화인 〈새로운 충성심The New Spirit〉에 출연시켰는데 당시 재무부 장관이던 헨리 모겐소Henry Morgenthau 는 월트에게 도널드덕의 연기력에 대해 불평을 늘어놓았다. 월트 디즈니는 폭발했다. "나는 당신에게 도날드 덕을 주었소…. 그건 MGM 영화사가 클라크 게이블을 내준 거나 다름없소!" 도널드의 연기력이 얼마나 형편없었던지 간에 수천만 명의 미국인들이 영화를 보았고, 여론조사에 따르면 세금을 내려는 의지가 강해진 시민들이 37퍼센트에 달했다.

　디즈니는 당국의 전쟁부서뿐 아니라 자사 직원들에게도 압력을 받았다. 불규칙한 급여 지급에 불만을 품은 노조에서 강경 파업을 선언한 것이다. 디즈니는 민츠와 파워스, 아이웍스와 같은 사람들의 배신과 비슷한 또 다른 일이 벌어진 사실에 마음이 괴로웠다. 월트는 애니메이터들이 세워놓은 피켓라인을 지나쳐 가야 했다. 무엇보다 고통스러웠던 건 직원들이 시위하며 들고 있던 피켓에서 자신의 소중한 만화 주인공들이 자신을 향해 비난하는 모습이었다. 구피가 당신에게 '악당'이라고 외치는 모습을 본다면 얼마나 참담하겠는가.

전쟁과 노조 협상에 어마어마한 비용을 쏟은 디즈니의 재정 상태는 풍족함과는 점점 더 멀어졌다. 2차 세계대전이 끝난 후 1946년이 되어 디즈니는 어쩔 수 없이 우선주를 매각하고 1,500명 직원 가운데 3분의 1을 해고해야 했다. 이 시기에 그는 걸핏하면 형 로이나 존경하는 고문들과 언성을 높였다. 판타지와 현실도피의 대가였던 디즈니로서는 그런 상황을 제대로 극복해가기 힘들었다. 직원들에게 벌컥 화를 낼 때면 순간 정신이 두 동강 나는 것 같았다. 한마디로 말해 버뱅크 단지의 암흑기였다. 그는 밤마다 오락가락하는 불면증에 비틀거렸고, 금방이라도 와락 달려들 듯한 기세로 회사 복도를 배회했으며, 그렇지 않으면 집에 틀어박혀 두문불출했다.

애너하임에서 부활하다

2차 세계대전이 끝난 후 월트는 새로운 취미생활에 몰두하기 시작했고, 그 덕분에 온전한 정신을 유지하고 회사도 구해낼 수 있었다.

어린 시절부터 그의 머릿속에는 산타페 기차의 아득한 기적 소리가 메아리쳤다. 이제 어엿한 성인이 됐지만 끔찍한 스트레스에 찌들어 있던 그는 집 뒷마당을 물끄러미 바라보다 문득 나무 몇 그루를 베어 내 공간을 만들어 기찻길을 놓기로 결심했다. 1947년에 그는 여동생 루스Ruth에게 말했다. "이번에 나를 위한 생일 겸 크리스마스 선물을 하기로 했어…. 전기기차 말이야. 어렸을 때부터 얼마나 갖고 싶어 했던 건지 아마 넌 모를걸. 그런데 이제야 갖게 됐어."

이 판타지 제조업자가 40대 중반이 되서야 전에 없던 장난감을 갖게 되다니 믿기 어려운 일이었다. 물론 라이오넬Lionel 기차 세트와는 거리가 멀었다. 하지만 월트는 결국 800미터 길이에 달하는 순환 철로를 깔았고, 릴리언이 가꾼 정원 밑으로 통과하는 40미터짜리 터널도 있었다. 그의 기차는 실제 기차의 8분의 1 크기였다. 언젠가 월트는 소품부에 전화해 기차에 태울 8분의 1 크기의 사람들을 보내달라고 했다. "진짜처럼 보이려면 승객들이 필요하네." 소품 관리자는 경직된 자세로 상사에게 열심히 알아보겠다고 답했다. 그리고는 전화를 끊자마자 월트가 농담한 것임을 알게 됐다. 8분의 1 크기라면 일곱 난장이들보다도 작았으니 말이다.[19]

디즈니 스튜디오의 암흑기에 월트가 매달렸던 미니어처 기차는 디즈니랜드의 아이디어에 영감을 불어넣었다. 진창에 빠져 허우적거릴 때 영감이 떠오르는 일은 심심치 않게 일어난다. 2005년 스티브 잡스는 스탠포드 대학에서 기억에 남을 졸업식 축사를 전달했다. 그는 연설에서 자신이 어려운 시기를 거치지 않았다면 애플의 혁명은 일어날 수 없었다고 말했다.

기숙사 방이 없던 저는 친구들 숙소의 방바닥에서 잤습니다. 콜라 빈병을 반환해 5센트를 돌려받아 음식을 사기도 했고, 일요일 저녁이면 일주일에 한 번이라도 제대로 된 식사를 하려고 동네에서 12킬로미터 떨어진 하레 크리슈나Hare Krishma 사원까지 걸어가곤 했습니다. 당시 저는 리드대학Reed College의 중퇴생이었습니다. (…) 그러다 서체 수업을 듣게 됐습니다. 그것은 과학이 결코 따라잡을 수 없을 정도로 아름답고 유서 깊고 예술적으로 미묘했습니다. 그런 수업이 앞으로 실생활에 도움이 되리라고는 생각지 못했습니다. 그런데 10년 후 우리가 처음으로 매킨토시 컴퓨터를 설계했을 때 그 모든 것들이 떠올랐습니다. 매킨토시는 아름다운 서체를 갖춘 최초의 컴퓨터였습니다. 그 옛날 대학에서 서체 수업을 듣지 않았더라면 맥의 복수 서체 기능이나 자동 자간 맞춤 기능은 없었을 것입니다.[20]

디즈니랜드라는 아이디어는 1940년대에 월트와 디즈니 스튜디오의 현금 흐름이 좋지 못하던 때에 떠오른 것이었지만 한편으로는 월트가 두 딸 샤론Sharon과 다이앤Diane에게 쏟은 정성에서 비롯된 것이기도 했다. 그는 집안에 소다수가 솟아오르는 분수가 있는 놀이방을 생각해낼 정도로 장난치기 좋아하고 세심한 아버지였다. 샤론은 "아버지는 그곳에서 아무도 마실 수 없는 이상한 음료수를 제조하시곤 했다"고 말했다.[21] 월트는 아이들을 데리고 전 세계 놀이공원을 돌아다녔는데 대부분 분위기가 음침했고 코흘리기 아이들에게서 동전 훔치는 일에 재미를 붙인 혐오스러운 행색의 직원들뿐이었다. 월트는 덴마크의 코펜하겐에 있던 티볼리 가든Tivoli Gardens을 동경했고,

디즈니의 천재 애니메이터들이 영화에 담아놓은 판타지로 채워진 근사한 놀이공원을 만들 수 없을까 궁리했다.

CEO는 속물이 되어서는 안 된다

월트가 끝내 이룬 디즈니랜드의 성공은 우리에게 또 다른 교훈을 준다. 바로 CEO는 속물이 되어서는 안 된다는 것이다(물론 에스티 로더는 속물들의 지갑을 쫓는 일에는 전혀 개의치 않았다). 1950년대에 디즈니 스튜디오 사업이 되살아나고 디즈니랜드가 눈부시게 출범한 것은 텔레비전이라는 원동력 덕분이었다. 월트가 텔레비전이라는 새로운 미디어를 하찮게 여겼다면 디즈니랜드는 세계적인 대흥행을 이끌어내지 못했을 것이고 디즈니 영화는 재정 적자로 지지부진한 상태에 머물렀을 것이다.

1940년대의 거물급 라디오 스타인 프레드 앨런Fred Allen은 사람들이 텔레비전을 미디어medium라고 부르는 이유는 '제대로 된 것 하나 없이 어중간하기 때문'이라고 말했다. 하지만 디즈니는 그의 말이 틀렸음을 증명했다. 순수한 비즈니스적 관점에서 보더라도 월트는 텔레비전 프로그램과 그의 새로운 테마공원을 넘나들며 홍보하는 방법을 알아낸 대단한 천재성을 과시했다. 1950년대 초반에 대부분의 텔레비전 프로그램들은 기존의 라디오 프로그램을 브라운관으로 보여주는 정도에 불과했다. 잭 베니와 조지 번스George Burns가 출연한 프로그램들은 텔레비전과 라디오에서 동시에 방영되기도 했다. 또한 라디오에서 사용하던 기술을 텔레비전으로 고스란히 옮겨놓은 수많은 텔레비전 작가와 연기자들은 사실상 1920년대에 보드빌 무대에서 일을 시작한 사람들이어서 자신의 행동반경을 극장에서 스튜디오로 옮겨놓은 정도에 불과했다.

하지만 월트는 텔레비전에서 뭔가 새롭고 참신한 것을 발견했다. 다른 영화 제작사 대표들이 텔레비전에 관객을 뺏길까봐 두려움에 떨고 있을 때, 월트는 텔레비전이 오히려 사람들의 흥을 돋우어 영화를 보러 오게 만들 수 있다는 사실을 깨달았다. 뿐만 아니라 제작 영화의 흥행을 운에 내맡기기보다는 방송사와 광고 후원업체와 협의해 챙긴 선금 수수료를 비용에 충당하기도 했다. 1950년 월트는 NBC 텔레비전 크리스마스 특집 프로그램으로 〈원더랜드에서의 1시간One Hour in Wonderland〉을 방영했고, 코카콜라는 후원금 12만 5,000달러를 지불했다. 그것은 월트의 사무실에서 복화술사 에드가 버겐Edgar Bergen과 그의 인형 찰리 맥카시Charlie McCarthy가 행사 진행을 맡아 벌이던 파티와 흡사한 내용의 프로그램이었다. 다른 텔레비전 출연자들처럼 버겐과 맥카시도 라디오에서 먼저 스타가 되었다. 그런데 복화술사가 라디오에 출연한다니? 그건 마치 아이팟으로 탭댄서의 춤소리를 듣는 것과도 같았다. 유명한 세이비온 글로버Savion Glover가 탭댄스를 추는 소린지 누군가 숟가락으로 테이블을 두드리는 소린지 알게 뭐란 말인가? 에드가 버겐의 오래 전 복화술 비디오를 보면 입술을 움직이지 않고 말할 때처럼 입술이 조금씩 달싹거리는 모습을 볼 수 있을 것이다.

어찌됐든 1950년 크리스마스 특집 방송의 진정한 혁신은 디즈니의 개봉을 앞둔 만화영화 〈이상한 나라의 앨리스Alice in Wonderland 〉의 5분짜리 예고편을 내보냈다는 것이다. 월트는 그러한 텔레비전 예고편이 아이들에게 활기를 줄 수 있고 곧 출시될 영화에 대한 기대감을 일으킬 수 있다는 사실이 기쁘면서도 한편으로는 놀라웠다. 예고편이 끝나자마자 아이들은 부모들에게 영화를 보여 달라고 졸라댔고, 디즈니 스튜디오에는 부모들이 다급한 목소리로 언제쯤 영화표를 살 수 있는지 문의하는 전화가 쇄도했다.

디즈니는 "나는 텔레비전 매체가 영화를 판매할 수 있다고 확신합니다. (…) 갤럽 조사는 우리의 크리스마스 특집 프로그램이 관객 수요를 증가시킨 사실을 보여주고 있습니다. 앞으로 우리는 텔레비전을 POSpoint of sale (판매 시점에 판매 활동을 관리하는 시스템)로 활용할 계획입니다."22

다른 이들이 텔레비전을 황무지로 단정 짓고 폄하했던 것과는 달리, 월트는 텔레비전의 열렬한 옹호자가 되었다. "텔레비전은 연령과 계층에 상관없이 모든 사람들의 마음을 움직입니다. 지금까지 개발된 커뮤니케이션 매체 중에 가장 친밀한 매체입니다."23 이제 겨우 한 편의 텔레비전 프로그램을 내보낸 뒤였지만 월트는 텔레비전을 보다 발전된 기술로 이끌고 싶었다. 1920년대에 사지를 핀으로 고정시킨 조잡한 종이인형을 앞서나간 것처럼, 이번에는 흐릿한 화질의 키네스코프Kinescope 녹화 방식에서 벗어나 필름 녹화 방식을 고집했다. 키네스코프 녹화란 프로그램이 생방송되는 동안 텔레비전 모니터에 카메라를 겨냥해 영상을 녹화하는 방식을 말한다. 흐릿한 화질에 뒤틀림이 있는 제2세대 녹화 방식인 키네스코프로 재방영되는 방송은 텔레비전을 들여다보고 싶은 마음을 사라지게 만들 정도로 한심했다. 그것은 다시 말해 방송 스튜디오와 같은 시간대 지역에 살고 있는 시청자들만이 선명한 화면을 볼 수 있다는 의미이기도 했다.

키네스코프에서 필름으로의 전환은 텔레비전에서 장기간 시청률의 승자와 패자를 가르는 요인이 되었다. 세대를 거듭하면서 TV 시트콤 〈왈가닥 루시 I Love Lucy〉에 열광하던 이유는 두 가지였는데, 첫째는 무척 재미나다는 것이고 둘째는 화질이 매우 선명하다는 것이었다. 1951년에는 데시 아나즈 Desi Arnaz 라는 방송인이 밝고 티끌 하나 없는 필름에 녹화하고 방영하는 방법을 고안해냈다. 디즈니가 원하는 수준도 그것과 비슷했다. 반면에 1950년대의 텔레비전을 장악한 흐릿한 키네스코프 방식의 방대한 프로그램들은 오늘날 시청자들은 차마 눈뜨고 볼 수 없는 수준이었다.

월트는 재빨리 데시 아나즈와 〈왈가닥 루시〉의 주연배우 루실 볼 Lucille Ball 과 계약하고는 프로그램의 소유권을 주장했다. 그는 늘 그렇게 소유권을 고집했는데 마치 오스왈드가 그의 어깨에서 그렇게 하라고 속삭이는 듯했다. 소문에 따르면 월트는 디즈니 영화를 구매해 방영하게 해달라고 졸라대는 방송사들의 수백만 달러 제안을 모두 거절했다.

1950년 크리스마스 특집 프로그램의 성공에 이어 1951년 특집 프로그램 계약도 따냈지만 이번에는 월트의 이름을 프로그램 제목에 내걸었다. 〈월트 디즈니 크리스마스 특집 The Walt Disney Christmas Special〉은 존슨 앤드 존슨 Johnson & Johnson 이 25만 달러를 후원한 프로그램으로 월트의 차기 대형작인 〈피터 팬 Peter Pan〉의 예고편이 핵심을 이룰 예정이었다. 이번에도 텔레비전을 본 아이들은 부모들을 졸라대기 시작했고, 월트는 물밀 듯 밀려드는 예약 판매로 매출액이 차곡차곡 쌓여나가는 모습을 지켜보았다.

디즈니랜드의 서막

하지만 크리스마스 특집 프로그램과 영화표 판매 외에도 월트에게는 또 다른 목표가 있었다. 바로 디즈니랜드였다. 그가 계획한 획기적인 테마 공원에는 해적과 모험과 동화 속 공주님이 있었고, 미주리주 마르셀린에서의 추억이 담겨 있었다. 디즈니에게는 환상적인 아이디어였지만 안타깝게도 형 로이에게는 그렇지 않았다. 그는 디즈니랜드를 막대한 자금을 탕진하고 회사를 파산시키며 현실에 만족하는 주주들을 소송단체로 돌아서게 만들 확실한 지름길로 생각했다. 은행 대출 담당자들도 로이와 같은 의견이었다. 결국 월트는 당연한 일을 했다. 그러니까 그의 생각에서 자연스럽게 우러나오는 대로 말이다. 그는 팜스프링스의 별장을 팔고 생명보험을 담보로 대출을 받고 부하직원들에게 돈을 빌려 독자적인 회사를 설립했고, 그것은 훗날 WED 엔터프라이즈WED Enterprises(WED는 월트 엘리아스 디즈니의 약자이다)로 불렸다. 하지만 1,700만 달러라는 어마어마한 투자액에는 여전히 미치지 못했다. 그는 어디서 돈을 구할 수 있었을까? 월트는 흑백텔레비전보다 멀지 않은 곳에서 해답을 발견했다.

1953년 월트와 로이는 캘리포니아 주 애너하임에 건설할 테마공원 상상도를 들고 뉴욕에 도착했다. 대형 방송사 두 곳인 CBS와 NBC와 약속을 잡아 놓은 두 사람은 텔레비전 거래를 통해 테마공원에 필요한 자금을 확보하려는 마음이 간절했다. CBS와 NBC 임원들은 대단히 흥미롭다고 말하더니 곧 협상을 거절했다. 굳이 위험한 거래를 하지 않아도 방송국은 잘 굴러가고 있었기 때문이다.

디즈니 형제는 혹시나 하는 마음에 ABC 방송국으로 발걸음을 돌렸다. 당시 ABC는 가장 취약한 방송사였고 마땅히 히트작이라고 내세울만한 프로그램이 전무한 2류 방송국에 불과했다. 하지만 디즈니가 ABC를 필요로 하듯 ABC도 디즈니를 필요로 하고 있었다. ABC 방송국은 현금 50만 달러와 함께 대출금 450만 달러를 내어주는 조건으로 디즈니랜드 지분의 3분의 1을 갖기로 합의했다(1960년에 ABC는 이를 약 750만 달러로 다시 디즈니에 매각했다).

이 역사적인 거래로 디즈니는 주간 프로그램 한 편을 제작했다. 프로그램 제목은 어떻게 지었을까? 영화와 텔레비전과 테마공원을 한꺼번에 홍보하려는 월트의 욕심을 충족시켜줄 제목으로는 무엇이 좋았을까? 답은 분명했다. 1954년 가을 ABC는 〈디즈니랜드〉라는 프로그램을 방송했고, 그것으로 ABC는 젊고 야심찬 이들을 위한 방송국으로 재탄생했다. ABC는 창사 이래 처음으로 10위권에 드는 프로그램을 확보했고, 재능 넘치는 인재들과 광고주의 주목을 받았다.

월트는 〈디즈니랜드〉라는 프로그램 이름을 교묘히 활용해 애너하임에 대한 대중의 흥미를 끌고자 했다. 테마공원이 프론티어랜드Frontierland와 어드벤처랜드Adventureland, 판타지랜드Fantasyland와 투모로우랜드Tomorrowland로 구분되듯이 텔레비전 쇼도 그렇게 편성될 예정이었다. 이를테면 시청자들은 톰 소여에 관한 영상을 보고나서 어떻게 진짜 뗏목에 올라타 톰 소여의 섬으로 갈 수 있는지 들을 수 있었다. 이토록 유쾌하고 흥미진진한 토막 장면과 더불어 시청자들은 스튜디오 뒷문을 통해 곧 개장할 테마공원을 엿볼 수 있었다.

프로그램은 일종의 백 스테이지 투어를 제공했고 영화 촬영 현장을 보여주기도 했다. 역시 참신한 아이디어였다. 언젠가 헐리우드 영화 제작자 마이크 토드Mike Todd는 "관객에게는 결단코 백 스테이지를 보여주어서는 안 된다"고 말했다. 사실을 꽁꽁 숨기려는 마술사처럼 대부분의 할리우드 제작자들은 토드와 같은 의견이었다. 영화의 신비로움 뒤에 숨겨진 평범한 현실이 드러나면 관객들이 실망하고 돌아설지 모른다는 두려움 때문이었다. 하지만 디즈니는 달랐다. 그는 영화계 사람들이 현장에서 일하는 모습을 보면 오히려 최종 완성작을 학수고대하게 만들 수 있다고 판단했다. 디즈니의 선례를 따라 1964년 유니버설 스튜디오는 할리우드 스튜디오 투어를 만들어 대단한 성공을 거두었다.

테마공원인 디즈니랜드와 거의 흡사한 역할을 해낸 〈디즈니랜드〉 프로그램은 주요 대도시들에서 CBS와 NBC를 통쾌하게 넘어뜨렸고, 비평가들이 수여하는 에미상을 수상했다. 당시에는 CBS의 아서 고드프리Arthur Godfrey 버라이어티 쇼가 수요일 밤 안방극장을 독차지하고 있었다. 그러다 〈디즈니랜드〉 프로그램이 등장하자 고드프리 쇼의 시청률은 전설적인 나무꾼 폴 버니언Paul Bunyan이 도끼로 내리찍듯 곤두박질쳤다. 고드프리는 생각에 잠긴 목소리로 말했다. "저는 디즈니를 사랑합니다. 수요일 밤에는 일 안하고 집에서 실컷 〈디즈니랜드〉를 볼 수 있었으면 좋겠습니다."[24]

텔레비전이 디즈니를 만든 것은 아니었다. 디즈니도 텔레비전을 만들었다. 나는 디즈니야말로 절대 다수 미국인들이 흑백텔레비전에 만족해하던 시기에 컬러텔레비전 수상기를 홍보해 텔레비전 제조업체들에게 엄청난 기폭제를 제공해준 유일무이한 존재라고 확신한다. 늘 그렇듯 월트는 최첨단 과학기술을 추구했다. 1950년대 중반이 되자 흑백텔레비전은 그가 얕잡아보고 무시했던 지난 1950년대 초반의 키네스코프 방식과 1920년대의 원시적인 만화기법을 떠올렸다. 이제는 컬러가 대세였다.

데이비드 사노프를 소개한 장에서도 살펴봤듯이 디즈니는 ABC와 결별하고 NBC로 갈아탔다. 당시 NBC는 모회사인 RCA를 통해 컬러방송을 내보낸다는 이점을 갖고 있었다. NBC는 1955년에 이미 〈잠자는 숲속의 미녀〉 발레 공연을 생중계한 전력이 있었다. NBC가 차이코프스키Tchaikovsky를 흥행시키는 데 성공했다면 월트 디즈니에게도 놀라운 기적을 일으킬 수 있었다. 이번에도 디즈니와 방송사가 합심해 명쾌하고도 효율적인 프로그램명을 선택했다. 1961년에 막을 올린 〈월트 디즈니의 화려한 컬러 세상Walt Disney's Wonderful World of Color〉은 수많은 가정들이 컬러텔레비전을 구입하도록 인근의 RCA빅터RCA Victor 대리점으로 몰려들게 했다.

1962년 봄에 이르자 RCA는 컬러텔레비전 판매량이 166퍼센트로 뛰어올랐다고 발표했고 동시에 기업 수익도 껑충 솟아올랐다. 1960년대에 아이들이 일요일 저녁 방송되는 〈월트 디즈니의 화려한 컬러세상〉을 우중충한 흑백텔레비전으로 본다는 것은 상당히 서글픈 일이었다. 그건 마치 아이를 베스킨라빈스BaskinRobbins 매장에 데려가서 바닐라 아이스크림만 주문하라고 말하는 것과 다르지 않았다. 프로그램을 후원하던 두 번째 업체 역시도 세상을 총천연색으로 확 바꾸어놓은 디즈니의 노력에 매우 흐뭇해 했는데 그것은 바로 이스트맨 코닥Eastman Kodak이었다. 월트 디즈니의 빈틈없는 눈초리에서 벗어난 허점을 찾는다는 건 사실상 불가능했다.

디즈니랜드와 소비자 잉여

텔레비전 프로그램 히트작과 영화라는 추진력을 얻은 디즈니랜드 테마공원은 예상대로 엄청난 흥행을 기록했고, 로이를 비롯한 불신론자들은 자신들의 생각을 슬그머니 접어야 했다. 월트가 디오니소스Dionysus라면 로이는 늘 아폴로Apollo처럼 행세하면서 월트의 황당무계하지만 밝게 빛나는 상상력에 늘 논리와 체계의 잣대를 내세웠다.[25] 하지만 1955년 7월 17일 디즈니랜드 개장일에 로이는 잠시나마 자신이 옳았다고 느꼈을지도 모른다. ABC 카메라가 돌아가는 가운데 디즈니랜드는 마치 불운에 휩싸인 듯 보였다. 여름철 뜨거운 열기에 아스팔트가 녹아내리면서 신발에 끈적끈적 들러붙었고, 가스 누출로 투모로우랜드는 폐쇄됐으며, 티켓 위조자들이 가짜 입장권을 판매하는가 하면, 제대로 작동되는 화장실과 식수대가 모자라 목마르거나 소변이 급한 손님들을 제대로 감당해내지 못했다.

집에서 텔레비전을 시청하는 관중들의 환심을 사기 위해 디즈니와 ABC는 난감한 현장에서 카메라를 돌려 디즈니랜드 직원과 그 가족들에게로 비췄다. 그들은 디즈니랜드 철로를 오가는 운반차에 갇혀 있거나 톰 소여의 섬에 고립되어 있어도 손을 흔들고 크게 미소 지으라는 주문에 맞춰 움직이고 있었다. 월트와 직원들은 7월 17일을 검은 일요일Black Sunday로 명명했다. 내 생각에는 그날의 저주가 학대받고 분노한 생쥐들 때문에 일어나지 않았을까 한다. 공원 건축 공사 중에 한 색맹 토건업자가 멋모르고 오렌지 나무들을 불도저로 밀어낸 일이 있었다. 그중 상당수 나무에는 손대지 말라는 표시판까지 붙어있었다. 그렇게 쓰러진 나무들에 어느새 생쥐들이 꼬여들기 시작했고 토건업자는 고양이들을 풀어 쥐를 잡게 했다. 미키마우스의 고향인 디즈니랜드가 어떻게 고양이들의 생쥐 소탕작전으로 온전히 시작될 수 있었겠는가?

소란스럽던 검은 일요일이 지나자 디즈니랜드는 번창하기 시작했고 개장 후 첫 6개월 동안 100만 명의 방문객들을 끌어들였다. 1980년대에 이르자 디즈니랜드는 1,000만 명이 넘는 방문객들을 불러들였고, 디즈니랜드가 심각하게 맞붙을 경쟁상대라고는 올랜도Orlando의 디즈니월드 뿐이었다. 디즈니랜드의 중심가인 메인스트리트 USA에 월트가 담아놓은 향수 어린 정취는 5번 고속도로의 교통난을 어렵사리 뚫고 나온 방문객들에게 정겨운 기분을 선사함과 더불어 들뜬 쇼핑의 기분을 북돋워주었다!

메인스트리트 USA는 허울뿐인 가짜 상점이 늘어선 곳이 아니라 디즈니 상표가 붙은 진짜 캐릭터 상품을 판매하는 상점들이 즐비하게 들어찬 곳이었다. 디즈니는 또한 기업 파트너 업체들을 이용해 일부 상점들을 관리하게 했다.

내 개인적인 생각으로는 디즈니가 음식 제품에 대해서는 여전히 애를 먹고 있는 것 같다. 1955년부터 메인스트리트에 자리 잡은 카네이션 카페Carnation Cafe는 가족 단위 식사와 '화가의 팔레트'라고 해 땅콩버터와 마시멜로, 포도로 구성된 근사한 이름의 어린이 메뉴를 제공하고 있다. 하지만 그곳을 제외하고는 디즈니도 레스토랑 업체도 어떤 식으로 관계를 구축할지 막막해하는 것처럼 보인다. 카네이션 카페의 맞은편에 있는 힐스 브라더스 커피Hills Brothers Coffee에 내가 마지막으로 들렀을 때는 증류한 지 한참 지나 구정물처럼 변한 커피를 대접했다. 월트의 식성은 해시(잘게 썬 고기 요리)에서 칠리에 이르기까지 매우 다양하지만 요리의 질보다는 다양성에 후한 점수를 주는 것 같다. 그는 어떤 포크로 샐러드를 먹어야할지 고민하는 타입은 결코 아니었다.

음식에 대해 주절거리기는 했지만 거리 퍼레이드가 메인스트리트를 휩쓸고 지나간 후 긴 하루 일과가 끝날 무렵이면 디즈니랜드 방문객들은 선물가게로 몰려가 대개는 질 좋은 의류가 담긴 큼직한 쇼핑백들을 들고 디즈니랜드를 떠난다. 방문객들은 매우 피곤한 기색이지만 그럼에도 흡족해한다. 월트는 여분의 가치value-plussing를 확신했는데, 다시 말해 소비자들이 지불한 돈의 값어치보다 더 많이 얻어가는 것으로 생각한다고 확신했다. 그는 우리 경제학자들이 말하는 '소비자 잉여consumer surplus'를 디즈니랜드가 만들어낸다고 주장한다. 소비자 잉여란 소비자가 기꺼이 지불할 의향이 있는 금액과 실제로 지불한 금액의 차이를 말한다. 이 책을 집필하던 당시 디즈니랜드의 성인 입장료는 63달러였다. 꽤 많은 금액 같아도 인근의 레고랜드Legoland의 경우 개장 시간도 짧고 열 살 미만의 아이들에게는 그다지 흥미로울 것이 없는데도 성인들이 57달러를 주고 들어가야 한다. 그러니 디즈니랜드 출입구에는 돈을 쓰겠다고 결심한 방문객들로 성황을 이루는 반면에 레고랜드는 적정 인원수를 채우는 일조차 힘들다는 사실이 별로 놀랍지 않다.

1950년대에 이르자 디즈니랜드와 인기 텔레비전 프로그램과 더불어 〈피터 팬〉이나 〈레이디와 트램프Lady and the Tramp〉 같은 블록버스터 영화들이 한데 어우러지면서 디즈니의 스페이스 마운틴Space Mountain 기구가 힘차게 출발하듯 매출이 급상승했다. 개장 후 10년 동안 디즈니랜드 매출액은 8배로 증가하면서 5,800만 달러를 넘어섰고, 수익은 5배 증가했다. 디즈니 사업부문들은 대단히 매력적이어서 소련 연방이 스푸트니크Sputnik 인공위성을 성공리에 발사했을 때 미국에 불어 닥친 공황 상태를 치료해주는 일종의 해독제 역할을 했다. '소련이 우주에서 좀 앞서가면 어때. 우리에게는 디즈니가 있는 걸'이라는 식으로 말이다. 한 러시아 선전원은 디즈니가 프론티어랜드에 실제 인디언 부족을 죄수로 감금해 두었다고 우기면서 디즈니랜드를 헐뜯었다! 따스한 애너하임 지역이 갑자기 시베리아 벌판으로 둔갑한 꼴이었다. 모스코바의 형편없는 언론 공격에도 불구하고 1959년에 미국을 방문한 니키타 흐루시초프Nikita Khrushchev 소련 총리는 닉슨 대통령과의 회담 일정으로 디즈니랜드 방문 일정을 취소한 측근에게 노발대발 화를 냈다.

AOL과 타임워너의 무기력증에 대한 고찰

라스베이거스의 마술사 데이비드 카퍼필드David Copperfield는 해리 후디니Harry Houdini 이후로 사라지는 마술에 관해서라면 자신이 일인자라고 생각했을 것이다. 하지만 2000년 아메리카 온라인AOL, America Online과 타임워너Time Warner는 합병 과정에서 2,200만 달러의 주주가치shareholder value를 흔적도 없이 사라지게 만드는 대단한 방법을 터득했다. 카퍼필드는 고작 코끼리 한 마리를 사라지게 했을 뿐인데 말이다.

물론 2000년도에 인터넷이 과연 어디로 향하고 있는지 인터넷 미디어 주식에 투자하면 돈을 벌 수 있는지 제대로 알고 있는 사람은 없었다. AOL의 CEO인 스티브 케이스Steve Case와 타임 워너의 CEO인 제럴드 레빈Gerald Levin을 비롯해 테드 터너와 같은 거물급 인사들은 뜬금없이 블록버스터급 뉴스를 발표했다. 그 비밀스러운 거래가 과연 제대로 효과를 일으킬지 그들은 얼마나 오랫동안 고심했을까? 겨우 사흘이었다.[26] 카퍼필드가 새로운 코끼리를 길들이는 데에도 분명 그보다 많은 시간이 걸렸을 것이다.

AOL과 타임워너의 합병이 발표되던 무렵 나는 워싱턴 DC에 있는 스튜디오에 앉아 ABC 텔레비전의 전설적인 백악관 출입기자인 샘 도날슨Sam Donaldson에게 인터뷰 질문을 받고 있었다. 우리 두 사람 중 누구도 두 기업의 합병에 확신을 가질 수는 없었지만 그렇다고 우리에게 판단에 도움이 될 만한 충분한 단서가 있는 것도 아니었다. 인터넷의 제왕인 아메리카 온라인과 케이블·잡지의 제왕인 타임워너의 합병에 어떤 측면의 시너지 효과가 있었을까?

당시 나는 샘에게 만일 톰 크루즈가 워너브라더스 영화에 출연한다면 AOL이 가입자 3,000만 명의 컴퓨터 모니터에 스니크 프리뷰sneak preview(관객의 반응을 알아보기 위해 영화 제목을 알리지 않고 여는 시사회)를 띄우는 일은 가능하겠다고 말했다. 그럼 AOL 가입자들은 자신이 〈미션 임파서블Mission Impossible〉에 나오는 멋진 자동차 충돌 장면에 관한 최신 정보를 입수했다고 뿌듯해할지도 몰랐다. 하지만 곧이어 이런 의문이 들었다. 그런데 타임워너는 어째서 스니크 프리뷰를 AOL 고객들에게만 한정하려는 것일까? 그들이 끌어들이려는 고객은 지구상 모든 사람들이지 않을까? 게다가 AOL은 어째서 워너브라더스 영화사에만 스니크 프리뷰를 한정하려는 것일까? 소니 영화사Sony Pictures의 스니크 프리뷰도 원할 수 있지 않겠는가? 결국 두 업체의 블록버스터급 거래가 어떻게 고유의 가치를 일으킬지는 좀처럼 파악이 불가능했다.

월트 디즈니라면 수많은 이유를 들어 그 거래를 거절했을 것이다. 실제로 월트 디즈니의 교훈에 비춰보면 AOL-타임워너의 몰락은 어떻게 가치를 훼손시켰는지 단적으로 보여준다. 첫째로 월트는 기술적 우위를 지키기 위해 아낌없이 투자할 의향이 있음을 평생에 걸쳐 보여주었다. 합병 당시 AOL은 여전히 고리타분한 기술에서 벗어나지 못한 채 속도 느린 다이얼식 전화기술을 고수하고 있었고, 반면에 다른 수백만 명의 미국인들은 케이블 업체와 DSL 라인을 계약하고 있었다. 심지어 AOL은 케이블 접근성을 갖춘 타임워너와 손잡기 전까지만 해도 자신들이 문제에 봉착해 있다는 사실조차 부인하는 듯 보였다. 고객 서비스 장애와 요금제 문제로 수없이 변명을 늘어놓았으면서도 말이다. 심지어 오늘날에도 세계 최고의 온라인 커뮤니티 빌더라고 자칭하는 AOL이 어째서 10대들 사이에 여드름보다 빠르게 번지고 있는 마이스페이스MySpace, 페이스북Facebook, 유튜브를 비롯한 다양한 커뮤니티들을 만들어내지 못하는지 의아할 뿐이다. (물론 1990년대에 디즈니 스튜디오가 〈토이 스토리Toy Story〉, 〈몬스터 주식회사 Monsters, Inc.〉, 〈인크레더블The Incredibles〉과 같은 히트작을 제작한 픽사Pixar에 뒤처지면서 2006년에 픽사를 사들이지 않았느냐고 반문하는 사람도 있을지 모르겠다.)

　AOL와 타임워너의 무기력증을 1920년대 초반의 월트 디즈니와 비교해보자. 당시 월트는 종이인형을 조작하는 기존 방식에서 벗어나 자신의 차고에서 스톱액션 카메라를 빌려와 좀 더 개선된 만화 제작 방식을 고안해냈다. 〈증기선 윌리〉에 막대한 자금을 쏟아 부은 사실도 기억할 필요가 있다. 그는 당시 유성영화의 대표주자이던 알 졸슨에게도 선두 자리를 내줄 의사가 없었다. 월트는 텔레비전 시대에도 영화를 고집했고, 자신의 텔레비전 만화영화를 생생한 컬러로 보여줄 필요를 느끼고는 NBC 방송국으로 갈아탔다. 훌륭한 애니메이터가 필요해지자 이번에는 버뱅크 단지에 예술학교를 세우고는 살바도르 달리Salvador Dali와 〈아메리칸 고딕〉으로 유명한 그랜트 우드Grant Wood, 위대한 러시아 영화제작자 세르게이 에이젠슈타인Sergei Eisenstein 등을 끌어들였다. 모험이나 다름없었던 초호화판 뮤지컬인 〈판타지아Fantasia〉를 제작할 때도 음악가 이고르 스트라빈스키Igor Stravinsky와 안무가 조지 발란신George Balanchine은 물론 극중 미키마우스의 조연자였던 지휘자 레오폴드 스토코프스키Leopold Stokowski를 끌어들였다. 월트는 결코 잘난 체하는 사람이 아니었지만 20세기 최고의 지성인과 공상가들이 디즈니 작품을 한 차원 높여줄 수 있다는 사실을 알았다.

월트는 또한 AOL과 타임워너의 리더십 부재에도 일침을 가했을 것이다. 도대체 책임자가 누구였느냐고 말이다. 두 기업의 거래는 언제 비밀리에 시작됐는지도 가늠하기 힘들다. 케이스의 말로 미루어 보면 아마도 레빈이 운전대를 잡고 있었던 모양이다. "직원 9만 명을 둔 기업의 회장이 되기에 저는 적합한 인물이 아닌 것 같습니다. (…) 돌이켜 보면 저나 레빈 모두 적절한 인물은 아니었습니다."[27] 케이스가 합병 직후 1억 달러의 주식을 매각한 것도 그다지 놀랄 일은 아니다. 게다가 그것은 디즈니랜드 건설과 야심찬 영화 프로젝트를 위해 집을 저당 잡히고 자금을 빌렸던 월트 디즈니와 다시 한 번 비교되는 대목이다. 로이와 월트의 때로 말 많고 탈 많던 관계는 현실성 없어 보이는 월트의 꿈에 대차대조표와 계산기를 대동한 정상적인 회의를 접목시켰다. 합병으로 두둑한 현금을 챙긴 AOL-타임워너 임원들에게서는 주가가 70퍼센트 하락하면서 주주들을 도살장으로 이끌었던 것 외에는 별다른 리더십을 찾아보기 힘들다.[28] 월트 디즈니는 매우 부유하게 생을 마감했지만 생전에 주주들에게서 자기 몫을 빼돌리는 일은 없었다. 그의 통치 방식을 상징하는 동물은 돼지나 늑대가 아니라 생쥐와 오리였음을 기억하기 바란다.

아이들에게 꿈과 희망을 선물한 성인

월트는 살아생전에 줄리 앤드류스Julie Andrews가 〈메리 포핀스〉로 관중들을 사로잡는 광경을 지켜보았다. 〈메리 포핀스〉는 월트가 직접 성질 고약한 원작 소설가 P.L. 트레버스P. L. Travers와 20년 동안 옥신각신하다가 협상을 이끌어낸 작품이었다! 물론 트레버스는 영화가 박스오피스 기록을 갱신한 이후에도 늘 불만투성이였다. 디즈니 상품팀에서는 재빨리 내셔널 슈거사National Sugar Company를 섭외해 〈설탕 한 숟가락A Spoonful of Sugar〉이라는 삽입곡을 홍보했다. 〈메리 포핀스〉는 내가 세상에 태어나 처음 본 영화였다. 자녀를 둔 부모가 된 지금은 아이들을 런던으로 데리고 가서 뱅크스 씨가 일하던 곳이나 노부인이 새에게 먹이를 주던 곳을 보여주면서 흐뭇해한다. 〈메리 포핀스〉가 승리를 거둔 무렵 월트는 1964년 세계 박람회라는 자신의 아이디어가 피곤에 찌든 뉴욕 시민들의 마음을 사로잡는 광경을 지켜보았다. 〈좁은 세상It's a Small World〉이라는 중독성 강한 선율과 함께 배를 타고 전 세계를 유람한다는 것은 정말로 근사한 일이었다.

1965년 월트는 플로리다 주의 올랜도 습지 2만 7,000에이커를 비밀리에 매입했다. 큰 건수의 냄새를 맡고 부동산 투기꾼들이 몰려들어 가격을 끌어올릴까 우려했기 때문이었다. 월트와 로이는 빈틈없이 제때에 거래를 성사시켰고, 그것으로 1971년에 개장한 월트 디즈니 월드의 기초를 마련했다. 안타깝게도 월트는 1966년에 폐암으로 세상을 떠났다.

월트 디즈니는 오직 아이들에게 즐거움을 선사했던 미국의 성인이었다. 그렇다면 그는 테레사 수녀Mother Teresa와 같은 존재였을까? 물론 그렇지는 않다! 아이들에게 엄청난 기쁨을 주긴 했지만 그러한 기쁨을 만들어내느라 직원들에게는 종종 눈물을 선사하기도 했을 테니 말이다. 그는 성실했지만 만화가들의 수준 낮은 작품에 대해서는 곧장 맹비난을 퍼부었다. 물론 그도 때로는 불공평하고 성질을 부릴 때도 있었다. 하지만 결코 최고 고객인 어린이 관객을 속이는 일은 하지 않았다. 물론 주주들의 돈을 가로채는 일도 없었다. 그는 테레사 수녀나 심지어 메리 포핀스 같은 인물도 아니었지만, 토마스 에디슨이나 벤 프랭클린Ben Franklin 같은 미국 최고의 창조적인 천재들에게서 반사되는 빛은 누구보다 그를 밝게 비추었을 것이다.

힘들고 궁핍한 유년시절과 이 직업 저 직업 전전하던 아버지의 혹독한 규율에도 불구하고, 월트 디즈니는 에디슨이나 프랭클린처럼 자신이 상징적 존재가 될 운명임을 직감했다. 1920년대에 회사 운영으로 쩔쩔매던 디즈니는 함께 포커를 치자는 아이웍스의 제의를 거절하면서 스케치하기에도 시간이 부족하다고 대답했다. 그리고 얼마 후 아이웍스는 그의 뒤통수를 후려쳤다. 그렇다면 월트의 스케치는 무엇이었을까? 사실 월트는 사인을 연습하던 중이었다. 그의 단순하고도 맵시 있는 사인은 어른 아이 할 것 없이 누구에게나 이제 곧 광고 시간이 끝나면 저 모퉁이 너머로 창의력 넘치는 즐거움이 기다리고 있음을 알려준다.

9

1달러를 아껴 억만 달러로 만든
혁신의 리더

샘 월튼

월마트
Wal-Mart

Sam Walton (1918~1992)

"고객을 위해 1달러를 절약할 때마다
우리는 경쟁에서 한 걸음 앞서게 된다."

SAM WALTON

　월마트Wal-Mart 본사가 있는 아칸소Arkansas 주 벤톤빌Bentonville은 증권거래소나 상비군이 존재하는 도시들을 제외한다면 오늘날 세계에서 가장 막강한 곳이다. 이 강력한 파워하우스는 타이어 닳은 트럭한 대로 한 남자가 일으켜 세웠다.

　샘 월튼Sam Walton은 자신이 지닌 탁월한 면모를 최고의 비즈니스 전략으로 바꿔놓은 인물이다. 물건을 싸게 팔아 수십 억 달러를 벌어들인 그는 겸손하고 수수한 사람이었다. CEO와 직원 8명은 시카고의 허름한 모텔 방 하나를 사무실로 함께 사용한 적도 있었다. 1985년 〈포브스Forbes〉는 그를 재산 28억 달러를 보유한 미국 최고의 부자로 꼽았다. 그렇게 잡지 커버에 등장하자 월튼은 변했다. 모텔 방을 2개로 늘린 것이다. 하지만 붉은색 픽업 트럭을 몰고 중고 프로펠러 비행기로 날아다니며 매일 오전 4시경에 사냥개를 데리고 출근하는 것은 여전했다. 그에게 커피 한 잔이 필요한 시간이었지만 그렇다고 해지고 찢어진 트럭 시트에 커피를 좀 쏟는다고 해도 속상해하지는 않았다.

죽은 CEO의 살아있는 아이디어 ●━━━━● 432

아칸소 주 출신의 이 소탈한 소매업자는 악덕 자본가라는 고정관념의 틀을 깨뜨렸다. 그는 사재기하거나 소비자들의 지갑을 털거나 독점금지법을 위반해 수십억 달러를 축적하지 않았다.[1] 샘 월튼은 소비자들의 호주머니에서 슬쩍하기보다는 오히려 소비자들에게 돈을 찔러주고 절약해주면서 부자가 되었다. 싸게 물건을 팔아 부자가 되기는 쉽지 않다. 이 책에 소개된 CEO들 가운데 소니의 아키오 모리타와 맥도날드의 레이 크록도 소비자들에게 직접 물건을 판매했던 사람들이다. 그들을 월튼의 비즈니스 방식과 간략히 비교해보면 다음과 같다.

1. 모리타는 소니가 더 좋은 제품을 더 비싸게 판매하도록 이끌었다.
2. 크록은 맥도날드가 더 좋은 제품을 더 싸게 판매하도록 이끌었다.
3. 월튼은 월마트가 똑같은 제품을 더 싸게 판매하도록 이끌었다.

소비자들은 월마트에 몰려들어 크레스트Crest 치약과 오레오Oreo 쿠키, 프루트 오브 더 룸Fruit Of The Loom 속옷 등을 저렴하게 구입한다. 모리타나 크록과 달리 월튼은 진열대 위의 제품을 통제한 사람은 아니었다. 그는 더 값싼 치약 튜브를 개발하거나 박하향을 첨가하거나 칫솔모를 진동으로 만들거나 해도 돈을 벌지는 않았다. 대공황을 겪으며 성장해 장인에게 빌린 돈으로 싸구려 잡화점을 연 젊은이는 어떻게 JC페니JC Penney와 케이마트Kmart, 울워스를 때려눕힐 방법을 터득해냈을까? 그 답은 아마도 말하기는 쉽지만 행동하기는 어려울 것이다. 절약 정신이 강했던 샘 월튼은 소비자의 지갑을 자신의 것처럼 지켜준 사람이었고 그것은 다른 경쟁업체들은 결코 하지 못한 일이었다.

1971년 거대한 시어스 백화점은 100억 달러에 가까운 매출을 올렸고, 그것은 같은 해 샘이 올린 매출의 200배에 달했다. 시어스는 그 엄청난 수익으로 무엇을 했을까? 시카고 번화가에 100억 달러 매출을 기념하는 110층짜리 건물을 2억 달러를 들여 세웠다. 으리으리한 건물 꼭대기층으로 시어스 임원들이 사무실을 옮기자 시어스의 시장점유율은 곧바로 하락하기 시작했다. 시어스는 건물을 담보로 대출을 받아야 했고, 결국 1995년에는 건물에서 나와야 하는 신세가 되었다. 그럼 샘 월튼은 유통부서 이사의 새로운 사무실이 필요했을 때 어떻게 했을까? 벽 위쪽에 구멍을 뚫어 인접한 구두 가게 위쪽으로 다락방 사무실을 만들었다. 그럼 매장 전체 매출이 100억 달러를 넘어섰을 때 그가 구입한 물건은 무엇일까? 그는 월마트에서 5달러를 주고 청바지 한 벌을 구입했다.

샘 월튼은 우리에게 절약 정신과 겸손함, 고향의 가치를 가르쳐준다. 그렇다고 걸어다니고 말하는 교과서 같은 사람에 머무른 것은 아니었다. 그는 둘째가라면 서러울 만큼 똑똑한 경영대학원 교수가 여전히 혀를 내두르는 공급망 관리에 관한 교훈을 가르쳐주었다. 케케묵은 노트를 뒤적이며 강의하는 수많은 종신 교수들과 달리, 샘 월튼은 매일 아침 일찍 일어나 늘 새로운 것을 배우고 자신의 아이디어와 방식을 개선해 나갔다. 무한한 에너지와 원기왕성한 정신으로 그는 자신의 낡은 픽업트럭이 경쟁자들이 타는 100만 달러짜리 걸프스트림Gulfstream 제트기보다 앞설 수 있다고 확신했다.

다재다능한 아이, 샘

샘 월튼은 1918년 3월 29일 오클라호마Oklahoma 주 킹피셔Kingfisher의 농가에서 태어났다. 그는 모래 폭풍 지대와 대공황에 갇힌 전형적인 오키Okie(오클라호마 출신의 이동 농업 노동자를 경멸조로 부르는 말)로 성장할 수도 있었다. 존 스타인벡 소설의 주인공 톰 조드는 오클라호마 주에서 출발해 가족과 함께 캘리포니아 주로 도망쳐 그곳에서 노조를 결성한다. 그럼 샘은 어떻게 해서 톰 조드와 같이 되지 않고 노조원들의 반대편에 선 억만장자가 되었을까? 다른 수많은 오키들처럼 샘의 아버지 토마스Thomas도 홈스테드법Homestead Act(남북전쟁 때 링컨 대통령이 제정한 법으로 5년 동안 토지를 개척한 자에게 일정량의 토지를 무상으로 제공한다는 내용을 골자로 함)에 따라 정착한 토지를 열심히 경작했다. 그리고 다른 수많은 오키들처럼 토마스도 실패했다. 하지만 토마스 월튼은 톰 조드처럼 트럭에 짐을 싣고 더 멀리 서쪽으로 옮겨가는 대신에 미주리 주에서 주택담보 대출 중개업을 하던 이복형 밑에서 일하게 됐다.[2] 토마스와 그의 아내 낸Nan이 오른쪽으로 방향을 틀어 미주리로 가지 않고 왼쪽으로 향했다면 월마트는 탄생하지 못했을 것이다. 월튼 가족이 오클라호마 주를 떠날 때 샘은 겨우 다섯 살이었다. 그들은 먼저 스프링필드Springfield로 갔다가 샘이 10대가 되자 컬럼비아Columbia로 이주했다.

샘은 아버지와 닮은 구석이 별로 없었다.[2] 샘의 아버지로 말하자면 자기 사업을 하기에는 야망이 많지 않은 사람이었다.[3] 게다가 토마스는 빚지는 것을 좋아하지 않았다. 빚을 지지 않는다는 것은 대공황

이전 시기라면 토마스의 지혜로운 생각일지는 몰랐지만 샘은 아버지가 지나치게 위험을 꺼린다고 생각했다. 샘이 훗날 매장들을 열기 시작했을 때 샘의 딸 앨리스Alice는 울면서 친구에게 하소연했다. "이제 우리 가족은 어쩌면 좋아. 우리 아빠는 그렇게 빚이 많으면서 계속해서 매장들을 열고 계시니 말이야."[4]

물론 샘이 아버지를 존경하는 점도 있었다. 그의 아버지는 말과 노새, 소는 물론 자동차를 거래하는 일에 대단한 수완을 발휘했다. 샘은 아버지가 어떤 물건을 갖고 집에 돌아오실지 빈손으로 오실지 전혀 예측할 수 없었다. 토마스는 상대방의 한계점을 본능적으로 감지해내는 예리한 협상가이기도 했다. 상대가 버럭 화를 내며 자리를 뜨기 직전까지 끈질기게 물건 값을 흥정하고 거래했다. 샘은 그런 아버지의 재능을 물려받지 못했다고 생각했지만 훗날 월마트 바이어들에게는 그런 재능을 요구했다.

샘은 얼마동안 아버지 일을 도우면서 그 일이 가슴을 쥐어짜는 고통스러운 일임을 알게 됐다. 1930년대에 주택담보 대출 중개인이었던 샘의 아버지는 수백 개 농장들을 회수했다. 경제 불황에서 살아남은 생존자를 찾아다니는 일보다는 직접 부를 일으키는 편이 훨씬 낫다는 것을 샘은 그때 터득했다.

월튼 가족의 한 사람으로 태어나 자라면서 샘이 한 가지 아쉬워 했던 점이라면 부모님의 끊임없는 말다툼으로 그와 남동생 버드Bud에게 불안감을 심어준 것이었다. 역할모델로 따지면 샘의 어머니가 아버지 토마스보다 나았다. 낸은 독창적인 사업 계획을 추진했다. 샘이 고등학교에 다닐 때 낸은 아들과 함께 우유 판매업을 하기로 결심했다. 샘이 우유를 짜면 낸이 병에 담아넣고 샘이 풋볼 연습을 끝내고 돌아온 후에 배달했다. 그중에서 제일 으뜸은 낸이 크림을 걷어내어 아이스크림을 만드는 것이었다.

샘은 인기가 많은 학생이었다. 그는 스스로 재능 있는 운동선수가 아니라고 했지만 농구와 풋볼 선수권 대회에서 그가 다니던 컬럼비아의 히크먼 고등학교Hickman High School를 우승으로 이끌었다. 그는 평균키와 매부리코에 인내심 강한 학생이었다. 그는 경기에서 한 번도 져본 적 없는 풋볼팀의 쿼터백이었다. 그는 또 스스로 뛰어난 학생이 아니라고 말했지만 우등생 명단에 올랐고 '가장 다재다능한 남학생'이나 학생회장으로도 선출됐다. 그의 노하우는 무엇이었을까? 샘은 누구보다 일찍 일어나고 누구보다 늦게 잠자리에 들었다. 그의 피에는 경쟁심의 기운이 흘렀다. 그는 어릴 적 보이스카우트 친구들에게 자신이 제일 먼저 보이스카우트 최고 등급인 이글스카우트에 오르겠다고 자신했다. 그리고 정말로 그렇게 됐다. 샘은 열세 살에 미주리 주 역사상 최연소 이글스카우트가 되었다.

아이가 장래의 CEO감인지 알아볼 수 있는 좋은 테스트 방법이 있다. 아이에게 신문 배달을 시키고 어떻게 하는지 지켜보는 것이다. 대부분의 아이들이라면 자전거를 타고 조간신문을 훌쩍 내던지고는 빈 배달가방을 던져놓고 다른 볼일을 보러 갈 것이다. 하지만 샘 월튼은 데이비드 사르노프처럼 신문 배달을 하나의 사업으로 바꿔놓는 법을 터득했다. 그는 아이들에게 새로운 신문 배달 구역을 돌게 하고 배달 인원수를 늘려가면서 담당 구역을 넓혀나갔다. 샘의 사전에 중도 포기란 없었다. 그는 고등학교 때는 물론 대학에 가서도 신문 배달일을 계속 했고 그것으로 연간 4,000달러를 벌어들였다. 1930년대 후반으로 치면 그것은 굉장한 수입액이었다.

컬럼비아의 미주리 주립대학University of Missouri 에서 경제학을 전공하고 ROTC에 입단한 그는 훗날 월마트 직원들에게 가르침이 된 규율을 만들어냈다. 그는 학교 캠퍼스에서 인기를 유지하는 굉장히 쉬운 비결을 발견했는데 그것은 복도를 걸어가다 마주치는 상대가 말을 걸기 전에 먼저 인사를 건네는 것이었다. 그는 곧 학교 경비원의 이름을 모두 알게 됐고, 학교 전교생이 그를 알게 됐다. 월마트에서는 그것을 '3미터 법칙'으로 불렀다. 월마트가 아닌 다른 곳이라면 '친근함의 반경' 정도로 부를 수 있을 것이다. 얼마 지나지 않아 샘은 "허슬러 월튼Histler Walton"이라는 헤드라인으로 남학생 클럽 잡지에 실렸다. 여기서 '허슬러'란 내기 당구의 명수나 잡지 이름을 일컫는 말이 아니라 적극적인 활동가라는 칭찬 섞인 표현이었다.

샘에게 좀 더 돈이 있었다면 1940년에 대학을 졸업하고 자신의 꿈을 좇아 와튼 경영대학원Wharton School of Business 에 진학했을 것이다. 하지만 그때 만약 그에게 돈이 있었다면 그래도 1985년에 미국 최고의 부자가 될 수 있었을까? 샘의 매력과 에너지는 JC페니와 시어스의 일자리 제안으로 이어졌다. 그는 'cash'를 선택했는데 다름 아닌 제임스 캐시 페니 James Cash Penney였다. JC페니에 취직한 그는 월급 75달러를 받고 아이오와 주 디모인의 경영교육 부서에서 일했다. JC페니의 창업자이자 전설인 제임스는 샘에게 직접 선물 포장법 시범을 보여주었다. 샘은 실업계 거물의 손이 생각보다 적은 양의 포장지와 끈으로 상자를 포장하는 모습을 지켜보았다. 영화에서 우디 앨런은 임종을 앞둔 아버지 역을 맡아 자리에 모인 비탄한 표정의 자식들에게 "끈을 아껴라"라는 소중한 한 마디 교훈을 남긴다. 코미디 영화에서는 전혀 쓸모없는 말이었을지 몰라도 JC페니에서는 유용한 교훈이었다.

샘은 창업자 제임스보다도 당시 JC페니의 관리자이자 트레이너였던 던컨 메이저스Duncan Majors에게 더 깊은 감명을 받았다. 메이저스는 매주 일요일마다 부하직원들을 집으로 초대해 탁구와 카드놀이를 하면서 대화를 나누고 비즈니스에 대해 가르쳤다. 그렇게 상사와 함께 일요일을 보내면서 샘이 터득한 교훈은 장차 자신의 직원에게도 주말에 일하도록 해야겠다는 것이었다. 주말 근무는 의욕을 떨어뜨린다고 대부분 생각하지만 샘의 생각은 정반대였다. 그는 주말 회의가 오히려 의욕을 높인다고 월마트 관리자들을 설득시켰다. 그는 월마트를 경영하는 동안 일요일 오전 4시에 사무실에 도착해 판매 자료를 검토하고는 교회에 가서 헌금함에 돈을 넣고는 다시 재빨리 사무실로 돌아왔다. 아내 헬렌Helen이 직원들에게 주말 근무를 강요하는 남편에게 걱정스러움을 내비치자 샘의 절친한 친구 한 명이 말했다. "그렇게 훈계해봤자 샘은 한 귀로 듣고 한 귀로 흘릴 겁니다."[5] 주말 근무 방침을 통해 샘은 자신의 곁에 둘 관리자와 일선으로 내쫓을 관리자를 쉽게 구분할 수 있었다.

운동과 학업은 물론 ROTC에서 두각을 나타내 금별과 마크를 가슴에 가득 단 샘은 1942년이 되자 이번에는 전쟁에 참여해 육군의 훈장을 받을 수 있겠다고 생각했다. 동생 버드는 해군 폭격기 조종사로 복무하면서 오키나와의 해방을 도왔다. 하지만 샘은 생애 처음으로 자신이 원하던 것을 얻지 못했다. 노력이나 재능이 부족해서가 아니었다. 신체검사 결과 심장에 가벼운 결함이 있음을 알게 된 것이다. 그는 전쟁에 참여해 영웅이 될 수도 조국을 위해 희생할 수도 없었다. 그는 다른 청년들이 유럽과 태평양으로 행군하는 모습을 지켜볼 수밖에 없었다. 물론 목숨을 잃고 전사할 수도 있었지만 참전하지 못한 채 미국에 남게 된 청년들은 쉽게 떨쳐내기 힘든 오명으로 괴로워했다. 아이젠하워나 니미츠 장군의 명령을 받는 대신에 샘은 털사 인근의 화약 공장에서 일하거나 캘리포니아에서 전쟁포로를 감시하면서 우울한 나날을 보냈다. 농구장과 풋볼 경기장을 종횡무진 누비던 활기찬 소년은 어느덧 젊은 청년이 되었지만 신체적 결함으로 발목이 잡히고 말았다. 같은 시기에 그는 감정적인 외상과도 직면해야 했다. 끊임없이 다투던 부모님이 별거하면서 그의 청년기 추억에 깊은 상처를 남겼다. 나라가 전쟁을 치르고 있었지만 샘은 아무런 도움도 주지 못했고 갈등 많은 부모님을 믿고 의지할 수도 없었다.

몇 달 동안 우울한 시기를 보내던 그가 침울함에서 벗어난 것은 털사 인근 볼링장에서 장차 아내가 될 헬렌 앨리스 롭슨Helen Alice Robson을 만났을 때였다. 헬렌은 명망 높은 법률가 겸 은행가이자 샘의 역할모델이 된 L. S. 롭슨L. S. Robson의 딸이었다. 샘은 훗날 이렇게 적었다. "장인어른은 내가 만난 사람들 중에 가장 설득력 있는 분이었습니다. (…) 나는 혼잣말로 나도 언젠가 장인어른처럼 성공할 수 있다고 중얼거렸습니다."[6] 계속해서 다른 지루한 임무로 군대 발령을 받으면서 샘은 아내 헬렌과 함께 약 2년 동안 미국 전역을 떠돌았다. 헬렌은 아름답고 유복했으며 분별력이 있었다. 샘의 야망을 키워줄

줄 알면서도 그를 제어할 만한 강단을 지닌 여성이었다.

헬렌의 뛰어난 분별력이 엿보이는 사례가 있다. 자신의 소매점을 운영하고 싶어 하는 샘에게 헬렌은 두 가지 조건을 걸었다. 첫째는 저명한 아버지와 같은 마을에 살고 싶지 않다는 것이었다. 남편이 아버지 이름의 그늘에 가려질까 우려했기 때문이었다. 둘째는 대도시에서 살고 싶지 않다는 것이었다. 2년 동안 16차례에 걸쳐 이사하는 가운데 그녀는 가족에게 어떤 삶이 필요한지 알게 되었다. 그러려면 시카고도 다른 소매업의 중심지도 아니었다. 헬렌은 소도시 상업에 대한 확신이 있었다. 그리고 그것은 곧 샘이 거둔 성공의 비결로 이어졌다. 그가 시카고에서 소매업을 시작했다면 월마트는 존재하지 않았을 것이다.

첫 번째 도전

샘과 헬렌은 아칸소 주의 뉴포트Newport라는 작은 마을에 정착했다. 그곳에는 사람보다 가축이 더 많았다. 대공황이 끝나자 미국 국민의 평균 자산은 일반 돼지 한 마리 값을 조금 웃도는 수준이었다. 1인당 연간소득은 고작해야 몇 백 달러였다. 그러나 스물일곱 살의 샘은 마을 광장 인근의 철로가 내려다보이는 자신의 140평짜리 벤 프랭클린Ben Franklin 잡화점에 자부심을 느꼈다. 벤 프랭클린 프랜차이즈 사업자가 된 샘은 아카델피아에 있는 훈련학교에 열심히 출석했다. 그는 그곳에서 '비트 예스터데이스Beat Yesterday's' 장부와 같은 멋진 회계 도구에 대해 배웠고, 그것으로 프랜차이즈 점주들은 작년과 올해의 일일 판매량을 비교해볼 수 있었다. 샘은 농구를 그만둔 후 처음으로 자신의 팀을 이끌게 된 사실에 마냥 들떴다. 하지만 속사정도 모른 채 매장을 계약한 사실을 알게 되자 그러한 활력도 사라지고 말았다. 이전 프랜차이즈 계약자가 상점을 엉망으로 운영하는 바람에 손님들에게 외면당하면서 경쟁 매장인 스털링Sterling 잡화점 판매액의 절반에도 미치지 못한 사실을 몰랐던 것이다. 설상가상으로 샘은 매출액의 5퍼센트라는 프랜차이즈 비용이 최악의 조건이라는 사실을 알게 됐다. 게다가 벤 프랭클린 그룹은 샘에게 판매 상품의 80퍼센트를 자사에서 구매하도록 요구했다. 그는 계약서에 서명함과 동시에 스스로를 속박의 틀에 옭아맨 것이나 다름없었다. 아내 헬렌은 임신한 상태였고, 계약에서 손을 떼기에는 그의 자존심이 허락하지 않았다. 저소득층이 대부분인 주민 5,000명의 마을에 꼼짝없이 갇히게 된 그는 어떻게 하면 돈을 벌어들일지 고심했다.

샘은 속박의 틀에서 벗어나야 했다. 이전 매장주와 똑같은 물건을 똑같은 가격에 판매한다면 살아남을 수 없었다. 그러한 어려운 환경 속에서 샘은 훗날 소매업에 개혁을 몰고 올 많은 교훈들을 터득했다. 그는 더 많은 물건을 더 싼 가격에 진열해야 했다. 그는 다른 상점들과 공급업체들을 살펴보기 시작했고, 벤 프랭클린에서 요구하는 가격보다 25퍼센트 저렴하게 제품을 구입할 수 있는 방법을 알게 됐다. 샘의 프랜차이즈 계약서에 따르면 모기업에서 제품의 80퍼센트를 구매해야 했지만 그는 융통성을 발휘할 여지를 찾아내어 80퍼센트의 제약에서 벗어날 수 있었다(레이 크록의 한 가지 성공 비결이 프랜차이즈 사업자들을 착취하지 않는다는 것이었음을 기억하라). 처음엔 공급업체들이 벤 프랭클린의 보복이 두려워 샘에게 물건을 넘기지 않았다. 결국 샘은 삐걱거리는 낡은 자동차에 트레일러를 끌고 테네시와 심지어 뉴욕으로 가서 자신에게 물건을 넘겨줄 흔치 않은 제조업체들을 찾아다녔다. 그는 셔츠나 팬티, 주방도구처럼 싼 값에 사들여 산더미처럼 쌓아놓고 저렴한 가격에 판매할 수 있는 제품은 무엇이든지 트레일러에 채워 넣었다. 돌아오는 길에는 아까운 돈을 날리지 않으려고 적하량 검시 검문소를 피해 구불구불하고 먼지 날리는 도로를 택하기도 했다. 경영대학원의 서가를 가득 메운 공급망 관리 혁명에 관한 책도 사실은 공터에서 열리는 물물거래 정도밖에 되지 않는 거래를 위해 미국 남부와 동부를 이리저리 누비던 덜컹이는 자동차와 함께 시작되었다.

경쟁상대를 훤히 꿰뚫어라

샘이 지닌 최고의 자질은 누구에게서든 배우려는 멈출 수 없는 열정이었다. 그는 소비자나 경쟁업체들에게 이야기를 건네기 시작했다. 그는 벤 프랭클린 상점에서 보내는 시간 못지않게 길 건너 스털링 상점에서도 많은 시간을 보냈다. 샘은 그곳에서 가격과 진열방식, 안내판에 관한 내용을 노트에 기록했다. 그의 경쟁심이 다시금 솟구쳤다. 풋볼 경기에서 한 번도 지지 않은 소년이었다는 사실을 기억하라. 그는 우연히 스털링 상점에서 한 세트에 30센트로 판매하던 인기 품목인 여성용 레이온 팬티가 동이 났다는 소문을 들었다. 그는 즉시 리틀록에 있던 스털링 상점의 유통업체로 차를 몰았다. 그리고는 스털링 관리자는 구경도 못하도록 남아 있던 레이온 팬티를 몽땅 사들였다. 스털링 상점 주인이 인접한 크로거Kroger 식료품점을 임대할까 고려 중이라는 소문을 들었을 때는 핫스프링스에 사는 건물주에게 달려가 자신에게 임대권을 달라고 사정했다. 샘의 요청은 받아들여졌고 스털링이 아닌 샘이 점포를 확장했다.

샘은 경쟁업체들을 방문하는 일을 결코 중단하지 않았다. 자신의 정체를 숨긴 채 경쟁업체 점원들에게 뻔뻔스러운 질문공세를 펼치기도 했다. "재주문은 얼마나 자주 합니까? 화요일에 주문하면 물건은 언제 도착하나요?" 1962년에 월마트 매장을 열고 나서도 다른 상점들의 바닥을 기어 다니거나 진열 선반대 아래 판자 뒤쪽으로 몰래 숨어들어가기도 했고, 셔츠를 세어보거나 사이즈를 점검하는 모습도 목격되었다. 그는 파란색 스프링노트를 들고 다니면서 관찰한 내용을 꼼꼼히 적어놓았다. 그의 직원들도 그와 똑같은 방식을 따라하면서 경쟁업체의 쓰레기통을 뒤져 가격표를 찾아내기도 했다.[7] 한번은 샌디에이고의 프라이스클럽 창고형 매장에서 녹음기에 대고 뭔가 중얼거리다가 덩치 큰 경비원에게 끌려가 테이프를 빼앗긴 적도 있었다. 소심한 구석이 있었던 샘은 결국 프라이스클럽 창업자인 솔 프라이스Sol Price 의 아들에게 테이프를 돌려달라는 편지를 보냈다.

샘은 손님들과 이야기를 나누는 일을 좋아했고 늘 그들의 조언을 구했다. 값비싼 마케팅을 펼칠 만할 여건이 되지 못했던 그는 마치 시골장의 호객꾼처럼 손님들을 유인했다. 그는 달콤한 버터향이 풍기는 팝콘 기계를 보도에 내놓고는 길 건너편의 사람들을 끌어들였다. 에스티 로더를 다룬 장에서도 소개했듯이 오늘날 시나본 제빵업체는 군침 도는 향을 공기 중에 퍼뜨려 쇼핑몰 고객들을 유혹하고 있다. 팝콘 기계로 손님들을 끄는 데 성공한 그는 지역 은행을 설득해 1,800달러를 대출받아 소프트아이스크림 기계를 장만했고 그것은 뉴포트의 또 다른 명물이 되었다. 뉴포트에서 첫 번째 상점을 운영하며 겨우 1년을 보냈을 때 매출은 45퍼센트나 뛰어올랐다. 팝콘과 아이스크림을 판매하던 뉴포트의 신출내기는 어느새 지역사회 일에 참여하면서 상공회의소 대표직을 맡거나 로터리 클럽과 지역 장로교회를 지도하기도 했다. 2차 세계대전에 방황하던 우울한 기억은 말끔히 사라졌다. 5년 만에 그는 4배 가까운 판매 신장을 기록하면서 아칸소주뿐 아니라 접경주를 통틀어 가장 성공한 잡화점을 일구어냈다.

뉴포트의 군주처럼 군림하던 샘에게 갑자기 팝콘 기계 바퀴가 팅겨나가듯 재앙이 들이닥쳤다. 뉴포트 상점을 열면서 제대로 속사정도 모른 채 계약서에 서명했던 일을 기억하는가? 그는 계약서에 깨알처럼 적힌 글자들을 꼼꼼히 읽지 않는 실수를 저질렀다. 그의 5년 임대 계약은 권리 갱신을 인정해주지 않았다. 샘의 성공을 부러워하던 벤 프랭클린 상점 건물주는 자신의 아들에게 매장 경영을 맡기기로 결심했다. 샘이 온갖 고생을 자처하면서 상점의 높은 값어치를 입증해주었으니 건물주 아들에게는 더 이상 좋은 사업 발판이 아닐 수 없었다. 샘과 헬렌은 충격에 주저앉았다. 배신감과 모욕감이 밀려들었다. "속이 뒤틀렸습니다. 나한테 이런 일이 일어나다니 믿을 수가 없었죠. 끔찍한 악몽 같았습니다."[8] 그는 추방자 신세가 된 기분으로 또 다른 출발을 위해 짐을 꾸렸다. 뉴포트는 월튼 부부의 고향이었고 게다가 세 아이를 키우고 있었다. 아직 갚을 빚이 있고 아이들까지 있는데다 자신의 땀방울로 바닥이 얼룩진 상점을 뒤로 한 채 처음부터 다시 시작한다는 것은 여간 힘든 일이 아니었다.

월트 디즈니를 다룬 장에서는 디즈니가 제일 처음 만들어낸 만화 주인공인 토끼 오스왈드에 대한 법적 권리가 자신에게 없다는 사실을 알았지만 유니버설 스튜디오를 가로막지 못했을 때 디즈니가 느꼈던 엄청난 정신적 타격에 대해 이야기한 바 있다. 뉴포트는 바로 샘의 오스왈드였고, 월마트는 그의 미키마우스였다.

벤톤빌에서의 도약

아칸소 주의 벤톤빌이라고 하면 아주 외딴 시골처럼 들릴 수 있다. 하지만 그곳은 악착같이 푼돈을 모으려고 애쓰는 사람들에게는 우주의 중심이나 다름없었다. 월마트의 매출액은 미국 국내총생산의 약 2퍼센트에 달한다. 전 세계 소매 납품업체들에게 월마트 본사가 위치한 벤톤빌은 애정과 미움의 대상이었다. 수천 킬로미터 떨어진 월마트의 진열대에 물건을 채워넣을 수 있다는 생각은 너무나 즐거웠지만, 샘이 정착한 1950년과 비교해 오늘날에도 별다른 편의시설이 없는 황량하기 그지없는 마을에 간다고 생각하면 매우 씁쓸했다. 그리고 무엇보다 월마트의 썰렁한 회의실에 앉아 미국 역사상 최악으로 소문난 구두쇠들과 협상을 벌이는 과정은 정말로 질색이었다.

월튼 가족이 처음으로 본 벤톤빌은 전혀 인상적이지 않았다. 헬렌은 그곳을 '슬퍼 보이는 마을'이라고 했다. 주민 3,000명과 닭들이 살고 있는 곳이었다. 예전의 따분한 군대 발령조차도 벤톤빌에 비하면 그리 나빠 보이지 않을 정도였다. 하지만 샘은 그곳에서 두 가지 마음에 드는 점을 발견했다. 하나는 새를 사냥하기에 적당한 곳이라는 점이었고(물론 닭은 아니다) 다른 하나는 마을 광장의 초라한 상점이 그나마 가능성이 있어 보인다는 것이었다. 그곳은 샘이 두고 온 뉴포트 상점보다 기껏해야 10분의 1밖에 되지 않는 수입을 벌어들일 정도로 초라했다. 하지만 샘은 자신의 실수를 통해 뭔가 배우는 사람이었다. 그는 99년짜리 임대 계약을 맺었고 밴 프랭클린 공급업체들과 체결했던 악덕 계약을 피했다. 샘은 그곳에서 할인판매점을 고안해냈고, 거기에 월튼의 파이브 앤드 다임 Walton's Five and Dime 이라는 상점명을 붙였다. 물론 샘 월튼보다 훨씬 이전에도 파이브-앤드-다임 상점은 존재했다. 1931년에 틴 팬 앨리 Tin Pan Alley (미국의 대중음악 장르)의 가수 해리 워런 Harry Warren 은 〈파이브 앤드 텐 센트 상점에서 100만 불짜리 연인을 만났다네 I Found a Million Dollar Baby in a Five and Ten Cent Store 〉라는 대히트곡을 부른 바 있었다. 하지만 샘은 1950년대에 이르러 손님들은 싼 물건을 사고 상점 주인은 부자가 될 수 있는 혁신적인 아이디어를 빠르게 전파해 나갔다.

셀프서비스

1950년 대부분의 잡화점들은 텔레비전 시트콤 〈그린 에이커〉나 〈페티코트 정션 Petticoat Junction 〉에 등장하는 샘 드러커 Sam Drucker 의 상점과 비슷한 모습이었다. 물건들은 카운터 뒤편에 진열되어 있었고 계산원도 마찬가지였다. 쇼핑객들이 진열대에 접근할 수 있는 범위는 한정적이었다. 많은 상점들의 경우 이쪽 카운터에서 셔츠를 구입하고 저쪽 카운터에서 비누를 구입하는 식이었다. 샘은 쇼핑객들에게 더 많은 공간을 내어주고 계산원들을 상점 한쪽에 모아놓기로 했다. 계산원들을 한 곳에 모아놓는 방법으로 쇼핑객들에게 쇼핑 시간을 늘려주었고 계산하러 줄서는 시간을 줄여놓았다. 게다가 더 이상 혼자 떨어져 있지 않으니 계산원들은 금전등록기에 손을 대고 싶은 충동을 덜 느꼈다. 셀프서비스로 판매는 늘어났고 물품 감소, 즉 절도는 줄어들었다. 사실 월튼의 파이브 앤드 다임이 미국의 첫 번째 셀프서비스 잡화점은 아니었다. 사실은 세 번째였다. 샘은 미네소타 주로 가는 야간버스에서 잠을 청하면서 첫 번째와 두 번째 셀프서비스 잡화점을 염탐하러 가곤 했다.

유행 상품과 모조품

이름에서도 알 수 있듯이 파이브 앤드 다임 상점은 거금을 들일 수 없는 곳이었다. 샘은 참신한 유행 상품들을 찾아내어 저렴한 가격에 사들이고는 그 주변을 행사 분위기가 나도록 풍선으로 장식했다. 화려한 팡파르와 함께 샘은 어마어마한 양의 조리 샌들을 팔아치웠다. 바다는 구경조차 할 수 없는 벤톤빌의 거의 모든 주민들이 로스앤젤레스 해변의 부랑자들처럼 너도나도 조리 샌들을 신고 걸어다녔다. 훌라후프 열풍이 불어 닥쳤을 때는 상점 형편상 훌라후프 제조업체인 웸오Wham-0와 사실상 계약이 불가능하다는 것을 알고는 동료 한 명과 함께 공장에서 훌라후프와 같은 굵기의 플라스틱 호스를 입수해 다락방에서 가짜 훌라후프를 만들었다. 그리고 이번에도 어마어마한 양을 팔았다.

심지어는 그의 광고도 모조품이었다! 신문광고와 전단지를 만들기 위해 그래픽 아티스트를 고용하는 대신에 바닥에 앉아 날짜 지난 신문들을 쌓아놓고는 가위를 들고 다른 상점 광고의 사진들을 오려냈다. 이를테면 펜조일Pennzoil 엔진오일을 광고하기 위해 펜조일 깡통 사진을 오려 종이에 붙이고는 사진 옆에 가격을 적어놓는 식이었다. 그는 이런 조잡한 '짜깁기' 방식을 뉴욕 매디슨 가 임원들이 덤벼들게 만들 만한 놀라운 전술로 탈바꿈시켰다. 물론 그들이 미주리 주 시골뜨기에게 관심이나 있었다면 말이다.

샘은 상점을 개선할 수 있는 방법을 배울만한 곳이거나 더 좋고 더 저렴한 물건을 구할 수 있는 곳이라면 어디든지 달려갔다. 버스에 난방조차 제대로 들어오지 않던 시절에 야간 버스를 타고 기꺼이 미네소타까지 갈 수 있는 사람이라면 훗날 소매업체들을 글로벌 기업으로 이끌어갈 적임자임이 분명했다. 그는 아칸소 주 페이어트빌Fay-etteville에 이어 캔자스시티 외곽에도 매장을 열었다. 1957년에는 시끄러운 소음이 나는 중고 비행기를 샀다. 겨우 시속 160킬로미터를 운행할 수 있던 비행기는 그가 아칸소 주 포트스미스 상공을 선회하던 중에 엔진을 멈춘 적도 있었다. 버드는 그 비행기를 싫어했다. 게다가 형은 이미 땅 위에서도 '세계 최악의 운전자'라고 그는 확신했다. 굳이 말할 필요도 없지만 샘의 비행기는 자기밖에 모르는 CEO의 사치품과는 거리가 멀었다. 샘은 직접 비행기를 타고 미국 남부와 중서부 지역을 돌면서 상점을 열기에 마땅한 장소를 물색했다. 그는 하늘에서 새로운 주택단지나 도로와 시설물을 발견했고 새로운 지형이나 캐터필러Caterpillar 불도저라도 발견하면 신이 났다. 한번은 앨라배마 주 쿨먼의 상공을 돌다가 닭장과 완만한 구릉을 발견하고는 "바로 저거야! 아칸소 주 북서부와 똑같아"라고 소리치기도 했다.[9] 샘은 월마트를 운영하면서 비행기 18대를 구매했다. 물론 새것은 하나도 없었다. 감가상각을 걱정해야 하는 새 비행기라면 시어스 임원들이 돈 주고 구입하면 그만이었다. 물론 시어스 임원들이 싸구려 프로펠러 비행기를 구입하지 않으리라는 사실은 샘도 잘 알고 있었다.

월마트 일어서다

1950년대 후반에 샘은 규모는 작지만 성공적인 파이브 앤드 다임 매장들을 운영하고 있었다. 그러다 어느새 새로운 명칭 하나가 그의 입에 오르내리기 시작했다. 바로 '할인점discount store'이었다. 그는 그런대로 쓸 만한 1953년형 플리머스Polymouth를 몰고 전국을 돌면서 대도시 외곽에 하나둘씩 생겨나는 대형 상점들을 확인했다. 투가이스Two Guys 와 코베트Korvette, 자이어Zayre, 솔 프라이스의 페드마트 Fed-Mart 가 그런 것들이었다. 샘은 거래은행을 깜짝 놀라게 만들고 세상을 변화시킬 전혀 새로운 전략을 구상해 나갔다. 그의 전략에는 통찰력 있는 세 가지 핵심사항이 들어있었다.

소도시가 정답이다

물건을 실을 트레일러를 장착한 플리머스를 몰고 값싼 물건을 찾아 나설 때마다 샘은 도로 위에 자동차들이 많아진 사실을 깨달았다. 미국의 자동차 수는 2차 세계대전 이후로 급격히 증가했고, 그것은 훗날 1956년 아이젠하워 대통령의 연방지원 고속도로법을 탄생시키는 계기가 되었다.[10] 늘어난 자동차와 고속도로는 번화가에서 벗어난 지역에 새로운 쇼핑센터를 일으켰고, 2차 세계대전이 끝나던 무렵 8곳에 불과하던 상점이 1960년에는 4,000곳 가까이로 폭증했다. 그러나 샘은 대형할인점을 운영하는 거대 기업들이 소도시를 피한다는 사실에 주목했다. 샘은 해안가에 사는 속물들이 외딴 시골이라 부르는 곳에 살고 있는 사람이었다. 그는 수십억짜리의 기회를 포착했다. 샘이 당시 상대하던 소비자들을 위해 대형 할인점을 만들려는 사람은 아무도 없다. 하지만 작은 마을에 세워진 대형 상점이라도 다른 소도시 사람들까지 자동차를 몰고 오도록 유인할 수 있다면 얼마든지 번성할 수 있었다. 미국의 자동차 문화로 몇 킬로미터 운전하는 것쯤은 대단찮게 여긴다는 생각에 맥도날드가 화이트 캐슬 레스토랑을 꺾을 수 있다고 확신했던 레이 크록처럼, 샘 역시 저렴한 가격으로 승부한다면 쇼핑객들에게 기꺼이 자동차 시동을 걸게 만들 수 있다고 판단했다. 그것은 다른 대형 소매업체들보다 수십 년이나 앞선 생각이었다. 뉴욕에 본거지를 둔 경영진들은 마치 코미디언 제프 폭스워시 Jeff Foxworthy가 레드네크(미국 남부의 가난한 백인노동자를 경멸조로 부르는 말)에 관해 농담하는 모습을 바라보듯 샘을 비웃었다. "월마트 바깥에 서 있는 쿼터호스quarter horse(단거리 경주마)를 교통

수단으로 생각한다면 당신은 레드네크입니다. 지금까지 가본 가장 큰 곳이 월마트 매장이라면 당신은 레드네크입니다." 샘 월튼은 도시 물 먹은 약삭빠른 소매업체들을 보고 속으로 비웃었다.

가위 경제 Scissors Economy

1999년에 출간한 《마켓 쇼크 Market Shock》에서 나는 왜 거의 모든 거래에서 중간상인이 싹둑 잘려나가고 있는지 설명하면서 '가위 경제'라는 용어를 소개했다. 당신에게는 정말로 주식중개인이 필요한가? 그럼 여행 에이전트는 어떤가? 가위 경제는 소비자 가격을 낮추는 역할을 한다. 샘은 그런 가위 경제를 파악했고, 그것도 아주 날카로운 날의 가위를 갖고 있었다. 1962년 그는 벤턴빌에 450평짜리 월마트 건물을 세웠고 중간상인은 발도 들이지 못하게 했다. 그는 제조업체로부터 직접 물건을 구매하면서 25~50퍼센트 정도로 구매가를 낮출 수 있었다. 심지어 상점명도 경제성을 생각해서 '월마트'로 정했다. '월튼의 파이브 앤드 다임'보다 글자 수가 적으니 네온등도 덜 필요했기 때문이다. 사실 그는 솔 프라이스의 '페드마트'라는 간결한 이름에서도 영향 받은 사실을 인정했다.[11] 그는 또 '더 싼 가격에 판매합니다'나 '만족을 보장합니다'와 같은 간판을 내걸었다.

대도시 동종업계 사람들은 터무니없는 아이디어라고 생각했고, 잘 나가는 남부 소매업자들은 그를 '필요한 재정도 경험도 갖추지 못한 2류 잡화점 상인'으로 치부했다.[12] 심지어 남동생 버드조차도 처음에는 투자를 거절하다가 필요한 자금의 3퍼센트 정도를 마지못해 내놓았다. 버드는 샘과 일하는 내내 냉철하고 철저한 회계사 역할을 담당했는데 그것은 월트 디즈니의 들뜬 기대와 근사한 계획을 번번이 꺾어놓던 로이 디즈니의 역할과도 같았다. 별다른 투자자가 없던 샘과 헬렌은 집을 비롯해 담보 잡힐 만한 물건을 모두 내건 위험한 도박을 결심했다. 하지만 그것은 매우 훌륭한 베팅이었다.

소도시 주민들이 상점으로 밀려들기 시작했다. 샘 덕분에 돈이 절약되면서 자신들의 생활수준이 덩달아 올라간다는 사실을 깨달았기 때문이다. 분명한 사실은 샘은 아칸소 주의 앨버트 슈바이처가 되고 싶어 그랬던 것이 아니라 자신의 이득을 위해 물건값을 저렴하게 내놓은 것이었다. 애덤 스미스Adam Smith의 가르침처럼 "우리가 저녁식사를 할 수 있는 것은 푸줏간 주인이나 양조장 주인, 빵 제조업자들의 박애심 덕분이 아니다. 오히려 그들의 돈벌이에 대한 관심 때문이다."[13] 월마트에 들어와 빈 카트로 매장을 떠나는 사람은 한 명도 없었다. 월마트는 첫 해에 100만 달러의 매상고를 올렸다.

1964년 샘은 예전에 축사였던 자리 옆의 콘크리트 헛간에다 월마트 2호점을 열었다. 훗날 월마트의 CEO가 된 데이비드 글래스David Glass는 차를 몰고 개장식에 왔다. "제가 본 소매점 가운데 최악이었습니다. 샘은 트럭 서너 대분의 수박을 가져와 보도에 쌓아 놓았습니다. 주차장에서는 당나귀 타는 이벤트도 벌어졌고요. 섭씨 46도가 넘는 무더위에 수박들이 펑펑 터지는가 하면 당나귀들은 주차장에 볼일을 봤습니다. 이 모든 것들이 한데 뒤범벅 되어 그야말로 난장판이었습니다. 게다가 매장 안으로 발자국이 이어지면서 바닥은 온통 신발자국으로 가득했습니다."[14]

사업가들의 비웃음과 당나귀 배설물의 악취에도 불구하고 사람들은 월마트를 사랑했다. 그들은 이전에 지불하던 가격보다 20퍼센트 저렴한 가격의 양말과 셔츠와 전구 등을 낚아챘다. 샘은 그 누구도 가격 면에서 자신에게 맞서지 못하게 했다. 케이마트가 리틀록에 문을 열었을 때 샘은 크레스트 치약 가격을 개당 6센트까지 내렸다. '날마다 낮은 가격'이라는 모토를 내건 월마트는 광고에 많은 돈을 낭비할 필요가 없었다. 대신 입소문이 톡톡히 제구실을 했다.

샘이 짜깁기 광고를 그만둔 지 한참 뒤인 1990년대에도 월마트는 여전히 경쟁업체보다 적어도 2퍼센트 이상 낮은 비용을 마케팅에 할애했다.[15] 월마트 관리자들은 지방색을 곁들인 톡톡 튀는 광고수법을 이용했는데, 이를테면 네브라스카 주에서는 아이들이 뛰어들 수 있는 건초더미로 된 쇼핑카트 빙고를 마련하거나 쇼핑카트 안전팀을 구성했다. 월마트 3호점을 열었을 때 샘은 부동액 가격을 갤런당 1달러로 대폭 인하하면서 엄청난 인파가 몰려드는 광경을 목격했다. 그날 소동에 깜짝 놀란 소방서가 폭동이 일어난 줄 알고 출입문을 봉쇄하는 해프닝도 벌어졌다. 계산원들은 눈코 뜰 새 없이 바빴고 샘은 낚시 도구 상자에 잔돈을 담아 계산원들을 도왔다.

샘은 중간상인을 잘라내는 동시에 다른 모든 부문에서 불필요한 군살을 제거하는 방법으로 가위 경제를 실천했다. 그는 기운 양말을 신을 만큼 검약 정신이 투철한 바이어들을 고용했고, 그들에게 상점 제품 협상법과 아울러 각종 서비스 비용과 전기비를 아끼는 방법에 대해서도 훈련시켰다. 언젠가 샘은 P&G의 CEO와 만나는 일을 거절했는데 하룻밤에 100달러가 넘는 호텔 숙박료가 아깝다는 이유 때문이었다. P&G CEO는 샘에게 59달러짜리 호텔을 찾아냈다는 거짓말

까지 해야 했다. 사실, P&G가 몰래 호텔비 절반을 지불한 것이다.[16]

공급망을 통제하라

샘은 또 구매자와 제조업체를 연결하는 모든 고리를 철저히 조사해 공급망에도 가위를 휘둘렀다. 그는 새벽녘에 도넛을 들고 뒷마당으로 가서 트럭 운전사들과 어울렸다. 샘은 그들에게서 배달에서 겪는 고충이나 지원할 사항을 입수했고 심지어 관리자들의 도덕심에 관한 정보까지 얻어냈다. 월마트는 다품종 대량 판매와 빠른 상품 회전율로 수익을 올렸기 때문에 다른 업체의 배송 스케줄에 얽매여서는 곤란했다. 다른 상점들은 제조업체 트럭이 도착하기를 기다렸지만 샘은 월마트만의 트럭을 원했다.

이미 배달용 트럭에 물건을 싣고 트럭을 몰아본 경험이 있었던 샘은 월마트 전용 트럭이 있다면 보다 빠른 배송이 가능하고 월마트 고객들에게 최우선의 서비스를 제공할 수 있다는 사실을 알고 있었다. 그렇지 않고서야 배달 트럭이 케이마트에 먼저 들리지 않는다는 사실을 어떻게 알 수 있겠는가? 또는 오후에 술집이나 트럭 휴게소에서 휴식을 취하고 있을지 알게 뭐란 말인가? 일례로 2006년 월마트는 차축과 타이어 마찰을 줄이는 기술에 투자해 트럭 연비를 2배로 증가시킬 것이라고 발표했다.[17]

샘 월튼은 물품 보관을 위해 거대한 창고를 건설했다. 1973년 석유 파동 이후 그는 창고에서 차로 12시간 거리를 벗어나서는 매장을 짓지 않기로 결심했다. 경쟁 소매업체들은 기존에 세워진 매장들 근처에 창고를 건설했지만 샘은 발상을 전환하는 데 일가견이 있었다. 공급망에 관심을 키워온 그는 결국 어마어마한 창고를 건설한 다음 그 주변에 매장을 열었다. 효율성이 떨어진다는 판단이 서면 아예 매장을 내지 않았다. 도시로 성급하게 진출하기보다는 빈틈없는 전략을 짜는 데 치중했다. 그는 사람들이 결국 월마트로 몰려들게 될 것이라는 판단 하에 대도시를 둘러싼 외곽 지역의 부지를 매입했다. "이리 온! 어서 밥 먹으렴!" 그는 자신을 조롱하던 빤질거리는 도시 기업가들에게 이렇게 외쳤다. 그의 공급망 모델은 비효율적인 재고 공간을 없앴다. 다른 매장들은 소비자들이 결코 쳐다보지 않을 상품을 쌓아두는 데 바닥 공간을 최고 25퍼센트까지 사용했지만 월마트는 10퍼센트만을 할애했다.

월마트의 단위면적당 판매율은 월마트보다 비싼 물건을 판매하는 시어스나 JC페니를 훨씬 앞질렀다. 오늘날 월마트 유통센터의 크기는 2만 8,000평이 넘으며 그것은 풋볼 경기장 20개를 합쳐 놓은 면적이다. 월마트의 평방피트당 판매액은 438달러이며 그것은 고급스럽고 매력적인 노드스트롬 백화점보다도 20퍼센트나 많은 액수이다.[18] 월마트에는 턱시도 입은 피아니스트를 위한 공간은 없다.

테크노 소매업체

첫 직장의 첫 출근날, 상사는 내게 총 한 자루를 건넸다. 이렇게 말하면 거리를 활보하며 선량한 서민들을 보호하는 서부 영화의 클린트 이스트우드Clint Eastwood 처럼 들리겠지만 사실을 고백하자면 그건 플라스틱 라벨총이었다. 슈퍼마켓에서 일하던 나는 라벨총 방아쇠를 당기면 튀어나오는 '49센트' 가격표 스티커를 요거트 용기에 붙이는 일을 했다. 하지만 이제 그런 일을 하는 사람은 아무도 없다. 바코드와 스캐너가 그 일을 대신하기 때문이다. 우리는 정기적으로 상점 문을 닫고는 이제는 스미소니언 박물관에나 가 있을법한 표지판을 창문에 걸어두었다. '재고 파악을 위해 폐점합니다.' 일요일에는 치약 개수를 세면서 수당을 2배로 챙길 수 있어 무척 신나는 날이었다. 물론 지금은 아무도 하지 않는 일이다. 샘 월튼은 미국에서 라벨총과 재고파악 표지판을 없애는 일에 미국에서 누구보다 크게 공로한 인물이다.

샘은 컴퓨터에 능숙한 사람이 아니었기에 임원들이 정가로 슈퍼컴퓨터를 구입하자고 했을 때 분명 반대했을 것이다. 그럼에도 그는 UPC 스캐너와 바코드로 월마트 창고와 매장의 효율성을 높이는 일을 주도했다. 그는 또 벤턴빌에 중앙통제 시스템을 확립해 전국 월마트 매장에서 일정 온도를 유지하게 했다. 1985년에는 휴즈Hughes 인공위성 발사 기념식을 가졌고, 샘은 인공위성을 통해 수천 명 직원들을 상대로 동시에 이야기를 전달할 수 있었다. 매킨지McKinsey 컨설팅사는 월마트 기업 단독의 혁신이 1990년대 미국 경제의 생산성 폭발에 10퍼센트 넘게 기여했다고 추정했다.[19]

샘 월튼 시대가 끝난 뒤에도 월마트는 업계의 최첨단을 달렸다. 2005년 월마트는 공급업체들에게 제품에 RFIDradio frequency ID를 부착하도록 지시해 월마트가 재고를 줄일 수 있게 했다. RFID 안테나를 이용하면 매장의 '똑똑한 선반'들은 쇼핑객이 세제 한 통을 카트

에 집어넣을 때마다 자동으로 세제 한 통을 재주문하게 되어 상품의
흐름을 자동관리할 수 있게 한다.

월튼 스타일

월마트에서 일했던 직원들은 샘 월튼의 경영 스타일을 각양각색으
로 표현한다. 주변을 어슬렁거리거나, 이리저리 바쁘게 뛰어다니거
나, 혹은 어깨 너머로 넘겨보는 방식의 경영이 모두 샘을 설명한다.
매장에 나타나 회계장부를 요구하기도 하고 매장 운영의 이모저모를
샅샅이 들여다보기는 했지만 관리자들 중에 그를 난폭한 독재자로
여기는 사람은 아무도 없었다. 그는 격식을 차리지 않는 편안함을 좋
아했고 자신을 샘이라고 불러주기를 바랐다. 지레 겁먹은 사람들만
그를 '미스터 샘'이라고 불렀다. 토마스 왓슨 시니어처럼 샘도 단합
대회를 좋아했고 〈월마트 월드Wal-Mart World〉 사보에 매달 칼럼을 실
었다. 때로는 테이블로 훌쩍 뛰어올라가 경쟁업체들을 약 올리는 응
원을 주도하기도 했다. "우리는 최고가 되는 만반의 준비를 갖추었
지. 그러니 케이마트여, 조심하라. 우리가 간다!" 1984년 그는 팀에
게 수익률 8퍼센트에 도전하라는 어려운 주문을 내렸다. 그리고 직
원들이 목표를 달성했을 때 그는 약속대로 월스트리트에서 풀잎을
엮은 치마를 입고 훌라 댄스를 선보였다. 그는 자신이 춤추는 장면을
전 세계 텔레비전에 중계되도록 직원들이 준비해놓은 사실도, 전문
훌라 댄서들을 초빙해놓은 사실도 전혀 알지 못했다. 50억 달러 매출

액을 달성한 샘은 다락방에서 가짜 플라스틱 훌라후프를 만들던 시절로부터 저 멀리 떠나 있었다.

샘은 재고 관리 직원이나 쇼핑객으로부터 늘 조언을 얻으려 했다. 스포츠 제품 코너에서 일하던 한 재고 관리 직원이 엄지손가락에 반창고를 두른 채 낚시여행에서 돌아왔다. 낚싯줄을 던지다 낚시 바늘에 손가락이 찔렸다는 직원의 말에 착안해 건강 미용 코너에서뿐 아니라 낚시 도구 옆에서도 반창고를 판매하는 아이디어가 탄생했다. 또 다른 사례도 있다. 월마트는 스포츠 제품 구역을 자주 찾는 쇼핑객들의 구매를 높이는 계획을 세웠다. 월마트 임원들은 호멜 푸드 Hormel Foods에 전화를 걸어 소총과 낚싯대 옆에 나란히 진열해 놓을 만한 간식거리를 고안해달라고 부탁했다. 몇 주 지나지 않아 카무플라주 무늬의 깡통에 담긴 스팸인 '스패무플라주Spamouflage'가 760곳의 소도시 월마트에서 날개 돋친 듯 팔려나갔다.[20]

샘 월튼의 가장 인상적인 점은 그가 끝까지 자신의 본모습을 지켰다는 것이다. 남자든 여자든 대성공을 거두고 나면 마치 중력에 이끌리듯 상류층 집단처럼 행세하기 마련이다. 이단아의 길을 자처하며 부정부패 청산에 앞장서던 초선 의원이 워싱턴 DC에 입성한 후에 〈워싱턴 포스트Washington Post〉지의 감언이설이나 케네디 센터Kennedy Center의 안락의자에 현혹되는 경우가 얼마나 빈번한가? 아직 순수하고 거친 면이 제대로 다듬어지기도 전에, 조지타운에서 칵테일 파티에 드나드는 권력가들이 출세를 축복해주며 건배를 들기도 전에 그런 일은 일어난다. 하지만 샘은 달랐다. 그는 부드러워지지도 현혹당하지도 않았고, 기본에서 초점이 흔들리는 일도 없었다. 언젠가 그는 직원 주차장을 걸어가다 재규어 Jaguar 자동차를 발견하고는 울컥 화가 치민 적도 있었다. 깁슨스 할인점 Gibson's Discount Store 의 소유주가 캐딜락을 타고 쏜살같이 지나가는 것을 봤을 때는 월마트의 승리를 예감했다. 다른 업체들이 자존심을 높이는 일에 돈을 낭비하고 경기 스타디움에 회사 이름을 붙이느라 어마어마한 돈을 낭비할 때 샘은 코웃음 치며 비웃었다.

샘 월튼은 휘황찬란한 트로피 빌딩이나 트로피 자동차도, 그렇다고 트로피 와이프(부자들이 얻는 젊고 예쁜 아내를 지칭함)도 원하지 않았다. 그는 오로지 고객을 위해 싸우기를 원했다. 그가 예순넷이 되던 1982년에 샘은 부쩍 쇠약해지기 시작했다. 쉬지 않고 일하며 달려온 사람이라면 당연한 결과일 수도 있었지만 세파에 시달린 샘의 얼굴은 지나치게 창백해 보였다. 그는 백혈구가 파괴되는 혈액암인 모양세포성 백혈병이라는 진단을 받았다. 이제는 고객의 지갑이 아닌 자신의 생명을 위해 싸워야 할 차례였다.

그는 휴스턴 최고의 의사를 찾아냈고 인터페론 임상실험 환자로 참여해 1주일에 서너 번씩 스스로 주사를 놓았다. 병세가 호전되기 시작되면서 그는 다시 일터로 뛰어들어 새로 점포를 열고 가격을 인하는가 하면, 월마트 주식을 은퇴 자금으로 바꿔놓는 직원들을 자랑스러워했다. 하지만 7년이 지나 백혈병은 재발했고, 샘은 1992년에 세상을 떠났다. 조지 부시 George H. W. Bush 대통령과 아내 바버라 Barbara 가 벤턴빌에 날아와 대통령 자유훈장 Presidential Medal of Freedom 을 수여한 지 몇 주가 흐른 뒤였다. 샘은 그날이 생애 최고의 날이라고 말했지만 다시 생각에 잠겼다. 그는 자신의 인생에서 최고의 날들

은 비행기로 심장지대를 돌아보고, 상점들을 샅샅이 조사하고, 트럭
기사들과 이야기를 주고받고, 충성스런 고객들과 대화를 나누던 때
였다고 말했다. 리틀록Little Rock 병원에 입원해있던 그의 마지막 방
문객들 중에는 지역 매장 관리자도 있었다. 샘이 그 주의 매장 판매
현황을 궁금해했기 때문이다.

쇼핑은 스포츠다

샘 월튼은 오만한 이기주의자가 아니었다. 그는 자신이 수많은 아
이디어를 빌려왔음을 인정했다. '불량한 개그의 도둑'으로 알려진 밀
턴 벌Milton Berle은 언젠가 "내가 슬쩍하는 농담이라면 괜찮은 농담이
다"라고 말했다. 샘은 솔 프라이스에 대해 자주 언급했다. 솔 프라이
스의 프라이스클럽은 훗날 코스트코와 합병했다.

코스트코는 쇼핑을 하나의 모험 가득한 스포츠로 바꿔놓았고 놀랍
고 값싼 물건들로 채워놓았다. 나 역시 코스트코 회원증 소지자
4,800만 명 가운데 한 사람이다. 코스트코는 연간 회원비를 받아 그
것을 투자해 상품을 마련한다. 그래서 나는 어떤 제품에도 14퍼센트
이상의 이윤을 붙이지 않는다는 코스트코의 주장을 믿는다. 샘 월튼
처럼 코스트코 CEO인 짐 시네갈Jim Sinegal도 고객들이 얼마나 많은
돈을 절약했는지 뿌듯해하면서 매장을 나서기를 바란다. 또한 시네
갈 역시 윤택한 환경이나 매혹적인 피아노 선율을 제공하지 않는다.
황량한 조명과 시멘트 바닥과 높은 선반만이 쇼핑객들을 맞이한다.

탈의실도 없다. 언젠가 나는 두루마리 화장지가 높이 쌓여 있는 뒤쪽으로 몰래 들어가 팬티 바람으로 바지를 입어보는 남성을 목격하기도 했다. 코스트코에는 물건을 적게 구매한 손님들을 위한 소량 계산대도 없다. 혹시나 있다 해도 '물건 100개 이하'라고 적어놓아야 할 것이다. 그럼에도 나를 비롯한 사람들은 다시 코스트코를 찾는다.

월마트와 비교하자면 코스트코는 제품의 품질을 크게 높이는 방법으로 샘의 모델을 개선했다. 코스트코 자체 브랜드인 커크랜드Kirkland는 〈컨수머 리포트Consumer Reports〉의 평가자들에게 종종 최고의 점수를 받기도 한다. 코스트코 쇼핑객들은 고기의 품질이나 구이용 닭 가슴살의 크기에 대해 칭찬을 아끼지 않는다. 소규모 레스토랑 주인이라면 코스트코에서 저렴한 구이용 닭고기를 구입해 레스토랑 주방에서 손님들에게 재판매할 것이다. 안경 맞출 때가 되면 나는 이렇게 스스로에게 묻곤 한다. "다진 송아지 고기는 어디서 사는 게 좋을까?" 정답은 코스트코다. 내가 먹을 고기에 대해 믿을 수 있는 곳이라면 내 눈을 맡길 수 있는 곳이다. 그것이 얼마나 열렬한 심정인지 이해할 수 있을 것이다. 오늘날 월마트의 창고형 할인점인 샘스 클럽Sam's Club이 쇼핑객의 카트와 마음을 빼앗은 코스트코에게 한참 뒤처진다는 사실을 안다면 샘은 부럽기도 하고 실망스럽기도 할 것이다.

불과 몇 년 전만 해도 월마트는 토이저러스Toys "R" Us나 캘도Caldor를 비롯한 소매업체들을 꿀꺽 삼켰다 뱉어내는 불가저항력의 괴물처럼 보였지만 코스트코는 월마트에 맞서 살아남을 수 있음을 증명해냈다. 저렴하고 세련된 칩 시크cheap chic 상품을 제공하는 타겟Target이나 독보적인 전문제품 판매점인 베스트 바이Best Buy와 베드 배스

앤드 비욘드Bed, Bath & Beyond도 또 다른 경쟁업체들이다. 월마트라고 해서 광범위한 제품에 대해 전문적 조언을 제공할 수 있는 자원이나 노하우를 모두 갖고 있지는 않으니 말이다. 게다가 샘의 비법과 교훈은 조금씩 새어나가면서 고급 상점들에게까지 들어갔다. 그 때문에 월마트 주식이 더 이상 뉴욕 증권거래소에서 열렬한 박수를 받지 못한다고 해도 그것은 모두 소매업체에 기여한 샘의 공로 덕분이다.

최근 새로 주목받는 월마트의 취약성에는 앞으로 그에 합당한 결과가 따라올 것이다. 월마트에 대한 무서운 이야기나 미움은 앞으로 사라질 수도 있다. 어쩌면 소도시 점포들에 대한 향수어린 그리움은 더 이상 현실에 적합하지 않은 것일 수도 있다. 얼마 전 내 남동생이 저지 쇼어 인근의 작은 마을의 법률 자문을 맡은 적이 있었다. 도시계획 이사회에서 새로운 상점들의 입주 여부를 놓고 의견이 갈리면서 신랄한 논쟁이 벌어졌다. 그러다 나이 지긋한 남자가 자리에서 일어나 이렇게 간청했다고 한다. "난 그저 이곳 잭슨에서 양말 한 켤레를 살 수 있기를 바랄 뿐입니다."

배 한 척 없는 크루즈 사업?

샘 월튼이 미국 심장지대에서 기적의 금전 제조기를 만들고 있는 동안 테드 애리슨Ted Arison이라는 야심 많은 남성은 육지가 아닌 바다에서 같은 일로 고군분투 중이었다. 테드는 힘든 고생에는 개의치 않았다. 그는 상냥하고 낙천적이며 대담한 사업가였다. 그의 대담함은 유고슬라비아Yugoslavia에서 어린 시절을 보내며 터득한 것이었다. 나치군이 탱크를 몰고 온 나라를 초토화하는 동안 독일 공군은 유고슬라비아 수도 베오그라드Belgrade에 무차별 폭격을 가했다. 테드와 가족은 가까스로 공항으로 달려가 도시를 빠져나가는 마지막 낡은 비행기의 좌석을 구했다. 애리슨 가족의 고향이기도 한 팔레스타인 하이파Haifa로 가는 비행기였다.

나치의 손아귀에서 벗어난 젊은 테드는 지중해 안뜰에 느긋이 앉아 전쟁을 지켜보고 있을 수만은 없었다. 더욱이 이탈리아군은 이미 텔아비브Tel Aviv와 하이파Haifa의 영국 해군 기지를 폭격한 상태였다. 테드는 나이를 속이고 열여섯 살에 영국 육군 소속 유대인 여단에 입대했다. 처칠은 프랭클린 루스벨트에게 보낸 서신에서 이렇게 주장했다. "모든 민족들 가운데 떳떳이 독일군에 공격할 수 있는 권리를 갖고 있는 민족은 바로 유태인이오." 얼마 지나지 않아 테드는 다시 이탈리아와 유고슬라비아와 오스트리아의 죽음의 삼각지대로 돌아와 독일군 부대들을 습격했고, 유대인 대학살에서 탈출한 사람들을 팔레스타인 지역으로 안전하게 대피시켰다. 연합군이 나치군을 무찌르고 전쟁에서 승리하자 테드는 이스라엘 군대에 입대해 1948년 이스라엘 독립전쟁에서 육군 중령으로 복무했다. 이렇듯 피비린내 나는 임무를 무사히 마치고 살아남은 테드는 아마도 민간인의 삶은 쉬울 것이라고 생각했을지 모른다. 하지만 그것은 현대식 크루즈 라인 업계를 일구어놓기 이전의 생각이었다.

테드 애리슨의 야심과 전략은 종종 샘 월튼을 생각나게 하지만 그럼에도 두 사람의 개인 역사는 우주의 스푸트니크Sputnik 위성에서 내려온 생명체와 지구인만큼이나 달랐다. 테드는 기품 있는 남성으로 손이 컸고 종종 입버릇처럼 콘서트 피아니스트가 되고 싶다고 말했다. 그의 가족은 그가 피아노 연주하는 것을 한 번도 들어본 적이 없었지만 어쨌든 그는 훗날 신세계 교향악단New World Symphony을 창설하기도 했다. 그는 허세 부리는 일에 능통한 사람이었다. 그도 샘 월튼처럼 시작은 순탄치 못했다. 1966년 무렵에는 항공 화물 사업에 손을 댔다가 두 번이나 실패했다. 그러다 마이애미에 거주하는 크루즈 운영자가 사업 경영에 어려움을 겪고 있다는 소문을 듣게 된 테드는 그에게 전화 걸어 자신이 경영을 맡겠다고 제안했다. 테드의 아들인 미키Micky는 이렇게 말했다. "아버지의 말은 허풍이나 다름없었습니다. 크루즈 사업에 대해 사실상 전혀 알지 못하셨으니까요."[21]

테드는 마이애미로 날아가 선박 운영과 승객 예약 명단을 확보해 갔다. 그러다 배가 사라졌다. 채권자들에게 넘어간 것이다. 테드에게는 승객들은 있었지만 배가 없었다. 그에게는 한 척의 배만 있으면 됐다. 하지만 그건 마치 시속 160킬로미터 속구를 던질 수 있는 팔만 있다면 사이 영 상Cy Young Award을 거머쥘 수 있다고 말하는 것과 같았다. 오직 팔만 제외하고는 준비 완료라는 소리처럼 허무맹랑했다.

절망에 빠진 채 여행 잡지를 뒤적이고 있던 테드는 노르웨이에 꼼짝없이 정박해 있던 선워드Sunward라는 신형 선박의 사진을 발견했다. 선주들은 선워드에 영국인들을 싣고 여름 휴가차 지브롤터Gibraltar로 운항할 계획이었다. 그런데 유감스럽게도 지브롤터를 영국에서 해방시키려던 스페인 독재자 프랑시스코 프랑코Generalissimo Franco가 훼방을 놓은 것이었다. 테드는 노르웨이 선주들에게 전화를 걸어

선워드 호를 마이애미로 보내달라고 간절히 설득했다. 그렇게 하면 선워드 호를 바하마로 휴가 떠나는 미국인들의 크루즈 라인으로 만들 수 있었다. 우리 가족은 조부모님이 크루즈를 타고 하바나Havana로 신혼여행을 가신 1929년 이후로 크루즈 라인의 광팬이 되었다. 어렸을 때 마이애미에 갔다가 선워드 호를 본 기억이 난다. 밤이면 선워드 호의 불빛은 서커스 천막처럼 화려하게 빛났고 낮이면 마치 포르 페어레인Ford Fairlane 자동차들 사이의 콜벳Corvette 처럼 부두에 정박된 낡은 증기예인선 사이에서 날렵한 자태를 뽐냈다.

테드는 선워드 호를 운항하고 나중에는 자매선을 운항하다가 1971년에 노르웨이 선주들과 심각한 재정 분쟁에 휩싸였다. 그들은 테드를 향해 선급으로 지급받은 승객표를 담보로 사업을 운영한다고 비난했고, 테드는 그들이 불필요한 엔진 부품과 갑판 의자를 구매하고는 다른 곳에 던져 넣는 방법으로 자신의 사업을 방해한다고 비난했다. 결국 아무도 승소하지 못했다. 하지만 자신의 첫 번째 성공적인 상점을 잘못된 임대 계약으로 잃어버린 샘 월튼처럼 테드는 남겨진 배 한 척 없이 바다에서 길을 잃고 말았다.

사람들이 크루즈를 즐기게 하라

그 후 10년 만에 테드는 다시 일어섰다. 하지만 이번에는 일관성 있는 전략으로 무장한 덕에 테드와 비범한 능력을 지닌 아들 미키를 억만장자로 만들어놓았다. 먼저 크루즈 사업에 관한 배경에서 출발했다. 영화 〈타이타닉〉을 본 사람들은 누구나 알겠지만 20세기 초반에 크루즈 여행객들은 두 가지 부류로 나뉘었다. 2층 응접실에 앉아 코냑 잔을 손에 쥐고 있는 캐리 그랜트 유형과 비좁은 3등 선실에서 몸을 웅크리고 악취를 풍기는 피난민 유형이 그것이었다.

샘 월튼처럼 테드 역시도 중산층 미국인 다수를 고객으로 만들 수 있는 거대한 시장이 존재한다고 믿었다. 기존 크루즈 업계에게 평균 임금을 버는 미국인들은 그저 '플라이오버 컨트리flyover country(미국 중서부 지역 주민들을 무시하는 투로 부르는 말)에 해당하는 사람들에 불과했다. 하지만 테드에게는 제대로 대접받지 못하고 아직 개척되지 않은 새로운 시장이었다. 공식 만찬에 입고 갈 턱시도가 있는 거물들은 다른 업체들이 상대하면 그만이었다. 테드는 캐터필러 로고가 그려진 모자를 벗고 저녁 식사를 즐기는 사람들을 기꺼운 마음으로 받아들였다.

중산층 시장을 손에 넣기로 결심한 그는 가족에게 마디 그라Mardi Gras 호라는 이름의 아주 근사한 배를 구입해 새로운 크루즈 라인을 시작할 계획이라고 발표했다. 엠프리스 오브 캐나다Empress of Canada라는 이름으로 11년 동안 항해한 전력이 있던 배를 살펴본 아들 미키는 이렇게 말했다. "정말로 형편없는 배였습니다. 지저분하고 생김새도 끔찍했습니다. 아버지가 정신이 이상해진 건 아닌지 생각이 들 정도였습니다."[22] 그러나 테드는 아랑곳없이 수백만 달러를 쏟아 부어 마디 그라 호를 완전히 뜯어고쳤고 그 사이 '황금 함대의 최고급 선박'이라고 광고까지 했다. 황금도 아니고 함대도 없다는 사실은 신경 쓰지 않기를 바란다!

테드와 미키는 처녀 출항을 앞두고 선장 옆에 서 있었다. 새로운 선박은(게다가 개명까지 한 선박은) 의례 사진사와 업계 전문가와 애호가들의 관심이 집중되기 마련이다. 마디 그라 호는 주변에 정박된 다른 크루즈 선박들을 초라하게 만들었다. 배는 점점 부두에서 멀어지면서 푸에르토리코 산후안을 향해 출발했다. 테드는 이제 더 이상 계약 분쟁으로 배를 잃지 않게 된 사실에 내심 뿌듯했다. 배는 바다를 향해 나아갔다. 터키석 빛깔의 바닷물에 떠 있는 마디 그라 호의 모습은 아름다운 한 폭의 풍경이었다.

"이런, 맙소사." 교량에서 비명 소리가 들리더니 사람들이 하나둘씩 미끄러지기 시작하면서 갑판에서 이리저리 부딪혔다.

배가 모래톱에 걸려 좌초된 것이다. 프로펠러가 모래, 해초, 바닷물을 공중에 흩뿌리기 시작했다. 거대한 선박이 뭍에 오르자 구경꾼들이 몰려들었다. 텔레비전 방송국의 카메라 팀과 〈뉴욕타임스〉의 사진기자도 있었다. 그 후 테드는 28시간 동안 카니발 크루즈 라인의 모욕적인 출범식 장면을 참아내야 했다. 그에 비하면 샘 월튼은 행운아였다. 샘의 그 유명한 서투른 개장식은 기껏해야 터진 수박과 당나귀 배설물이 고작이었으니까. 밀물이 들이차고 선원들이 디젤유를 연료 저장소로 빼내어 선체를 가볍게 만든 뒤에야 테드의 배는 드디어 자유롭게 움직일 수 있었다. 결국 산후안에 도착한 배는 연료를 보충해야 했지만 정유업체는 테드의 외상 거래를 거절하고 현금을 요구했다. 그는 그 거대한 선박의 연료통을 채울 돈을 어디서 구할 수 있었을까? 테드와 승무원들은 바의 금전등록기와 슬롯머신의 동전을 싹싹 긁어모았다. 동전을 자루에 부어놓는 동안 그들은 크루즈 선박이 졸지에 파이브 앤드 다임 가게처럼 변한 모습을 깨달았다.

그런 뜻밖의 사태가 처량하게 들릴지는 모르겠지만 금전등록기와 슬롯머신이 동전으로 가득 차 있었다는 사실에 주목하기 바란다! 마디 그라 호의 승객들은 한껏 여행을 즐기고 있었다. 기분이 들뜬 바텐더들은 '마디 그라 온 더 록Mardi Gras on the Rocks'이라는 새로운 칵테일까지 만들어냈다. 여행에 적은 비용을 들이게 된 카니발의 젊은 승객들은 오히려 답답하고 격식에 치중하는 귀족 미망인 승객들보다 관대한 편이었다. 현재 카니발의 CEO인 밥 디킨슨Bob Dickinson은 1973년에 애리슨 부자와 함께 일하면서 새로운 마케팅 접근법을 고안해냈다. 기존의 크루즈 기업들은 목적지를 부각시키는 광고와 포스터를 제작했다. 하지만 카니발은 이국적인 항구의 부름 대신에 '즐거운 배'라는 점을 강조했다. 마디 그라 호는 다른 선박보다 절반 정도 크기가 더 컸기 때문에 선박 안에서는 배치기 다이빙 대회나 운동 수업은 물론 술 마시기 게임과 같은 엉뚱하고 재미난 활동을 즐길 공간이 충분했다.

월 마트의 샘 월튼처럼 테드도 규모의 가치를 이용하기 시작했다. 처음에는 대형 선박을 구입하다가 나중에는 아예 배를 제작하기 시작했고, 그러는 가운데 수익은 연간 20퍼센트씩 증가했다. 업계 전체가 성장하기 시작하면서 1970년대 중반에 약 100만 명이던 승객은 1980년대 중반에 250만 명으로 늘어났다. 그는 미국인들에게 큰 선박일수록 더 재미있고 악천후에서도 더 견고하다는 사실을 주지시켰다. 한편 덩치 큰 선박으로 규모의 경제를 이룩한 사실을 월스트리트에도 납득시켰다. 8만 톤급 선박은 2만 톤급 선박보다 4배 더 많은 승객을 태울 수 있었지만 그렇다고 선장이나 엔진실도 4배가 더 필요한 것은 아니었다. 급증하는 매출이 뒷받침되는 가운데 테드는 1987년 주식 공모로 4억 달러를 끌어 모았다.

육지에서는 샘 월튼의 팀이 그랬다면 테드의 팀은 7대양에서 가장 깐깐한 협상가들로 통했다. 파인애플에서 침대보에 이르기까지 모든 것을 악착같이 낮은 가격으로 얻어냈다. 카니발 사의 최대 라이벌인 로열 캐러비언Royal Caribbean의 CEO였던 리처드 페인Richard Fain은 카니발과 비즈니스 분쟁을 벌이며 애리슨 부자와 맞붙은 와중에서도 카니발의 물품 조달 기술에 찬사를 보냈다. 비용의 적절한 통제로 애리슨 부자는 보다 저렴한 크루즈 여행을 제공하면서도 다른 젠체하는 크루즈보다 오히려 더 많은 수익을 올릴 수 있음을 보여주었다. 1990년대에 당시 CEO이던 미키는 자사 전략에 따라 캐시 리 기포드Kathie Lee Gifford가 떨리는 목소리로 〈즐겁지 않았나요Ain't We Got Fun〉를 부르는 흥겨운 광고를 비웃던 거만한 선박들을 꿀꺽 삼켜버렸다. 미키는 또 프로 농구팀을 승리로 이끌기도 했는데, 팻 라일리Pat Riley나 샤킬 오닐Sha-quille O' Neal과 같은 대형 선수들을 마이애미 팀으로 이적시켜 NBA 우승컵을 안았다. 1999년 테드가 일흔다섯에 심장마비로 세상을 떴을 때 사람들은 그의 죽음을 애통해했지만 그가 일으킨 기업과 새롭게 재창조한 크루즈 업계에 대해서는 걱정하지 않았다.

부시 대통령 초임 시절에 백악관에서 일하던 나는 크루즈 업계의 CEO들에게 강연해달라는 요청을 받았다. 그 중에는 미키 애리슨과 리처드 페인, 세련되고 통찰력 있는 프린세스Princess 크루즈의 피터 래트클리프Peter Ratcliffe도 있었다. 그들은 각각 다른 테이블에서 식사를 했는데 모임 주최자는 내게 식사 코스가 바뀔 때마다 각각 다른 테이블로 자리를 옮겨달라고 부탁했다. 왜였을까? 서로 사이가 좋지 않았던 것일까? 아니면 독점방지법 요원들이 레스토랑에 들이 닥칠까봐 두려웠던 것일까? 아니면 모든 사람의 식사 비용을 혼자서 지불해야 될까봐 걱정스러웠던 것일까? 주최자는 내 질문에 대한 답을 회피했다. 그날 저녁 이 테이블에서 저 테이블로 옮겨 다니던 나는 한 가지 사실을 알게 됐다. 그날 자리에 모인 CEO들은 고객들에게 더 나은 가격과 더 나은 상품을 제공하기 위해 맹렬한 경쟁을 벌이고 있는 중이었다. 나는 한밤의 뷔페가 제공되기 전에 자리를 떴다.

샘 월튼과 짐 시네갈, 테드 애리슨과 같은 사람들은 가위 경제를 이룩했다. 변덕스러운 경제 다이어트 방법은 잊어버려라. 지금 전 세계 경제는 저지방 다이어트로 한창이다. 그러니 조금이라도 과한 이윤이 있다면 가차 없이 잘려나갈 것이다. 이제 쇼핑객들은 자동차 대리점에 성큼성큼 걸어가 세일즈맨에게 송장 가격표를 제시하고 전자 제품 매장으로 성큼성큼 들어가 최고 경쟁사 쿠폰을 취급하라고 요구한다. 90년 전 10대 나이의 바이올린 대가였던 야샤 하이페츠Jascha Heifetz는 뉴욕에서 숨이 멎을 듯한 연주를 선보였다. 그날 좌중을 압도했던 바이올리니스트는 연주를 끝내고 셔츠의 단추를 풀면서 친구를 향해 말했다. "여기 좀 덥지 않나?" 친구는 대답했다. "피아니스트한테는 그렇지 않은데." 책상에 다리를 올려놓고 유유자적하는 중간 관리자라면 바깥세상은 끔찍하리만치 덥겠지만 쇼핑객들에게는 그렇지 않다. 그저 샘에게 감사할 따름이다.

앞에 놓인 평평한 길은 없다

나는 감히 말하겠다. 경쟁업체들의 장벽에 튕겨나가는 일 없이 몸을 사리면서 안전하게 부자가 되는 단 하나의 비법을 이 책에서 찾아보라고. 하지만 아마 찾지 못할 것이다. 그건 내가 위대한 CEO들의 삶과 교훈을 제대로 전달하지 못했기 때문이 아니라 당신이 부자가 되는 단순한 진리만을 찾으려했기 때문이다.

성공하기 위해서는 어떤 특정한 장소도, 하버드 MBA도, 부자 삼촌도 필요하지 않다. 오직 하나, 열정이 필요하다. 작은 아이디어 하나를 휘몰아치는 혁명으로 바꾸어놓으려는 집요함 말이다. 그러려면 새벽 3시에 잠자리를 박차고 일어나 다음 일을 골똘히 구상하는 사람이어야 한다. 거기에는 또 참신한 재능과 운 좋은 기회가 필요할 수도 있다. 어쩌면 행운과는 관계없는 우연한 실수가 효과를 발휘할지도 모른다. 엉뚱한 사무실 문을 두드렸던 데이비드 사르노프나 공중전화 잔돈이 모자라 전화가 끊기는 바람에 도쿄 중역진들의 호된 비난을 면했던 아키오 모리타처럼 말이다.

"한 대의 기계가 평범한 사람 50명의 일을 대신할 수는 있다. 하지만 어떤 기계도 특별한 한 사람의 일을 할 수는 없다"고 미국의 작가 엘버트 허바드Elbert Hubbard는 말했다. 이 책의 CEO들은 이 말을 입증해준다. 하지만 이 책의 CEO들을 선정하면서 성인군자다운 품성을 기준으로 생각한 것은 아니다. 또 그들을 '자본주의의 모차르트'라고 명명하지도 않겠다. 당신이 기업 중역실은 물론이고 그 어떤 곳에서 모차르트 같은 인물을 찾아낸다면 나는 순순히 물러나겠다. 그동안 하버드에서 백악관에서 그리고 월스트리트의 명망 높은 기업체에서 일해왔지만, 여전히 나는 볼프강Wolfgang이라는 별명을 지닐 만한 사람은 발견하지 못했다. 기껏해야 기가 막힌 선율을 단숨에 써내리려 발버둥치는 살리에르Salieris와 같은 인물들이 고작이었다. 물론 그것도 그리 나쁘진 않지만.

우리가 이 책에서 탐구해온 CEO들은 어느 순간 모두 실패의 구렁텅이에 빠져 믿었던 친구들에게서조차 '그만두라'는 나지막한 속삭임을 들어야 했다. 삶의 전투에 지친 레이 크록은 맥도날드 가게를 발견하기 전까지 30년 동안 그 소리를 들어야 했다. 10인의 CEO들은 비관론자들을 무시하는 법을 알고 있었다. 캘리포니아 주의 토마토 재배업자 아들은 J. P. 모건보다 위대한 은행가가 되기를 꿈꾸었다. 퀸즈 출신의 한 소녀는 이웃한 세인트 패트릭스 성당에 못지않은 위협적인 삭스 피프스 애비뉴의 신성한 문을 넘어서기를 간절히 열망했다. 절망에 빠진 한 일본 군인은 히로시마 사건 이후 사흘 만에 검을 내려놓았지만 결국 미국인 친구들을 이길 수 있다고 생각했다.

이 책에 소개된 CEO들은 자신들의 아이디어를 비웃던 회계사들과 아메리칸 드림을 조롱하던 지체 높은 권위자들을 못 본 체했다.

20세기는 그 모든 유혈 사태와 대혼란에도 불구하고 보다 연장된 생명과 보다 큰 주택을 가져다주었고, 노동자 계층에게 세상을 여행할 기회를 제공하기도 했다. 1890년대에 토마스 왓슨 시니어가 페인티드 포스트라는 소도시를 마차로 빠져나오던 때만 해도 평균 수명은 마흔여섯 살에 불과했다. 위험을 감수하면서까지 국경선을 넘어가는 이유를 주변 이웃들은 이해하지 못하던 시절이었다. 사람들은 지구가 평평하지 않다는 사실을 알고는 있었어도 여전히 콜럼버스가 틀렸음이 증명된 듯한 삶을 살았다. 그을음을 뿜어내는 공장에서 땀 흘려 일하거나 공기가 희박한 광산에 내려가거나 혹은 어차피 모래 지대로 변할 농장에서 수고하던 수백만 명의 사람들에게 삶은 위험하고 비통스러우며 덧없었다. 다음에 찾아온 새로운 100년의 세월 동안 이 책의 CEO들은 사람들에게 보다 많은 정보나 보다 많은 급여를 얻게 해주었고, 에스티 로더와 메리 케이 애시의 능력을 믿는다면 좀 더 보기 좋은 피부도 갖게 해주었다.

아직 얼마 되지 않은 젊은 21세기 앞에는 무엇이 놓여 있을까? 오늘밤에도 다락방과 차고에서 또는 고등학교 실험실에서 늦은 밤 깜박이는 불빛 속에 우리의 순진한 젊은이들은 머리를 파묻고 한 발 앞서려는 소중한 아이디어에 몰두하고 있다. 새벽 3시까지 잠자리에 들지 않는 그들은 아마도 정곡을 찌르는 핵심을 쥐고 있을지 모른다. 말이 끄는 마차에 올라 페인티드 포스트를 빠져나가던 토마스 왓슨이나 출렁거리는 대서양을 건너 인파로 북적이는 배에 올라탄 어린 데이비드 사르노프의 시절로 돌아가면 거기에는 비행기도 자동차도 라디오도 텔레비전도 컴퓨터도 항생제 따위도 찾아볼 수 없다. 우리는 이제 어떤 길을 택해야 할까? 언젠가 한 미래 영화에서는 "길이라고요? 어디든 간다면 우리에게 길은 필요 없어요"라고 말했다.[1] 그렇다. 우리에게는 정곡을 찌르는 핵심으로 다듬어진 사람들만이 필요할 뿐이다.

이 책이 세상에 나올 수 있게 해준 인쇄술의 창시자 요하네스 구텐베르크Johannes Gutenberg에게 감사를 표한다. 아울러 구글Google의 창시자들도 리서치 작업으로 도움을 제공했다. 전혀 다른 성격의 저서 두 권(이 책과 소설《카스트로 유전자Castro Gene》)을 동시 집필하면서 첫 출간작인《죽은 경제학자의 살아있는 아이디어》의 개정판을 함께 준비하는 동안 웃음을 선사해준 나의 아름답고 재능 넘치는 아내 데비와 우리의 보배로운 세 딸 빅토리아와 캐서린, 알렉시아만큼 든든한 지원군은 없었다. 이 세 권의 책이 한꺼번에 서점에 깔릴 예정이었으니 캘리포니아에서는 계절풍 산타아나Santa Ana 바람 소리 대신 나의 안도 섞인 커다란 한숨소리가 들려왔을 것이다. "휴!"

아버지 엘빈은 비즈니스에 대해 내게 많은 걸 가르쳐주셨다. 철도업에 종사하시던 아버지는 뉴욕의 그랜드 센트럴 역 위로 솟아 있는 팬 아메리칸 항공Pan American World Airways 건물에서 오랜 세월 근무하셨다. 내가 어릴 적에 그 건물은(지금은 메트라이프Met Life의 간판이 걸려 있다) 세상에서 가장 큰 건물로 세계 기네스북에 올라 있었다. 형

스콧과 누이 질과 나는 마치 아버지가 건물 전체를 소유하시기라도 한 듯 그것을 '아빠 빌딩'이라 불러댔다. 아버지는 건물 대신 우리 세 자녀의 마음을 가진 분이셨다. 어머니 조안은 지금도 우리에게 재치 있는 위트와 놀라운 에너지를 채워주신다.

아내의 조부모님인 모리와 헬렌에게도 마음 깊이 고개를 숙인다. 우리 아이들에게 인생에 관한 다양한 교훈과 행복의 여정을 가르쳐주시는 분들이다. 그리고 나의 현명한 에이전트인 수전 긴스버그와 나무랄 데 없는 안목의 소유자인 반스 앤드 노블·Barnes and Noble 서점의 데이비드 해서웨이에게도 고마움을 전하며, 에단 프리드먼과 매리언 마네커, 엔지 리를 포함한 하퍼콜린스 출판사 팀에게도 감사드린다.

이 책에 언급되지 않아 실망했을 수많은 위대한 CEO들에게는 오랜 장수를 기원하며 아울러 후속편을 기대해본다.

| 옮긴이의 말 |

20세기 아날로그가 이야기하는
귀중한 교훈

성공한 사람들의 이야기는 도통 질리는 법이 없다. 늘 기분 좋고 흐뭇하며 '그럼 나도…?'라는 기대감에 한껏 설레게 만든다. 더구나 안도할 만한 사실은 위대한 인물들을 논할 때면 그들이 겪은 그 엄청난 시련과 좌절을 결코 빼놓을 수 없다는 것이다. 매사가 심드렁하거나 절망의 늪에 빠져 허우적대고 있다면, 혹은 일이 너무 술술 풀려 뭔가 제동을 걸어야 하지 않을까 조바심이 난다면, 앞선 인생 선배들이 겪었던 말 못할 고충과 그들의 번득이는 혜안은 참으로 반갑고도 고마운 해결책이 아닐까 싶다. 이 책의 저자 역시 이 모든 것을 저버리지 않았다. 경제학자라는 타이틀 때문에 자칫 학문적이고 이론적이진 않을까 하는 우려도 잠깐, 이미《죽은 경제학자의 살아있는 아이디어》에서 딱딱하고 고루한 경제학자들의 이야기를 재치 있게 풀어낸 전력이 있었기에 이번 '죽은 CEO' 편에서도 그의 '경제학자답지' 않은 면모는 유감없이 발휘됐다. 게다가 이론에 강한 경제학자들이 아닌 실전에 강한 CEO들 이야기여서인지 인간적이고 실질적인 내용이 담뿍 배어 있어 읽는 재미가 쏠쏠하다.

지금과는 비교도 안 될 만큼 열악한 시대에 오직 자신의 의지만으로 소신껏 비즈니스를 일구고 성공으로 이끈 배짱 좋은 사람들. 하지만 넘쳐나는 정보와 윤택한 환경이 오히려 탈이 되는 요즘 같은 시대에 누군가는 '단순해서 용감할 수 있었겠지'라며 냉소의 한마디를 던질지도 모르겠다. 하지만 우리와 다를 바 없는 그들에게 일말의 두려움이나 불안감, 망설임이 없진 않았을 터, 그러니 자신의 신념 외에 지푸라기 하나 의지할 수 없음에도 기꺼이 두 주먹 불끈 쥐고 일을 추진하여 결국엔 역사의 판도마저 바꿔놓은 사람들의 이야기는 그렇기에 더욱 흥미진진하고 신명나며 고무적일 수밖에 없다. 이 책은 바로 그런 사람들의 이야기다. 이제는 더 이상 세상에 존재하지 않는, 말 그대로 죽은 CEO들의 이야기.

이 책은 20세기 미국을 주름잡던 CEO들에 관한 역사서이자 경영서이며 자기계발서다. 똑똑한 저자의 관심을 끌 만큼 대단히 혁신적인 인물들을 신중하게 선택했다니 20세기 대표 주자들로는 손색이 없을 테고, 우리도 익히 들어온 이름들이라 거부감도 덜한 데다, 그들이 몸담은 분야도 각양각색인 만큼 다양한 업계를 두루 파악해볼 수 있는 이점도 있다. 책장을 넘기는 동안 머릿속으로 20세기의 시대적 상황이라는 큰 틀에 나름대로 돌아가는 각종 업계의 형편을 그려 넣고 거기에 해당 CEO들의 개인사를 채워나가다 보면 어느덧 20세기 비즈니스 역사를 한눈에 훑어보는 뿌듯함을 느끼게 될 것이다. 그런 가운데 저자가 내세운 '열정'과 '재능'과 '행운'의 세 가지 성공 키워드로 풀어나간 CEO들의 인생살이에 푹 빠져드노라면 그들의 개인적 신념과 전략적 사업 방식까지 세세한 파악이 가능하다.

첨단화된 디지털 세상을 살고 있는 우리는 어쩌면 지나간 아날로그적인 세상에서 성공한 사람들에게서 오히려 전혀 색다르고 획기적인 도약의 기회를 얻을 수 있을지 모른다. 저자도 어쩌면 그런 의도로 더 이상 이 세상에 존재하지 않는 CEO들을 주인공으로 삼았으리라. 하지만 이 책을 번역하며 다시금 깨달은 사실은 환경의 우열에 관계없이 우리네 세상사는 예나 지금이나 다르지 않다는 것, 즉 모든 것은 자신의 마음가짐에 달려 있다는 것이었다.

그럼 이제 하루가 다르게 급변하는 세상에서 잠시 빠져나와 초연한 마음가짐으로 지난 20세기를 살아간 위대한 CEO들의 뚝심 어린 의지와 결단력에서 우리 모두 한수 배워봄이 어떨까.

최지아

1. 아마데오 피터 지아니니

1. Gerald D. Nash, *A. P. Giannini and the Bank of America*(Norman: University of Oklahoma Press, 1992), p. 10.

2. Giovanni Federico, "Heights, Calories, and Welfare: A New Perspective on Italian Industrialization, 1854-1913," *Journal of Economics and Human Biology 1*(2003), p. 291.

3. Gerald D. Nash, *A. P. Giannini and the Bank of America*, p. 14.

4. Felice Bonadio, *A. P. Giannini: Banker of America*(Berkeley: University of California Press, 1994), pp. 9-14.

5. Gerald D. Nash, *A. P. Giannini and the Bank of America*, p. 13.

6. Todd G. Buchholz, "Benefactors of Great Wealth," *New York Times Book Review*, October 2, 2005, p. 24 참조.

7. 프랭크 카프라(Frank Capra) 감독의 〈멋진 인생It's a Wonderful Life〉(1946).

8. 통화 정책에 관한 입문 내용은 토드 부크홀츠(Todd G. Buchholz)의 《유쾌한 경제학 *From Here to Economy*》(New York: Dutton, 1995), pp. 54-56 참조.

9. Marquis James and Bessie R. James, *Biography of a Bank: The Story of Bank of America NT & SA, 1904-1953* (San Francisco: BankAmerica Corporation, 1982), p. 310.

10. Len Benham, "The Effect of Advertising on the Price of Eyeglasses," *Journal of Law*

and *Economics 15* (October 1972), pp. 337-352.

11. Charles Schwab에게도 감사를 돌린다. 개인적으로 뮤추얼 펀드 가격을 낮춰준 데 대해서는 Vanguard 그룹의 John Bogle에게도 감사를 전한다. 그의 저서 *Dollars and Damnation*에 대한 필자의 서평 *Wall Street Journal*, October 15, 2005 참조.

12. Paul Rink, *A. P. Giannini: Building the Bank of America* (Chicago: Encyclopaedia Britannica Press, 1963), p. 48.

13. 상기 자료와 출처가 같음, p. 49.

14. Alan Greenspan, "Consumer Credit and Financial Modernization," Federal Reserve Board, October 11, 1997. www.federalreserve.gov/boarddocs/speeches/1997/19971011.htm.

15. Gerald D. Nash, *A. P. Giannini and the Bank of America*, p. 43.

16. William Haraf, "Democratizing Financial Institutions," Milken Institute, June 1-2, 1998, p. 11. www.milkeninstitute.org/pdf/dem_cap_roundtable3.pdf에서 인용.

17. Gerald D. Nash, *A. P. Giannini and the Bank of America*, p. 70.

18. 상기 자료와 출처가 같음, p. 32.

19. Chapin Hill, "Daily Trade Talk," *Los Angeles Times*, November 28, 1922.

20. House of Representatives, Hearings before the Committee on Banking and Currency, 71st Congress vol. 2, part 2, 1930, p. 1341.

21. 상기 자료와 출처가 같음, pp. 1547, 1556; James and James; and Bonadio.

22. Mark Carlson and Kris James Mitchener, "Branch Banking and the Transformation of Banking in California," May 2005, table 5. www.e.u-tokyo.ac.jp/cemano/research/DRSS/documents/mitchener.pdf.

23. 상기 자료와 출처가 같음, pp. 4, 23.

24. Milton Friedman이 Anna J. Schwartz와 함께 집필한 명저인 *A Monetary History of the United States, 1867-1960*(Princeton, N.J.: Princeton University Press, 1963)에서 이 점을 언급했다. Kris Mitchener, "Bank Supervision, Regulation, and Instability During the Great Depression," *Journal of Economic History*, 65, no. 1 (2005) 참조.

25. Paul Rink, *A. P. Giannini: Building the Bank of America*, p. 147.

26. Christopher Palmeri, "For Korean Banks, Truly a Golden State" *BusinessWeek*,

February 17, 2003.

27. E. Scott Reckard, "Crop of New Banks Takes Root in Niches," *Los Angeles Times*, November 29, 2006.

28. "Financing California's Future," State of the State, Milken Institute, November 6, 2001, p. 25에서 인용. 참고로 말하면 필자는 그곳 경영진과는 전혀 접촉한 적은 없지만 이스트웨스트 뱅코프의 보통주를 보유하고 있다.

2. 토마스 왓슨 시니어와 주니어

1. 토마스 J. 왓슨과 피터 페트리(Peter Petrie)의 《IBM, 창업자와 후계자*Father, Son & Co.: My Life at IBM and Beyond*》(New York: Bantam, 1990), p. 213.

2. Thomas Graham Belden and Marva Robins Belden, *The Lengthening Shadow: The Life of Thomas J. Watson*(Boston: Little, Brown, 1962), pp. 5-11.

3. 토마스 J. 왓슨과 피터 페트리의 《IBM, 창업자와 후계자》, p. 9.

4. Walter A. Friedman, "John H. Patterson and the Sales Strategy of the National Cash Register Company, 1884 to 1922," *Business History Review* 72, no. 4 (Winter 1998), pp. 552-584와 Richard S. Tedlow의 통찰력 있는 저서 *Giants of Enterprise*(New York: HarperCollins, 2001), pp. 199-206에서 NCR의 John Patterson에 관한 저자의 언급 참조.

5. Samuel Crowther, *John H. Patterson*(Garden City, NY: Garden City Publishing, 1926), p. 136.

6. William H. Rodgers, *Think: A Biography of the Watsons and IBM*(New York: Stein and Day, 1969), p. 38.

7. Richard S. Tedlow, *The Watson Dynasty*(New York: HarperBusiness, 2003), p. 25.

8. Thomas Graham Belden and Marva Robins Belden, *The Lengthening Shadow: The Life of Thomas J. Watson*, pp. 19-20.

9. 토마스 J. 왓슨과 피터 페트리의 IBM, 창업자와 후계자》, p. 79.

10. Jean Strouse, *Morgan*(New York: Random House, 1999), p. 5.

11. 홍수 비디오 장면은 www.ohiohistory.org/etcetera/exhibits/swio/pages/content/1913_flood.htm에서 볼 수 있음.

12. Thomas Graham Belden and Marva Robins Belden, *The Lengthening Shadow: The Life of Thomas J. Watson*, pp. 93.

13. 20세기의 새로운 변모 양상에 관한 데이터는 Theodore Caplow, Louis Hicks, and Ben J. Wattenberg, *The First Measured Century*(Washington, D.C.:American Enterprise Institute, 2000) 참조.

14. Lou Mobley and Kate McKeown, *Beyond IBM*(New York: McGraw-Hill, 1989), p. 5.

15. Gerald Breckenridge, "Market-Market: IBM' s Watson Proves He' s Still Salesman No. 1," *Saturday Evening Post*, May 31, 1941, p. 41.

16. Emerson W. Pugh, *Building IBM*(Cambridge, MA: MIT Press, 1995), p. 248.

17. 토마스 J. 왓슨과 피터 페트리의 《IBM, 창업자와 후계자》, p. 33.

18. Rowena Olegario, "IBM and the Two Thomas J. Watsons," in Thomas K. McCraw, ed., *Creating Modern Capitalism* (Cambridge, MA: Harvard University Press, 1997), p. 372.

19. 상기 자료와 출처가 같음, table 10.4.

20. 토마스 J. 왓슨과 피터 페트리의 《IBM, 창업자와 후계자》, p. 31.

21. 상기 자료와 출처가 같음, p. 7.

22. 상기 자료와 출처가 같음, p. 63.

23. 상기 자료와 출처가 같음, p. 96.

24. Richard P. Feynman, 1975년 University of California at Santa Barbara에서 가진 과학과 사회 부문의 첫 번째 산타 바버라 연례 강연인 "Los Alamos from Below." 2001년 Edwin Black은 그의 저서 *IBM and the Holocaust*에서 나치 정권이 유대인을 비롯한 여러 민족들을 학살하는 과정에서 IBM 장비를 사용한 사실을 밝혔다. Thomas J. Watson Sr.는 전쟁 전 Hitler를 만나고 그에게 훈장을 수여받기도 했지만 자신이 상을 받은 사실이나 나치와의 그 어떤 결탁도 부인했다.

25. 마이클 코다(Michael Korda), 《힘의 원칙*Power! How to Get It, How to Use It*》(New York: Ballantine, 1975).

26. www.choiceartwork.com/shop/index.php?page=shop-flypage-10111467.

27. 토마스 J. 왓슨과 피터 페트리의 《*IBM, 창업자와 후계자*》, p. 269.

28. 상기 자료와 출처가 같음, p. 273.

29. Emerson W. Pugh, *Building IBM*(Cambridge, MA: MIT Press, 1995), p. 237.

30. Malcolm Gladwell, "No Mercy," *New Yorker*, September 4, 2006, pp. 37-38 참조.

31. David Mercer, *The Global IBM*(New York: Dodd, Mead, 1988), p. 49 참조.

32. T.A. Wise, "The $5,000,000,000 Gamble," *Fortune*, September 1966, p. 118.

33. "The IBM 360: Giant as Entrepreneur," Harvard Business School case study 9-389-003 (April 1, 1998), p. 7.

34. 가장 확실하면서도 종국에는 가장 조마조마했던 IBM 성공의 일례라면 존슨(Johnson) 행정부 임기 말기에 연방 정부에 의해 제기되었다가 1982년에 기각된 독점금지법 소송을 들 수 있다. 당시 IBM 소송 관련 서류에는 변호사가 제출한 하루 27시간짜리 청구서도 들어있다. 미국 동부에서 서부로 업무차 날아가 시차로 벌어들인 여분의 3시간을 하루 치 추가 업무 시간으로 회사에 청구했기 때문이다.

35. Rowena Olegario, "IBM and the Two Thomas J. Watsons," in Thomas K. McCraw, ed., *Creating Modern Capitalism*, p. 370.

2.5. 메리 케이 애시와 에스티 로더

1. Todd G. Buchholz, *Bringing the Jobs Home*(New York: Penguin, 2004), p. 57.

2. A' Lelia Perry Bundles, *Madam C. J. Walker: Entrepreneur*(New York: Chelsea House, 1991), p. 35.

3. "Wealthiest Negro Woman's Suburban Mansion: Estate at Irvington, Overlooking Hudson and Containing All the Attractions That a Big Fortune Commands," *New York Times Magazine*, November 4, 1917.

3. 메리 케이 애시

1. "Mary Kay Ash," *Journal of Business Leadership* 1, no. 1 (Spring 1988), p. 1.

2. Gilbert Vail, *A History of Cosmetics in America*(New York: Toilet Goods Association, 1947), p. 138.

3. U.S. Bureau of Labor Statistics, "100 Years of U.S. Consumer Spending," May 2006, p. 5; Todd G. Buchholz, "Burgers, Fries, and Lawyers," *Policy Review*, no. 123 (February-March 2004), p. 47.

4. Lola Montez, *The Arts of Beauty, or, Secrets of a Lady's Toilet with Hints to Gentlemen on the Art of Fascination*(1858), (New York; Ecco, 1982).

5. Todd G. Buchholz, "Burgers, Fries, and Lawyers," p. 50.

6. 메리 케이 애시(Mary Kay Ash), 《열정은 기적을 낳는다*Miracles Happen*》(New York: HarperCollins, 1994), p. 48.

7. 상기 자료와 출처가 같음, p. 17.

8. "Pink Cadillacs, Diamond Bumblebees, and the Golden Rule," *Positive Living Magazine*, November 1979, p. 5.

9. James Dyson and Robert Uhlig, eds, *A History of Great Inventions*(New York: Carroll-Graf, 2001), p. 163.

10. 메리 케이 애시(Mary Kay Ash), 《열정은 기적을 낳는다*Miracles Happen*》, p. xi.

11. "Pink Cadillacs, Diamond Bumblebees, and the Golden Rule," p. 6.

12. Roul Tunley, "Mary Kay's Sweet Smell of Success," *Reader's Digest*, November 1978, p. 5.

13. "Mary Kay Ash," *Journal of Business Leadership 1*, p. 8.

14. Anne Coughlan, "Mary Kay Inc.," Kellogg School of Management, KEL034(2004), p. 6.

15. Max Weber, "The Nature of Charismatic Authority and Its Routinization," A. M. Henderson and Talcot Parsons가 1947년에 번역한 *The Theory of Social and Economic Organization*(New York: Oxford University Press, 1947).

16. Morton Walker, *The Power of Color*(New York: Avery, 1991), pp. 50-52.

17. 짐 언더우드(Jim Underwood), 《핑크 캐딜락의 여인*More Than a Pink Cadillac*》(New York: McGraw-Hill, 2003).

18. "Mary Kay Cosmetics, Inc.," Harvard Business School, case 9-481-126 (January 1, 1981), p. 3.

19. Howard N. Fullerton Jr., "Labor Force Participation: 75 Years of Change," *Monthly Labor Review 22*, no. 12 (December 1999), p. 4.

20. "AARP Announces 2006 Best Employers for Workers Over 50," *Aging Workforce News*, September 1, 2006.

4. 에스티 로더

1. Estée Lauder, *Estée* (New York: Random House, 1985), p. 4.

2. 상기 자료와 출처가 같음, p. 7.

3. Alan Deutscheman, "The Carp in the Bathtub," Salon.com, April 10, 2001. http://dir.salon.com/story/mwt/sust/2001/04/10/gefilte_fish/?pn=1. 참조.

4. Nancy F. Koehn, "Estée Lauder and the Market for Prestige Cosmetics," Harvard Business School, case 9-801-362, p. 4, and Nancy F. Koehn, *Brand New: How Entrepreneurs Earned Consumers' Trust From Wedgwood to Dell* (Boston: Harvard Business School Press, 2001), p. 156 참조.

5. Lee Israel, *Estée Lauder: Beyond the Magic*(New York: Macmillan, 1985), p. 14.

6. Estée Lauder, *Estée*, p. 14.

7. Nancy F. Koehn, "Estée Lauder and the Market for Prestige Cosmetics," p. 5.

8. Lee Israel, *Estée Lauder: Beyond the Magic*, p. 21.

9. Estée Lauder, *Estée*, p. 39.

10. Linda M. Scott, *Fresh Lipstick*(New York: Palgrave Macmillan, 2004), p. 222.

11. "Is Beauty Worth Half a Billion?" *New York Times Magazine*, December 20, 1942, p. 25.

12. Michael Spence, "Signaling in Retrospect and the Informational Structure of Markets," *American Economic Review 92*, no. 3, (2002), pp. 434-459.

13. Lee Israel, *Estée Lauder: Beyond the Magic*, p. 31.

14. Estée Lauder, *Estée*, p. 50.

15. 상기 자료와 출처가 같음, p. 115.

16. "A Prune by Another Name Sells Better," Nation's Restaurant News, February 18, 2002. http://findarticles.com/p/articles/mi_m3190/is_7_36/ai_83247518.

17. 다음 링크는 "The U.S. and World Situation: Pistachios"라는 제목의 미 농업부 연구 조사로 연결해준다. www.fas.usda.gov/htp/Hort_Circular/2005/Charts%20Circular/2005%20Pistachios.pdf.

18. Marian Burros, "The Fish That Swam Upstream," *New York Times*, May 16, 2001.

19. Shoinn Freeman, "The Rap on Detroit," *Wall Street Journal*, September 2004,

http://wsjclassroom.com/archive/04sep/mktg_rap.htm.

20. Lisa Belkin, "The Makeover at Estée Lauder," *New York Times*, November 29, 1987.

21. Richard Severo, "Estée Lauder, Pursuer of Beauty and Cosmetics Titan, Dies at 97," *New York Times*, April 26, 2004.

5. 데이비스 사노프

1. George and Ira Gershwin, "They All Laughed" (1937).

2. Kenneth Bilby, *The General* (New York: Harper & Row, 1986), p. 12.

3. www.davidsarnoff.org/gallery-ds/Sarnoff_family.htm.

4. 필자는 2006년 런던의 테이트 모던 미술관(Tate Modern Museum)에서 칸딘스키 (Kandinsky)의 〈Cossacks 1910-1911〉을 관람했는데, 당시 미술관 큐레이터는 반제정 주의자에서 반공주의자로 이어진 칸딘스키의 정치적 성향의 변천사를 솜씨 있게 보여주었다.

5. Kenneth Bilby, *The General*, p. 15.

6. Henry J. Browne, *One Stop Above Hell's Kitchen: Sacred Heart Parish in Clinton* (New Brunswick: Rutgers University Press, 1977).

7. Kenneth Bilby, *The General*, p. 25.

8. Tom Lewis, *Empire of the Air* (New York: HarperCollins, 1991), p. 105.

9. Kenneth Bilby, *The General*, p. 33.

10. "Wireless for Railroad Trains," Scientific American, December 6, 1913.

11. Tom Lewis, *Empire of the Air*, p. 113.

12. "내게는 라디오를 피아노나 축음기와 다르지 않은 수준의 가정 생활용품으로 만들겠 다는 계획이 있다. 무선을 이용해 음악을 가정으로 옮겨놓겠다는 것이다.

　　한때 유선으로 계획을 추진한 적도 있지만 유선이 적합하지 않다는 이유로 계획이 수포로 돌아간 적도 있었다. 반면에 무선은 현실적으로 완벽하게 실행 가능한 듯 보였 다. 예를 들어 전송 범위가 반경 40~80킬로미터인 무선 전화 송신기는 고정 위치에 설 치되어 악기 연주나 음성 위주의 음악을 생성시킬 수 있다. 음악 전송의 문제는 이미 원칙적인 해결이 이루어졌고 따라서 전송 파장에 맞춰진 수신기는 모두 전송된 음악 을 수신할만한 능력을 갖추고 있다. 수신기는 단순한 '라디오 뮤직 박스(Radio Music

Box)' 형태로 설계되어 서로 다른 몇 개의 파장으로 준비될 수 있으며, 그러한 파장들은 스위치를 올리거나 버튼을 누르면 변경이 가능하다.

'라디오 뮤직 박스'는 증폭관과 확성전화기로 보완될 수 있으며 모두 라디오 박스에 깔끔하게 탑재 가능하다. 라디오 박스는 응접실이나 거실 테이블에 놓일 수 있으며 스위치 세트도 함께 붙어있어서 전송받은 음악을 들을 수 있다. 반경 40~80킬로미터 내에 송신되는 음악은 아무런 문제없이 완벽한 청취가 가능하다. 해당 반경에 거주하는 수십만 명의 가정들은 동일 송신기로부터 동시적인 청취가 가능하므로 충분한 음량의 신호를 확보하여 기분 좋은 청취를 할 수 있도록 해준다.

송신기 파워는 필요한 경우 5킬로와트로 생성되어 반경 40~80킬로미터에 두루 미침으로써 각 가정에 엄청난 음량의 신호를 전달할 수 있다. 이에 따라 헤드 전화기 사용은 불필요하며 개별 '라디오 뮤직 박스'에 딸려 있는 작은 루프 안테나의 개발도 안테나 문제를 해결할 수 있다.

이와 동일한 원리는 다른 수많은 영역으로도 확장이 가능해서 이를테면 가정에서 연설을 청취하는 일에도 아무런 지장이 없으며, 중요한 국가 행사들도 그때그때 라디오를 통해 발표되어 전파될 수 있다. 야구경기 점수도 폴로 그라운드 경기장에 설치된 장비를 통해 공중파로 전달될 수 있다. 동일 원리는 다른 지역에서도 적용 가능하다. 본 계획은 도시를 벗어난 지역에서 생활하는 농부를 비롯한 시민들에게 누구보다 흥미로울 수 있다. '라디오 뮤직 박스'를 구매할 경우 그들도 인근 도시의 해당 반경에 전송되는 콘서트와 연설 및 음악과 리사이틀 등을 즐길 수 있기 때문이다. 지금까지 가장 일반적인 몇 가지 라디오 사용 영역을 열거했지만 이외에도 동일 원칙이 확장될 수 있을만한 영역은 무궁무진하다.

안테나를 포함한 '라디오 뮤직 박스'를 대량 생산할 경우 라디오 한 대당 75달러라는 적정 가격으로 판매가 가능하다. 10만 대가량 대량 생산되는 라디오를 75달러로 판매할 경우 상당 수익이 기대되는 '라디오 뮤직 박스' 판매가 기업의 주요 수입원이 될 것이다. 이차적 수입원은 송신기 판매와 간행물 〈와이어리스 에이지Wireless Age〉의 발행부수 및 삽입광고를 늘림으로써 일어날 수 있다. 기업 측에서는 음악 리사이틀이나 연설 등 만반의 프로그램 준비 작업에 착수하여 만족할만한 효과를 거둘 수 있어야 한다. 이런 계획이 실제로 개발되어 실행되기 전까지 전체 사업 규모를 추정하는 일은 힘들지 모르겠지만 미국의 1,500만 가구 가운데 약 100만 가구나 7퍼센트 가구만 라디오를 구입하더라도 그것은 곧 7,500만 달러라는 상당량의 매출을 의미한다.

이러한 계획에서 창출되는 수익은 차치하고라도 기업을 광고할 수 있는 가능성은 실로 어마어마하다. 기업의 이름이 궁극적으로 각 가정에 널리 전파되고 무선 시스템이 국가적으로나 세계적인 주목을 받게 될 것이기 때문이다." (Gleason Archer, History of Radio to 1926 [1936; repr., New York: American Historical Society, 1971]) pp. 110-113.

13. Louise Benjamin, "In Search of the Sarnoff 'Radio Music Box' Memo: Nolly's Reply," Journal of Radio Studies 9, no. 1 (2002), pp. 97-106 참조.

14. "CBS Q3 Down, but Dividends Near," *Hollywood Reporter*, November 3, 2006.

15. Woodrow Wilson, speech in Des Moines, Iowa, Coliseum, September 6, 1919.

16. 칼리 피오리나(Carly Fiorina)의 《칼리 피오리나, 힘든 선택들 *Tough Choice*》(New York: Portfolio, 2006). Joe Nocera, "Carly Fiorina's Revisionist Chronicles," *New York Times*, October 14, 2006 함께 참조.

17. 실제로 뎀프시는 가족 부양의 명목으로 국내 면제권을 부여받았다. Randy Roberts, *Jack Dempsey: The Manassa Mauler*(New York: Grove Press, 1979), pp. 103, 112 참조.

18. 상기 자료와 출처가 같음, p. 115.

19. At&T는 권투 링과 방송 송신기를 연결해주는 다이렉트 라인을 허용해주지 않았다. RCA는 한쪽 전화기에서 인접한 전화기로 아나운서 목소리를 '건너뛰게' 만드는 방법을 동원했다. 이 같은 교묘한 편법으로 음질은 다소 떨어졌지만 AT&T를 골탕 먹이는 데는 성공했다. J. Andrew White, "The First Big Broadcast," Reader's Digest, December 1955, pp. 81-85 참조.

20. 이동 의자의 사진은 www.eht.com/oldradio/arrl/2002-06/Dempsey.htm에서 볼 수 있다.

21. Daniel Stashower, *The Boy Genius and the Mogul*(New York: Broadway Books, 2002), p. 79.

22. www.youtube.com/watch?v=zjsJnu63AQQ.

23. Kenneth Bilby, *The General*, p. 88.

24. www.pbs.org/speak/images/radio1940.jpg.

25. 1988년에 GE 간판으로 교체되기는 했지만 아직도 대부분의 뉴욕 시민들은 여행객

들에게 RCA 건물이라고 가르쳐주고 있다.

26. Peter N. Golder and Gerard J. Tellis, "Pioneer Advantage: Marketing Logic or Marketing Legend?" *Journal of Marketing Research 30*, no. 2 (May 1993), pp. 158-170.

27. Aaron Sorkin의 희곡은 Daniel Stashower의 *The Boy Genius and the Mogul*에 나타난 작가의 관점과 일맥상통한다.

28. Kenneth Bilby, *The General*, p. 118.

29. www.youtube.com/watch?v=fVLejeO707Q 참조.

30. Tom Lewis, *Empire of the Air*, pp. 292-294 참조.

31. David E. Fisher and Marshall Jon Fisher, "The Color War," *Invention and Technology Magazine*, Winter 1997, vol. 12, issue 3, p. 18.

32. www.time.com/time/magazine/article/0,9171,824531-1,00.html.

33. Kenneth Bilby, *The General*, p. 198.

34. Leslie Wayne, "Boeing Not Afraid to Say 'Sold Out,'" *New York Times*, November 28, 2006.

35. Max Kingsley-Jones, "StrongAirbus Sales for 2006 Belie 'Absolute Mess' Toulouse's Top Salesman Leahy Admits Company Is In," *Flight International*, November 28, 2006.

36. "A380 Superjumbo: The White Elephant" *Belfast Telegraph*, November 22, 2006.

37. Barbara S. Peterson, "Jumbo Trouble: The Airbus A380 Was Supposed to Be the Future of Aviation. Will It Ever Get Off the Ground?" *Popular Mechanics*, December 2006, www.popularmechanics.com/science/air_space/4201627.html.

6. 레이 크록

1. Saul Bellow, *The Adventures of Augie March*(New York: Penguin, 1953), p. 3.

2. Ray Kroc with Robert Anderson, *Grinding It Out*(New York: St. Martin's, 1977), p. 20.

3. 상기 자료와 출처가 같음, p. 19.

4. Amy Zuber, "McD-Disney Marketing Alliance Grows with Burger Invasion Concept's Debut," *Nations' Restaurant News*, January 22, 2001.

5. Ray Kroc with Robert Anderson, *Grinding It Out*, p. 34.

6. 상기 자료와 출처가 같음, p. 39.

7. 상기 자료와 출처가 같음, p. 43.

8. J. Willard Marriott는 불볕더위의 습한 워싱턴 DC의 여름철에 차가운 루트비어를 판매하면 좋겠다고 생각했다. Robert O' Brien, *Marriott: The J. W. Marriott Story*(Salt Lake City: Deseret Book Company, 1977), p. 87.

9. 전시 동안 요리를 바라보던 유쾌한 시각에 관해 Joanne Lamb Hayes, *Grandma's Wartime Kitchen*(New York: St. Martin' s, 2000) 참조.

10. Andrew Schmitz and Douglas Christian, "The Economics and Politics of U.S. Sugar Policy," in Stephen V. Marks and Keith E. Maskus, *The Economics and Politics of World Sugar Policies*(Ann Arbor: University of Michigan Press, 1993), p. 49.

11. 주방용품에 관한 재미난 역사에 관해서는 Charles Panati, *Panati's Extraordinary Origins of Everyday Things*(New York: HarperCollins, 1989), p. 96 참조.

12. Ray Kroc with Robert Anderson, *Grinding It Out*, p. 8.

13. John F. Love, *McDonalds: Behind the Arches*(New York: Bantam, 1986), p. 19.

14. 상기 자료와 출처가 같음, p. 40.

15. 상기 자료와 출처가 같음, p. 70.

16. 상기 자료와 출처가 같음, p. 118.

17. Roger D. Blair and Francine Lafontaine, *The Economics of Franchising*(New York: Cambridge University Press, 2005), pp. 126, 120, 175.

18. U.S. Department of Agriculture, Economic Research Service, "The Economics of Food, Farming, Natural Resources, and Rural America," 2004.

19. John Mariani, *America Eats Out*(Boston: William Morrow, 1991)에서 언급됨. 한 연구조사에서도 미국과 유럽, 인도와 일본 국민들이 맥도날드 황금아치와 교회 십자가를 알아보는 비율이 각각 88퍼센트와 54퍼센트로 맥도날드 쪽이 우세하다는 결과가 나왔다: "Golden Arches More Familiar Than the Cross," *Cleveland Plain Dealer*, August 26, 1995.

20. Leva M. Augstums, "Sales Go Stale for Krispy Kreme," *Association Press*, November 3, 2006.

21. Ray Kroc with Robert Anderson, *Grinding It Out*, pp. 185-186.

7. 아키오 모리타

1. Albert Axell and Kase Hideaki, *Kamikaze: Japan's Suicide Gods*(New York: Longman, 2002)

2. Robert J. C. Butow, *Japan's Decision to Surrender*(Stanford, CA: Stanford University Press, 1954), p. 176.

3. Donald Roden, "Baseball and the Quest for National Dignity in Meiji Japan," *American Historical Review 85*, no. 3 (June 1980), p. 511.

4. Akio Morita with Edwin M. Reingold and Mitsuko Shimomura, *Made in Japan*(New York: Dutton, 1986), p. 17.

5. 만다린 중국어인 gonghe에서 유래한 말로 어느 노동자 조합의 약칭이다.

6. Akio Morita 외, *Made in Japan*, p. 26.

7. John Nathan, *Sony*(Boston: Houghton Mifflin, 1999), p. 36.

8. 상기 자료와 출처가 같음, p. 2.

9. 일례로 John W. Dower, *Embracing Defeat: Japan in the Wake of World War II*(New York: Norton, 1999) 참조.

10. Akio Morita 외, *Made in Japan*, p. 53.

11. Austin Osueke, "J-Pop Is the Quiet Storm in American Culture," *Asian Week*, July 7, 2006; John Edward Hasse, ed., *Jazz: The First Century*(New York: William Morrow, 2000) 참조.

12. Ronald Gilson and Mark Roe, "Understanding the Japanese Keiretsu," *Yale Law Journal 102* (1993), p. 884.

13. Alfred Marshall, *Principles of Economics* 9th ed. (1920; London: Macmillan, 1961), vol. 1, pp. 587-588 참조.

14. Kenji Kawakami 외., *101 Useless Japanese Inventions: The Art of Chindogu*(New York: Norton, 1995).

15. Akio Morita 외, *Made in Japan*, p. 65.

16. John DeFrancis, "Politics and Phonetics," *Far Eastern Survey 16*, no. 19(November 5,

1947), p. 220, and John Defrancis, *The Chinese Language: Fact and Fantasy* (Honolulu: University of Hawai'i Press, 1984), p. 216 참조.

17. 흥미로운 사례들을 살펴보려면 Danny Gregory, *Change Your Underwear Twice a Week: Lessons from the Golden Age of Classroom Filmstrip*(New York: Artisan Publishers, 1984) 참조.

18. Peter Ross Range, "Akio Morita Interview," *Playboy*, August 1982., p. 18.

19. *The Analects of Confucius*, book 7, chap. 1, trans. Arthur Waley (New York: Vintage; 1938); William Alford, *To Steal a Book Is an Elegant Offense*(Stanford; CA: Stanford University Press, 1997) 함께 참조.

20. "World Leader in Patents Concentrates in Incremental Innovations," *Financial Times Special Report*, October 12, 2005.

21. Jennifer Saranow, "U.S. Cars Slip in Durabiity Study," *Wall Street Journal*, August 10, 2006.

22. John Nathan, *Sony*, p. 31; Akio Morita 외, *Made in Japan*, p. 75.

23. Akio Morita 외, *Made in Japan*, p. 93.

24. 상기 자료와 출처가 같음, p. 101.

25. John Nathan, *Sony*, p. 80.

26. Sea-Jin Chang and Philip M. Rosenzweig, "A Process Model for MNC Evolution: The Case of the Sony Corporation in the United States," Institute for Applied Studies in International Management, Working Paper 95-9 (1995).

27. *Gaiko Forum: Journal of Japanese Perspectives on Diplomacy* (Tokyo: Toshi Shuppan, 2000)에서 Naoyuki Agawa의 "Akio Morita's American Dream" 인용.

28. Robert Lutz, *Guts* (New York: John Wiley & Sons, 1998) 참조.

29. www.edmunds.com/40thanniversary/index.html.

30. Nancy Griffin and Kim Masters, *Hit and Run: How Jon Peters and Peter Guber Took Sony for a Ride in Hollywood*(New York: Simon & Schuster, 1996).

31. Loren Gary, "Where Does the Competitive Advantage Lie?" Harvard Management Update 7, no. 7 (July 2002).

32. Eric von Hippel, *Democratizing Innovation*(Boston: MIT Press, 2005); 크리스 앤더슨

(Chris Anderson), 《롱테일 경제학*The Long Tail*》(New York: Hyperion, 2006), p. 79.

33. David Pogue, "iPod's Law: The Impossible Is Possible," New York Times, September 15, 2005 at www.nytimes,com/2005/09/15/technology/circuits/15pogue. html?ex=1284436800&en=e0f5c2e60bdd20f2&ei=5090.

8. 월트 디즈니

1. Steven Watts, *The Magic Kingdom* (Columbia: University of Missouri Press, 1997), p. 18에서 인용.

2. 상기 자료와 출처가 같음, p. 9.

3. 상기 자료와 출처가 같음, p. 20.

4. 마크 엘리어트(Marc Eliot), 《월트 디즈니*Walt Disney*》(New York: Birch Lane Press, 1993), p. 9.

5. Walt Disney, "I Have Always Loved Trains," Railroad, October 1965.

6. Steven Watts, *The Magic Kingdom*, p. 15.

7. Bob Thomas, *Walt Disney: An American Original*(New York: Simon and Schuster, 1976), p. 71.

8. "Biographical Sketch of Walt Disney," released by RKO, 1937.

9. Steven Watts, *The Magic Kingdom*, p. 44에서 인용.

10. 아키오 모리타를 소개한 장에서 소니 공동창업자가 자사의 독자적 성장을 가로막는다는 이유로 불로바 시계로부터 큰돈을 벌 수 있는 기회를 거절한 사실을 살펴보았다.

11. Walt Disney, "The Cartoon's Contribution to Children," *Overland Monthly and Out West Magazine*, October 1933, p. 138.

12. Steven Watts, *The Magic Kingdom*, p. 253에서 인용.

13. "The Walt Disney Family Museum," Walt Disney Online. http://disney.go.com/ disneyatoz/familymuseum/collection/biography/sillysymphonies/index.html.

14. Michael G. Rukstad and David Collis, "The Walt Disney Company: The Entertainment King," Harvard Business School case study, 9-701-035, September 1, 2005.

15. David Smith and Steven B. Clark, *Disney: The First 100 Years*(New York: Disney,

1999). 101.

16. Frank Nugent, "That Million Dollar Mouse," *New York Times Magazine*, September 21, 1947, p. 61.

17. "Walt Disney Puts Soap in the Movies," *Soap*, December 1, 1937, p. 34.

18. 몇 해 전 나는 Florence 외곽에 위치한 Collodi라는 마을의 Pinocchio Park에 가족을 데리고 갔는데, 그곳은 수많은 디즈니 이야기에 나오는 유럽 배경을 생각나게 해준다는 점에서 아이들과 함께 가볼 만한 장소이다.

19. Lillian Disney, "I Live with a Genius," McCall's, February 1953, pp. 38.41.

20. Steve Jobs, "You've Got to Find What You Love, Jobs Says," *Stanford Report*, June 12, 2005.

21. "The Walt Disney Family Museum," Walt Disney Online. http://disney.go.com// disneyatoz/familymuseum/collection/insidestory/inside_1946c.html.

22. Steven Watts, *The Magic Kingdom*, p. 367에서 인용.

23. Walt Disney, "The Storyteller and the Educator," *Television Quarterly*, Spring 1957, p. 5.

24. Newsweek April 18, 1955, p. 62 커버스토리 "Growing Impact of the Disney Art"에서 인용.

25. 프리드리히 니체(Friedrich Nietzsche), 《비극의 탄생 *The Birth of Tradegy*》 참조.

26. 니나 뭉크(Nina Munk), 《버블의 붕괴 *Fools Rush In*》(New York: HarperCollins, 2004).

27. Jim Hu, "Case Accepts Blame for AOL-Time Warner Debacle," CNETNews.com, January 12, 2005.

28. 물론 많은 인터넷 미디어 기업들이 주가 폭락을 목격하기는 했지만 AOL-Time Warner 합병은 버블 붕괴가 시작된 지 거의 1년이 지난 2001년 초반에 이루어졌다는 사실을 기억하라.

9. 샘 월튼

1. 악덕 자본가 이야기는 Rockefeller나 Carnegie가 그렇게 비열한 인간들로 보이지 않도록 최종 수정된다. 필자가 쓴 기사인 "Benefactors of Great Wealth," *New York Times*, October 2, 2005, p. 24 참조.

2. Bob Ortega, *In Sam We Trust*(New York: Random House, 1998), p. 18.

3. 샘 월튼(Sam Walton)과 존 휴이(John Huey), 《샘 월튼 불황 없는 소비를 창조하라*Sam Walton: Made in America*》(New York: Bantam, 1993), p. 5.

4. 상기 자료와 출처가 같음, p. 86.

5. 마이클 버그달(Michael Bergdahl), 《월마트 방식*What I Learned from Sam Walton*》(New York: John Wiley & Sons, 2004), p. 63.

6. 상기 자료와 출처가 같음, p. 7.

7. 샘 월튼과 존 휴이, 《샘 월튼 불황 없는 소비를 창조하라》, p. 81.

8. 상기 자료와 출처가 같음, p. 39.

9. 돈 소더퀴스트(Don Soderquist), 《비전으로 이끌고 열정으로 승리하라*The Wal-Mart Way*》(Nashville: Nelson, 2005), p. 156.

10. Mordechai E. Kreinin and Charles A. Lininger, "Ownership and Purchases of New Cars in the United States," *International Economic Review 4*, no. 3 (September 1963), pp. 310-324 참조.

11. 샘 월튼과 존 휴이, 《샘 월튼 불황 없는 소비를 창조하라》, p. 102.

12. Sandra Stinger Vance and Roy V. Scott, *Wal-Mart*(Twayne, 1997), p. 43.

13. 애덤 스미스(Adam Smith), 《국부론*An Inquiry into the Nature and Causes of the Wealth of Nations*》, R.H. Campbell, A.S. Skinner, and W.B. Todd, eds, 2 vols. (Oxford, UK: Clarendon Press, 1976[1776]), vol. 1, p. 26-27.

14. John Huey, "Wal-Mart: Will It Take Over the World?" *Fortune*, January 30, 1989, p. 56.

15. 돈 소더퀴스트(Don Soderquist), 《비전으로 이끌고 열정으로 승리하라*The Wal-Mart Way*》, p. 96.

16. 상기 자료와 출처가 같음, p. 167.

17. Lucas Conley, "De-Constructing Wal-Mart's Wonder Truck," *Fast Company*, May 2006, p. 32.

18. Matthew Boyle, "Why Costco Is So Damn Addictive," *Fortune*, October 30, 2006, p. 128.

19. Bradley C. Johnson, "Retail: The Wal-Mart Effect," *McKinsey Quarterly*, no. 1 (2002).

20. Kelly Baron, "Spamouflage and Cajun Crawtator," Forbes.com, October 29, 2001. www.forbes.com/forbes/2001/1029/085.html.

21. Bob Dickinson and Andy Vladimir, *Selling the Sea*(New York: John Wiley & Sons, 1997), p. 23.

22. Kristoffer A. Garrin, *Devils of the Deep Blue Sea*(New York: Viking, 2005), p. 71.

맺음말

1. 로버트 저메키스(Robert Zemeckis) 감독의 영화 〈백 투 더 퓨처*Back to the Future*〉 (1985).